Dirk Uffelmann

·

# Der erniedrigte Christus

## Metaphern und Metonymien in der russischen Kultur und Literatur

Böhlau Verlag, Köln / Weimar / Wien
2010

# Дирк Уффельманн

# Самоуничижение Христа

## Метафоры и метонимии в русской культуре и литературе

Том 1: Риторика христологии

Academic Studies Press
Библиороссика
Бостон / Санкт-Петербург
2022

УДК 930.85(47)
ББК 86.37
У88

Перевод с немецкого Ирины Алексеевой

Серийное оформление и оформление обложки Ивана Граве

**Уффельманн Д.**
У88 Самоуничижение Христа. Метафоры и метонимии в русской культуре и литературе. Т. 1: Риторика христологии / Дирк Уффельманн ; [пер. с нем. И. Алексеевой]. — Санкт-Петербург : Academic Studies Press / Библиороссика, 2022. — 407 с. — (Серия «Современная западная русистика» = «Contemporary Western Rusistika»).

ISBN 978-1-6446976-5-8 (Academic Studies Press)
ISBN 978-5-6046149-4-5 (Библиороссика)

Кенозис, самоуничижение Христа через вочеловечение и добровольное приятие страданий — одна из ключевых концепций христианства. Дирк Уффельманн рассматривает как православные воплощения нормативной модели положительного отречения от себя, так и секулярные подражания им в русской культуре. Автор исследует различные источники — от литургии до повседневной практики — и показывает, что модель самоуничижения стала важной для самых разных областей русской церковной жизни, культуры и литературы. В первом из трех томов анализируется риторика кенотической христологии — парадокс призыва к подражанию Христу в его самоотречении, а также метафорические и метонимические репрезентации самоуничижения Христа.

Перевод этой книги финансировался в рамках программы *Geisteswissenschaften International — Translation Funding for Work in the Humanities and Social Sciences*, запущенной совместно Фондом им. Фрица Тиссена, Министерством иностранных дел Германии, обществом *VG Wort* и Биржевым объединением германской книготорговли (Börsenverein des Deutschen Buchhandels).

УДК 930.85(47)
ББК 86.37

© Dirk Uffelmann, text, 2010
© Böhlau Verlag GmbH & Co.,
Köln, Weimar, Wien 2010
© И. С. Алексеева, перевод
с немецкого, 2021
© Academic Studies Press, 2022
© Оформление и макет.
ООО «Библиороссика», 2022

ISBN 978-1-6446976-5-8
ISBN 978-5-6046149-4-5

*Памяти Уве Уффельманна (1937–2008) посвящается*

# Предисловие

Настоящий научный труд был представлен в 2005 году в Бременском университете в качестве докторской диссертации. А начат он был в 1999 году в Эрфуртском университете при кафедре религиоведения (православное христианство) под руководством Василиоса Макридеса, которому я благодарен за помощь и поддержку на раннем этапе моего исследования. Работу довелось продолжить начиная с 2002 года в Бременском университете в рамках кафедры по истории культуры Восточной Европы под руководством Вольфганга Кисселя, который предоставил мне заслуживающую высочайшей благодарности значительную свободу действий для создания моего труда и совместно с Хольтом Майером (Эрфурт) и Кристофом Ауффартом (Бремен) отрецензировал мою работу. Всем трем рецензентам я благодарен за терпение во время многочисленных обсуждений и за конструктивные консультации. Важным советчиком и благосклонным критиком на всех этапах был также ушедший из жизни в 2019 году Клаус Штедтке.

Я от души благодарен Бодо Зелинский (Кёльн) за принятие к печати в издательстве «Бёлау» моей книги, а также Университету Пассау — за поддержку издания немецкого оригинала 2010 года. Благодарю также Игоря Немировского за инициативу к переводу книги на русский язык, а также Фонд им. Фрица Тиссена, Министерство Иностранных дел Германии, общество VG Wort, Биржевое объединение германской книготорговли и Гисенский университет им. Юстуса Либиха за финансовую поддержку перевода.

Значительно продвинули работу своими компетентными советами и внимательным чтением корректуры Вернер Форнеберг

(Бремен), Йенс-Мартин Крузе (Гамбург) и Уве Уффельманн (Гейдельберг), а также мой секретарь-референт в Пассау Моника Хильберт. Бесценную помощь в придании работе совершенства формы при создании печатного варианта и при его индексации оказали мои стажеры Хеннинг Хорх (Бремен) и Тереза Фаттер (Пассау). Магдалена Шых (Гисен) приготовила библиографию для русского издания. Я особенно благодарен Ирине Алексеевой (Санкт-Петербург) за чрезвычайно компетентный, точный и одновременно гибкий перевод этой непростой книги. Александр Пономарев (Пассау) внес свои богословские познания в работу над терминологией и перевел цитаты с английского на русский.

Мне пришлось принципиально отказаться от иллюстраций — из-за невероятного объема материала, который потенциально мог быть здесь представлен, прежде всего к частям 4 и 5; местонахождение каждого из упоминающихся при обсуждении изображений указано в примечаниях.

Некоторые фрагменты предлагаемого исследования восходят к уже опубликованным ранее журнальным статьям. Если подразделы, посвященные своеобразной риторике уничижения (см. 3.5.7–3.5.9 в [Uffelmann 2008в]), Ремизову (см. 4.3.9.4 в [Уффельманн 2004]), Висковатому (см. 4.6.8.3 в [Uffelmann 2007а]) и фрагмент о Гоголе (см. 5.3.7.1 в [Uffelmann 2008б]) представляют собой краткое изложение более пространных работ, то подробные интерпретации в главах 6–10, напротив, являются расширенными версиями прежних статей: Чернышевский (см. 6 в [Uffelmann 2003а]), Горький (см. 7 в [Uffelmann 2003в] и [Uffelmann и 2007б]), Островский (см. 8 в [Уффельманн 2005] и [Uffelmann 2008а]), Ерофеев (см. 9 в [Uffelmann 2002а]), Сорокин (см. 10 в [Uffelmann 2003б]).

*Пассау, октябрь 2009 г., Гисен, январь 2021 г.*

# 1. Введение: Самоуничижение Христа и его трансформации

> Субъект вечного возвращения не одинаковый, но различный, не сходный, но несхожий...
> *[Делёз 1998: 159]*

## 1.1. От Николая II назад к Борису и Глебу

### 1.1.1. Канонизация Николая II в 2000 году

14 августа 2000 года Архиерейский Собор Русской Православной Церкви Московского Патриархата[1] постановил причислить к лику святых вкупе с 1154 прочими новомучениками[2] последнего российского императора Николая II, его жену Александру и их пятерых детей, которые были расстреляны большевиками 16 июля 1918 года в Екатеринбурге. Русская Православная Церковь Заграницей осуществила соответствующий шаг еще 31 октября 1981 года, но натолкнулась тогда на противодействие Церкви Советского Союза [Seide 1983: 115–117; Stricker 1983: 133–136][3]. Первая попытка Московского Патриархата канонизи-

---

[1] В дальнейшем РПЦ МП.

[2] В их числе 1090 новомучеников и исповедников XX века, перечисленных в [Деяние 2000: 57–67] и [Губанов 2004: 336–374]. Царская семья, в отличие от протокола канонизации 1981 года в Русской Православной Церкви Заграницей [Stricker 1983: 11], не занимала в перечне РПЦ МП исключительного первого места.

[3] В других православных церквах тоже поднялся протест, ср. [Stricker 1983: 129–132].

ровать Николая II в 1997 году провалилась, поскольку последний царь, как заявлял тогда Священный Синод, не явил миру подтвержденных чудес. Далее, весь склад его жизни также не давал оснований для канонизации: находясь через свою супругу Александру под влиянием странствующего старца-мистика Распутина, проводя реакционную политику, кульминацией которой оказалось подавление Первой русской революции, так называемое Кровавое воскресенье, Николай со всеми своими «деяниями» такого рода, казалось, мог быть рожден для чего угодно, но только не для причисления к лику святых[4]. Затем, после 1997 года, от сторонников канонизации стали приходить сообщения, согласно которым мироточили иконы с изображениями императора Николая II, а также другие свидетельства о чудесах и благодатной помощи по молитвам, которые собирали в поддержку нового прошения о канонизации [Stricker 2000: 1193; Krivulin 2000][5]. Архиерейский Собор в августе 2000 года учел эти доказательства в меньшей мере, нежели отдельно стоящий, неоспоримый факт: насильственный характер смерти Николая и его близких, см. [Osipov 1999: 20]. Этот аспект подается как центральный и в последовавших откликах в медийном пространстве[6].

---

[4] Ср. [Stricker 1983: 132]; [Pospielovsky et al. 1997: 29; Krivulin 2000].

[5] Губанов приводит список объемом более 100 страниц, где перечисляются чудеса [2004: 158–271]. Будин анализирует житийную литературу, возникшую, впрочем, только впоследствии, где доминирует мотив страдания [Bodin 2007: 238 и сл.], однако имена преступников не называются [там же: 235].

[6] Публицистическая трактовка имеет широкий спектр — от апологетической документации самого Архиерейского Собора ([Деяние 2000], в онлайн-варианте некоторые документы были доступны уже 16 августа 2000 года [Определение 2000]; [Прославление 2000]) до популярной литературы церковного обихода [Бонецкая 2001] и, наконец, до объемистых собраний документов, посвященных процессу канонизации, с приложением акафиста «Царю-страстотерпцу» и текстов молитв [Губанов 2004: 381–407]. Также и представители Русской Православной Церкви Заграницей, которые в предшествующий период относились к канонизации критически, такие, как Гернот Зайде (см. об этом [Stricker 1983: 116]), в 2000-е годы примкнули к ее сторонникам [Seide 2000]. Впоследствии собрание житийной литературы о святых пополнилось новомучениками XX века (см. (Филарет (Черниговский) 2000). Знаменательно, однако, что в шеститомном собрании житий святых [Жития 2000] Николая среди новомучеников еще нет.

### 1.1.2. Генеалогия Бориса и Глеба

Случаи канонизации, основывающиеся на одном только факте насильственной смерти, составляют, как отмечает Георгий Петрович Федотов [Федотов 1996–2013, 10: 103], специфику Русской Церкви. В качестве яркого примера Федотов приводит муромских князей Бориса и Глеба, убитых в 1015 году, которые вскоре после этого были причислены к лику святых[7] и которых упоминали в различных литургических (службы в честь святых[8]) и внелитургических жанрах (житие, хроника, сказание[9]) и вокруг реликвий которых развился целый культ[10]. Политические обстоятельства убийства младших братьев из числа князей в ходе междоусобной распри, в том виде, в каком их описывает «Повесть временных лет», ср. [Kissel 2004a: 6], мало интересуют авторов «Сказания» и «Чтения»; в значительно большей степени речь идет о схожести убиенных с Христом[11].

Что касается позитивизации насильственной смерти Бориса и Глеба путем приписывания им христоподобных качеств, то здесь, когда речь заходит о хвалебных жанрах и практиках, имеются в виду парадоксальные восхваления (энкомии, см. 2.10.3). Самые частотные эпитеты в них при описании Бориса и Глеба — «страстотерпцы» и «святые мученики»[12]. В завершающем отрыв-

---

[7] Вокруг года канонизации у исследователей идут споры; диапазон датировок простирается от 1020 до 1072 года (о спектре версий см. [Lenhoff 1989: 14–38]; [Хорошев 1986: 15–17]).

[8] См. в сб. [Абрамович 1916: 122–150].

[9] Ср. [Maczko 1975]; [Lenhoff 1989: 101–121]. О классификации жанров см. [Ingham 1983], о мультимедийной паренезе к подражанию — 4.8.

[10] Ср. [Lenhoff 1989: 48–54]; [Лидов 2006: 336 и сл.].

[11] Мотив послушания старшему брату может быть истолкован как политический долг и эксплуатироваться как проявление героизма [Федотов 1996–2013, 10: 98], но также может увязываться с самоуничижением Христа (Флп 2:8) (см. 2.2.3.4) [Федотов 1996–2013, 10: 97]. Однако за внешним игнорированием реального политического контекста может скрываться выдающаяся религиозно-политическая стратегия — в случае с Борисом и Глебом не в меньшей степени, чем с Николаем II. О политической составляющей канонизации Бориса и Глеба см. [Хорошев 1986: 11–36].

[12] Оба эпитета ср., напр., у Абрамовича [1916: 1].

ке «Чтения о житии и о погублении блаженных страстотерпцев Бориса и Глеба» выражается требование навеки сохранить в памяти пример их жизни («до века память имуще») и подражать их кротости («покорение») «Иисуса ради Христа» [Абрамович 1916: 25 и сл.][13].

Русский историк религии, эмигрант Г. П. Федотов, опираясь в основном на сказания, приходит к выводу, что единственной выдерживающей критику причиной канонизации Бориса и Глеба была «освящающая сила страдания» [Федотов 1996–2013, 10: 108]. Тем самым утвердилась некая специфически русская модель стяжания святости через насильственную смерть, для которой не существовало предшествующих агиографических примеров [Федотов 1996–2013, 10: 103][14]. По его словам, главной оказывается «гибель безвинных, и, в то же время, религиозное толкование добровольной жертвенной смерти» [там же: 97], которая превращает убиенных в жертвенных агнцев [там же: 99]. Не ограничиваясь христологическим топосом жертвенной цели самоуничижения Иисуса (см. 3.0.4), Федотов называет еще целый ряд других моментов, которые перекликаются со страданиями и человеческой природой Христа (см. 2.7.1). В своем хождении по мукам Борис — подобно Христу в Гефсиманском саду (см. 2.7.1.2) — был охвачен чисто человеческим малодушием. «В нем [Борисе] идет непрерывная борьба двух чувств: жалости к себе и возвышенной радости соучастия в страданиях Христовых» [Федотов 1996–2013,

---

[13] Далее о приписывании Борису и Глебу *imitatio Christi* — и о повсеместности этой трактовки в русской агиографии см. 4.3.7.2.

[14] Тезис Федотова впоследствии был опровергнут, поскольку кенотическая модель в случае с князьями Борисом и Глебом не нова и является не автохтонной русской, а имеет чешский (св. Вацлав) и западноевропейские прототипы [там же: 1, 11], да и вообще лежит в основе христианской святости [там же: 12 прим. 2]; уровень новейших исследований отражен в [Ранчин 1994]. Борис Успенский, напротив, смог доказать, что описание Федотова соответствует намерениям историографов того времени представить Бориса и Глеба как первых *русских* святых [Успенский 2000: 42, 47]. В более поздней литургической практике богослужение в память св. Вацлава 28 сентября устанавливает «духовную связь» со страстотерпцами Борисом и Глебом, а также с Андреем Боголюбским [Минея Сентябрь 1978: 736]; ср. 5.2.2.

10: 100]¹⁵. В подтверждение своего суждения Федотов неоднократно указывает на парадоксальный характер достижения святости через нанесение вреда (через непротивление насилию); он видит в «чине "страстотерпцев" парадоксальнейший чин русских святых» [там же: 104]¹⁶. Тем самым достижение святости создает направление, противоположное (насильственному) унижению, на котором оно парадоксальным образом сосредоточено.

### 1.1.3. «Страстотерпцы» и «страдальцы»

В случае с Борисом и Глебом, как и в случае с последним царем Николаем, которого начиная с 2000 года на соборных иконах новомучеников XX века изображают с ними вместе¹⁷, для агиографов подчиненную роль играет тот факт, что их насильственная смерть вряд ли была следствием принадлежности к радикальным последователям Христа, ради которого они готовы были бы принять мученическую смерть и удостоиться звания «веротерпцев»; указанные ранее мотивы были приписаны им позже¹⁸. Для целей очевидной в обоих случаях религиозно-политической инструментализации — во враждебном христианству мире¹⁹ —

---

¹⁵ В героической интерпретации этого убийства в ходе распри, которая содержится в хронике, данный момент, подчеркиваемый «Сказанием», отступает на второй план [Федотов 1996–2013, 10: 102].

¹⁶ «...парадоксальный факт, что два князя, павшие в усобице, стали первыми признанными святыми новой Церкви недавно крещеного народа» [Федотов 1996–2013, 10: 96]. Те же соображения касаются также и почитания этого типа святых, «парадокс культа мучеников» (Капитанчук, цит. по: [Krivulin 2000]).

¹⁷ Пер-Арне Будин обращает наше внимание на это наведение мемориальных мостов с помощью икон нового типа — «Собора святых новомучеников Российских» [Bodin 2007: 246]. Наглядным примером может служить размещенная в церковном онлайн-календаре на 2006 год на странице 23 января репродукция иконы Зарубежной Церкви, где Борис и Глеб располагаются в правом верхнем углу, а царь Николай с семейством — внизу посередине (URL: http://arch-gavril.bsu.edu.ru/Calendar/Images/im23.htm./ (30.08.2009)).

¹⁸ См. [Руди 2003: 124]; о запоздалости — 4.3.7.3.

¹⁹ Ср. 4.2.4–4.2.5 и 10.10.2.

такого редуцированного варианта мученичества[20], такой минималистической версии христоподобия было достаточно. Кроме того, при канонизации не придавалось значения тому, что ни в случае с Борисом и Глебом, ни в случае с Николаем II смерть не являлась их *добровольным* выбором, что они не принесли *добровольную* жертву, как в обязательном порядке полагалось для самоуничижения Христа и мученичества его последователей[21]. Федотов тоже затрагивает тему значимости приписывания добровольности: «Добровольное страдание — подражание Христу, совершенное исполнение Евангелия» [Федотов 1996–2013, 10: 99]. «С православной точки зрения добровольное, жертвенное непротивление — необходимое условие, чтобы жертва насилия озарилась светом страждущего уничиженного Христа» [там же: 108][22].

Что касается еще более очевидного отсутствия добровольности жертвенного страдания Николая II, см. [Stricker 1983: 120], то Ювеналий, митрополит Крутицкий и Коломенский, выдвигает в ответ на доводы против канонизации Николая II на Архиерейском Соборе РПЦ МП 14 августа 2000 года следующее предложение:

---

[20] Оболенский говорит о некоем «своего рода неконвенциональном взгляде на мученичество» [Obolensky 1975: 17].

[21] Классическое определение, в котором добровольность уничижения стоит на переднем плане, дает Кирилл Александрийский: «...ἐθελούσιον ὑπὲρ ἡμῶν ὑπομείνας κένωσιν» («...ради нас он подверг себя добровольному самоуничижению») [PG 77,612A]. Для Филоксена Маббугского добровольность («voluntarie» [CSCO 10.77.32]) самоуничижения Христа является прямо-таки непременным сотериологическим условием (о сотериологии см. 3.0.2). В «Чтении о житии и о погублении блаженных страстотерпцев Бориса и Глеба» говорится о Христе: «...смерти вкуси волею страстию своею...» [Абрамович 1916: 2].

[22] Тем самым пацифистское обобщение непротивления согласуется с русской национальной чертой: «...непротивление злу является национальной русской особенностью, подлинным религиозным открытием новообращенных русских христиан» [там же: 103]. Сколь ошибочным ни было бы такое обобщение — оно наводит на мысль, которую Лев Толстой популяризировал на весь мир (см. 4.2.4 и 5.2.7.2).

# 1. Самоуничижение Христа и его трансформации | 15

> Одним из главных доводов противников канонизации Царской Семьи является утверждение о том, что гибель Императора Николая II и членов его Семьи не может быть признана мученической смертью за Христа. Комиссия на основе тщательного рассмотрения обстоятельств гибели Царской Семьи предлагает осуществить ее канонизацию в лике святых страстотерпцев [Ювеналий 2000][23].

Знаменательно в этом обосновании то, что Ювеналий практически не привлекает общехристианские формулировки, а опирается на особое русское восприятие святости и на особый термин *страстотерпец*[24]:

> В богослужебной и житийной литературе Русской Православной Церкви слово «страстотерпец» стало употребляться применительно к тем русским святым, которые, подражая Христу, с терпением переносили физические, нравственные страдания и смерть от рук политических противников [там же].

Не в последнюю очередь при этом наверняка руководствовались кенотическим тезисом, описанным Федотовым. По его словам, сама по себе насильственная смерть, см. (Апок 5:9), заложенное в ней унижение и делают человека, ставшего мучеником, достойным канонизации. Как в случае с Борисом и Глебом, здесь также срабатывает парадоксальность включения в традицию подражания Христу: «...позорный конец царской семьи [был] одновременно великой милостью Господней... убиенные [царская семья] сделались братьями "первородного Сына Божия"» [Seide 2000: 25][25].

---

[23] [Ювеналий 2000]. К предыстории процесса канонизации ср. [Канонизация 1999].

[24] См. [Johannes 1998: 1]; [Thon 2000: 14]). Словосочетание «страстотерпец» со смысловой точки зрения представляет собой плеоназм.

[25] См. [Krivulin 2000]; [Stricker 2000: 1193]; по поводу оспариваемого Ювеналием политического аспекта как этого, так и других актов канонизации ср. 5.0.4. Среди молитв, приведенных Губановым, следует отметить молитву с антисемитскими намеками и просьбой «о восстановлении православного и самодержавного царства русского» [Губанов 2004: 407].

### 1.1.4. Тезис Федотова о кенозисе как русском национально-культурном достоянии

Таким образом, Николай II оказывается вписан в специфически русскую традицию святости: «Святые мученики испокон веку почитались... в России более истово, нежели обретшие святость в ходе духовного самосовершенствования» [Krivulin 2000]. Николаус Тон говорит о результате своего рода «русификации»:

> Масштабная «русификация» святцев на протяжении ряда столетий привела к тому, что в сознании не только большинства верующих, но и большинства священнослужителей рядом со святыми апостольских времен прочно закрепились почти исключительно национальные подвижники веры, тогда как почитание раннехристианских мучеников, а также многих святых отцов древней Церкви, напротив, отступило на задний план [Thon 2000: 10].

Эта замена греческих мучеников русскими страстотерпцами не помешала, однако, тому, чтобы Николая — подобно Борису и Глебу — в полуофициальных документах именовали не только «страстотерпцем», но вдобавок еще и «царем-мучеником» [Бонецкая 2001][26]. Тем самым Николай — невзирая на это «высокое отличие» — вписывается в схему канонизации, которую Федотов называет «кенотической».

«Может быть, не случайно, что величайшие из древнерусских святых и первые, канонизированные Русской Церковью, принадлежат к тому особому национальному типу, который может быть назван "кенотическим"» [Федотов 1996–2013, 10: 95][27].

Согласно Федотову, к Борису и Глебу восходит та русская модель восприятия, которая протянулась через столетия, все время возобновляясь. В них заложен был тот образ страдальца, который людям был памятен совершенно особенным образом, говорит Федотов [там же: 103]. Роль Бориса и Глеба в качестве «небесных

---

[26] Зарубежная Церковь делала это с самого начала [Stricker 1983: 96].
[27] Ср. также [Evdokimov P. 1970: 35].

заступников» [там же: 104] навязывалась многим насильственно убиенным на Руси, например Андрею Боголюбскому, который сам отличался кровожадностью [там же: 106][28].

### 1.1.5. Трансформация и метафоризация модели кенозиса

Начиная с Андрея Боголюбского, еще в 1702 году, христоподобие через насильственную смерть обретает совершающий насилие (а не жертва в чистом виде, как это было с малолетними Борисом и Глебом): «Только его насильственная смерть... послужила причиной посмертного почитания его» [Федотов 1996–2013, 10: 107] (ср. 5.2.2). Первоначальная модель добровольного самоуничижения Христа, которой следовали раннехристианские мученики и которая в случае с сомнительной добровольностью страданий Бориса и Глеба претерпела свою первую трансформацию, теперь подверглась дальнейшей трансформации. Не отменяя того факта, что это может быть истолковано как «снижение уровня кенотической святости» [Федотов 1996–2013, 10: 107], приписывание христоподобия насильственно убиенным продолжает оставаться продуктивным. Не менее существенное «перерождение» произошло в случае с Николаем II — и тем не менее образец Бориса и Глеба, то есть кенотическая модель, здесь также принимался в расчет. Применение самоуничижения Христова к ситуации, в крайней степени с ним не схожей, не ограничивает традицию такого применения. Наоборот.

Федотов сам прибегает к метафоризации собственной концепции кенозиса, усматривая его возвращение в секуляризированных, политических контекстах XX века (ср. об этом [Kissel 2004a: 276 и сл.]). Когда христианам в Советском Союзе извне насильственно навязывалось страдание, то они испытывали «культурно-политический кенозис» [Федотов 1992: 225]. Однако, руководствуясь своей последовательно парадоксальной логикой, Федотов

---

[28] Конкурирующие модели святости, такие как богоугодный образ жизни, аскетизм, безбрачие или даже «ангелоподобная жизнь», которые менее подобают «святому мученику», нежели «святому монаху» [Clasen 1970: 49], отступают в таком случае на второй план (ср. 3.3.3.4 и 5.0.4).

считает, что христианство только укрепилось благодаря внешним притеснениям (последователь Христа, какие бы потери он ни испытывал, очевидно, может от этого только выиграть — парадоксальным образом он представляется непобедимым).

> И все же она [Россия] сохраняла подспудно свою верность — тому Христу, в которого она крестилась вместе с Борисом и Глебом — страстотерпцами, которому она молилась с кротким Сергием [Радонежским] [Федотов 1992: 49].

### 1.1.6. Модификация тезиса Федотова

Это исследование ставит перед собой цель пойти по стопам Федотова и проверить, в какой мере мог быть состоятельным этот его тезис о постоянном присутствии в истории русской культуры примера уничижения, приписываемого Христу Павлом (Флп 2:7). Неужели можно посредством некоего «первоначального эпизода», каковым был кенозис, действительно охватить столь разительно различающиеся явления, существовавшие в абсолютно разных контекстах?

Ясно, что обилие потенциально подходящего материала и отразившиеся в нем перемены не позволяют осуществить строгую селекцию и тем более — классификацию по признаку подлинности, здесь уместно разве что выявление исторического движения от концепции кенозиса Христа к все новым и новым, не похожим на предыдущие граням позитивного самоуничижения. Если Федотов предлагает панхронистскую стабильность, то здесь именно перемена в рамках частичной преемственности должна оказаться в центре внимания. Провокация, исходящая для православной историографии от несхожих дополнений, ср. [Slenczka 1980: 500], обладает для культурологии и литературоведения даже привлекательностью. Попытка нащупать нить обретения различий (нем. *Unähnlich-Werden*) и является главной задачей этого исследования.

С учетом этой поправки мы на самом деле отстаиваем здесь тезис Федотова: начиная с Бориса и Глеба и вплоть до Николая II, в истории русской культуры на протяжении тысячи с лишним лет возникали все новые феномены по одной и той же модели,

## 1. Самоуничижение Христа и его трансформации

цитирующей черты уничижения Христа[29], — и в любом случае они не представляли собой некой последовательности от начала и до конца, а появлялись волнообразно. Не пострадав от этого, традиция, описанная Федотовым, сохранила свою продуктивность до наших дней. Например, митрополит Ювеналий, в непосредственной связи с восприятием членов царской семьи как «страстотерпцев», развивает свою мысль: «В истории Русской Церкви такими страстотерпцами были святые благоверные князья Борис и Глеб...» [Ювеналий 2000][30], — закономерность, которая в контексте канонизации Николая становится топосом (см., напр., [Johannes 1998: 2]) и практически не встречает сопротивления[31].

---

[29] Противоположный (имплицитный) тезис Лосского [Лосский 1989: 8–199], Майендорфа [Meyendorff 1981], Флогауса [Flogaus 1999] и Мацейны [Мацейна 2002], согласно которому связь с Христом в православии и конкретно в России осуществлялась прежде всего «мистически», в глубине души (с упором на обо́жение: [Лосский 1989: 11]), в то время как «подражание» не играло практически никакой роли (ср. 4.4.1.3), а представляло собой западно-внешнюю концепцию, — все это опровергается исходя из культурологического взгляда на зафиксированные и подтвержденные знаки и практики принадлежности к Христу (см. 4.4.1.2).

[30] Определенно, не случайно после 2000 года Борис и Глеб вновь оказываются в фокусе научных публикаций [Милютенко 2006]; [Бугославский 2007].

[31] Впрочем, Поспеловский в 1997 году провозглашает аргумент относительно терпения, а также генеалогию Бориса и Глеба несостоятельными: «Никакого смысла не имеет тот аргумент, что Николая II можно канонизировать как "страстотерпца", мол, в конечном счете ведь и ранее канонизировали тех лиц, которые вели жизнь какую угодно, но только не богоугодную и "которые в строгом смысле слова не были мучениками за Христа". В качестве примера приводят среди прочих князя Андрея Боголюбского (XII век), который по жестокости и кровожадности сопоставим лишь с Иваном Грозным. Андрей Боголюбский был кем угодно, только не святым — и тем не менее был канонизирован: это произошло в 1702 году по распоряжению Петра I и было тогда чисто политическим решением, которому нет необходимости сегодня обязательно подражать. Вместо того чтобы продолжать бесчестную традицию политически мотивированных канонизаций... надо бы наконец-то подвергнуть экспертизе факты канонизации прошлого и решить, какие из них на сегодня по-прежнему можно оправдать — стоит только вспомнить хотя бы так называемых Святых Воинов» [Pospielovsky 1997: 29]. Однако

Впрочем, что касается этой традиции, то речь здесь идет в большей степени о *традиции нормативной модели*, чем о практической традиции. Если в истории русской культуры можно констатировать непрерывное сохранение наставления о подражании Христу, то тогда это неизбежно влечет за собой в качестве обратного вывода, что то, о чем говорилось в наставлении, как раз-таки и *не являлось* всеобщей практикой (см. 4.0.2). Христианизация восточных славян длилась столетиями (см. 4.1.4), а самой широкой повесткой общества, призывающей подражать Христу, она обернулась только примерно лет через девятьсот, на рубеже XIX и XX веков, то есть в то время, когда произошла социализация Федотова (и для которого секулярное противодействие христианству было уже очень сильно), и тем самым его тезис 1946 года сам по себе является частью особого исторического контекста[32].

Кенотической модели самой по себе, ее тысячелетней истории, и в особенности ее крайне разнородным воплощениям в различных сферах — от христологического догмата до церковной практики[33], от габитусных моделей и концепций литературных

---

Бориса и Глеба — хотя здесь отсутствуют некоторые надежные даты — нельзя ассоциировать с этой негативной традицией: «Личная жизнь и деятельность князей Бориса и Глеба были святыми и безупречными, чего нельзя сказать о последнем правителе» [Osipov 1999: 20].

[32] По поводу историко-социальной подоплеки тезиса Федотова в контексте эмиграции см. 5.4.4.3.

[33] Тезис Флогауса [Flogaus 1999: 307] о том, что все православие «триадоцентрично» и в большей мере, чем другие конфессии, подчеркивает божественность Христа, уже в узких стенах истории догматики верен лишь в относительной степени (см. 4.4.1.2), но в примыкающих к ней культурных практиках не применим вовсе. Если взглянуть на догматику саму по себе, то может возникнуть соблазн счесть кенотику каким-то специфическим (немецким, английским или русским) явлением XIX века. Это противоречило бы гипотезе Федотова; конечно, при сосредоточении внимания на христологии преемственность со времен патристики в XIX веке любят оспаривать. А в предлагаемой работе, напротив, выдвигается тезис о том, что догматические реимпорты XIX века в русской религиозной философии (см. 1.4.2) образуют не более чем один кирпичик в волнообразном процессе истории призывов к христоподражанию, который происходил по большей части вовне догматического дискурса (см. 4).

персонажей, включая также иконографические образцы[34], и вплоть до риторик и поэтик[35], начиная с речей о кенозисе в узком христологическом смысле до метафорически широких — всему перечисленному посвящена эта работа. Связь двух ветвей — христологически суженной и более широкой, практической (в которую вливаются внехристианские источники, например славянский фольклор) с терминологической точки зрения осуществляется следующим образом.

## 1.2. Терминологическое разграничение

### 1.2.1. Кенозис

Термин *кенозис* восходит к производному от глагола «κενόω» греческому этимону «ἡ κένωσις, -εως», для которого Эстьен приводит значения *exinanitio* и *evacuation*, то есть «опустошение» [Estienne 1831–1865, 4: 1442]. В то время как «κενόω» или, соотв., ионическая форма «κεινόω» могут использоваться как переходные («делать пустым»), употребление глагола в Новом Завете и в Септуагинте ограничивается пассивным значением «опустошаться», «вымирать», «исчезать». В известном месте из Послания к Филиппийцам (Флп 2:7), где о Христе говорится «ἑαυτὸν ἐκένωσεν», с помощью возвратного местоимения, тем не менее подчеркивается активность процесса, добровольность: «но уничижил Себя Самого». Соответственно, сориентированы также и расхожие версии перевода существительного «κένωσις» на активно-возвратное значение κενόω: это «опустошение» представляет собой «самоопустошение»[36], «самоотречение». Оно выступает как на-

---

[34] В качестве примера можно взять сюжет о Борисе и Глебе [Onasch/Schnieper 2001: 198].

[35] О продолжившейся конъюнктуре присоединения Бориса и Глеба свидетельствуют, например, более поздние тексты, такие как [Буйда 1997], [Чулаки 2004].

[36] Каноническое определение Кирилла Александрийского, не дающее ничего, кроме общей ориентации, гласит: «Σμικρὸν μὲν γὰρ ὁμολογουμένως αὐτῷ τὸ γενέσθαι καθ' ἡμᾶς καλεῖται· γὰρ κένωσις» («Общеизвестно то, что, как утверждают, он сделался ничтожным, как мы, это и называется кенозисом») [PG 77,741A].

меренное действие, как целенаправленное *самоотречение*[37] от чего-то определенного, а не как спонтанное опустошение. Такому целенаправленному нисхождению из наполненного состояния А к опорожненному Б приписывается положительная ценность, которая по-разному обосновывается (как жертва, как выкуп, как обретение видимого состояния и т. п.: см. 3.0–3.1), но в особенности — мотивируется с помощью подразумеваемого почти всегда возврата от Б к А (возвышение, освобождение, воскресение, обожествление; см. 2.6.2).

### 1.2.2. Синонимы и переводы

Наряду с термином «κένωσις» и его латинским соответствием *exinanitio*, в известных христологических текстах стоят другие лексемы, порой синонимичные, порой же — с легким сдвигом значения: в греческом «ταπείνωσις», или также «συγκατάβασις», в латинском *evacuatio, miseratio, humiliatio*. Да и в русском обиходе, когда речь идет о самоуничижении, отнюдь не всегда используется термин *кенозис*, или типичное для богословского дискурса его соответствие *самоуничижение*. Если акт самоуничижения рассматривается в понятийном смысле, то наряду с конкретно-христологическими терминами в узком смысле слова вспыхивает целая метафорическая палитра, начиная со слова «самоопустошение», включая «самоуничтожение», «самоупразднение», «саморазрушение», «самоотвержение», а также «истощение» и «обнищание», и заканчивая «снисхождением»[38].

---

[37] По признаку *самоуничижения* Христа разграничивается павлианское утверждение от повествовательных схем греческой Античности, закрепляя своеобразие и новаторский вклад Павла [Fisk 2006: 65, 73].

[38] См. [Портянников 2001: 67 и 143 и сл.]; [Седакова 2008: 151 и сл.]. Подобная двойственность встречается и в других языках: во фр. наряду с терминами *kénose* и *anéantissement* встречаются *abaissement, misération, humiliation, dépouillement*, в англ. наряду с *kenosis* также *self-limitation, diminution, humiliation, humbling* или *condescension*.

### 1.2.3. Расширение понятийного узуса

Кенозис — это один из христологических мотивов в ряду других[39], причем такой мотив, который изначально не столько привязан к конкретным событиям жизни Христа, сколько описывает принципиальный вектор самоуничижения второй Ипостаси Троицы — причем предельно абстрактным образом (см. 2.2.5), что, несомненно, способствовало тому, что христологическое понятие кенозиса стало столь широко обобщаемым и метафоризируемым (см. 1.1.5).

Кенозис может, во-первых, использоваться для метафизического свершения воплощения божественного Логоса. Или же, во-вторых, кенозис становится шифром для всех аспектов приписываемого Христу самоуничижения, и тогда, как это происходит в (Флп 2:8), также и мирские дополнения к метафизическому уничижению — от социального унижения вплоть до смерти, и даже до мученической смерти на кресте (см. 2.6.1) — становятся этапами многоступенчатого процесса уничижения.

К этому расширенному представлению о позитивном самоуничижении Христа примыкают, в-третьих, со своим постулатом подражания Христу (Флп 2:5) также и нормативные моральные категории, такие как смирение или скромность (ср. 3.2.3), и образцы поведения, такие как отречение, аскеза, жертва или мученичество. В-четвертых: в конце концов, положительный пример самоотречения может продолжать свое действие и вовне христианской сферы. В таком случае кенозис будет шифром для моторики уничижения, которая оценивается в аксиологическом плане обратным образом и как победа. Если нехристианские практики тоже понимаются двойственным образом с учетом модели страдания и ее позитивизации и таким же образом могут

---

[39] Тех, которые упоминаются здесь по преимуществу лишь вскользь: такие христологические темы, как наставническое и пастырское служение Христа (см. 3.0), созданное им сообщество, или же Второе пришествие Мессии, точно так же как определенная связь христологии и пневматологии, а также прочие разделы догматики в дальнейшем интересуют нас лишь в малой степени.

читаться как трансформация христианской концепции кенозиса (см. 5.6), то возможен даже «секулярный кенозис». Граница расширения понятия кенозиса достигнута, если, в-пятых, аксиологическая составляющая ликвидирована и унижение регистрируется просто как вектор (см. 10.9).

*1.2.4. Смежные категории и конкурирующие понятия*

С помощью приведенных ранее понятий (см. 1.2.2), которые можно счесть приемлемыми в качестве вольных переводов слова «кенозис», открывается целый спектр категорий, с помощью которых выявляется самоуничижение и которые по большей части в той или иной степени обогащены (частично) позитивными включениями[40]. Сюда относятся:

1) понятия, синонимичные слову «кенозис» в большинстве контекстов, или способные замещать его метафорически — *тапейносис, синкатабасис, благоволение, humiliation, status exinanitionis*[41];

2) выражения, которые связаны с ним метонимически, — *агнец Божий* и *жертвенный агнец, слуга Божий* и *Сын человеческий, крест, мученичество, смирение*[42];

3) понятия, конкурирующие со словом «кенозис», такие как *превращение* и, соотв., *метаморфоза*[43];

4) богословские термины на метауровне, такие как *кенотическая христология, христология кенозиса* или *кенотика*[44];

---

[40] Иначе, чем это выглядит, например, в герметической концепции принудительного самоуничижения [*Poimandres* 1: 12–15]; ср. [Henry P. 1957: 9–42].

[41] По поводу *тапейносис*: 2.2.3.4; по слову «(син-)катабасис», (*Syn-*)*Katabasis*: 3.5.5.2; по словам *благоволение* (*Kondeszendenz*), *humiliation, status exinanitionis*: 2.6.3.

[42] По поводу *агнец Божий* и *жертвенный агнец*: 3.0.2.2; к *слуга Божий* и *Сын человеческий*: 2.7.1.1; по поводу слова *крест*: 2.7.1.4; по слову *мученичество*: 3.3.3.4; к слову *смирение*: 3.2.3.

[43] По поводу *превращение*, и, соотв., *метаморфоза*: 2.3.

[44] Сведение понятий *кенотическая христология* или *кенотика* к высшей конъюнктуре мотива кенозиса в немецкой, английской и, наверное, также в русской догматике XIX века — слишком эксклюзивно. В отличие от специальных работ по исторической догматике XIX века [Dawe 1963]; [Breidert 1977], здесь эти понятия не применяются для того, чтобы квалифицировать какую-

# 1. Самоуничижение Христа и его трансформации | 25

5) научные понятия, которые применяются в различных социологических и культурологических дисциплинах, среди них:

а) этнологические и религиоведческие — *аскеза*[45], *жертва*[46], *священное*[47];

б) социологические как *расточение*[48] или *суицид*[49];

в) психоантропологические — *подавленная агрессивность*[50], *меланхолия*[51], *мазохизм*[52];

г) философские — такие как *диалектика* или *автонегация*[53];

6) термины, так или иначе обозначающие сопоставимые концепции или практики из других культур и религий, — буддийское *отрицание*, индуистское *освобождение*, каббалистический *цимцум* или шиитский праздник *мухаррам*[54];

7) специфические шифры исследователей русской культуры — такие как «рабская душа»[55], для отдельных эпох русской культур-

---

либо конкретную историческую страту в качестве «собственно кенотической», или, не дай бог, установить антитезу между «кенотическим» и «ортодоксально христологическим», см. [Davis 2006]. «Кенотика» или «кенотическая христология» означают здесь все частные аспекты христологических рассуждений, которые обращаются к кенозису Христа — будь то точечно или систематически, с ортодоксальных или же с еретических позиций (относительно этого типологического применения понятия ср. [Moltmann 1972: 190]).

[45] 3.2.4.3, 4.4.3.1–4.4.3.2 и 8.3.1.
[46] К слову *жертва*: 3.0.2.2.
[47] По поводу амбивалентности священного см. [Agamben 1995: 85–89].
[48] Батай [Bataille 1979: 317] устанавливает диалектическую связь между христианским смирением и дворянской расточительностью. Об экономии позитивированных утрат см. также 3.0.1.
[49] Ср. 3.3.3.4, 4.5.2.10.2 и 6.4.6.
[50] См. 2.7.2.1 и 5.2.7.4.
[51] По поводу *меланхолии*: 9.5.3.
[52] Ср. 8.3.2 и [Haverkamp 2004].
[53] См. 2.11.6 и 8.3.2.
[54] По поводу этих далее больше не затрагиваемых вопросов см. [Kuhn 1968]; [Canetti 1982: 165–175]; [Abe 1995]; [Горелов 1997: 398]; [Münch 1998]; [Lounibos 2000]; [Hoffmann A. 2008: 65–259].
[55] *Slave Soul of Russia* Ранкур-Лаферьера в [Rancour-Laferriere 1995]; ср. к истории этого стереотипа [Uffelmann 2005a].

ной истории — такие как «кенотически-апофатический авангард»⁵⁶ или «тоталитарный мазохизм»⁵⁷, а для социальных практик — такие как самоубийство⁵⁸.

В этой связи понятийное отграничение концепции кенозиса от этих категорий, предвосхищающее дальнейшее изложение, не представляется разумным, поскольку далее речь как раз пойдет также и о диапазоне представлений, неразрывно связанных с кенозисом и в определенные моменты соприкасающихся с перечисленными граничащими с ним категориями, или же отталкивающихся от них. Увязывание с родственными терминами и представлениями может осуществляться лишь выборочно, с учетом исторической специфики.

### 1.2.5. К истории понятия и культуры: узкое и широкое значение

Напряженность между более узким, инкарнационно-христологическим понятием кенозиса и его более широким, векториальным значением реализуется в истории его применения. Если Надежда Городецки подчеркивает нечеткость самого феномена: «Всегда создается впечатление, что главная специфика русского «кенотизма» заключается именно в отсутствии доктрин по этому поводу» [Gorodetzky 1938: VIII], — то, конечно, легче понять исходя из этого широкую продуктивность столь мало наглядной богословской концепции, как «кенозис»; но одновременно культурологи и историки литературы сами попадают на зыбкую

---

⁵⁶ Тезис Эпштейна о кенотически-апофатической стратегии авангарда в [Эпштейн 1989].

⁵⁷ Тождество Игоря Смирнова «Тоталитарная культура, или Мазохизм» в [Смирнов 1994а: 231].

⁵⁸ Тезис из монографии Ирины Паперно «Самоубийство как культурный институт» в [Паперно 1999]; здесь стоит прежде всего обратить внимание на разграничение эмфатически подчеркнутой добровольности христианского самоуничижения и «обязательного альтруистического самоубийства» Эмиля Дюркгейма [Durkheim 1897: 238], которое, несмотря на то что Дюркгейм это формулирует, с трудом сопоставимо со «смертью череды христианских мучеников» [там же: 246].

## 1. Самоуничижение Христа и его трансформации

почву, которую они обнаруживают в своем объекте — истории русской культуры и литературы.

Отвечая на метафорико-расширительное толкование термина «кенозис» в истории русской культуры и в культурной историографии, можно было бы в качестве методического выхода сконцентрироваться на документации богословского определяющего характера относительно концепции кенозиса в русских дискурсах[59]. Однако в данной работе будет предпринята попытка описать *конститутивное сосуществование узко христологического и расширенно-культурного применения этого понятия*. С этой целью необходимо, с одной стороны, исследовать христологические определения кенозиса — в особенности те, которые пришли из греческой патристики и являются важными для (русского) православия — точно в соответствии с заложенными в них частностями (см. 2); с другой стороны, нельзя оставить без внимания все разнообразие аппликаций позитивной оценки самоуничижения в христианских практиках (см. 4), моделях личностей, в их секуляризации и фикциональных рефлексах (см. 5).

Хотя, обсуждая кенозис, мы исходим из некоего понятия, нам здесь будет недостаточно изолированной его понятийной истории, на которой, как правило, бывают сконцентрированы исследователи, используя его в таких элитарных дискурсах, как догматических или философских. Обзор проблем, опирающийся на одно только понятие а-ля Ротхакер, для которого история понятия должна включать в себя историю проблем [Rothacker 1995: 5], здесь представляется слишком узким подходом[60]. Задачей куль-

---

[59] Помимо нескольких догматистов и богословов-любителей, прежде всего конца XIX — начала XX века, не обнаруживается достаточно свидетельств, которые могли бы обеспечить правдоподобие того факта, что в догматическом дискурсе существовала подобная непрерывная традиция преемственности, ср. [Röhrig H.-J. 2006: 323–331].

[60] Впрочем, что касается понятия кенозиса, выражается та точка зрения, что сама по себе история понятия в богословии, философии, культурологии представляет собой часть традиции передачи из поколения в поколение, хотя эта передача осуществляется, что касается широты воздействия, по большей части в других жанрах и практиках. Здесь вполне достаточно учитывать внепонятийное, ср. [Blumenberg 1993: 75–93] и допонятийное [Foucault 1994: 89–92] *наряду* с понятийным.

турологического описания должны стать выход за границы дискурса и привлечение таких изобразительных форм и практик, как картины, литургии и образцы поведения в качестве инструментов передачи традиции (см. 4–5). При таком масштабе необходимо параллельное рассмотрение «различных арен культурного производства», а также изучение их взаимодействия[61], должны быть восстановлены «переговоры об обмене» [Greenblatt 1995: 229] между жанрами и практиками.

Восстановление подобных «negotiations» не приведет, однако, к синтезу единого культурного целого [Kelly et al. 1998: 12]; взгляд на «сложное целое» культуры [Greenblatt 1995: 226] следует понимать исключительно как призыв к привлечению различных векторов, а отнюдь не как императив по синтезу тотального слияния функций. Эти оговорки при рассмотрении русской истории кенозиса не должны, с другой стороны, породить соблазн использования этого слова в духе нового историзма (New Historicism) несистематически и только в синхронном срезе, где осцилляции между различными аренами представали бы исключительно как «поражающие совпадения» и как «причудливые пересечения» [Veeser 1989: XII]. Если удивлением мы обязаны только лишь отсутствию представлений о предшествующей истории, то для науки это лишь краткая промежуточная ступень, и не более того. Искоренение сюрпризов может, конечно, расцениваться как эстетическая потеря, но одновременно оно означает культурологическую победу.

### 1.2.6. Imitationes exinanitionis[62]

Как метафорический перевод примера самоуничижения Христа в подражаниях ему, так и его метонимические расширенные толкования, переплетения которых будут показаны в этой книге, заложены во фрагменте Послания к Филиппийцам, а точнее

---

[61] «В данном исследовании... рассматриваются различные объекты культурного производства... и многочисленные образцы произведений культуры. <...> С целью установления связей между такими сторонами российского общества, которые обычно не рассматриваются вместе» [Kelly/Shepherd 1998: 4].

[62] Имитация опорожнения (*лат.*). — *Прим. пер.*

в стихе 2:5. Требование иметь «тот же образ мыслей, что и Христос», можно толковать по-разному, и не всякое *imitatio Christi* — это автоматически *imitatio exinanitionis Christi*[63]. То, что в экзегетике (Флп 2:5) в основном толкуется как призыв к следованию и подражанию (ср. 2.2.3.1), раскрывается перед историко-культурным взором как изменение и дополнение, как постоянно обновляющийся и всё дальше идущий перевод и сдвиг, как *imitatio* самого *imitatio* — вплоть до перевертывания цели (солдатский идеал вместо монашеского; см. 5.5.3) или вплоть до смены ролей актантов. Последнее случается, например, в том случае, если человек, подражающий Христу, берет на себя роль объекта действий Христа (напр., его чудодейственных исцелений; см. 9.5.1), если в качестве христоподобного мученика выступает революционный преступник, а не его жертва (см. 5.5.5), или если женское тело меняет гендерные признаки в ходе получения стигматов (см. 3.2.4). Наконец, сомнительной выглядит та трансформация, когда нейтрализуется аксиология унижения с положительной коннотацией (см. 10.9).

### 1.2.7. Образцовый субъект Иисус Христос?

> ...не нужно... быть суверенным, чтобы действовать в рамках морали; скорее, приходится ограничить свой суверенитет, чтобы стать человечным.
>
> [Butler 2003: 11]

Самоуничижение, приписываемое исторической личности — Иисусу из Назарета, по понятным причинам представляет из себя нечто большее, нежели просто частный мотив в истории культуры: Иисус, даже если, предположим, оставить в стороне наделение его богосыновством, является на протяжении тысячелетий — и поверх европейских культурных границ — с большим отрывом самой упоминаемой фигурой; его деяния и его учение,

---

[63] Так, монашеская кеновия может быть истолкована как подражание общежитию Христа с апостолами, ср. [Смолич 1999: 409]. Даже если для мнашества *imitationes exinanitionis* являются абсолютно привычными, то в качестве общественного идеала этот аспект все же по меньшей мере не приоритетен.

его воплощение и страдания до сих пор востребованы в качестве примера для подражания[64]. При этом вместе с титулом «Христос», который в большинстве европейских языков сопровождает имя Иисус, сразу привносятся догматико-метафизические сведения (ср. 2.8.6.1), так что занимающаяся всем этим христология наделяется неоценимой ролью формирования идентичности во всех христианских культурах. Как европейская философия развивает свои категории на основе христологии, так и отсылка к Христу определяет практику Церкви и веры вплоть до современности.

Если учение о кенозисе полагается в этой работе как центральный[65] аспект христологии, то его культурно-историческая ценность определяется уже с помощью одного этого его места в христологии; понимаемые на основе кенозиса принципиальные позиции по поводу инкарнации, мученичества и смерти на кресте ни в коей мере не являются второстепенными. Будучи сосредоточенным на *одном* аспекте, неразрывно связанном с *одной* личностью, самоуничижение Христа обретает на основании требований апостольского служения, миссионерства (Мтф 28:19 и сл.) и подражания (Флп 2:5) статус *субъектной модели*, которая на протяжении столетий обладает наиболее сильной парадигматизацией (или, поскольку до Нового времени вряд ли можно говорить о субъектности[66]: о ее предварительных этапах).

В меньшей степени в понимании субъекта в Новое время, нежели в этимологическом смысле от лат. *sub-icere* Христос своим

---

[64] См. заметку Гоголя на полях к (Флп 2:7) «Образец нам... в трудной [пробел для одного слова] К[рест] Христа» [Виноградов/Воропаев 1998: 246] или начало эссе богослова-любителя Ильи Стогова «Страсти Христовы»: «Я хочу рассказать вам о главном событии своей жизни: о Страстях Господних. Не важно, что это событие имело место за тысячелетия до моего рождения. Оно важнее, чем любые подробности моей личной биографии. На самом деле оно и есть главное, что было в моей личной биографии» [Стогов 2005: 7].

[65] Ср. оценку Федотова: «Кенозис есть одна из существеннейших идей, или, точнее, один из основных фактов христианства. Может быть, главный — но не единственный» [Федотов 1992: 226].

[66] Ср.: «Этот один субъект [Иисус Христос] является не самодостаточным субъектом современности, а субсистенцией личности Иисуса Христа» [Hoping 2004: 120].

уничижением создает нечто вроде образцового субъекта⁶⁷. Эта модель субъекта включает в себя идеологему, что унижение и подчинение — феномены положительные. Или, иначе говоря, она включает в себя диалектический автоматизм унижения и возрождения, создает двухвекторную модель (см. 2.6).

Помимо этого, христианские практики формируют образцы поведения, которые уже не воспринимаются их носителями как христианские. Если подтверждается тезис Федотова, что кенотическая габитусная модель занимала особое место в истории русской культуры и — по крайней мере в нормативном речевом обиходе — была представлена на практике, тогда позволительно задать вопрос, существовали ли в древнерусском имплицитном протопонимании субъектности черты, которые предусматривали кенотическую субъектную модель, или, наоборот, императивное подражание кенотическому образцовому субъекту Иисуса Христа привело к тому, что самоуничижение (вместо самоутвер-

---

[67] Причем субъект выстраивается именно благодаря тому, что подчиненно (*sub-iectum*) становится «рабом языка» [Lacan 1966, 1: 251]; ср. [Foucault 1992: 302 и сл.]; [Borch-Jacobsen 1990: 221–233]. Такое «покорение» (фр. *assujetissement*) [субъективация], бесспорно, обладает конститутивным значением в комбинации «типов подчиненности» и формах «самопроработки» [Foucault 1984a: 39]; об этом [Bröckling 2003: 81]. Этот аспект поддерживает также медиальную, или посредническую, функцию Христа по репрезентации божественного: «Когда вестник в качестве посредника представляет посланца, в нем обнаруживается предпосылка для любого посредничества: он становится коммуникативным *sub-iectum*» [Bahr 1999: 277]. Впрочем, совмещение возможно только в латинско-романском; ибо в то время как латинская семья слов *subicere, subiectio* включает грамматическое употребление понятия и значение «подавлять», в греческом эта неоднозначность распространяется на множество глаголов («καταστρέφω» — «угнетать», соотв., «τὸ ὑποκείμενον» — «грамматический субъект»). Под совсем другие этимологические знамена встает Яннарас, когда он — воодушевленный экзистенциализмом — рассматривает кенозис и ипостась вместе. Яннарас тоже опирается на формирование субъекта через подчинение: «Смысл христианской *аскезы* и добродетели, воплощенных в кротости, есть не что иное, как стремление к такому кенозису, как "освобождение" от элементов индивидуального самодовольства, за которым стоит завоевание личного совершенства, осуществление ипостаси ὑφ-ίσταμαι, сокрытие себя как индивидуума за всеобъемлющим экстазом сообщества» [Yannaras 1982: 242].

ждения[68]) в русском культурном контексте имело тенденцию восприниматься в более сильной степени в качестве механизма формирования личности, нежели в других европейских культурах (и не это ли явилось возможной причиной того, что в понимании субъекта возникло отличие от западноевропейского понятия субъекта, которое сохраняется до наших дней[69]).

### *1.3. Методологические позиции*

#### *1.3.1. Предшествующие направления исследований*

Предшествующие исследования, посвященные кенозису, распадаются на два направления, которые редко связаны между собой больше, чем через лексему «кенозис»: во-первых, существует широко разветвленная, старая традиция христологии, которой примерно 1970 лет, в которой учение о кенозисе играет выдающуюся роль и которая участвовала во множестве догматических споров от времен раннехристианской Церкви и вплоть до современности (см. 2). К тому же есть небольшое число релевантных научных работ по русской кенотической христологии [Hammerich 1976; Valliere 2000; Röhrig H.-J. 2000a] (ср. 4.4.4). По части христологических исследований наблюдается существенный

---

[68] См. [Kissel 2004б] и [Kissel 2004в].

[69] Ульрих Шмид диагностирует в России «следы воздействия гетерономных моделей "Я" вплоть до XIX века» [Schmid U. 2000: 37], Криста Эберт предпочитает рассматривать «образные клише» русской «самозабвенности», такие как жертвенность, хотя и не как опровергнутые, то как нуждающиеся в дифференцированном подходе [Ebert 2002: 7 и сл.], а Керстин Хольм считает даже, что в философском сопротивлении индивидуализму можно усмотреть отпечаток русского понимания не-субъектности («В России отдельный человек понимает себя всегда как объект» [Holm 2003a: 43]) — что выглядит слишком обобщенно. Впрочем, Хольм приходит к этому обобщенному тезису через посредство привычки к смирению [там же: 41]. «Субъективация» функционирует через унижение не только в христианско-кенотической модели жертвенности, но и в сталинизме [Kharkhordin 1999], особенно в реанимации жертвенных житий, которые стирают все автобиографически-индивидуальное [Thun-Hohenstein 2002].

пробел в сфере постхристианской христологии и, соответственно, не-христианского учения о кенозисе, которое, за редкими исключениями [Dawe 1963; Rupp 1974: 85–158], встречалось до сих пор скорее в энциклопедических статьях, да и там в основном были даны лишь наметки[70].

Другую группу составляют разрозненные — зачастую примыкающие к определенным, ранее (см. 1.2.4) перечисленным понятиям — упоминания явлений истории русской культуры, где в общем ряду подчеркивается и понятие *кенозиса*. Всем этим исследованиям, почти без исключения, не хватает христологической базы[71]. При этом следует отличать фрагментарные работы, связанные с отдельными феноменами в области истории литературы и культуры [Grübel 1998; Kissel 2004a; Смирнов 1987, 1994a, 1996; Smirnov 1999], от глобалистических сочинений, где кенозис, аскеза, *imitatio Christi* и т. п. возводятся в разряд уникальных черт русской культуры [Федотов 1996–2013; Gorodetzky 1938; Ziolkowski M. 1988; Morris 1993; Rancour-Laferriere 1995; Kotelnikow 1999; Руди 2003]. Работы, затрагивающие существенные исторические глубины, завершают исследования либо символизмом [Gorodetzky 1938], либо тоталитарной литературой [Morris 1993][72]. Исследования, посвященные русской современности, в которых прослеживалась бы кенотическая традиция шире, чем с опорой на разрозненные феномены, пока отсутствуют.

### 1.3.2. Богословский аспект: диапазон толкований

Эта работа лежит в сфере дискурсивной риторики, культурологии и истории литературы. Отсылка к (Флп 2:5) связывает ее с богословием. Внутренняя структура систем христианского богословия всех конфессий при незначительных терминслоги-

---

[70] Из энциклопедических статей см. [Jaeschke 1999]; [Link-Wieczorek 1999]. Знаменательно исключение не-христологического и постхристианского в [Kasack 2000]. Это в меньшей мере касается собраний Кушеля [Kuschel 1997, 1999].

[71] Впрочем, у Городецки есть широко цитируемая (см. [Dawe 1963]; [Nramani 1995]) глава по русской кенотической христологии [Gorodetzky 1938: 127–173].

[72] Исключение составляет [Rancour-Laferriere 1995].

ческих различиях предусматривает сопоставимое разграничение на экзегезу и систематику (как разделы, ориентированные синхронически или панхронически) — с одной стороны, и историю догматов вкупе с церковной историей — с другой. В противоположность этому, применяемый здесь подход к новозаветному тексту (Флп 2:5) рассматривает всю палитру исторических рассуждений *как экзегезу*, как спектр разнообразных вариантов «выведения на поверхность», предоставляющего «неисчерпаемые возможности» для того, чтобы «создать бесконечный мир связей и сплетений»[73]. Согласно этому базовому постулату некая отделимая от истории интерпретаций и реализаций, имманентная экзегеза послания Павла или христологическая систематика существовать не может. И всякая дифференциация на разделы, разграничиваемые по содержательному либо дискурсивному принципу — скажем, история православных, католических, протестантских догматов, отделенная от еретических, не-христологических рассуждений и секулярных продолжений, наряду с изолированной историей габитусных моделей, концепций литературных персонажей, а также стратегий поэтической и изобразительно-художественной репрезентации, — согласно этому культурному повороту (*cultural turn*) также неуместна. Подобная интегрированная история экзегезы в качестве концептуального, культурного и литературно-исторического маршрута, разумеется, больше не является богословской экзегезой сама по себе, поскольку обходится без претензии на общепризнанность или отграничивает себя от этой претензии описанием многообразия

---

[73] Ср. [Didi-Huberman 1990: 11], который называет «экзегезу в меньшей степени методом, но прежде всего — *поэтикой*» [там же, выделено в ориг.]. Богословие по большей части предусмотрело скорее противоположное направление, требуя вновь увязывать историю культуры с предполагаемым первоначалом — инкарнацией: «История воздействий неотделима от истории страстей Христовых в той же самой христианской культуре. Инкультурация есть инкарнация, сопровождаемая страстями, то есть проникнутая клеветой и предательством, недоразумениями и истязаниями» [Stock 1995–2001, 2: 9]. Эта взаимосвязь релевантна также и в обратном направлении: история страстей Христовых неотделима от истории воздействий и только благодаря ей значима *для культурологии*.

своих исторических реализаций. Тогда догматика — всего лишь один из дискурсов, в котором осуществляется присвоение некоей богословской концепции, специфической для определенной культуры, — частная система среди прочих. Только плотное [Geertz 1999:15] наглядное сопоставление с другими дискурсами и социальными системами позволяет составить картину амплитудных колебаний исторических перемен некоей концепции (такой как кенозис) в определенной культуре (как здесь — в русской, см. 4–10). При этом теоретическая история и история применения всегда находятся во взаимосвязи.

Однако, когда смыкаются широкое и узкое значения, когда взаимодействуют теория и применение, то приходится отвергнуть домысливание одной-единственной общепринятой дефиниции, каковая является подспудной задачей большинства историков догматики[74]. В противовес центростремительной задаче выработки одной руководящей дефиниции следует учитывать экстремальные варианты, показывающие, насколько изменчив и растяжим мотив кенозиса вопреки всем компромиссным определениям, содержащимся в парадоксальных формулах Вселенских соборов (ср. 5.6.3.1). В качестве лакмусовой бумажки ереси, гетеродоксии и секты (см. 2.3 и 5.4.3) хорошо подходят для оттенения особого варианта кенотической христологии, который стал определяющим для Вселенских соборов — парадоксального (см. 2). Итак, по причине широты привлекаемого материала придется в данной работе обойтись без вводного определения того, что является ее предметом: связанные с самоуничижением,

---

[74] В рамках культурологической перспективы нет никакого «истинного кенозиса» [Henry P. 1957: 139]. Рассмотрение истории культуры и экзегезы исключает разграничение «истинного» и «неистинного» кенозиса в том виде, в каком оно встречается прежде всего в полемических работах с конфессиональной доминантой, в которых кенотика объявляется преимущественно лютеранским феноменом, и в истории лютеранства ей отводится еще более ограниченная роль продукта XIX века [Gaudel 1925: 2339]; [Dawe 1963]. Однако там, где систематическая правильность не выдается за селекционный критерий, объемы материала, который может быть привлечен как в христологии, так и в практиках христоподражания, необозримы; любая же попытка добиться полноты или чего-то подобного сама по себе привела бы в тупик.

с кенозисом представления, которые раскрываются в истории своих воплощений (см. 3.1.5). Место систематического изложения занято историческим развертыванием событий. Таким образом, эта начинающаяся без вводного определения работа не приводит также и к заключительному определению, а открывает *панораму* древневосточнославянских, русских и советских представлений о кенозисе (см. 4–11).

*1.3.3. Культурологический аспект: одна из традиций*

Эта панорама отнюдь не представляет собой панораму русской культуры вообще, а ограничивается одним, пусть и широко действенным фокусом с точки зрения истории культуры — представлениями о самоуничижении. Взгляд здесь направлен на *одну* традицию из общего ряда, без утверждения, что именно эта — самая важная (см. 4.0.5). Федотов также это отмечает, хотя и не в самом известном месте:

> Все это, казалось бы, подразумевает, что кенотизм можно по праву считать лейтмотивом русской духовности — даже можно было бы сказать, самобытным русским подходом к христианству. Однако, данное утверждение верно лишь отчасти. Ибо, на самом деле, кенотизм никогда не был исключительной или даже количественно преобладающей чертой русской религиозности. Его всегда умеряли, разбавляли и дополняли другие течения: обрядовые, литургические, мистические или культурно-творческие, при этом некоторые из них пришли из-за рубежа — из Византии либо, уже в новое время, с христианского Запада [Fedotov 1969: 14].

Основной тезис этой работы как раз заключается в том, что кенотическая традиция обладает социальной, культурной и историко-литературной релевантностью. При этом не исключено, что в других культурах она, в свою очередь, обретает столь же существенное значение. К тому же культурная историография, использующая понятие кенозиса, до сих пор ни в какой степени сама не стала предметом историографии и не была исследована в отношении ее собственных автокоммуникативных импликатов: там есть идеальные проекции (например, у эмигранта Федотова — на идеальное древнерусское прошлое) и гетеростереотипы (см. 5.2.5 и 8.3.2), которые в качестве материала сами относятся к истории представлений о кенозисе.

В основе сфокусированности этой работы на России лежит методологическое предположение, что христологические модели также обладают культурной спецификой, как это установил Джордж Рупп: «Я утверждаю, что различия в христологии коррелируют с разницей подходов к личной, социальной и культурной жизни и с их интерпретациями» [Rupp 1974: 1][75]. Особенно существенно переплетение культуры и христологии для сферы кенотических *практик*.

### 1.3.4. Религиоведческий аспект: в фокусе русская культура

От религиоведения, устроенного определенным, а именно феноменологическим образом, этот специфически культурологический подход тоже далек: он отстраняется от эвристики всеобщей и сравнительной феноменологии религий, которая «сглаживает» культурную специфику, стремясь к антропологически всеобщему [Lanczkowski 1992: 34]. Что в дальнейшем, сообразно культурному повороту религиоведения, будет нас интересовать, так это не всевозможные, поддающиеся этнологическому выявлению, формы самоуничижения, а только восходящее к (Флп 2:7) учение о кенозисе, которое является центральным для истории христианства, и его русская ипостась[76].

---

[75] Впрочем, типология Руппа слишком сильно ограничивается догматикой — и вдобавок еще — преобладающим в англосаксонских христологиях меркантильным аспектом «искупления» (*atonement*; ср. 3.0.5) — и уводит внимание от специфики развития в православной Восточной и Южной Европе. О необходимости контекстуализации истории экзегезы в (Флп 2:5) см. [Stock 1995–2001, 1: 43].

[76] Когда в этом труде говорится о «русском», то это делается ради приблизительного культурно-языкового и географического разграничения; размежевание русского, украинского и белорусского, европейского русского и азиатского русского, русского и советского не всегда возможно по причине

Несомненно, существовавшие — межкультурные[77], как и всеобщие культурно-антропологические — возможности расширения материала[78] осознанно были отвергнуты. Обращение к развитию догм в ветхозаветные времена, как и межконфессиональные сравнения — это не расширение, которое призвано привести к универсальной кенотике, а фон, на котором в рамках религиозно-научной конфессиональной этнологии выявляется профиль специфики кенотических обновлений в культуре, испытавшей влияние русского православия. Фокус приходится именно на культурные различия внутри (плюралистичной по сути) истории христианства [Gladigow 1995: 25–28].

---

ограниченного объема работы. Когда говорится «русский» или «Россия», то имеется в виду включающее определение (феномен опирается — зачастую среди прочего — на историю русской культуры), а не исключающее (чтобы тем самым он не распространялся, скажем, на другие восточнославянские культуры и в целом — на общесоветские проявления). Свидетельством того, сколь далеко может зайти многократное включение феномена в разные классификации, служит тот факт, что объекты изучения в опубликованной в 2003 году вторым изданием книге «Образ Христа в украϊнськϊй культурϊ» [Горський 2003] более чем на две трети (начиная с Бориса и Глеба и заканчивая пещерными монастырями, Петром Могилой и Гоголем) пересекаются с рассматриваемыми здесь темами. Наряду с украинскими и белорусскими проявлениями, могу здесь лишь наметить дохристианские славянские образцы, которые, возможно, способствовали практическому освоению кенотической модели, как и описанное Мезеном предпочтение насильственной смерти у древних славян [Moehsen 1781: 72 и сл.]. См. об этом 4.2.3 и 5.2.6.1.

[77] Подчеркну от себя, что было бы желательно контрастивно сопоставить историю восточно-славянско-русских трансформаций кенозиса Христа с развитием в других европейских и неевропейских культурах. Если делать это в солидной форме, а не просто выставлять напоказ отдельные случайные находки вне всякой богословской и литературной генеалогии, как делает это, к примеру Отто фон Шульц в 1932 году, вскользь упоминая Гюго, Диккенса и Бальзака [Шульц 1998: 39, 41], или — как предложила Кристиане Шульц в 2006 году по поводу стихотворения Шиллера «Смирение» и его русских версий [Schulz C. 2006], — тогда объем данной работы неизмеримо разросся бы.

[78] Скажем, в направлении обрядов перехода (*rites de passage*) Ван Геннепа [Gennep 1981], всеобщей теории религиозной жертвы [Janowski/Welker 2000] или в сторону обратно пропорциональных логик религиозных дискурсов (см. 2.5.2).

## 1.4. Наведение мостов через многочисленные трансформирующие шаги

### 1.4.1. Христологическая (павлианская и греко-патристическая) база

Иначе, чем это происходит в существующих культурологических и литературоведческих отсылках к кенозису, оперирующих в большей или меньшей степени метафорическим, редуцированным до логического или векториального, пониманием кенозиса, здесь будет учтен широкий спектр догматических, христологических интерпретаций (см. 2). Должно начаться исследование, которое всерьез принимает христологическую базу всех «культурных кенотик», от *sedes doctrinae*[79] кенотики вообще, гимна Христу из (подлинного) Послания Павла к Филиппийцам (Флп 2:5–11). Этот спектр будет изложен не сам по себе (имманентно, систематически), а поначалу развернется всего лишь в виде веера вопросов и разновидностей прочтения (см. 2.2.3), в том виде, в каком его истолковала позднейшая концептуальная история и в каком он ощутим в концепциях литературных персонажей и в поэтиках вплоть до постсоветского времени.

Взгляд на некую долгосрочную историческую перспективу (*longue durée*), обоснованную фокусом данной работы на мнемонические аспекты, ср. [Steindorff 1994: 16], притом что в случае с кенозисом эта перспектива неизбежно простирается примерно на 1970 лет, пресекает всякую попытку целиком заполнить этот временной промежуток. Но полностью отказаться от него невозможно, потому что тогда христианизация Руси в IX веке будет выглядеть как автохтонное первоначало, что не соответствует действительности[80], и еще потому, что русские концепции и как литературные, так и габитусные модели невозможно понять без основополагающей греческой патристической прелюдии и в бо-

---

[79] Центральная отсылка догмы в Библии (*лат.*). — *Прим. пер.*
[80] Наряду со многими прочими древними праформами — скажем, языческими, греко-византийское христианство устанавливает вехи для истории русской культуры еще в те времена, когда о русской культуре и речи не могло быть.

лее поздний период — без влияния западных кенотических правил жизни или кенотико-христологических концепций XIX века (см. 1.4.2). Сколь бессмысленным ни казалось бы представление о начале развития кенозиса в IX веке, столь же несостоятельна распространенная в культурной историографии позиция, внушающая точку зрения, будто современную Россию можно было бы всесторонне описать, если считать началом то, что было при Петре Первом. Обе позиции об адамическом начале лишают историко-культурную реконструкцию значительной части ее капитала.

### 1.4.2. Три кенотических влияния

С христианизацией, исходящей из Византии, кенотический образец импортируется и в Киевскую Русь, и вскоре после этого «русифицируется» [Thon 2000] (см. 1.1.4). В различных жанрах древнерусской литературы и практиках определяемой христианством повседневной жизни все явственнее звучат призывы подражания Христу (см. 4.2.4). Это разножанровое наставление потомкам то и дело находит дополнительную подпитку во все новых заимствованиях кенотических моделей. Что касается концепций, то начиная с XV века можно говорить о втором кенотическом влиянии (исихазм и движение скитничества; см. 5.3.5), которое впоследствии обогатилось дальнейшими вдохновляющими событиями, такими как русская рецепция труда Фомы Кемпийского «О подражании Христу» (*De imitatione Christi*) и возрождение старчества Паисием Величковским в конце XVIII века (см. 5.3.6.3). Христианство к тому времени уже глубоко проникло в русское общество. Третье кенотическое влияние приходится на вторую половину XIX — начало XX века, когда в Россию пришла немецкая и английская неокенотика[81]. Тезис Федотова о кенозисе (см. 1.1.4), который опирается исключительно на первое влияние как решающее определение вех и — в духе православного традиционализма —

---

[81] См., например, влияние, которое на Вл. Соловьева и С. Булгакова оказал Гегель, а на М. Тареева — Брюс [Dawe 1963: 151]; ср. 4.4.4.2 и 4.4.4.5–4.4.4.6.

гасит дополнительные и более поздние источники вдохновения, сам находится в силовом поле того же третьего кенотического влияния.

### 1.4.3. Мост от догматики к культурным, в том числе секулярным практикам

Если христологическую «предысторию» к культурной кенотике принимать всерьез, то встает вопрос о мосте, который ведет от догматической (в последующее время: академической) дискуссии о приписывании Христу божественных и человеческих свойств, с одной стороны, — к отдаленным от нее зачастую множеством трансформационных ступеней культурным практикам позитивированного самоуничижения, с другой стороны. Тем более что этот мост простирается за пределы христианской сферы; христологические следы в виде кенотических моделей обнаруживаются также и в культурных формациях, уже чуждых осознанного христианства и зачастую даже сознательно направленных против христианства. В предшествующих исследовательских работах *культурно-исторический* вопрос о трансформациях и транспозициях религиозных образцов и превращении их в мнимо «чисто секулярные», а также вопрос о внехристианско-христианской двойственности, не только удовлетворительно не освещался, но и вообще практически не ставился (см. 5.6). Описать широко раскинувшийся мост между христологическим догматом и кенотическими культурными практиками, включая литературную рефлексию и секулярно-христианскую двойственность интерпретации определенных явлений, — основная задача, которая ставится в данном исследовании.

Учитывая такую предпосылку «эвристики мостов», имеет смысл по-новому прочесть поздние — секулярные и литературные — ступени возвращения к кенотической модели исходя из догматической базы — в том числе романы, скажем, роман Чернышевского «Что делать?» или Николая Островского «Как закалялась сталь», относительно которых имеются лишь частичные попытки интерпретаций, вычленяющих мотив кенозиса в виде наметок⁸². Сферу, почти не затронутую исследователями тематики кенозиса⁸³, составляет позднесоветская и посттоталитарная литература, такая как «Москва — Петушки» Венедикта Ерофеева или «Тридцатая любовь Марины» Владимира Сорокина, — всему этому посвящены заметки в заключении (см. 9–10).

### 1.4.4. Четырехкратная «материализация» кенозиса

> ...это чрезмерное подчеркивание *материальности* живописи... [было] подчинено высочайшим требованиям мистерии и ее теологической и культовой памяти...
>
> *[Didi-Huberman 1990: 14, выделено в ориг.]*

Навести первый мост между богословским дискурсом, с одной стороны (см. 2), и транспонированием подражания Христу в габитусные и литературные персонажные модели, с другой стороны, позволяет позиция «материализации». В качестве «материализации» могут быть концептуально рассмотрены:

1) самоуничижение Христа как таковое;
2) его христианские воплощения и репрезентации;
3) подражание ему в христианских моделях поведения;
4) перенос его в секулярные культурные контексты.

Во-первых, христологический дискурс называет среди целей кенозиса Христа (см. 3.0) также и момент придания наглядности невидимому божественному (см. 3.1). Связанная с кенозисом инкарнация божественного Логоса оказывается, таким образом, первым моментом «материализации» (см. 2.1.6).

---

⁸² Такие, как [Паперно 1996] в случае с Чернышевским (см. 6) или [Смирнов 1987] в случае с Островским (см. 8). Своеобразным приложением к кенотической христологии служит парадоксальная мариология, рефлексию которой исследователи романа Горького «Мать» пока что лишь наметили (см. 7.6).

⁸³ Апологетический обзор Дунаева «Православие и русская литература» сводит литературу советского периода [Дунаев 2001–2003, 6] к нескольким именам — и рассматриваемых здесь авторов там нет.

Во-вторых, христианство развивает целую палитру знаковых, материализованных в сигнификантах указаний на уничижение и страдания Христа — в таинствах, таких как Евхаристия (см. 3.2.3.1), в метонимиях, таких как реликвии креста (см. 3.2.2), Туринская плащаница (см. 3.4.3.1), или православные иконы (см. 4.6).

В-третьих, кенотическая христология и практическая гомилетика привязывают этический модельный статус к *самоуничижению самого Христа*[84] и посредством различных жанров и практик призывают верующих к подражанию — подражанию путем аналогичного социального самоуничижения (см. 4). Подстановка собственной персоны последователя Христа на место образцовой кенотической личности Иисуса материализует этот образец для все новой и новой габитусной практики (см. 5) — некоего христоподобного самоуничижения, которое, однако, не привязано собственно к Христу, а манифестируется в его подражателях.

В-четвертых, вдохновленные христианством формы позитивированного самоуничижения выходят за узкие христианские рамки культурных практик (см. 5.6). Пользуясь вульгарно-марксистским понятием материализма, такой «выход из берегов» христологической модели кенозиса — за границы христианства, можно обозначить как «материализацию».

На всех четырех стадиях кенозис оказывается — всякий раз занимая особое место и имея особый вес — «оформлением» (см. 3) и «обмирщением» (см. 5.6.5). С этой стороны различия названных четырех ступеней «материализации» не образуют хронологической последовательности; в истории культуры никогда не бывает такого, чтобы инкарнация представляла собой абсолютное начало, а секуляризация — конечную стадию развития (см. 11.2). Пожалуй, предлагаемое читателю исследование, если оно ставит перед собой задачу проследить кенотико-христианскую логику оформления и обмирщения, поневоле должно

---

[84] Как уже и сам апостол Павел (Флп 2:5); ср. 2.2.3.1.

использовать некоторые идеологемы христианства, как и то, что нисхождение исходит от предоставленного самому себе Бога, и лишь потом обретает человеческие ре-презентации и версии (ср. 3.1.6–3.1.7), тогда как зачастую, наоборот, бывает так, что из определенных литургических практик или габитусных моделей делаются выводы для метафизики воплощения.

### 1.4.5. Схема трансформирующих шагов

Вне эвристического шифра материализации можно описать тот мост, воссоздание концепции которого входит в задачи данной работы, с помощью череды шагов, заключающихся в переводе, трансформациях и транспонировании, что и определяет структуру работы:

1) от догматического вокабуляра — к его конститутивной риторике (см. 1–2);

2) от риторики христологии — к образному и сакраментальному оформлению мотива кенозиса (см. 3);

3) от оформления кенозиса — к жанрам и практикам призыва верующих к подражанию Христу (см. 4.0);

4) от византийского христианства — в восточно-славянское культурное пространство (см. 4–5)[85];

5) от в самом широком смысле поддающихся риторическому описанию средств оформления — к перенесению в специфический жанр, а именно в большей или меньшей степени христианскую художественную литературу (см. 4.3.9 и 5);

6) от христианских практик подражания Христу — к постхристианским (см. 5.5);

7) от христианских литературных образцов — к тем, где на переднем плане направленность против христианства (см. 6 и 8);

---

[85] Данное исследование не ограничивается только подробным описанием литературных и секулярных вариантов подражания Христу в истории русской культуры, ибо уже само появление примера подражания Христу в Древней Руси представляет собой особый трансформационный шаг, специфическую форму инкультурации.

8) от полемических интенций к секуляризации — к антихристианско-христианскому двойственному прочтению, паразитарному использованию кенотической модели (см. 7) и антиатеистическому протесту, который, в свою очередь, тоже пользуется кенозисом; и наконец

9) от ценностно значимого (ценимого положительно или отрицательно) самоуничижения — к ценностно нейтральному (см. 10).

### 1.4.6. «Расподобление». Метафоры Христа и метафоры метафор Христа

Как показало внесение Николая II в сонм «мучеников», то есть причисление к разновидности последователей Христа, а также предлагаемые различные ступени трансформации (см. 1.1.5), — религиозные образцы не только, с одной стороны, чрезвычайно устойчивы, но и (в полную противоположность традиционализмам всех христианских конфессий, особенно — православия и католицизма) в высшей степени способны к видоизменению[86]. Неоценимую базу для этих постоянных видоизменений образует уже заключенная в самой концепции кенозиса «трансформация», порождение непохожего и представление через непохожее (см. 3.6.2): воплощение божественного Логоса в образе человеческом. Инкарнационные религии запускают механизм «расподобления» [Lachmann 2002: 113], который — даже если он в конце концов взрывает рамку данной религии — никогда полностью не может от нее (от непохожести и тем самым от ее инкарнационного стимула) уйти. Сами по себе ее секулярные трансформации предстают тогда всего лишь как добавления или превышения заложенного в инкарнации процесса «обмирщения» [Gogarten 1958: 12][87].

---

[86] Религиозная традиция, наряду с известным консерватизмом по отношению к внешним проявлениям [Boyer 1990: 13 и сл.], реализуется также в сохранении структур при одновременном изменении внешних оболочек.

[87] К новой интерпретации секуляризации как закономерного проявления очередного этапа христианства см. 5.6.5 и 11.2.

Если исходить из такой динамики превращения в непохожее, тогда вполне может случиться, что исторические истоки или первоначальные следы уже больше не могут быть реконструированы под гнетом всех этих более поздних следов (материализаций) [Halbwachs 2003]. Но в данной работе в центре внимания не воображаемое (божественное) начало, а (историческая) *прогрессия превращения в непохожее*.

Первичные (или объявленные первичными) метонимические следы земного пути Иисуса, такие как реликвии креста или Туринская плащаница (см. 3.4.3), в свою очередь, порождают метафоры подобно иконам Мандилона (см. 4.5.3). Первичные метафоры самоуничижения Христа, как и мученическая смерть (см. 3.3.3.4), метафоризируются дальше, вплоть до дозированного самоумерщвления в монашеской строгой аскезе, и испытывают секулярные изменения, как, например, жертвенная смерть революционера (см. 5.5.5). Метонимии и метафоры Христа образуют цепи метонимий от этих метонимий и метафор от этих метафор, а также их хиастическое переплетение — целый ковер христианско-постхристианских оформлений, так что их пора описывать средствами *риторики непохожего* (см. 1.8.2 и 3.6).

### 1.4.7. Связь через два тысячелетия

Спору нет, дистанция между содержанием христологических глав 2.2 или 2.7.2 и рассуждениями о московском концептуализме (глава 10) представляется невероятно большой. Но в том-то и заключается цель нашего исследования: сделать возможным наведение мостов на очень большие расстояния. Осуществление такого намерения, вне всякого сомнения, чревато большими усилиями. Однако простая идентификация современных, например, также и секулярных практик с кенозисом Христа, как это порой делается на скорую руку в аналитических работах о XX веке[88], нуждается в обосновании такой переброски мостов; это обоснование здесь и будет сформулировано.

---

[88] См. [Смирнов 1987: 123], [Derrida 1993: 46], об этом 3.5.6 и 8.3.2.

Кроме того, речь не идет об *одном* мосте, ведущем от павлианской христологии (см. 1) к секулярным примерам позитивного самоуничижения в позднесоветской и постсоветской литературе (см. 10). Если воспользоваться геометрическими фигурами, то получится скорее веер, состоящий из различных векторов, которые исходят от (Флп 2:5–11) и порождают в традиционно христианской культуре России большой диапазон христологических жанров и практик (см. 4), которые затем, в свою очередь, появляются в комплексе, вместе в художественных текстах эпохи модерна и постмодерна.

Многократные трансформации можно проиллюстрировать на диаграмме в виде ответвлений, которые исходят от павлианского образа Христа $A$ и ведут через многочисленные стадии добавлений и трансформаций от $B_1$ до $B_5$ и от $C_1$ до $C_5$, вплоть до постхристианских трансформаций XIX и XX веков (от $D_1$ до $D_5$).

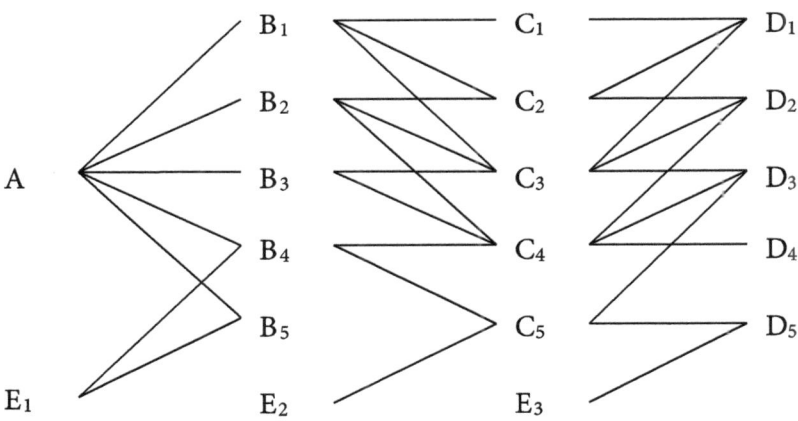

При этом горизонтальная ось от $A$ до $D$ обозначает вектор времени, согласно которому стадии трансформации от $B_1$ до $B_5$ были раннехристианскими (например, мученичество, обряд крещения, бродячие аскеты), трансформации от $C_1$ до $C_5$, напротив, располагаются в позднейшем времени (например, иконы с изображениями Христа и святых) и уже представляют собой дальнейшую метафоризацию и метонимизацию первичных метафор и метонимий Христа (см. 0.4.6). Все русские историко-культурные феномены автоматически попадают тем самым в категории C и D. Не все линии, происходящие от павлианской христологии, отраженные в раннехристианских сплетениях, имеют в более позднее время свое продолжение ($B_5$). Некоторые находят отзвук только в *одном* более позднем феномене ($B_4$; скажем, учение о *forma Dei* в православном богословии иконы), другие же — сразу в нескольких (от $B_1$ до $B_3$; например, крестное знамение при земных поклонах, при крещении, в повседневной жизни и пр.). Во все времена христианской истории воспринимаются, помимо этого, внехристианские влияния (от $E_1$ до $E_3$)[89]. Русские литературные тексты XIX и XX веков, которые отчасти намеренно позиционируют себя как антихристианские и стоят в конце этой работы (от $D_1$ до $D_5$), обращаются со своей стороны к разнообразным поздне- и парахристианским явлениям (русская религиозно-философская кенотика [см. 4.4.4], или же аскеза и жертва революционера [см. 5.5.4 и 5.5.5]).

### 1.5. Теория памяти в русле репликационной интенции

> ...самое поразительное, что проходит через все это [через христианскую историю догматов и институций], — это скорее тот факт, что христианство ведет себя как субъект.
>
> *[Nancy 2002: 80]*

Описывая гигантскую дугу от павлианской христологии к позднесоветской литературе, эта работа вскользь затрагивает проблему культурной памяти. Поскольку недостаточно начинать описание истории русской культуры, скажем, с IX или XVIII века,

---

[89] То, что еще при Павле несовместимо было с Иисусом, нас в этой работе не интересует; поэтому некое $E_0$, которое уже вошло в павлианскую христологию как A, в этой диаграмме не обозначено.

# 1. Самоуничижение Христа и его трансформации

здесь избран другой угол зрения: не от более поздних феноменов назад, к более ранним[90], а от самых древних явлений и постепенно, пошагово продвигаясь к более новым трансформациям. Тогда культурная память, сообразно эвристическим целям, разворачивается не сзади, а впереди, рассматриваемая в перспективе «от родителей к детям»[91].

### 1.5.1. Мнемоническая теория с точки зрения гештальта и габитуса

Носители поддающейся учету культурной памяти — это различные средства передачи, такие как литургия, икона, повседневные модели поведения, политика и литература (см. 4–5). Мнемоэффект накопления, точнее конструирования, у этих средств различен, и фетиши постструктуралистского дискурса относительно *memoria* — архив и библиотека [Derrida 1983] — для кенотической модели далеко не самые эффективные «средства (*Medien*) воспоминания» [Assmann/Harth 1991: 11].

Наилучшего освежения воспоминания достигает личный пример, самый сильный социальный эффект — от *imitatio*, ориентированного на конкретное лицо[92]. Ульрих Манц в своих проникнутых гештальтпсихологией рассуждениях выражает мнение, что за мнемонический успех Иисуса ответственна «насыщенность его гештальта» [Manz 1990: 83]. При этом эффект удостоверения подлинности, который, согласно апостольской истории, приносит выгоду апостолу Фоме (см. 2.6.2.2), позже

---

[90] Как делает это конструктивистское направление теории памяти [Rusch 1987].

[91] См. [Boyd 1985]. Интенция меморизации вычитывается уже из начального стиха *sedes doctrinae* относительно кенозиса (Флп 2:5) (см. 2.2.3.1). Реконструкция истории передачи в веках этого уже более 1970 лет в духе морального поучения понимаемого послания, определенно, не очень нова, однако эта реконструкция сама по себе не моралистская.

[92] Ср. [Муранова 1995: 10]. Это методологическое решение следует рассматривать в неразрывном единстве с компонентами уровня объекта; к примеру, защитники старчества энергично отстаивают такое же мнемоническое преимущество прямого подражания конкретному лицу (см. 5.0.3).

функционирует лишь условно; и тем не менее далекий гештальт Иисуса порождает все новые гештальты подражателей — в том числе литературные персонажи.

Самое устойчивое влияние бывает, когда индивидуальная (здесь: кенотическая) модель становится обязательной для какой-либо группы, как это происходит в христианских культурах, определяя их групповой габитус (см. 3.2.5). Когда ступень группового габитуса достигнута, мнемоническое воздействие усиливается: именно персональный габитус функционирует и как индивидуальное, и как коллективное средство накопления информации: 1) габитус для своего индивидуального носителя является не только «структурированной», но и всегда также «структурирующей структурой» [Bourdieu 1980: 88]; 2) тем самым стабилизируются более старые установки[93]; 3) внутри синхронных габитусных классов, то есть в одном социуме, порождаются гомологические габитусы [там же: 112 и сл.].

### 1.5.2. Мнемоническая фигура кенозиса

> Страдание само по себе становится заразным через сострадание.
>
> [Ницше 1988, 6: 173]

Выдающееся значение имитации, напрямую адресованной личности и усиленной групповыми механизмами, затмевается дарвиновской теорией имитации в том виде, в каком ее подает Сьюзен Блэкмор в книге «Машина мемов» (*The Meme Machine*) [Blackmore 1999], присоединяясь к Ричарду Докинзу с его трудом «Эгоистичный ген» (*The Selfish Gene*) [Докинз 2013]. Блэкмор распространяет имитацию «в широком смысле слова» [Blackmore 1999: 6 и сл.] также и на многое другое, на образцы повествования, на теоремы и т. п. В качестве отмежевания от Блэкмор и Докинза предлагается различать, идет ли речь о групповом габитусе, о модели, которую представляет прежде всего только одна персона, или же об информации из вторичных культурных источников.

---

[93] Так называемый эффект гистерезиса [Bourdieu 1980: 106].

## 1. Самоуничижение Христа и его трансформации | 51

Если в дальнейшем говорится об имитации, если утверждается особое мнемотехническое освоение модели (см. 5), то в противовес дарвиновскому балласту симплицистической теории Докинза не имеется в виду активная роль [Blackmore 1999: 7 и сл.] «мемов»[94]. Как прежде, так и сейчас, пожалуй, именно христианство в качестве социальной системы [Koschorke 2001: 127], как диспозитив, если пользоваться термином Фуко, продвигает свои концепции. Из культурологической перспективы этой работы, ориентированной на детали, нас не интересует также (в отличие от антропологико-эволюционистского удара против всех в версии Докинза и Блэкмор) мнимая преемственность «мема» кенозис (как будто он сохраняет свою субстанцию[95] и якобы воспроизводится идентичным образом в различных актантах[96] и противостоит другим «мемам»). Речь идет, скорее, о разнообразных трансформациях, которые эта концепция испытывает в истории русской культуры[97]. Устойчивое восприятие концепции кенозиса как находящегося в состоянии перемен отнюдь не интерпретируется как успешный результат эволюционного приспособления внутри «мемплекса христианство» [Blackmore 1999: 192][98], когда вытесняются другие «мемы», а как специфическая традиционная линия внутри одной культуры. Следовательно, фигура самоуничижения, в том виде, в каком она закрепляется в советской

---

[94] Неологизм «мем», по словам Докинза, создан по аналогии с односложным «ген», хотя, собственно говоря, корректнее было бы сказать «мимема» [Докинз 2013: 174]. Халл [Hull 1988: 42] напоминает о том, что еще в 1904 году Семон предложил понятие «мнем».

[95] О разграничении историко-философского и историко-богословского субстанциализма см. 11.2.

[96] Заимствование понятия из: [Greimas 1967: 224].

[97] Прорисовка линий этих трансформаций внутри религиозной традиции и за ее пределами понимается — также в отличие от меметической эволюционной теории Докинза (за что его многократно упрекали; см. [Grayling 2006]) — не как нападение науки на религию, а как вклад в культурологическую историю религии.

[98] Напр., посредством отсылки к так называемому «альтруистическому трюку» [Blackmore 1999: 189].

культуре, не должна рассматриваться в качестве того же самого исторического субъекта, как это было бы согласно павлианскому мотиву, и должны подробно изучаться существующие между ними различия и несходства.

Идентификация отдельных схожих феноменов как реализации одного «мема» происходит всегда только в исторической исследовательской перспективе, т. *е. ex post*. Только ретроспектива посредством установления сходства в несхожем синтезирует новые для каждого контекста конструкции воспоминаний [Rusch 1987], превращая их в традиционную линию (здесь: фигур уничижения). Следом за Яном Ассманом можно описать этот процесс как деятельность истории памяти по осознанному отбору, всякий раз оперирующей уже в режиме *ex post*: «Она концентрируется на тех аспектах значения или релевантности, которые являются продуктами воспоминаний в плане связи с прошлым и которые проступают только в свете позднейших обращений к ним и чтения» [Assmann J. 2001: 27]. В этой работе, подобно тому, как это происходит в концепции изобретенной традиции (*invented tradition*) Эрика Хобсбаума особое внимание уделяется *преемственностям в повседневном использовании* (Хобсбаум: «обычай» (*custom*) [Hobsbawm 1983: 2]) кенотических мотивов и *нововведениям* определенных импликаций традиционности[99] с идеологическими целями[100]. Таким образом, речь идет о контаминации внешней традиционности и применяющейся в случае необходимости новой направленности в интерпретации.

---

[99] В отличие от Хобсбаума, здесь при использовании понятия «традиционности» речь идет в меньшей степени о конструировании ритуалов или формул [Hobsbawm 1983: 4] и в большей — об идеологемах, о притязаниях на традиционность, при помощи которых осуществляются идеологические требования.

[100] Такие случаи укрепления неизменной кенотической традиции, которые встречаются в России, особенно в XIX веке, в эмиграции, а затем вновь в конце XX века, служат эссенциализации некоей мнимо неизменной христианской или только православной традиции («с заглавной буквы Т» [Post P. 2001: 57]), национальному или культурософскому отграничению от других (как, например, от противников кенотических практик, или теологий, или христианства в целом).

Исходя именно из этих соображений здесь при рассмотрении содержания реконструируемых культурных линий преемственности, вслед за Яном Ассманом [Assmann J. 2001: 29], отдается предпочтение конвенциональному разговору о «фигуре»[101]. Так что в последующем изложении — вне эволюционистских тотальных гипотез — речь идет лишь об *интенциях* меморизации, а также о мнемоническом и мнемотехническом освоении определенных практик или методов[102] и об их культурно-специфических проявлениях[103].

### 1.5.3. Фигура самоуничижения и ее «генотекст» (Флп 2:5–11)

Однако одну черту родства с дарвинистской меметикой, лежащую менее в области антропологических предположений, и более — в методе, демонстрируемый здесь опыт исследования имеет несомненно: в перспективе последующее изложение, опираясь на древнейшие выявляемые проявления (здесь (Флп 2:5–11)), ориентируется на образец, который воспроизводится в определенных линиях традиций. Исследование переносит традиционное христианское требование к подражанию Христу (*imitatio Christi*) на культурно-теоретическую, точнее на культурно-меморио-теоретическую модель. Ибо при подражании Христу речь идет не просто об «идее», которую необходимо накопить или заново сконструировать, а о некоем мнемоническом императиве, о «меме в квадрате». Мнемонически самый успешный

---

[101] Имеется в виду «фигура» в мнемоническом и риторическом смысле, а также — как мотив. Дополнительный аргумент в пользу концентрации на концепциях литературных персонажей (ср. 1.8.2) — это факт, что по причине слабой подготовки по части систематического богословия (см. 4.1.4) и запоздалости философии и биологических наук в истории русской культуры именно литература представляет собой привилегированный дискурс для развития антропологических концепций.

[102] Как это предусматривает, например, расхожий способ прочтения (Флп 2:5) (см. 2.2.3.1) или защита молитвы Иисуса (4.5.8.3).

[103] Людвиг Штайндорфф [Steindorff 1994: 11] досадует, что заявленная тем самым «тематическая сфера "Мемориа"» у исследователей Восточной Европы в целом не вызывает достаточного интереса.

текст европейских культур — Библия [Pyper 1998][104] — передает наставление о самоуничижении дальше. Флп 2:5–11 получает роль — разумеется, в метафорическом смысле — «генотекста»[105], дискурсивные и культурные «отростки» которого прослеживаются в работе. Метафора об отношениях «родители —дети» в плане культуры, как это предложили Бойд/Ричерсон в своей работе «Культура и процесс эволюции» (*Culture and Evolutionary Process*) [Boyd/Richerson 1985: 63], образует, таким образом, эвристический скелет данной работы.

Этот путь не в последнюю очередь вдохновлен метафизической самопроекцией христианства. Предполагаемое христианской догматикой движение сверху вниз, от божественного Логоса через его инкарнацию — к явлениям мирского порядка, получает еще и культурно-историческую реконструкцию в качестве приданого; она должна описать генеративные, платонические представления[106] об исконном, метафизическом начале (учение о Логосе; см. 2.2.5) и постепенный спуск в низины реализуемого в истории культуры, если она не хочет полного перекоса по отношению к своему предмету. Самое большее, она может попытаться все вновь и вновь указывать на предполагаемый и конструированный характер данного движения сверху вниз.

### 1.5.4. Уход за фигурой самоуничижения и ее сдвиги

Транспортируемая различными средствами информирования и лелеемая институциями, следящими за текстами и смыслом[107] (ересиологическим дискурсом, школьным богословием, катехи-

---

[104] Тот факт, что в данной работе не поддерживается озвученное Пайпером возвышение Библии до действующего субъекта, становится понятен на основе возражений против Докинза и Блэкмор, приведенных ранее.

[105] «Генотекст» Кристевой [Kristeva 1970: 72], см. об этом также 9.6.2.

[106] В этом смысле Касседи прав, говоря, что изображение через кенозис обладает «встроенным идеализмом» [Cassedy 1990: 103]; при этом, впрочем, он чересчур идентифицирует христологию и платонизм; не все, что по-русски называется воплощением, автоматически является христологическим (как это утверждает Касседи [Cassedy 1990: 108]).

[107] Понятия теории канонизации, введенные Алейдой Ассман и Яном Ассманом [Assmann/Assmann 1987].

зисами и т. д.[108]), фигура самоуничижения помогает своему привилегированному актору, Иисусу Христу, подняться в ранг «образцового субъекта» (см. 1.2.7). Достаточно одного только количественного доминирования образа Иисуса Христа в европейской культурной истории для объяснения его привилегированной пригодности для все новых имитаций, трансформаций, интерпретаций и также художественных воплощений[109].

## 1.6. Богословие, риторика и теория литературы

### 1.6.1. Риторическое приложение к богословию

Не только художественные тексты делают старейший литературоведческий инструмент, риторику, которая связана с христианством на протяжении длительного пути, желанным подспорьем. Богословие как слово о Боге, бого-словие, так или иначе нуждается в языковом восполнении (или, в смысле грамматологии Деррида [Derrida 1967], в щекотливом дополнении). Таким образом, богословие годится именно для неориторически-деконструктивных видов чтения:

> Деконструктивное чтение... должно заниматься вопросом, как представления о Боге и о взаимоотношениях Бога и человека оформляются с помощью языка, а не предполагают и не отрицают реальность Бога [Dahlerup 1998: 82].

Языковое восполнение или дополнение ни в коем случае не должно тогда, как это делает, например, Алекс Шток в своей «Поэтической догматике» (*Poetische Dogmatik*), стыдливо изыматься под тем предлогом, что все это лежит «вне и ниже основного поля деятельности для догматики» [Stock 1995–2001, 1: 11].

---

[108] См. 2.7.2, 2.7.4–2.7.6 и 4.4.3.

[109] Так, можно прочитать утверждение Клюге в его рецензии книги Казака: «Центральная фигура христианской веры стоит... также в центре русской литературы» [Kluge 2002: 242].

Нет, без риторичности — в широком смысле слова начиная с образной организации любого, даже самого безыскусного человеческого знакового высказывания — не существует речей о божественном[110].

Если всякое говорение о божественном в этом смысле неизбежно риторично[111], то может не быть никакого *inventio* (лат. «изобретение»), которое уже не подверглось бы воздействию тропов от *elocutio* (лат. «образ выражения словами»); в качестве конституентов бого-словского говорения риторические тропы можно располагать на обоих уровнях, т. е. описывать их как *inventio* путем *elocutio* (ср. 2.9.1 и 3.1.5). На основании *inventio-elocutio* масштабы *memoria* выявляются эвристически, хотя мнемоническая пригодность определенных (парадоксальных) христологических оборотов речи не обходится без специфического когнитивного диссонанса по части *inventio-elocutio*. В то время как связка *inventio-elocutio* и *memoria* пронизывают все исследование, моменты *dispositio* (лат. «расположение») важны прежде всего в литургии (см. 4.3) и в литературном повествовании (см. 4.3.9, 5.2 и 6–10), а *pronuntiatio* (лат. «декламация») временами имеет значение для проповедников (см. 4.3.4).

### 1.6.2. Риторика как «метабогословие»

Богословие и риторику со времен Павла и Августина зачастую рассматривают в проблематичном отношении [Meyer/Uffelmann 2007]. Если христианская ересиология часто прибегает к критике риторики (см. 2.3.2), то Ницше, наоборот, использует риторику как критику метафизики [Man 1979: 109].

---

[110] В этой работе излагается богословская аргументация, чтобы выявить ее предпосылки. Изображение ходов богословской мысли или импликатов при этом не имеет само по себе никакого исповедального или полемического характера. Религиоведческий и литературоведческий фокус, направленный на религию как знаковую систему, ограничивается освещением функционирования человеческого говорения о божественном.

[111] О выстраивании воздействия, превосходящего риторичность человеческого слова, такого как «дух» или «харизма», см. 3.2.1 и 3.5.4.3.

Противопоставляющее разделение богословия и риторики исключено, ведь богословие тоже нуждается в средстве передачи своего сообщения. Так, религиозная антириторика сама по себе является риторикой (ср. 2.10), и указание на принципиальную неуместность человеческой речи создает свою негативную риторику (см. 3.5.6 и 3.6). Негативная (или кенотическая) риторика может посредством апофатической ссылки на отсутствующее присутствие внести свой вклад в построение некоей метафизики.

Дезиллюзионирование кажущегося в таком случае претендует на то, чтобы указать на истину [Man 1979: 113]. И здесь религиозный эффект достигнут также риторическим способом (поскольку антириторичен), и риторический язык описания может быть здесь использован, чтобы концептуализировать элементы, которые являются конститутивными для этой богословской речи.

Словно в духе «Метаистории» (*Metahistory*) Уайта [White 1973], где тропы являются определяющими в историографии [White 1978], в эвристическом риторическом «Метабогословии» делается попытка показать, как виды речи о божественном выполнены в риторическом плане и выстроены с помощью тропов (причем вопрос о предположительном существовании независимой от языка божественной субстанции может быть поставлен в скобки).

К тому же кенотическая христология представляет собой то поле богословия, которому в особенной степени[112] вручена ответственность за явление божественного на всеобщее обозрение, самопрезентация божественного в его другом облике, в несхожем с ним, в человеческом, который выступает как знак божественного (см. 2.1.6). Для описания этого семиотического аспекта концепции инкарнации риторика является возможным средством метабогословия.

---

[112] Еще до мариологии и затем в союзе с ней [Meyer 2001б]; ср. 3.6.4.

Помимо этого, христологические ереси становятся лучше понятны, если видишь их риторические стратегии; еретическое оказывается тогда решением в пользу «ложной» (отклоняющейся от официального консенсуса) риторической стратегии (см. 2.11.1). Риторика в этом случае может стать «метаересиологией».

### 1.6.3. Богословие как метариторика

Поскольку среди богословских предпосылок числится воздействие божественного на земное знаковое, богословие со своей стороны всегда является также мерилом риторического описания этих знаковых репрезентаций божественного. Следовательно, богословие может в эвристическом ракурсе служить «метариторикой». Богословская ересиология и критика риторики исторически переплетаются в понятии тропа[113]. Так, в христологии рассматриваются не только отдельные риторические фигуры, такие как парадокс[114], а все знаковое оформление в целом (см. 3).

Риторика и богословие в ходе всей истории христианства связаны неразрывно; богословие, если снять вопрос о его риторике, может развиваться только с существенными пробелами, и со своей стороны богословие держит наготове инструмент для описания человеческого говорения, во всяком случае там, где оно заявляет о себе как о религиозном. То обстоятельство, что хиазм риторики как эвристического «метабогословия» и богословия как эвристической «метариторики» методологически плодотворен, — это свидетельство впоследствии будет получено.

---

[113] Понимается как изменение в природе Христа, а также — как риторическое средство (см. 2.3).

[114] См. 2. Также Хеннинг Шроер, один из наиболее чувствительных к риторике богословов, считает, что именно парадокс очень подходит для того, чтобы выстроить интердисциплинарный мост между богословием и литературоведением [Schröer 1992: 68].

### 1.6.4. Христология как один из истоков проблемы репрезентации

При этом дело обстоит совсем не так, что репрезентация божественного с помощью знаков в Античности и Средневековье была еще беспроблемной, и только в Новое время, начиная с барокко, в русле чисто символического понятия знака стала проблематичной — и это в большей или меньшей степени с линейным нарастанием[115]. Скорее «материализация» Бога в фигуре раба испокон веку считалась сомнительной формой изображения; по ней и по ее бесспорности можно проследить кризис репрезентации вплоть до самых древних времен — по меньшей мере до раннего христианства (см. 3.1.6).

### 1.6.5. Побуждения к объединению кенозиса и несхожести

Если тезис Федотова о русской кенотической традиции [Федотов 1996–2013, 10: 95–125] составляет основной вдохновляющий стимул этой работы в аспекте истории культуры (см. 1.1.4–1.1.6), то все же он ничего не сможет добавить в необходимую, на мой взгляд, поправку, состоящую в том, что в самом кенозисе Христа заложена динамика, которая дает старт сигнификационным процессам и при этом благоприятствует образным формам выражения, которые не поддаются линейному описанию через сходство, а могут быть описаны через «несходное» и через трансформацию.

Есть свидетели такого семиогенного рассмотрения кенозиса, и вряд ли они могли бы быть разнообразнее (и определенно, никогда еще не назывались на одном дыхании): пока христологические парадоксы с учением о *communicatio idomatum* (лат. «общение свойств») развивают свою парадоксальную образность, можно вместо этого предложить центральную для всего православия работу «Точное изложение православной веры» («Ἔκδοσις ἀκριβὴς τῆς ὀρθοδόξου πίστεως») или, соотв., «О православной

---

[115] Как утверждает Джозеф Хиллис Миллер [Hillis Miller 1963: 4, 6 и сл.].

вере» (*De fide orthodoxa*)[116] Иоанна Дамаскина и его происходящую от (Флп 2:6 и сл.) защиту образов (см. 3.4.4.2 и 3.4.4.3). Затем Леонид Успенский на фоне богословия иконы — скорее случайно — приходит к созданию понятия «кенотическое неподобие» [Лосский/Успенский 2014: 117] (ср. 3.6.2). Что касается современной теории сигнификации через несхожесть, то необходимо в качестве родственного по духу сочинения назвать работу Жоржа Диди-Юбермана «Фра Ангелико. Несходство и фигурация» (*Fra Angelico. Dissemblance et figuration* [Didi-Huberman 1990]) — лишь в малой степени христологическая, скорее вдохновленная неоплатониками и мариологией (ср. прежде всего 3.6.4). Подход Диди-Юбермана будет представлен здесь в расширенном виде и распространен на сферу художественной литературы и секулярных трансформаций.

### 1.7. Построение работы

Предлагаемая вашему вниманию работа распадается на три отчетливо разделенные — по методологии и познавательным целям — части: вдохновленное неориторикой прочтение тропов дискурса[117] кенотической христологии (I), культурологически ориентированное поэтапное описание судьбы, выпавшей на долю образца самоуничижения Христа в русской истории (II) и детальное прочтение «светской», далекой от христианства литературы в контексте христологических структур (III). В то время как в части I, «Риторика христологии», речь идет о системных вопросах (Какую роль играют риторические тропы для построения, стабилизации и оформления догмата?), в части II, «Русские репрезентации и практики», нас интересуют диахрони-

---

[116] До 749 года; подробно об этом см. 2.8.5.1.

[117] В противоположность анализу дискурса у Фуко в данной риторике дискурса речь идет в меньшей степени о прагматических рамках дискурса [Foucault 1971] и в большей — о риторической микроструктуре; неориторическое прочтение христологического дискурса составляет тем самым дополнение прагмадискурсивного аналитического метода прочтения.

ческие изменения, которые христологическая модель испытывает в России, прежде чем в части III, «Литературные трансформации», не будут выработаны литературные, «секулярно-христологические» транспозиции.

### 1.7.1. Риторический анализ рекуррентного дискурса

Использование пусть испытывающего исторические перемены, но все же во всей своей системности устойчивого вокабуляра риторики для понимания европейской христологии, в том смысле не является прокрустовым ложем для описания его исторического развития, что послехалкидонская христология — это консервативный, в высшей степени рекуррентный дискурс[118]. Даже христологические концепции XVI или XIX веков в очень малой степени сопоставляют себя с контекстом своего времени, и меряют свою деятельность патристическими мерками; православия это касается в еще большей степени, чем католицизма и протестантизма. Аргументы в этом дискурсе неустанно оцениваются заново, но новых практически не поступает. «Догматическая память» нейтрализует (в соответствии с конструктивистскими предположениями) историческую хронологию, создавая системное единство. В этом смысле в главах по риторике христологии (I) вначале вполне удается абстрагироваться от комплекса политических, социальных и культурно-исторических феноменов с расстановкой соответствующих христологических акцентов (ср. 2.2.6), прежде чем при изложении — вновь опять-таки риторическом, поскольку речь идет о тропах, метонимии и метафоре, вполне поддающихся описанию русского развития кенотической христологии — рассматриваются культурные практики и фигуры догматики в соединении одного с другим и с диахроническими их изменениями (II), чтобы в завершение вновь навести фокус на литературные тексты как средство передачи информации (III).

---

[118] Примером может послужить попытка Владимира Лосского еще в середине XX века определить христологию Православной Церкви только исходя из отвержения ересей времен древней Церкви [Lossky 1989: 95–118] и счесть кенозис при Кирилле Александрийском уже исчерпывающе определенным [Лосский 1989: 195 прим. 225]; см. также 4.4.4.

### 1.7.2. Культурные изменения

Культурно-исторический контекст, который в части I находится в стороне, в части II оказывается в центре внимания. Здесь в фокусе находится вопрос о том, в каких жанрах и практиках кенотическая модель распространялась в России и какие изменения она при этом испытывала. Это накладывается на вопрос о том, какие генерируются метонимии и метафоры на базе образца самоуничижения Христа. Тот факт, что «переносы» такого рода доводят модель до выхолащивания, до лишенной этоса цитаты структурности, отчетливее всего видно в комбинациях транспозиций, состоящих из художественной литературы и отказавшейся от христианства, секулярной (в русском контексте по большей части социалистической) направленности модели.

### 1.7.3. Спуск и подъем, или Материализация и усложнение

При этом во всех трех частях происходит многократное движение в виде спусков и подъемов. В части I с помощью средств риторики, теории знаковой системы и речевых актов проводится анализ того, как инкарнационно-христологический дискурс описывает логоцентрическую фигуру (см. 3.1.5), в соответствии с которой обнаруживает, являет себя божественный Логос, опускаясь до «образа раба» (Флп 2:7), и как эта человеческая природа Христа далее репрезентирует себя в разнообразных метонимических и метафорических воплощениях. С онто-богословской точки зрения это спуск от первичного (Божественного) к вторичным (богочеловеческим) и третичным (сотворенным человеком) репрезентациям, но одновременно это — направленное вверх, анагогическое указание на божественную природу Христа (см. 3.4.4.2).

Вторая часть начинается с того пункта, когда Киевская Русь с наблюдательной вышки православного традиционализма внезапным рывком предположительно полностью христианизируется, причем затем христианство в России в позднесоветский период доходит до своей низшей точки. В русле культурологического пересматривания этого традиционалистского конструкта упомянутое внезапное праначало, напротив, предстает как долгий, столетиями длившийся процесс христианского пронизывания русской культуры, который достиг своей кульминации на рубеже XIX–XX веков (см. 4.2.4), когда были уже значительны противостоящие (социалистические) течения, которые, как мы пытаемся показать это в III части, так или иначе, в неочевидной форме, продолжали участвовать в христологической модели. Здесь современный процесс, который общепринятым образом описан как секуляризация (см. 5.6.1), выглядит как спуск, что, однако, перечеркивается литературоведческой перспективой, в рамках которой симтоматологические и деконструктивистские прочтения имеют собственную эстетику неочевидного, двойственного и комплексного — и эти черты по мере удаления от христологической модели нарастают.

### 1.8. К чтению литературных текстов

#### 1.8.1. К истории литературы: типы текста

Тексты, которые читались для этого труда, начинающегося христологической риторикой и завершающегося вопросами истории литературы, распадаются, сообразно своему месту в таблице трансформаций (см. 1.4.5), на разные подгруппы: сначала это литература в жанре церковной письменности (см. 4.3), составляющая подавляющее большинство древнерусских письменных текстов. Далее рассматриваются художественные тексты Нового времени, в основном периода между поздним XVIII веком и ранним XX, в которых пример кенозиса Христа цитируется в сопровождении более или менее явных христианских провозвестий (см. 4.3.9 и 5) — в эксплицитных цитатах слов Христа, в литературных трансфигурациях [Ziolkowski T. 1972], а также в структуре литературного изображения. Достоевский сопровождает нас здесь постоянно (см. особенно 5).

Далее изучению подвергаются тексты, которые преднамеренно выводятся из христианского обихода и в которых христологические фигуры выступают в полемической форме[119], но которые, невзирая на это, действенны — и по большей части направлены против той полемики по борьбе с христианством, которая лежит на поверхности[120].

Наконец, в определенных литературных текстах кенотический образец используется в целях, которые призваны оставить христианство позади[121], но в них совершается попытка использовать испытанный способ для другой политической цели (например, для социализма), сохранив положительную окраску инструментария, и таким образом структурно остаются неразрывно связаны с христологическими и мариологическими схемами.

К этим паразитическим попыткам инструментализировать кенозис в поздний советский период добавились, наконец, литературные метанаблюдения, которые, казалось бы, сами по себе не призваны были передавать какие-либо ценностные аспекты, а только их реферировали и инсценировали. Кенозис стал тогда выставочным экспонатом в концептуалистском музее дискурсов — причем одновременно как христианский и как паразитарно-антихристианский шифр контроля поведения[122].

Пять подробно проанализированных текстов образуют нечто вроде приблизительной последовательности поколений — Чернышевский (1863), Горький (1906), Островский (1935), Ерофеев (1969) и Сорокин (1984). Они охватывают, в той мере, в какой они обрели канонический статус (Ерофеев), некогда имели его

---

[119] Чернышевский, Островский (см. 6 и 8).

[120] Примечательно, что немалая часть случаев христианского использования кенозиса Христа в художественной литературе XIX и XX веков может быть понята как ресакрализация и реакция на такую полемику. Гоголь, Достоевский, Ерофеев (см. 4 и 5 местами, 6.9 и 9).

[121] Это имеет место прежде всего у Горького (см. 7).

[122] См. Сорокин (10).

(Чернышевский, Горький, Островский) или добиваются сейчас (Сорокин) в качестве авторитетных представителей, *выборку* из широкого спектра литературных привязок к кенозису Христа в описанные 120 лет русской и советской истории литературы; и, разумеется, эта картина не является исчерпывающей. При концентрации на пяти прозаических текстах-образцах внимательному чтению (*close reading*) было отдано предпочтение по сравнению с возможным привлечением широкого спектра текстов.

В то время как вдохновленные скорее прохристианскими идеями тексты XIX века, в особенности кенотика Достоевского, нашли широчайший отклик у исследователей[123], относительно пяти подробно разобранных текстов, которые выпадают из спектра неуязвимого христианства, этого практически не скажешь. Вот почему этому феномену уделено пристальное внимание, в то время как относительно Достоевского, Гоголя и других канонических авторов XIX — начала XX века мы удовлетворимся расстановкой новых акцентов. Акцент в III части придется не на произведения, отчетливо маркированные с точки зрения христианства и кенозиса, такие, как «Мастер и Маргарита» Булгакова (1940), а на подробную, деконструктивистскую интерпретацию текстов, в которых христианские кенотические сигналы не так заметны.

### 1.8.2. О теории литературы: виды прочтения

Подход ко всем литературным текстам осуществляется здесь, с одной стороны, с христологической подоплекой, и ставится вопрос, как унаследованные схемы кенозиса — редко эксплицитно, чаще имплицитно — по-новому позиционируются в новом

---

[123] Не говоря уже о необозримом количестве отдельных исследований по произведениям «Идиот» и «Легенда о Великом Инквизиторе» [Onasch 1976], [Holquist 1977: 102–123] и [Thompson D. 1991: 273–318], а также обширные фрагменты мегаглавы о Достоевском у Дунаева [Дунаев 2001–2003, 3: 404–744] затрагивают христологический способ прочтения Достоевского. См. об этом также [Uffelmann 2008в].

культурном контексте. Если при этом литературным персонажам уделяется какое-то привилегированное место, то дело здесь в мнемотехническом предпочтении персональных моделей (см. 1.5.1 и 5.0.3). Поскольку христология сама тесно связана с проблемой изображения (ср. 1.6.2, 3.1), форма риторического/литературного изображения так или иначе конститутивна. Самоуничижение Христа следует поэтому описывать не только как литературный мотив, а — помимо истории мотива, представленной Вольфгангом Казаком [Kasack 2000] и апологии православного христианства в русской литературе и против нее (в шести частях), написанной Дунаевым [Дунаев 2001–2003] — также и как *структуру* литературного изображения.

Доказательство того, что некий текст сформирован кенотической моделью (по крайней мере относительно пяти подробных прочтений, которые выводят за ожидаемые христианские рамки, см. 6–10) может быть убедительным только при условии установления того факта, что кенотические концепции фигур и кенотические формы репрезентации действуют заодно. Только эта связка позволяет вести разговор о кенозисе в секулярных контекстах в том числе и там, где отсутствуют отсылки к христианским догматам. Перед лицом базовой методологической предпосылки о несходстве возможных сигнификантов (см. 1.6.5) круг возможных знаменательных отсылок должен быть, однако, как можно шире. Как установил Диди-Юберман, даже самые невзрачные, незаметные, скудно-материальные знаки способны быть гораздо больше, чем бессмысленное «украшательство (*парергон*) или простое дополнение» [Didi-Huberman 1990: 32], а представлять собой анагогическое указание на отсутствующего, несхожего референта; это касается как раз текстов, которые с внешней стороны не связаны с Христом, каковыми являются откровенно атеистические или советские литературные тексты. Случаи обезображивания Христа также являются метафорами Христа (или метафорами метафор Христа), и также размытые христианские следы могут быть прочитаны как метонимии Христа.

Наконец, аспектом, к которому нельзя отнестись с пренебрежением, является подробное рассмотрение техник меморации культурной памяти в художественных текстах. Решающими при этом являются не только литературное качество текста (которое, за исключением Ерофеева, в четырех других подробно рассматриваемых текстах на сегодня является спорным), а встроенность мнемонических репликаций христологической (или подспудно христологической) модели в текстах.

Поскольку скорее далекие от христианства тексты могут воспользоваться кенозисом, ни одно из приведенных здесь прочтений не может даже в отдаленной перспективе претендовать на реконструкцию авторской интенции — выводящей на христоподобие (см. 6.8.4). Впрочем, рекламируемые здесь таким образом деконструктивистские методы прочтения — не единственная методическая идея; их можно комбинировать со структуралистскими познавательными интересами, такими как выработка повторяющихся структур, а также аналогий между мотивами и литературными приемами. К этому можно добавить разновидность «поставтореференциалистского» метода: во-первых, для понимания кенотических аспектов этих текстов полезно привлечение авторского габитуса (особенно в случаях с Островским и Ерофеевым), а также одновременный анализ парентетического комплекса, состоящего из текста и жизненного «текста». Во-вторых, в духе «Истории книги» (*History of Books*) [Darnton 1982] можно подробно изучать формы производства (прежде всего у Островского), а также иногда противоположные, антидисциплинарные формы рецепции в понимании Мишеля де Серто (у Чернышевского, Островского и Горького).

# I. РИТОРИКА ХРИСТОЛОГИИ

Посему знай, что фигура, называемая алейозис (на немецкий язык она подобающим образом может быть переведена как «взаимозамена») бесконечно часто употребляется как высказывание о Самом Христе. [Риторическая] фигура, которая при этом применяется, означает замену или «взаимообмен» между обеими природами, которые имеет одно Лицо. Так что можно назвать одну [природу] и при этом иметь в виду другую, или можно назвать то, что совмещает обе, и при этом подразумевать только одну.

*[Corpus Reformatorum 1934: 925]*

# 2. Троп и парадокс, или Христология в противостоянии риторике

> Descendite, ut ascendatis!
> Вплоть до наших дней зачастую всякий христологический лозунг подспудно пробуждает подозрение в риторичности.
>
> *[Magaß 1986: 15]*[1]

> Наши сложности по контролю тропов, по выявлению их тенденций посягать на *наши* знаки есть знак нашего посягательства на знак *Господень*: даже Писание может только указывать на истину и никогда не воплотить ее.
>
> *[Hart 1989: 6, выделено в ориг.]*

## 2.1. Религия как знаковая система

Применяемый здесь литературоведческий подход к богословию (как к «речи о Боге») может быть обоснован двумя путями: принципиальным, систематическим (см. 2.1) и особым, прибегающим к теме кенозиса (см. 2.3). Последнее возможно только при наличии опорных точек христологической дискуссии, на основе гимна Христу из Послания Павла к Филиппийцам (наверняка подлинного, но, вероятно, составленного из нескольких писем [Balz 1996: 505, 507]). Этот двойной подход начинается

---

[1] Сокращенная цитата из Августина: «Descendite ut ascendatis. Descendite per humilitatem, ut ascendatis per Dei amorem ad Deum» («Спуститесь [в самоуничижении], чтобы подняться, и поднимайтесь [через любовь Бога] к Богу») [Conf. IV 12, 19; рус. пер.: Августин 2005: 108].

в связи с указанными причинами с аргумента в пользу систематического подхода.

Религия — это система знаков, и как таковая она связана с литературой [Geertz 1999: 49–54][2]. Этот общий умозрительный тезис мотивирует заведомое решение в пользу подхода к религии как к знаковой системе[3]. Если в дальнейшем будут пофазово и попутно приводиться аргументы, связанные с догматическими христологическими высказываниями, то фокус все равно постоянно будет оставаться в сфере языкового оформления.

По причинам, коренящимся в истории христианства, привилегированным инструментом для этого является риторика [Meyer/Uffelmann 2007]. Таким образом, данный фокус представляет собой не просто эвристический интерпретационный подход, он одновременно реализует исторический альянс и живую связь между богословием и риторикой.

### 2.1.1. Речь о сакральном

Чтобы поместить точку зрения о языковом оформлении в эпицентр наших интересов, в дальнейшем мы будем вести речь о «сакральном», как это предлагает Раппапорт: "Сакральное" обозначает дискурсивный аспект религии, который является или может быть выражен языком, в то время как "божественное" обозначает недискурсивное, аффективное, невыразимое» [Rappaport 1999: 23]. Тем самым не только вводится разграничение в общую картину религиозного, но одновременно раскрывается точка зрения на особенности сакрального дискурса: при сакральном использовании знаков того, что ты сделал сам при помощи знаков, забывается: «Окончательные сакральные постулаты, таким образом, появляются как заявление для тех, кто дает им голос» [там же: 279]. Где, согласно этой — присущей сакральному дискурсу — идеологии знаков происходит самопрезентация

---

[2] См. также [Grözinger/Rüpke 1999: 9].

[3] Тем самым справедливый с точки зрения религиоведения функционалистский вопрос о психической, социальной, экономической и т. п. функциях религии отходит, к сожалению, на второй план, а вопрос о возможной божественной субстанции полностью выносится за рамки.

## 2. Троп и парадокс, или Христология в противостоянии... | 73

священного (см. 3.1.9), там литературоведческое описание понимает сакральную репрезентацию[4] как *действия человеческих субъектов*; параметр действенности сакральных высказываний должен в этом описании остаться далеко за кадром. Здесь нас интересует только то, как говорящие люди выражают священное посредством сакрального языка и как оно, в свою очередь, запечатлевает социальную и дискурсивную практику говорящих.

### 2.1.2. Специфика сакральной репрезентации

Сакральная репрезентация ступает на срединный путь между референцией и автореференциальностью, поскольку, во-первых, референция относительно божественного референта вряд ли в реальности возможна (всякое человеческое высказывание о сверхчеловеческом остается несоразмерным; см. 3.5.6), а во-вторых, сакральная репрезентация хочет быть автопрезентацией одного только коммуникативного канала[5]. С одной стороны, верно, что «окончательные сакральные постулаты никогда полностью не отъединяются от их перформативного обосноэания» [Rappaport 1999: 280], но, с другой стороны, акт сакральной репрезентации опять-таки перечеркивает эту перформативность, это знание о собственном вкладе в конструирование божественного. Сакральная репрезентация достигает «присутствования» божественного с помощью риторических стратегий. В духе неразрешимости Де Мана [Man 1979] риторически сказанное подает себя как референциальное высказывание, тогда как риторическая фигуративность демонстрирует отсутствие божественного в высказывании[6].

---

[4] О понятии репрезентации см. также 3.1.7.

[5] Раппопорт определяет ритуал как автореференциальный [Rappoport 1999: 52].

[6] Тем самым — во всяком случае, в данном пункте — может быть преодолена принципиальная альтернатива, старинное идеологическое размежевание между пафосом литературности и упорной претензией на референцию — исцеление литературоведения в духе религиоведения (см. теорию ритуала Виктора Тёрнера), которое, впрочем, предпринимается аналогичным образом также и литературоведением в ходе его перформативного поворота (Джудит Батлер).

*2.1.3. Риторичность христианства*

Упомянутый исторический альянс богословия и риторики никогда не обходился без проблем. Наиболее авторитетное исследование на эту тему выполнено в богословском ракурсе[7] на материале неоднозначной оценки риторики Августином в четвертой книге «О христианском учении» (*De doctrina christiana*, 426).

В то время как у Августина риторическое становится конститутивным для христианского благовестия, хотя оно оказывается в натянутых взаимоотношениях с антириторической христианской идеологией, — в истории богословия риторические аспекты редко удостаивались характеристики того же масштаба относительно их конститутивности, как это было бы сделано при литературоведческом подходе. С другой стороны, «технические» истории риторики, напротив, позволяют себе затушевывание собственно миссионерски-богословской цели риторик — от Августина через Меланхтона и до иезуитов.

Только в последние десятилетия именно литературоведы в примыкающих к кенотической христологии сферах предложили образцы семиотической[8], а в самое последнее время — еще и риторически ориентированной интерпретации форм сакральной репрезентации[9]. По определенным пунктам они соприкасаются с богословами, которые пытаются усвоить идеи деконструктивизма, преобразовав их в скриптуралистском, как Тейлор [Taylor 1987], в семиологическом, как Хофф [Hoff 1999], или в эстетицистском ключе, как Хуизинг [Huizing 2000–2004]. Шток написал многотомник по «поэтической христологии» [Stock 1995–2001]. Однако изучение *риторической* составляющей христианской традиции по-прежнему ограничивается в основном работами, посвященными риторическому микроуровню. Христологические парадоксы, если они вообще к таковым причис-

---

[7] См. особенно [Mainberger 1987: 1, 316–372]; ср. также 3.5.5.4.

[8] Ср. [Hörisch 1992] о Тайной вечере; [Koschorke 2001] о Святом семействе; [Menke/Vinken 2004] о стигматах.

[9] См. [Meyer 2001b] о мариологии как мариографии и [Poppenberg 2003] об *auto sacramental* и аллегории.

ляются [Nnamani 1995], тогда оцениваются исключительно в контексте догматики, но не в их риторическом генезисе, в их сформированности посредством риторики (см. 2.9).

Кенотическая христология представляет собой еще далеко не исчерпанный резервуар для риторико-генеративного наблюдения, скажем, что касается понятия тропа (см. 2.3), парадокса (см. 2.9), становления и, соответственно, оформления, метонимии, персонификации или инсценированного несходства (см. 3). Понятие тропа может распространяться на риторику в целом[10], ибо он базируется на всеобщем уровне теории репрезентации и позволяет заново поднимать вопрос о парадоксальной связи религии и риторики.

*2.1.4. Опасная материальность и риторичность в общем виде*

При этом риторика — несмотря на сконцентрированность классической дисциплины под названием риторика на языке как средстве ее передачи — должна пониматься как инструмент описания синтагматических и парадигматических операций вообще (см. [Jakobson 1983]) — в любой материальной среде так, чтобы из поля зрения некоей риторической концептуализации не ушли модели поведения, изобразительные коды и т. п. Строгое разделение риторичности и материальности кажется здесь неприемлемым; обе связаны с операциями уровня означающих: риторичность подразумевает при этом преимущественно моторику и связь этих сигнификантов, а материальность — физический способ их выражения, причем обе составляющие имеют сигнификативные проявления, хотя и разные. На месте материального, поверхностного уровня и его семантических эффектов

---

[10] Причем для этого пригодно, скорее, понятие тропа Нового времени (начиная с Вико), современное и особенно постструктуралистское, которое не приемлет никакого дуализма мнимого *verbum proprium* и образной *improprietas*, а исходит из неопровержимой метафоричности всякой человеческой речи [Abermann 2003]. В этой синекдохической заместительной функции троп конкурирует с другим главным понятием внутри *elocutio*, с фигурой [Man 1979], что не составляет проблемы, потому что разграничение между ними всегда было спорно [Квинтилиан *Instr.* IX. I 1–3].

риторико-фигуративные и материальные моменты переплетаются; семантические эффекты суммируются. Однако эта внутренняя игра риторичности и материальности создает проблему для богословского означаемого, которое должно сохраняться в нормативной чистоте.

### 2.1.4.1. Неудобный передаточный механизм

Отметим, что для культурологического исследования — иначе, чем это происходит в других, более старых теориях коммуникации, например, у Иоганна Готтфрида Гердера — инстанция, которая заботится об указанной чистоте, — это не Бог в качестве «первобытной главы медийной иерархии»[11], а христианский диспозитив со своим интересом обладать стабильным учением для целей сохранения групповой дисциплины. Для обороны от внешних угроз — вначале истории христианства от иудаизма и от римского политеизма, а позднее от приходящих с периферии ересей — базовые догматические принципы должны реплицироваться (воспроизводиться) со всей возможной идентичностью[12]. Чтобы этого достигнуть, требуется защитная оболочка для догматических постулатов, для медийных «передаточных механизмов», для «машин для выживания»[13].

Впрочем, эти «механизмы» тоже не гарантируют идентичности репликаций, они точно так же подвержены ошибкам, порожда-

---

[11] См. [Hoffmann S. 2002: 88]. Согласно терминологии Докинза, это опять-таки соответствует автоактивному «мему» (ср. 1.5.2). Относительно медийных концепций прежних эпох, согласно которым медийные средства в конечном итоге свидетельствуют о божественном, ср. также [Hörisch 1994: 124 и сл.].

[12] По поводу термина «репликатор» см. [Докинз 2013: 30]. Понятие «передаточного механизма» так же, как и понятие «мема», упомянутое ранее (см. 1.5.2), взято из теории Докинза, но с добавлением социальной и культурологической подоплеки.

[13] «Репликаторы стали не просто существовать, но и строить для себя некие контейнеры, носители, обеспечивающие им непрерывное существование» [Докинз 2013: 32]. Этот тезис работает — опять-таки если устранить выстраивание автоактивности «мемов» и заменить его заинтересованной социальной группой (раннее христианство) — для критической ревизии успеха консервирования медийных средств.

ют варианты [Докинз 2013: 29]. Особенно актуальна угроза того, что какое-либо репликационное средство реплицирует не репликатора, а в первую очередь самое себя[14]. Медийная теория заинтересованности в консервации в том виде, в каком ее описывает меметика Докинза[15], нуждается, таким образом, в дополнении в виде теории наделения коммуникативных средств самостоятельностью а-ля Маклюэн или Бодрийяр [Bahr 1999: 275]: всякое средство коммуникации неизбежно вносит искажение или изменение в то, что ему предстоит передавать, и это ставит медиально передаваемое под «подозрение» в искажении по отношению к предполагаемому домедиальному «содержанию» [Гройс 2006: 25].

### 2.1.4.2. Исторический примат риторики

В постулатах догматики речь идет прежде всего о коммуникативном средстве сказанного или написанного слова, которое гомомедиальным образом (см. 2.8) ссылается на слово Божье. Итак, не что иное, как внутренние правила языка как передаточного механизма в первую очередь представляют угрозу для идентичности консервации догматических постулатов. Собственное движение языка как коммуникативного средства должно быть остановлено. Так возникает христианская антириторическая идеология. Да, антириторика богословской заботы о смыслах (см. 1.5.4) продвигается для догматического репликатора напрямую ко второй «машине выживания», которая должна обуздать коммуникационное средство по имени язык.

---

[14] Ср. знаменитое высказывание Маршалла Маклюэна «Средство коммуникации есть сообщение» [Маклюэн 2003: 9], которое отменяет «запрет на смешение послания и канала коммуникации» [Hörisch 1994: 126]. Хёриш видит начатки этого у Спинозы; последующее чтение Платона и ранней церковной христологии показывает, насколько энергично шла борьба с этим запретом и раньше.

[15] Чтобы подчеркнуть напряженные отношения между «содержанием» и «сосудом», здесь намеренно сохраняется дуализм Докинза относительно репликатора и передаточного средства, а предложенное Дэвидом Халлом *единое* общее понятие «интерактор» [Hull 1988: 31, 36] не используется.

Помимо этих систематических соображений, исторически сложившийся и изменившийся риторический язык описаний следует в той мере привлечь для концептуализации догматических формул, в какой псевдосистема риторики (со времен Павла) коэкстенсивно относится к христианству [Meyer/Uffelmann 2007: 9]. Вопреки всем процессам постепенного «демонтажа красноречия» [Лахманн 2001] или предполагаемой окончательной «смерти риторики» [Barthes 1970: 172] «старая» риторика испытала обновления по самым разным поводам — скажем, посредством «самых разнообразных способов рецепции» *New Rhetoric, Neue Rhetorik* и *nouvelle rhetorique* [Ueding/Steinbrink 1994: 165]. Для описания ее напряженных взаимоотношений с богословием самый подходящий инструмент держит наготове деконструктивистская разновидность новой риторической конъюнктуры, причем по двоякой причине: во-первых, деконструктивистская риторика образует предварительный конечный пункт начавшегося с Вико отхода от старой дуальной базовой концепции риторики, которая всякому *verbum proprium* противопоставляет *improprietas* в качестве деформации, которая затем является доменом риторики, тогда как *verbum proprium* оказывается вне всякой риторики. Деконструкция, напротив, объявляет всякое человеческое говорение неотвратимо риторическим. Во-вторых, в центре интересов деконструктивистской неориторики выявление того, как выглядит конкуренция риторического, фигуративного, образного — с референциальностью[16].

### 2.1.4.3. Скепсис по отношению к риторике в Античности

Тот факт, что скепсис по отношению к материальности/риторичности представляет собой традицию, восходящую к дохристианской эпохе, мы проиллюстрируем здесь всего тремя яркими

---

[16] Ср.: «Дизъюнктивное противопоставление чтения, чувствительного к эстетике, и чтения, внимательного к риторике — оба вида в равной мере неотвратимые, — разрушает псевдо-синтез между внешним и внутренним... выстроенный текстом. <...> Оно означает бесповоротное появление по меньшей мере двух взаимоисключающих способов прочтения и утверждает невозможность настоящего понимания, как на уровне фигуративного оформления, так и на уровне тематик» [Man 1979: 72].

## 2. Троп и парадокс, или Христология в противостоянии...

примерами из до-, т. е. нехристианской Античности. Во-первых, это возражение Платона против заурядных призрачных образов («εἴδωλον» [Gorgias 463d]), которое — если воспринимать его в духе медийной теории — представляет собой протест против главенства риторико-материальной оболочки, которая грозит скрыть всю идею: там, где речь не выполняет функции познания, а опускается до уровня побуждения верить («πιστευτική») и лести («κολακεία») [там же: 455a, 467a], — там она становится «безыскусной поделкой» («ἄτεχνος τριβή») [Phaigros 260e][17]. Во-вторых, упомянем риторическую дискуссию об азианизме как негативном разрушительном примере некоего сверх всякой меры развитого украшательства [Cicero *Brut.* 95, 325], а также ее противоположности — идеале аттической риторики, ограничивающей себя в выборе средств (и тем самым — по структуре кенотической). В-третьих, следует назвать полемику против вычурности («τὸ οἰδεῖ») в «О возвышенном» («Περὶ ὕψους») Псевдо-Лонгина (см. 3.3)[18]. Примечательно, что в виде Цицерона и Псевдо-Лонги-

---

[17] Платоновские иерархии бытия и представления об отображении воздействуют — по большей части неоплатоническими окольными путями — на космологию и эстетику христианства (см. также 3.0.2; 3.1.3; 3.4.5; 3.5.6 и т. п.). В то время как сосредоточенность Нового времени на рецепции Античности в эпоху Возрождения и гуманизма склоняет нас к тому, чтобы напрямую перепрыгнуть от Платона через Фичино и пр. прямо к современности (что столь часто практикуется в понятийных предметных рубриках «Исторического словаря по философии» (*Historisches Wörterbuch der Philosophie*), а также в историческом словаре «Основные понятия эстетики» (*Ästhetische Grundbegriffe*), данная работа стремится выразить противоположную точку зрения: воодушевление идеями Платона остается на заднем плане, но они часто опосредованно представлены, когда речь идет о том, чтобы поставить во главу угла среди тех в культурно-историческом плане действительно впечатляющих моделей мышления, которые нередко появлялись в любом случае еще до Нового времени, — христианские, а значит, в существенной степени — кенотические. Даже если порой в основе лежит, бесспорно, некий античный философский шаблон, то все же следует проводить различие между философской подоплекой и богословскими и практико-христианскими аспектами переднего плана.

[18] У Псевдо-Лонгина, как и у Цицерона, за этим кроется утрата общественной функции *genius indicale* и *genus deliberativum* в эллинистических монархиях, а затем также в Римской империи, следствием чего явилась «развратная говорливость» (*corrupta eloquentia*).

на двое риторов, то довольно нерешительных, то безапелляционных в применении риторических средств, возражают против наделения риторической поверхности самостоятельной значимостью [Ueding/Steinbrink 1994: 37–40].

### 2.1.5. Усиления риторического скепсиса в христианстве

> ...литература, функция которой — светская, несоединима с духовностью; первая — это околичности, орнамент, завеса, вторая — непосредственность, обнаженность.
>
> *[Barthes 1971: 45 и сл.]*

Критика Павлом риторики близка скорее Платону, нежели Цицерону и Псевдо-Лонгину. В презрении к «угодливости» близость Павла к Платону доходит до сходства в лексике (1 Фес 2:5). Себя самого апостол именует дилетантом в риторике («ἰδιώτης τῷ λόγῳ» (2 Кор 11:6)). Как и Платон, Павел различает две эпистемические базовые позиции; если у Платона это были дидактика/диалектика и видимость/убеждение, то Павел противопоставляет земную и божественную истину (крест Христов). Последняя представляется земному глупостью, поскольку она обходится без речистости: «¹⁷Οὐ γὰρ ἀπέστειλέν με Χριστὸς βαπτίζειν, ἀλλὰ εὐαγγελίζεσθαι οὐκ ἐν σοφίᾳ λόγου, ἵνα μὴ κενωθῇ ὁ σταυρὸς τοῦ Χριστοῦ. ¹⁸ὁ λόγος γὰρ ὁ τοῦ σταυροῦ τοῖς μὲν ἀπολλυμένοις μωρία ἐστίν, τοῖς δὲ σῳζομένοις ἡμῖν δύναμις θεοῦ ἐστιν»[19]. Последней и самой радикальной эмблеме кенозиса Христа, его постыдной смерти на кресте (см. 2.2.3.4 и 2.6.1.3), грозит опустошение из-за светской риторики и диалектики (мудрости). И только опустошение риторики, напротив, позволяет Павлу сохранить ценность свидетельства о кенозисе в чистом виде. В проповеди Павла конкурируют две жертвы: триумф самопожертвования Христа требует пожертвовать риторикой. В этом смысле Павел провоци-

---

[19] «Ибо Христос послал меня не крестить, а благовествовать, не в премудрости слова, чтобы не упразднить креста Христова. Ибо слово о кресте для погибающих юродство есть, а для нас, спасаемых, — сила Божия» (1 Кор 1:17 и сл.).

рует мощную антириторическую традицию христианства, которая постоянно ссылается на него[20]. Что, однако, не мешает композиции текстов Павла и его собственной проповеднической практике пользоваться приемами риторической организации[21] — в особенности что касается антитезы и парадокса (ср. 2.9.1.3).

Августин, который в молодости преподавал риторику, после своего обращения в веру прилагал усилия к тому, чтобы сохранить доставшуюся ему в наследство убежденность в ценности риторики в качестве нейтрального по отношению к морали средства, применимого как к истинному, так и к дурному [*doctr. Chr.* IV 2]; для него, как он это толкует в четвертой книге «О христианском учении», христианскую пользу искусство красноречия приносит, собственно говоря, только через мудрость [там же: IV 5], тогда как вне христианства подчеркивается вред прелестных оборотов речи:

> Cui suavitati tantum operae impensum est ab hominibus, ut non solum non facienda, verum etiam fugienda ac detestanda tot et tanta mala atque turpia, quae malis et turpibus disertissime persuasa sunt, non ut eis consentiatur, sed sola delectationis gratia lectitentur[22].

Даже ветхозаветных пророков касается наблюдение: «...per tropologiam multa obteguntur»[23]. Несмотря на это, Августин при-

---

[20] По поводу антириторической трактовки этого места из Послания к Коринфянам см. [Vos J. S. 2002: 36], о могуществе этого шаблона заимствования в русском православии ср. [Феофан Затворник, Рудинский 2002: 124].

[21] Ср., напр., [Anderson 1999: 290]; [Kremendahl 2000: 25 и сл.]; [Vos J. S. 2002: 172].

[22] «У наставников красноречия подобные красоты речи за великое почитаются, покупаются дорогою ценою и продаются с непомерным хвастовством. Рассуждая о них таким образом, я сам опасаюсь упрека в подобном хвастовстве. Но что делать, должен был дать ответ этим ученым невеждам, кои презирают наших Св. Писателей не потому, чтобы сии последние были на самом деле не красноречивы, но потому, что они не любят величаться непомерно уважаемым учеными красноречием» [Августин. О христианском учении: IV 14; рус. пер.: Августин 2006: 180].

[23] «...многое скрывает тропология» [IV 7].

знает экзегетическую необходимость знания тропов [там же: III 29] и демонстрирует риторическую структуру Второго послания Павла к Коринфянам[24]. Кроме того, он дает указания по поводу по меньшей мере не такого уж неуместного восхваления Господа в возвышенном стиле [там же: IV 19] и знакомит с риторическими *genera* и *officia* [там же: IV 17–26]. Тем самым книга «О христианском учении» Августина являет собой вполне образцовое свидетельство «разрушенной связи» [Mainberger 1997, 1: 362] христианской традиции с риторикой, ср. [Kennedy 1999: 181 и сл.].

Порой отказ от риторики доходит до идеологического отмежевания, как в самом авторитетном русском примере — у придерживавшегося старой веры протопопа Аввакума: «Не ищите риторики и философии, ни красноречия, но здравым истинным глаголом последующе, поживите. Понеже ритор и философ не может быти християнин» [Памятники 1927: 547]. Однако неофициальная манера речи Аввакума сама по себе опять-таки подтверждает некую антириторическую традицию [Лахманн 2001: 22–44][25].

О том, что стратегия отказа от пагубного влияния относится не только к риторической изощренности языковых средств, говорит также сфера православной сакральной музыки. Отцы Восточной Церкви пренебрегали музыкальным сопровождением исполнения церковных гимнов, поскольку инструментовка низводила непосредственную хвалу Господу со стороны человека до низменных занятий, провоцируя нехристианские ассоциации (сексуальность, попойки, языческие ритуалы; см. [McKinnon 1965]). Как в культовом образе, в чистой «музыке слов» идеалом должна быть непосредственность (воплощенного) Слова [Onasch/Schnieper 2001: 103].

---

[24] Где Павел в антириторическом ключе разоблачает свое знание как земную «глупость» (2 Кор 11:16–30; *doctr. Chr.* IV 7).

[25] Далее об Аввакуме см. 5.4.3.2.

Опасность самопрезентации знака, которая дает побочный эффект «отсутствования» (*Abwesung*) религиозной вести, существует всегда. Ибо материальная среда поневоле выдвигает на передний план то, чему позволено лишь быть отблеском, каналом. Чтобы не нанести ущерба своему божественному референту, материальное средство вынуждено перечеркнуть само себя. Религиозное использование средств информации должно либо опровергнуть собственное движение (при медиальном переводе), или с помощью апофатического жеста сделать выбор в пользу несхожести любого человеческого изображения с божественным.

Итак, медиальность человеческих действий по отношению к божественному затруднительна в том смысле, что она протоеретична, или «ересегенна» (в конце концов поселившиеся на медиальном уровне ереси докетизма или иконопоклонничества; см. 2.3.2.1 и 3.4.4.6). Однако если ереси и медиальность так близки друг к другу, то в таком случае православие и медиальность — близнецы-братья[26]. Медийный скепсис и антириторика — подходящие средства, с помощью которых христианские конфессии пытаются изобразить себя религиозно сообразными, т. е. ортодоксальными.

### 2.1.6. Первичная материализация: воплощение

Однако как конкретно обстоит дело с кенозисом и его отношением к его материальным средам существования? Для изображения божественного (см. 3.3) воплощение подключает материализацию, некую материальную несущую среду (человеческая плоть и видимость) между божественным источником и реципиентом-человеком; без посредника, без медиального моста божественное человеку не передастся. Из первичной материализации в виде

---

[26] Гройс [Groys 2000a: 71] приписывает отказу от медиальности эффект аутентификации.

воплощения Логоса исходят вторичные материализации, такие как изображения Христа и Святые Дары (см. 3.3–3.4), которые, в свою очередь, влекут за собой третичные материализации в виде человеческих подражаний Христу (ср. 5). При нисхождении от божественного к человеческому происходит онтологическая редукция. К метафизическому кенозису (инкарнации) примыкает тогда вторым, единонаправленным шагом социальное самоуничижение (см. 2.2.3.4), которое также можно квалифицировать как снижение медиального градуса (от божественного величия к простому образу раба).

Только закономерным следствием всего этого оказывается тот факт, что подражания кенозису Христа в большинстве случаев сопровождаются отказом от внешней эстетики (монашеская ряса, монашеская тонзура, нагота юродивых; см. 5.3–5.4.1), что на уровне человеческого подражания самоуничижению Христа перевешивают, таким образом, социальный и медиальный аспекты — просто потому что никакой человек не может вновь осуществить онтологическое нисхождение Господа. Если речь идет о языке как несущей среде (как, например, во время исповеди), тогда снижение медиального градуса оборачивается «кенозисом дискурса» [Derrida 1993: 46] (см. 3.5.5.4). Если же, как в этой работе, понятие риторики возводят до инструмента описания моторик различных информационных сред, тогда каждое земное *imitatio* кенозиса потенциально уже представляет собой риторическую разрядку. Из этого следуют затем необходимые натянутые отношения между риторичностью (тропикой) и кенозисом (ср. 2.3.2).

Впрочем, тотальной риторической разрядки достигнуть никогда невозможно, ибо такая нуль-риторика была бы концом любого обозначения, или репрезентирования (и нельзя — перефразируя Вацлавика — не не репрезентировать)[27]. Так что представители христианской антириторики хотя и пытаются вытравить часть риторики (тропы), но, с другой стороны, это

---

[27] См. далее на тему об апофатике и кенотической сигнификации 3.5.6–3.6.3.

происходит ценой риторического наращивания в другом месте — в парадоксальных формулах, например в христологических.

### *2.2. Гимн Христу (Флп 2:5–11)*

#### *2.2.1. Спектр толкований*

Исторический спектр таких разрядок и наращиваний риторического измерения в пользу или за счет догмы о самоуничижении Христа очень широк. Желательным было бы сравнительное описание в европейских масштабах; здесь же может быть предъявлена лишь часть русских примеров и — что особенно важно при обсуждении проблемы риторичности — русской литературы.

Прежде чем подступиться собственно к истории русской литературы и культуры и рассмотреть ее в ракурсе риторических реализаций и узко христологических и метафорически широких представлений о (пара)кенозисе, необходимы три обзора разнообразия различных понятий кенозиса, в том числе за пределами русской традиции, исходящих из риторических понятий тропа и парадокса (см. 2), а также из аспекта оформления вообще (см. 3). Они служат для того, чтобы отчетливо обозначить дискуссионный потенциал, который таят в себе учение о воплощении и разговор о двух природах Христа. Наряду с установленными ортодоксальными постулатами следует выработать также радикальные христологические позиции и изобразительные формы, чтобы прояснить, как в истории европейской и особенно русской культуры вплоть до наших дней могли появляться все новые и новые переносы и трансформации христологической фигуры уничижения и ее риторики в другие (и под конец уже и не в христианские) контексты. За период времени протяженностью в добрых 1970 лет, в течение которых происходила рецепция павлианской христологии, собралось не только «многообразие христианств» и, исходя из этого, «многообразие христологий» [Karrer 1999: 273], но и изобилие кенотических христологий, вплоть до больше-не-христианских и больше-не-христологических кенотик[28]. Риторика играет роль стабилизатора ортодоксии (прежде всего посредством парадокса), однако опять подводит христологов к краю еретической бездны.

Зачастую как раз самые ярые поборники кенозиса были осуждены как еретики. Между тем для современной кенотики решающими являются традиции, которые во времена первых отцов Церкви становились известны только в качестве «низкопробных побочных и подпольных течений» [Loofs 1901: 262], таких как арианство, теопасхизм, аполлинаризм, несторианство. Здесь две причины: во-первых, концепции крайнего толка находятся на риторически продуктивной внешней границе догматической христологии. Во-вторых, они обладают внутренним потенциалом секуляризации, потому что имеют тенденцию находиться вне «правильного учения», так что секулярное учение о кенозисе и его практику чаще освещают, опираясь на них, нежели на догматический консенсус Вселенских соборов. На особое соприкосновение гетеродоксальных кенотических теорий со времен раннего христианства и их современного обыгрывания в богословских исследованиях уже указывалось: «...история гетеродоксальных интерпретаций текста (Флп 2:5–11) в Античности проливает яркий свет на некоторые гипотезы современных экзегетов» [Henry 1957: 16]. Здесь речь, очевидно, идет о том, чтобы расширить угол зрения поверх догматики — к истории культуры и до постхристианских социальных и литературных проектов.

На перепутье античной христологии и современной эпохи становится ясно, что для рассмотрения темы кенозиса необхо-

---

[28] В части I не проводится конфессиональное разграничение; привлекаются отдаленные и заклейменные как еретические интерпретации, т. е. (в противоположность [Karrer 1999: 275]) они принципиально не исключаются. Вместе с тем здесь не удается достигнуть чего-то большего, нежели сконцентрироваться в качестве примера на одном-двух фрагментах для показа специфики конкретной интерпретации кенозиса Христа.

дим *longue durée*, обширный период длительностью чуть более 1970 лет (со времен Павла). В ходе богословской дискуссии описанная Каррером [Karrer 1999: 275] граница с больше-нехристианским образует исключительную разницу, которая в этой работе должна исчезнуть. Православный мейнстрим, который сам себя именует внутренней позицией, учредил оборонительный фронт, который «современное учение о кенозисе» называл самым дерзким грехом против апофатики [Loofs 1901: 263]. С точки зрения христианско-просветительской критики метафизики и религии догматическая христологическая традиция, напротив, казалась метафизической и поэтому негодной (см. 2.11.6). Для приземленного материализма инкарнационное богословие доказывает только лишь антропоморфизм всякого представления о Боге (см. 2.11.7). Все эти выводы — и вообще вопрос о *правильном* и *неправильном* — для вводного обзора с концептуально-историческими и культурно-историческими задачами контрпродуктивны.

### 2.2.2. Sedes doctrinae

В качестве отправной точки (*sedes doctrinae*) христологического учения о кенозисе служат стихи 2:5–11 Послания Павла к Филиппийцам[29]; это единственное место в Библии, где встречается форма глагола «κενόω» в действительном залоге (в возвратной форме) в соединении с субъектом (Христос) [Oepke 1990: 661][30]. Тот факт, что форма актива «κενόω» в отношении

---

[29] Написанное в тюрьме [Bruce 1980: 262 и сл.] поучающее послание Павла к маленькой христианской общине в Филиппах обычно датируют 55 годом [Balz 1996: 508].

[30] В Септуагинте глагол «κενόω» дважды употребляется в страдательном залоге; впрочем, он стоит с субъектами, не связанными с Иисусом Христом [Иер 14:2]: «...αἱ τύλαι... ἐκενώθησαν» («...плачет [Иуда]... ворота его распались»); [Иер 15:9]: «...ἐκενώθη ἡ τί-κτουσα ἑπτά» («...лежит в изнеможении родившая семерых»). В Новом Завете кроме упомянутого места из Павла (1 Кор 1:17) (см. 2.1.5) встречается форма страдательного залога в сочетании функцио-

Христа в (Флп 2:7) в Новом Завете представляет собой *гапакс легоменон*, для истории понятий и истории культуры — особое преимущество, потому что тогда здесь можно начинать анализ с полным правом[31].

| | |
|---|---|
| ⁵Τοῦτο φρονεῖτε, ἐν ὑμῖν ὃ καὶ ἐν Χριστῷ Ἰησοῦ, | ⁵Ибо в вас должны быть те же чувствования, какие и во Христе Иисусе: |
| ⁶ὃς ἐν μορφῇ Θεοῦ ὑπάρχων, οὐχ ἁρπαγμὸν ἡγήσατο τὸ εἶναι ἴσα Θεῷ, | ⁶Он, будучи образом Божиим, не почитал хищением быть равным Богу; |
| ⁷ἀλλ᾽ ἑαυτὸν ἐκένωσε, μορφὴν δούλου λαβών, ἐν ὁμοιώματι ἀνθρώπων γενόμενος | ⁷Но уничижил Себя Самого, приняв образ раба, сделавшись подобным человекам и по виду став как человек; |
| ⁸καὶ σχήματι εὑρεθεὶς ὡς ἄνθρωπος, ἐταπείνωσεν ἑαυτόν, γενόμενος ὑπήκοος μέχρι θανάτου, θανάτου δὲ σταυροῦ. | ⁸Смирил Себя, был послушным даже до смерти, и смерти крестной. |
| ⁹διὸ καὶ ὁ Θεὸς αὐτὸν ὑπερύψωσε, καὶ ἐχαρίσατο αὐτῷ ὄνομα τὸ ὑπὲρ πᾶν ὄνομα | ⁹Посему и Бог превознес Его и дал Ему имя выше всякого имени, |
| ¹⁰ἵνα ἐν τῷ ὀνόματι Ἰησοῦ πᾶν γόνυ κάμψῃ ἐπουρανίων καὶ ἐπιγείων καὶ καταχθονίων. | ¹⁰Дабы пред именем Иисуса преклонилось всякое колено небесных, земных и преисподних, |

---

нального глагола «καύχημα» («слава») в 2 Кор 9:3 («ἵνα μὴ τὸ καύχημα ἡμῶν τὸ ὑπὲρ ὑμῶν κενωθῇ»; «чтобы похвала моя о вас не оказалась тщетною в сем случае»), и аналогичное сочетание с винительным падежом в (1 Кор 9:15).

[31] К тому же Послания Павла отчетливо старше синоптических Евангелий, т. е. представляют собой древнейшие канонические тексты Нового Завета.

¹¹καὶ πᾶσα γλῶσσα ἐχομολογήσηται ὅτι Κύριος Ἰησοῦς Χριστὸς εἰς δόξαν Θεοῦ πατρός (Флп 2:5–11)³³.

¹¹И всякий язык исповедал, что Господь Иисус Христос в славу Бога Отца³⁴.

### 2.2.3. Вопросы экзегезы

Вряд ли какой-либо другой фрагмент Нового Завета вызывал больше споров при интерпретации, чем с христологической точки зрения решающее место в (Флп 2:5–11) [Schoonenberg 1966a: 25], *crux interpretum* [Сережников 1939: 144]. Оно находилось в центре большинства христологических споров и определяло их направленность и смысловые доминанты:

> Христологическая традиция при восприятии этого Христового события следовала надежно гимну Христу в (Флп 2). Вочеловечивание Сына Божьего она поняла поэтому как его

---

³² Поскольку для дальнейшей работы переводной текст Вульгаты, а также церковнославянский текст Библии не менее важны, чем греческий текст оригинала, здесь необходимо привести также и все эти версии текста. Латинский: «⁵Hoc enim sentite in vobis, quod et in Christo Jesu: ⁶qui cum in forma Dei esset, non rapinam arbitratus est esse se aequalem Deo: ⁷sed semetipsum exinanivit formam servi accipiens, in similitudinem hominum factus est, et habitu inventus ut homo. ⁸Humiliavit semetipsum factus obediens usque ad mortem, mortem autem crucis. ⁹Propter quod et Deus exaltavit illum, et donavit illi nomen, quod est super omne nomen: ¹⁰ut in nomine Iesu omne genu flectatur caelestium, terrestrium, et infernorum, ¹¹et omni lingua confiteatur quia Dominus Iesus Christus in gloria est Dei Patris». Церковнославянский: «⁵Сїе бо да мудрствуетсѧ въ васъ, еже и во хрстѣ їисѣ: ⁶иже, во ѡбразѣ бжїи сый, не восхищенїемъ непщева бытии равенъ бгу: ⁷но себе оумалилъ, зракъ раба прїимъ, въ подобїи человѣчестѣмъ бывъ, и ѡбразомъ ѡбрѣтсѧ якоже человѣкъ: ⁸смирилъ себе, послушливъ бывъ даже до смерти, смерти же кртныѧ. ⁹Тѣмже и бгъ его превознесе и дарова ему имѧ, еже паче всѧкагѡ имене, ¹⁰да ѡ имени їисовѣ всѧко колѣно поклонитсѧ нбныхъ и земныхъ и преисподнихъ, ¹¹и всѧкъ ѧзыкъ исповѣсть, якѡ гдь їисъ хртосъ в славу бга ѡца».

³³ Новый русский перевод, который, естественно, содержит постулаты, спорные с точки зрения истории их интерпретации (см. особенно 2.2.3.1), может использоваться здесь только как временное вспомогательное средство, как первая попытка ориентации, следом за которой на следующих страницах данной работы последуют ответы на вопросы, усложнение и дифференциация.

путь к уничижению на кресте. Воплощение Логоса свершается на кресте. Вочеловечивание направлено на страсти Христовы. Послание Иисуса пресуществляется в его покинутости на кресте [Moltmann 1972: 190].

За 1970 лет истории экзегезы было предложено столько вариантов интерпретации, что вопрос правильности уже по одной только этой количественной причине представляется нерешаемым [там же: 16] и даже неадекватным.

Поэтому впоследствии, вместо того чтобы представить альтернативную, якобы «правильную» интерпретацию, избирается метод, согласно которому текст Павла читается как перечень вопросов — в особенности относительно риторичности, парадоксальности и возможности репрезентации кенозиса — на которые интерпретаторы, особенно в истории русской культуры, отвечают по-разному[34]. Этот поперечный срез в истории экзегезы не ведет к возникновению новой экзегезы, а служит для освещения круга проблем. При этом может быть поднят ряд существенных вопросов[35]. Даже при таком разнообразии намеченных впоследствии проблем речь давно не идет обо всех когда-либо совершенных попытках интерпретации. Здесь поначалу лишь формулируются вопросы, но ответы на них не даются, потому что каждый случай предварительного ответствования был постулатом, опираясь на который многое из того, что было реализовано в концептуальной и культурной истории, предстает

---

[34] Не все приводимые далее богословские концепции являются эксплицитным изложением (Флп 2:5–11). Принимаются во внимание также и другие догматы и теологумены в тех пределах, в каких они вплотную подходят к вопросам о природах Христа, о способности Бога страдать и т. п., значимых для учения о кенозисе. При сфокусированности на самоуничижении Христа последующее использование других фрагментов из Библии и святоотеческих книг носит инструментальный характер; речь как раз не идет о подобающей — для других целей, будь то пасторские, систематизирующие или др. — контекстуализации соответствующих фрагментов.

[35] См. об этом, напр., [Bensow 1903: 174–226]; [Schumacher 1914–1921: 62–283]; [Käsemann 1950]; [Henry P. 1957: 12 и сл., 16–38]; [O'Brien 1994: 186–271].

несообразным. В последующих главах перенос ответа найдет оправдание в глазах читателя — исторически-конкретно в каждом случае.

### 2.2.3.1. Флп 2:5

1) Формулируется ли во вводном стихе этого смыслового отрывка в словах «Τοῦτο φρονεῖτε» («Ибо в нас должны быть те же чувствования») призыв, требование или наставление[36], обращенное к посещенной им в 49 г. от Р. Х. общине в Филиппах[37], единодушно («τὸ αὐτὸ φρονῆτε» (Флп 2:2)) следовать примеру Христа? Если да, то в чем должно выражаться это следование: а) в смирении как повседневной практике («ταπεινοφρούνη» (Флп 2:3)) — т. е. скорее состоянии, нежели действии (ср. 3.2.3); б) в том, чтобы не желать уподобиться Господу (Флп 2:6); в) в подражании Христу посредством послушания (Флп 2:8) или г) уничижения (Флп 2:7)?

Если речь идет о последнем, то: д) вплоть до состояния слуги; е) до рабского служения; ж) до самой смерти или з) вплоть до постыдной смерти (на кресте)? Дискуссионными, таким образом, являются целенаправленность и распространенность *imitatio* (см. 3.2.6).

2) Или же «ἐν Χριστῷ Ἰησοῦ» («во Христе Иисусе») не означает никакой конкретной целенаправленности на подражание (Христу), о которой говорится в призыве, а представляет собой некое «техническое понятие», т. е. означает «как это принято в христианской общине»[38]?

---

[36] См. 3.5.4 и 4.0.

[37] О состоянии исследований по теме путешествий Павла см. [Balz 1996: 504].

[38] [Barth 1928: 53]. В случае с версией Барта речь идет об экзегетическом понимании раннего XX века. В последнее время экзегеты опять подчеркивают опору на Христа: «...мысль об образцовом примере пути Христова, показанного в цитате (Флп 2:5–11), не стоит сбрасывать со счетов, даже если при этом проводится аналогия между несравнимыми вещами» [Walter/Reinmuth/Lampe 1998: 55]. По поводу размягчения завета подражания посредством современной экзегезы см. 3.2.6.3. Широкомасштабный русский консенсус относительно того, что речь идет о призыве к подражанию *самоуничижению* Христа, иллюстрирует, например, комментарий «Толкование Посланий св. Апостола Павла» [Феофан Затворник/Рудинский 2002: 529].

*2.2.3.2. Флп 2:6*

1) Относительное местоимение «ὅς» («который») с грамматической точки зрения относится к Иисусу Христу из (Флп 2:5), но что имеется в виду? Невоплощенный Логос («λόγος ἄσαρκος») или уже ставший человеком — Христом («λόγος ἔνσαρκος»; ср. 2.2.5)? Где заключено уничижение: в ситуации до, во время или после воплощения и рождения?

2) «ἐν μορφῇ Θεοῦ» («в божественном воплощении», или «в образе Божьем»): когда говорят об «образе Божьем» Христа, идет ли речь о внутреннем бытии (синоним «οὐσία»), о внешнем проявлении (в смысле скорее негативной коннотации «σχῆμα» или «εἰκών») или же переменчивом (и в (Флп 2:7) действительно переменившийся) образе бытия (ср. 2.3.1)? Или же «божественный образ» надо понимать как великолепие («δόξα», *gloria*)? И можно ли читать дательный падеж «μορφῇ» (не грамматически, а логически) вообще как именительный падеж «μορφή» — памятуя о том, что Сын является формой «содержания» Отца (см. 3.1.3)? Как следует тогда толковать отсутствие артикля: это *единый* Бог, формой которого является Христос, или речь идет о вопросе о статусе бытия Христа, о форме некоего Бога, возможно, и менее значительного, чем Бог Отец?

3) Не обозначает ли «ὑπάρχων» («был», соотв., «бытующий, существующий») длительность, или же преходящее состояние «боговоплощенности», которое при «μορφὴν δούλου λαβών» («принял облик слуги», соотв., «принимая облик раба») заканчивается? Можно ли вывести из этого предсуществование Христа? И является ли побочный смысл причастия в придаточном предложении уступительным, причинным или временны́м? Находится ли самоуничижение в противоречии с «природой» Господа или означает ее логичное воплощение?[39]

4) «οὐχ ἁρπαγμὸν ἡγήσατο» («не почитал хищением») — темная, непереводимая формулировка, отсюда альтернативные форму-

---

[39] См. [Gorman 2009: 20], который предполагает некую — контринтуитивную — причинную связь: самоуничижение *по причине* божественной природы.

лировки, такие как «не удерживает этого как похищенного», которые тоже в ходу. Однако принадлежит ли «ἁρπαγμόν» к разряду *nomen actionis* для *actus rapiendi* (в смысле «οὐχ ἥρπησε», «он не воровал») или это — *nomen obiecti* для *res rapienda*[40] («предмет», «похищенное» или нейтрально с моральной точки зрения — «дорогое добро»)? Итак, отказывается ли Христос от притязаний на что-то, чем уже *обладает, — потому что* он этим обладает («ἁρπαγμόν», т. е. в качестве позитивного *nomen obiecti*: «ценное добро», а именно «τὸ εἶναι ἴσα Θεῷ», «быть равным Богу»)? Или же он избегает того, чтобы получить нечто, чем он *не обладает*, и, таким образом, стоит ниже, чем Бог Отец (ср. 2.7.2.1)?

5) «τὸ εἶναι ἴσα Θεῷ» («быть равным Богу»): означает ли это то же самое, или же меньше, или больше, чем «ἐν μορφῇ Θεοῦ» («будучи образом Божиим»): быть *равным* Богу или просто *подобным*?[41]

### 2.2.3.3. Флп 2:7

1) «ἑαυτὸν ἐκένωσε» («уничижил Себя Самого», соотв., «опустошил Себя»): чего и в каких пределах Христос Себя лишает? Всех атрибутов божественного? Или только некоторых, таких как всемогущество, всезнание, однако сохраняет другие, например величие? Идет ли речь просто о временном сокрытии божественных атрибутов (крипсис; см. 2.7.3.3), об их неиспользовании или же о полном лишении (кенозис)?

2) «μορφὴν δούλου λαβών» («приняв образ раба»): как и в выражении «ἐν μορφῇ Θεου» («будучи образом Божиим»), здесь тоже возникает вопрос: надо ли воспринимать «образ раба» как внешнее проявление или как сущность, заменяет ли он прежнюю сущность (см. 2.3.3) или добавляется к ней, а прежняя продолжает существовать? Является ли Христос-человек настоящим человеком или же человеческая оболочка — только видимость (см. 2.3.2)?

---

[40] См. об этом особенно [Bensow 1903: 192]; [Hammerich 1967: 4].
[41] См. 2.8. и 3.6.2.

3) Равна ли инкарнация самоуничижению или это отдельные шаги? Если верно последнее, то наступает сначала уничижение, а затем инкарнация — или наоборот?

4) «ἐν ὁμοιώματι ἀνθρώπων γενόμενος ⁸καὶ σχήματι εὑρεθεὶς ὡς ἄνθρωπος» («сделавшись подобным человекам и по виду став как человек»): опять: следует ли рассматривать этот ряд расплывчатых «описательных формул» [Michel 1954: 89], таких как «μορφή», «ὁμοίωμα» или «σχῆμα», в качестве синонимов и амплификаций к «μορφὴν δούλου λαβών» («приняв образ раба»)? Понимается ли Воплощенный Христос, таким образом, как полноценный человек (см. 2.7.1) или только в ограниченных пределах (см. 2.7.4)? Например, как человек, только без греха или как рожденный от девственницы? Можно ли тогда ограничить образ человека явлением, но без сущности (см. 2.3.2.1)? Или Воплощенный — просто человек и ничто другое (см. 2.7.2)? И до такой степени человек, что может стать грешным? Или необходимо одновременно, отдельно от человека или в соединении с ним, предполагать дальнейшее существование божественной природы (см. 2.7.5)?

5) Почему здесь стоит эпитет «δοῦλος» («раб»), который в Новом Завете больше нигде не применяется к Христу [Rengstorf 1990: 269]? Должно ли читать это место на фоне עבד (*эвед*; «слуга, раб Божий») из (Ис 42–53)? Является ли «δοῦλος» здесь просто метафорой человеческого бытия Христа? Или же она касается дополнительного социального унижения исторического Иисуса (см. 2.6.1)?

### 2.2.3.4. Флп 2:8

1) Является ли «ἐταπείνωσεν ἑαυτόν» («уничижил Себя Самого») синонимом по отношению к «ἑαυτὸν ἐκένωσεν» («смирил Себя») (Флп 2:7), или в результате образуется усиление, или же смещение на другой уровень? Возможно, таким образом, что «ἑαυτὸν ἐκένωσεν» означает метафизическое уничижение, а «ἐταπείνωσεν ἑαυτόν» — этическое самоуничижение или соци-

альную деградацию?⁴² Имеем ли мы, таким образом, дело с двойным уничижением⁴³ — сначала воплощение, затем альтруистическое служение?

2) «ὑπήκοος» («был послушным»): действительно ли Христос становится постоянно послушным? Или отказывается от божественных качеств только на время?

3) Означает ли «μέχρι θανάτου» («до смерти») третью ступень уничижения или же оно включено в образ раба и в вочеловечивание?

4) «μέχρι θανάτου σταυροῦ» («до смерти крестной»): является ли постыдная смерть на кресте уже четвертой ступенью уничижения?

5) Как далеко заходит предполагаемый смысловой фрагмент? Мысль о том, что происходящее могло бы закончиться и на этом, является — с христианских позиций — еретической. Но она была тем не менее намечена⁴⁴ и применялась далее в секулярном пространстве восприятия (см. 8.3.2).

### 2.2.3.5. Флп 2:9

1) «διὸ καὶ ὁ Θεὸς αὐτὸν ὑπερύψωσεν» («посему и Бог превознес Его»): паратактико-анафорическое сочетание является причинным: это могло бы означать, что темпоральные отношения не так существенны, что уничижение рассматривается в меньшей степени с временно́й и исторической точек зрения, нежели с логической. В зависимости от того, вычитывается ли в причинной

---

⁴² Так подает это — следом за Михаилом Тареевым — Герман-Йозеф Рёриг [2006: 320, 329].

⁴³ Ср. 2.6.1.4. Используемый только в специальном богословском дискурсе, да и там весьма мало, привившийся термин «тапейнозис» в дальнейшем будет использоваться здесь не как отличный от кенозиса, из чего не следует делать вывод, что различных аспектов кенозиса не существует. Если тапейнозис касается скорее земного Христа, то в противоположность инкарнационному кенозису речь может идти о социальном кенозисе. О риторическом понятии тапейнозиса см. 3.5.5.2.

⁴⁴ См. 2.6.1.5 и 2.7.1.

взаимосвязи темпоральная последовательность, происходящее предстает как метафизико-логическая непрерывность или как историческая прерывность. Является ли возвышение наградой для униженного Христа? Это означало бы, что прежде или, по крайней мере, во время этого *status exinanitionis* божественность была ему не присуща (или не вполне присуща), ибо иначе его вряд ли можно было бы наградить повторным возвышением (см. 2.6.2)? Получает ли он в конце больше, чем имел?

2) Субъектом уничижения был Сам Христос (Флп 2:6–8), актором возвышения был Господь. Маркирует ли эта дистрибуция бытийную иерархию?[45] Попадает ли Христос в результате этого пассивного возвышения на прежнюю высоту или же возносится выше прежнего? И каков точный момент возвышения (совпадает ли он с моментом инкарнации или с моментом воскресения)? Или вопрос о моменте метафизических событий такого рода заведомо неприемлем?

3) «τὸ ὄνομα τὸ ὑπὲρ πᾶν ὄνομα» («Имя выше всякого имени»): которое же это «Имя выше всякого имени»: Иисус, Христос, Θεός, υἱός, Κύριος или — с ветхозаветной точки зрения — Имя Бога, перед которым возможно только апофатическое молчание, что сразу и исполняется в этом месте гимна?

### 2.2.3.6. Флп 2:10 и сл.

1) «ἵνα... πᾶν γόνυ κάμψῃ ἐπουρανίων καὶ ἐπιγείων καὶ καταχθονίων» («дабы... преклонилось всякое колено небесных, земных и преисподних»): в этих трех идущих подряд формах родительного падежа речь идет о мужском или о среднем роде? Те, кто должны преклониться, — все это живые существа? Или, если это слова мужского рода: все евреи, все христиане, все люди всех народов, все души в аду и т. п.?

2) «πᾶσα γλῶσσα ἐξομολογήσηται» («и всякий язык исповедал»): если все языки должны исповедать, то тогда исключена групповая, национальная (см. 5.1.3) или конфессиональная исключительность?

---

[45] Об этом см. далее 2.6.2.1 и 4.4.4.6.

3) «ὅτι Κύριος Ἰησοῦς Χριστὸς εἰς δόξαν Θεοῦ πατρός» («что Иисус Христос — Господь во славу Бога Отца»): титул Κύριος облагораживает Христа, но «во славу Бога Отца» не означает ли, что Отец стоит еще на одну ступень выше? Или выбор титулов Κύριος и Θεός обязан своим появлением одному только риторическому правилу *variatio*?

### 2.2.4. Жанр перикопы

Возможно, разобранные выше строки (Флп 2:5–11) восходят к отдельному, более древнему гимну, к некоей перикопе[46]. В пользу этого предположения говорят антитетическая структура, параллелизмы (особенно здесь интересны параллелизмы «κένωσις» и «ταπείνωσις», а также повторы ключевых слов, см. [Henry P. 1957: 10]). Соответственно, предпринимались различные попытки восстановить гимнический ритм, см. [там же: 9 и сл.]. Поскольку в (Флп 2:5–11) кроме относящегося к Христу активного залога глагола «κενόω» («делать пустым, опустошать») есть и другие *гапакс легомена*, речь может идти о переводе с иврита или арамейского [Henry P. 1957: 11]. Тогда гимн представляет собой «персональный панегирик» [Walter/Reinmuth/Lampe 1998: 56], а в этой особой форме — «поэму о "парадоксальной карьере"» [там же: 59] — *enkomion paradoxon* (см. 2.10.5).

Вопрос о претексте решать здесь необязательно. Для наших целей достаточно широкого консенсуса исследователей, которые возводят начало *христологии* как догматико-метафизического учения о Христе в божественной ипостаси самое раннее к основателю общины Иакову, через один год после смерти Иисуса[47]. Согласно Мартину и Додду, филиппийская перикопа Павла — это именно та точка, «откуда началась христология» [Martin/Dodd 1998]. Для работы, направленной на риторику христологии, на историю русской культуры с IX по XX век и на литературу XIX–XX веков, это может

---

[46] Ломайер [Lohmeyer 1928: 8] говорит о встроенном Павлом «прахристианском хорале»; с прочтением Ломайера соглашается [Balz 1996: 510], против Karrer 1999: 274].

[47] См. [Bousset 1965: VIII]; [Karrer 1999: 273].

быть взято за отправную точку, а допавлианская традиция, связанная с Иисусом (например, логии), далее приниматься во внимание не будет[48]. В ходе же риторического чтения богословских экзегез (Флп 2:5–11) более древние тексты должны опосредованно учитываться в двояком смысле: 1) типологически связанные с филиппийской перикопой места из ВЗ (см. 2.7.1) и 2) греческие филофемы (особенно Филон и дуализм; см. 2.2.5).

### 2.2.5. Логос-христологический минимальный консенсус и пропасти

> Христологический вопрос может быть в научном ракурсе... поставлен только тогда... когда притязание Христа, что он есть Логос Господний, принималось как по праву существующая предпосылка.
>
> *[Bonhoeffer 1964: 148]*

Корнем всех проблем является отождествление Христа и преэкзистенциального Логоса, с одной стороны, и Иисуса как человека — с другой, т. е. двойственность учения о Логосе и плоти (*Logos-Sarx-Christologie*, см. [Hoping 2004: 90]). Основополагающей для этого служит интерпретация, согласно которой в (Флп 2:6) говорится о предсуществующем Логосе, как это происходит со времен Иустина Философа[49]. В ранний период соответствующую позицию находим, например, у Евсевия в его труде «О церковном богословии» (*De ecclesiastica theologia*): «Οὕτω Θεὸς ἦν ἐν Χριστῷ κόσμον καταλλάσσων ἑαυτῷ καὶ τὴν ἔνσαρκον ὑπέμεινεν οἰκονομίαν, προὼν μὲν αὐτῆς, καὶ προυπάρχων, θεότητι πατρικῆς δόξης τετιμημένος»[50].

---

[48] Для Павла гораздо менее значимы исторические подробности жизни Иисуса, нежели метафизическая весть о Распятом и Воскресшем [Schrage 1961: 239] — причем именно к этому метафизическому перечню относится кенозис (в тех пределах, в каких его смыкают с событием воплощения).

[49] Юстин [*apol.* 73, 3]; [*2 apol.* 6, 3]; [Munier 1995: 130]; ср. [Tarkatellis 1976: 11–52].

[50] «Таким образом был Бог во Христе, чтобы мир с собою примирить; Он осуществил домостроительство во плоти, хотя Он перед этим был, и предсуществовал, и одарен был божественностью величия Отца» [PG 24, 852 C].

## 2. Троп и парадокс, или Христология в противостоянии... | 99

К постулату предсуществования приходят идентификация Христа с Логосом из пролога Иоанна и наитие Филоновой онтологии Логоса: от (Ин 1:1–18) исходит метафизическая идентификация Сына с Логосом — Логос-христология. Слово было вначале у Бога (Ин 1:1 и сл.), говорит Иоанн, но потом стало плотью: «...καὶ ὁ λόγος σὰρξ ἐγένετο, καὶ ἐσκήνωσεν ἐν ἡμῖν, καὶ ἐθεασάμεθα τὴν δόξαν αὐτοῦ»[51].

В (Ин 1:18) эпитет «μονογενής» («единородный») связывается с «υἱός» («Сын»). Аналогия Слова и Сына становится идентификацией. Именно эта ипостась — Сын/Логос — триединого Бога и стала тогда, согласно широчайшему экуменическому консенсусу, человеком Иисусом и, таким образом, к своей метафизической природе обрела вторую, человеческую. Если же встать на логос-христологические и логоцентрические (см. 3.1.5) позиции и исходить из Слова, которое в начале было у Бога, то тогда человеческое лишь второстепенно. Чудом становится тогда отнюдь не божественное, а человеческое, принятое божественным. Эта конфигурация во всех ортодоксальных кенотических моделях неизбежна: от более высокого, лучшего, исконного состояния — спуск к более низкому.

Оказавшая столь большое влияние версия Иоанна укрепляется с помощью онтологии Филона Александрийского[52], который описывает Логос как посредническую инстанцию в дуализме Бога и мира. В типичной для среднего платонизма двойной схеме связи Бога с Логосом и Бога с космосом дуализм стирается [Früchtel 1968: 14–18, 111]. Эту логос-теологию применяют ранние христианские апологеты, и прежде всего Юстин, как говорит Буссе [Bousset 1965: 317]. Это самое мощное из всех

---

[51] «И Слово стало плотию, и обитало с нами, полное благодати» (Ин 1:14); аналогично (1 Ин 4:2); (2 Ин 7). Павел описывал Слово только как средство для проповедования креста и наделял его как таковое искупительной силой (1 Кор 1:17 и сл.). Ветхозаветное דבר (*давáр*) также не обладает рангом метафизической персонификации Триединства, которая в истории толкований приписывается Логосу Иоанна.

[52] Происходит ли при этом «эллинизация» [Harnack 1931: 496] христианства — об этом здесь нет нужды дискутировать.

христологических постулирований стали затрагивать только очень поздно⁵³.

Из антропоцентрически-религиозно-критической перспективы, такой, как у Фейербаха, именно эта логос-христологически-логоцентрическая предрешенность представляет собой определяющий прием христианской стратегии подтверждения достоверности. Все дело в том, что чудом было бы, исходя из такой предпосылки, как критически отозвался об этом еще Леонтий Византийский, более не сверхъестественное, а снисхождение сверхъестественного, *назначенного исходным* — до естественного: «Ἀφῄρηται δὲ καὶ τὸ εἶναι θαῦμα, τῷ ὑπὲρ φύσιν τῆς φύσεως μεταστάσης, καὶ γίνεται ὕβρις ἡ φιλοτιμία τυραννήσασα τὴν ἀλήθειαν»⁵⁴.

Сколь бы центральными ни считались метафизические постулаты о предсуществовании и о связи с божественным через Логос для интерпретации земного существования Иисуса — но это земное существование нельзя, поддаваясь противоположному порыву, сужать, объявляя его видимостью. Необходимым дополнением к логос-христологии является трактовка (Флп 2:7) как высказывания об истинном воплощении (см. 2.6.1). Мысленно представить себе совмещение предсуществования Логоса и истинной человечности Иисуса Христа есть великая задача христологических дискуссий и процесса организации знаний в ранней Церкви [Henry M. 2000: 10 и сл.], — задача, которая делалась более или менее разрешаемой только с помощью риторики парадокса (см. 2.8–2.10). Пока не произошла риторическая стабилизация нормы учения, разверзались разнообразные интерпрета-

---

⁵³ См. 2.11.6 и 2.11.7. В то время как у левых гегельянцев из этого следует прощание с христианством, в XX веке мы сталкиваемся с намеренно нетрадиционными, внутрибогословскими попытками обновления, направленными на отход от априорных конструкций онтологии и возврат к опоре на библейское свидетельство — и все это от очень различных конфессиональных исходных точек [Dawe 1963: 181 и сл.]; [Schoonenberg 1966a: 28].

⁵⁴ «Чудо отменяется, если то, что над природой [единение в Христе], изменяет природу; а страстное желание чуда, которое насилует истину, становится высокомерием» [PG 86,1333D]; подробнее об этом [Grillmeier 1990, 2.2: 229–233].

ционные пропасти; и даже после формулирования парадоксальной христологии на Халкидонском соборе устойчивого мира и отказа от борьбы достичь не удалось.

В отличие от основной догматической линии христологии Логоса и плоти, концепции, классифицируемые как еретические, характеризуются тем, что они либо редуцируют человечность Христа до некоей (риторической) видимости (докетизм; см. 2.3.2.1), либо включают даже божественность Отца в процесс снисхождения[55]. Что касается этих не-канонизированных позиций, т. е. одна принципиальная сложность, и заключается она в том, что они по большей части дошли до нас только через тенденциозное краткое изложение в сочинениях их противников. Впрочем, речь здесь идет не о приписанном авторстве или исторической оправданности определенных упреков в ереси[56], а о наличии таких концепций в богословском архиве, а именно полемическое отвержение для них — привилегированное «место хранения»[57].

Различные угрозы по отношению к согласительным формулам христологии Логоса и плоти могут быть закреплены в греческом понятии, которое бытует одновременно как в философской, так и в риторической сферах, грозя сдвинуть связь между божественным, преэкзистенциальным Логосом и человеческой природой Христа в область асимметричного освещения, — понятии *тропа* (см. 2.3).

---

[55] Патрипассианизм (ср. 2.3.3.1); модализм (ср. 2.3.1.1). Об общем в этих еретических пропастях ср. сжатый обзор [Hoping 2004: 90–93].

[56] Новейшим исследователям пришлось здесь во многих случаях вносить значительные коррективы и предпринимать разграничения, например, при разделении адопционистического и модалистического монархианства [Hoping 2004: 92] или при разграничении реального и вербального монофизитства [Allen 1994: 219]. В этой работе невозможно останавливаться на столь основательных корректурах такого рода; нас интересует здесь только наличие дошедших до нас памятников (даже в том случае, если с исторической точки зрения это фальшивка) и риторика их аргументации.

[57] Консервирование полемики происходило в документах Вселенских соборов, в дискурсе догматики (например, в *Catenae Graecorum Patrum in Novum Testamentum*; см. также 4.4.2) и наряду с этим в определенных частях литургии (напр., в Синодиконе Торжества православия; см. 4.4.3.3).

### 2.2.6. О греко-христологическом фокусе и риторическом ключе

Юлиус Тыциак в своем описании «Богословских стилей мышления на Востоке и на Западе» (*Theologische Denkstile im Morgenland und Abendland*) исправляет привычку историков догматики

> …не воспринимать вопросы христологии как средоточие различий между Востоком и Западом. Вокруг этой проблемы шла борьба, когда Церковь была еще неразделенной. Со времен седьмого Вселенского собора догма лежит перед нами в своем завершенном виде. И все же было бы заблуждением не слышать разницу в звучании при изложении и толковании догмы на Западе и на Востоке. Не столько в формулировках, сколько в целеполагании, в телосе, в цветопередаче целого [Tyciak 1971: 243].

Эти нюансы он связывает прежде всего с «христологической сердцевиной» — с воплощением, богоявлением (теофанией), кенозисом [там же: 247 и сл.].

Что касается патристической христологии и в особенности проблемы кенозиса, то выделенные в пункте 2.2.3 вопросы особенно характерны для греческой традиции. Согласно обзорным исследованиям на эту тему [Seils 1976: 814; Williams 1999: 299], во-первых, существует на порядок больше соответствующих мест в греческой, нежели в латинской патристике, во-вторых, латинские высказывания имеют тенденцию держаться скорее в мейнстриме [Henry P. 1957: 110]. Крайние точки зрения по большей части формулировались в это время в греческом ареале (только с периода Высокого Средневековья, и — еще больше усилившись — следом за Реформацией кенотическая христология обретает продуктивность также и на Западе, и там тоже появляются острые интерпретации, которые, впрочем, в свою очередь, неизбежно опираются на ту же базу патристики).

К тому же это избранные греческие отцы, определяющие доминанту русского восприятия древней церковной догматики[58], прежде всего Максим Исповедник и Иоанн Дамаскин, которым

---

[58] Ср. [Rothe 2000: 53]; см. 4.4.2.

по этой причине мы уделим здесь особое внимание. До XIX века русское богословие не вносит самостоятельного вклада в христологию, а продолжает путь по колеям, проложенным греческими отцами (см. 4.4.2).

По этой причине мы склонны в дальнейшем нашем путешествии по кенотической христологии ставить во главу угла греческие высказывания, однако не излагать историю догматики, уходя в социальные и культурно-исторические детали, а подобрать риторический ключ к рекуррентному дискурсу (см. 1.6.2–1.6.3).

### 2.3. «Тропические» ереси

Троп несет угрозу ортодоксальной христологии. Этот тезис связан одновременно с двумя греческими лексемами: «ἡ τροπή» и «ὁ τρόπος». Между ними нет четкой семантической разграничительной линии; если женский род «ἡ τροπή», скорее, употребляется в значении «превращение», а мужской «ὁ τρόπος» — в значении «направление», «настроение» и «риторический оборот», то ведь и «ἡ τροπή» (в выражении «τροπὴ λέξεως») может означать «оборот речи»[59]. Порой ясные границы между значениями провести невозможно; как в немецком корень *wechsel-* может обернуться то словом *Auswechslung* («замена»), то словом *Verwechslung* («путаница»), т. е. наблюдается одновременно семантический оттенок «заменить» и «подменить», то и «τρόπος» передается на латыни как онтологическое *mutatio* («изменение») и как риторическое *immutatio* («замена»)[60].

---

[59] Ср. [Estienne 1831–1865, 7: 2499–2501 и 2505–2510]; [Pape 1954, 2: 1151 и сл.].

[60] Дальнейшие переводы зачастую подчеркивают этимологическое единство: «...ornari orationem Graeci putant, si verborum immutationibus utantur, quos appellant τρόπους, et sententiarum orationisque formis, quae vocant σχήματα» («...греки придерживаются того взгляда, что послужит украшению речи, если употреблять измененные слова, которые они называют "тропами", а также фигуры в мыслях и выражениях, которые у них называются "схемы"») [Cicero *Brut.* 17, 69].

Еще в одном из самых ранних высказываний по поводу инкарнации и Логоса — у Юстина Мученика — мы находим формулировку о «τρόπος» воплощения Логоса: «...ὅς τίνα τρόπον σαρκοποιηυεὶς ἄνθρωπος γέγονεν»[61]. Перевод слова «τρόπος» — вещь очень непростая; дело в том, что «τρόπος» у Юстина может переводиться и как «способ»[62], и как «перемена», «изменение». В этом месте третий вариант перевода, «манера речи», не очень годится, но не может быть полностью исключен.

### 2.3.1. «Способ»

Наименее определенным является значение «способ» в том виде, в каком мы встречаем его, например, у Иоанна Дамаскина, говорящего, что у Иисуса Христа был особый модус («τρόπος») человеческого бытия: «Καὶ ἡ σάρκωσις δὲ τρόπος δευτέρας ὑπάρξεως πέφυκε, μόνῳ τῷ μονογενεῖ Υἱῷ καὶ Λόγῳ ἁρμόζουσα, ὡς ἂν ἰδιότης μείνῃ ἀκίνητος»[63]. Способ человеческого бытия не умалил, однако, способ божественного бытия; они сосуществовали так же, как две природы.

### 2.3.1.1. Модализм

Однако и «способ» стал — впрочем, скорее, в латинском соответствии *modus* — камнем преткновения для одной ереси, связанной первоначально с учением о Троице и только затем — с христологией. В вину ее ставят прежде всего Праксею, Савеллию и савеллианам; согласно их учению, существует единая божественная ипостась Бога Отца, которая *поочередно* выступает в трех модусах (преходящих способах явления): как Отец в акте

---

[61] «Каким образом / с помощью какого изменения / сообразно какой манере речи он воплотился и стал человеком» [*apol.* 32, 10]; [Munier 1995: 76].

[62] Именно это решение принимает Джон Кайе в английском переводе: «...but how this Logos was incarnated and made man» [Justin 1912, 1: 42]. На самом деле «τίνα τρόπον» — это лексикализованный оборот со значением *quo modo* («каким образом») [Estienne 1831–1865, 7: 2506]; [Pape 1854, 2: 1152].

[63] «Но воплощение стало вторым модусом существования, который подходит только для единородного Сына и божественного Логоса и невыразимое своеобразие которого остается» [PG 94, 1464A].

творения, как Сын в Христе и как Дух Святой после Пасхи, см. [Hoping 2004: 93]. Как утверждают, Савеллий учил, что это не три Лица, а три «голых имени»: «Σαβέλλιος γὰρ φησὶν, ὅτι ὁ Πατὴρ καὶ Υἱὸς καὶ Ἅγιον Πνεῦμα, ὀνόματα ἐστι ψιλά, καθ᾽ ἑνὸς προσώπο-νκείμενα»[64]. Еретическим это представляется в том аспекте, что не модусы Логоса/Христа принимаются, что было бы приемлемым (см. 2.4), а триединый Бог мыслится как три модуса одного Бога во временно́й последовательности. Земное тело Христа является тогда временным модусом одного трехфазного Бога. Но тогда Бог как целостность становится страждущим в Христе. Как бы сильно кенотическая христология ни подчеркивала истинность страданий Воплощенного — все же это должно быть страдание одной из трех божественных ипостасей, а вовсе не савеллианского Бога Отца. В этом плане модализм переходит в патрипассианство (см. 2.3.3.1). Учение о Лицах Троицы необходимо ради компенсации, чтобы принимать кенозис — в качестве партикулярного — как истинный; триединство указывает выход из радикально-кенотического теопасхизма[65].

### 2.3.2. «Мнимое» и «оборот речи»

Еще деликатнее, чем значение «способ», функция тропа как обозначения несвойственного, риторической и онтической мнимости: на заре греческой патристики с мыслительной фигурой не-истинного борются, преимущественно нападая на гностическую мнимую фигуру («δόκησις», «мнимое»; «δοκεῖν», «казаться») и только во вторую очередь — на основе лексического поля «τρόπος» и «τροπή»[66].

---

[64] «Но Савеллий сказал, что Отец и Сын и Дух Святой — это в чистом виде имена, которые приписываются одному и тому же Лицу» [CGPNT VI, 247, 18–20].

[65] Позднее и монофизитство подверглось нападкам именно потому, что могло концептуально привести к теопасхизму или даже к патрипассианству (см. 2.7.4).

[66] Вряд ли найдется другой христолог, который столь же наступательно, как Цвингли, без колебаний называет тропом свою новую дефиницию *communicatio idiomatum* между божественными и человеческими атрибутами Христа как «ἀλλοίωσις»: «Alleoisis... tropus est» («Алейозис... есть троп») [Corpus Reformatorum 1934: 679]; ср. 2.8.5.2.

### 2.3.2.1. Докетизм

Эта мнимая фигура ставится в вину гносису (в особенности валентинианскому). Онтологической базовой предпосылкой гносиса является радикальный дуализм Бога/Святого Духа и мира/плоти, который исключает связующую или посредническую ступень, подобную инкарнации. Так или иначе, только дух в людях может быть спасен, поэтому достаточно, чтобы божественный Логос принял облик мнимого тела, по [Hoping 2004: 92].

Протест против гностической теоремы мнимого начинается очень рано: еще Игнатий Антиохийский не соглашается с тем, что с воплощением связаны мнимые страдания Христа: «...εἰ γὰρ τὸ δοκεῖν»[67]. Более подробное описание мы находим у Тертуллиана, который излагает позицию Маркиона, считающего вочеловечивание Христа призрачным телом, «фантасмой»:

> Plane de substantia Christi putant et hic Marconitae suffragari sibi apostolum, quod phantasma carnis fuerit in Christo, cum dicit quod *in effigie dei constitutus non rapinam existimavit pariari Deo, sed exhausit semetipsum, accepta effigie servi*, non veritate, *et in similitudine hominis*, non in homine; *et figura inventus homo*, non substantia, id est non carne[68].

В полемике против докетизма в христологии — с игнатианских начал — было заложено признание «реального кенозиса»:

> Богословская христология в своем стремлении низложения всяческих проявлений докетизма пошла на такие строгости реализма, каких до того в обхождении с мифами и ал-

---

[67] «Если же Господь наш совершил это призрачно» (ИгнСм 4:2; рус. пер. П. Преображенского: Писания 2008: 365).

[68] «Также и в этом пункте приверженцы Маркиона думают явственно о сущности Христа, что Павел их в этом поддерживает, что во Христе имелась фантазма плоти, если он говорит так, что *будучи образом Божиим, не почитал хищением быть равным Богу; но уничижил Себя Самого, приняв образ раба*, но не на самом деле, *сделавшись подобным человекам, однако не человек, и по виду став как человек*, но не по сущности, то есть не во плоти» [*adv. Marc.* 20, выделено в ориг.].

легоризациями, с епифаниями и метаморфозами всевозможной неясности их серьезности, не было известно, во всяком случае, в таких жестких формулировках [Blumenberg 1993: 86][69].

Ортодоксальный «реализм» кенотической христологии не обошелся без последствий для оценки языкового оформления: Иоанн Дамаскин в негативном ключе увязывает докетизм с «театром»[70], что раскрывает антихудожественную интенцию. Христология бунтует не только против видимости, но и против прекрасной видимости и против средств ее порождения, т. е. также против тропической неподлинности.

Антириторический «реализм» надолго остается определяющим для кенотической христологии — вплоть до выхода за границы христианства: перенесение кенотических по структуре своих моделей в секулярные условия становится возможным скорее посредством инкарнаторного, земного реализма, нежели с помощью риторичности, заимствованной у христианства в каком-то смысле в позитивном ключе. Да, кенотический реализм передается дальше именно через антириторику, в том виде, в каком она переходит из христианских в постхристианские контексты. Возникнув в качестве «машины выживания» для христианских догм (см. 2.1.4.2), антириторическая идеология переживет христианство, внося, однако, со своей стороны вклад в непрекращающуюся продуктивность ее мыслительных образцов (таких, как кенотический) (см. 8.7.5).

---

[69] Ср. также [Loofs 1910: 317].

[70] «Εἰ δὲ δοκήσει γέγονε, φενακισμὸς καὶ σκηνὴ τὸ τῆς οἰκονομίας μυστήριον, καὶ δοκήσει, καὶ οὐκ ἀληθείᾳ γέγονεν ἄνθρωπος, καὶ δοκήσει, καὶ οὐκ ἀληθείᾳ σεσώσμεθα» («Если же это случилось только призрачно, то и таинство Домостроительства было обманом и лицедейством, и Он по видимости только, а не поистине сделался человеком, и мы спасены призрачно, а не поистине») [De fide orth. III 28; PG 94,1100B; рус. пер. А. А. Бронзова: Иоанн 1913: 284].

### 2.3.2.2. Против пустых оборотов речи

В христологических дискуссиях само по себе понятие тропа принимается в расчет, если, к примеру, Арно фон Райхерсберг критикует взгляды сторонников своего противника Фольмара, согласно которым воплощение Слова могло бы восприниматься как пустой оборот речи без реального события. Богослов XII века пытается защитить реальность вочеловечивания от тропического восприятия, согласно которому фразы «Бог есть человек» или «Слово есть плоть» — всего лишь речевой оборот. Выражение *et habitu inventus ut homo* в (Phil 2:7) не должно склонять к тому, чтобы видеть в *habitus* «лишенный содержания троп» [Bach 1873–1875, 2: 600]. Однако приверженцы диалектики, подобные Фольмару, утверждают:

> Apud quos ejusmodi locutiones: Deus est homo, et: Homo est Deus; Verbum caro factum est, et: Homo est filius Dei — non simpliciter, sed tropice verae sunt, vel secundum quandam determinationem eas veras, et non simpliciter veras dicunt[71].

Лютеранская «Формула Согласия» (*Konkordienformel*, 1577) отклоняет в разделе *Negativa* к артикулу 8 «О Лице Христа» (*De persona Christi*) реформированное учение об аллоэосисе (*alloeosis*), некоей исключительно языковой взаимозаменяемости атрибутов человека и Бога вместо полной *communicatio idiomatum* (см. 2.3.2 и 2.8.4):

> Что это лишь *phrasis* и *modus loquendi*, это есть только слово и оборот речи, когда говорят: Бог есть человек, человек есть Бог; тогда божественность не имеет ничего общего с человечностью, как и человечность — ничего общего с божественностью *реально*, то есть в действительности [BSLK 809, 42–810, 7, выделено в ориг.].

---

[71] «У них [сторонников Фольмара] выражения "Бог есть человек" и "Человек есть Бог", "Слово есть плоть" и "Как человек Он Сын Божий" истинны не впрямую, а только как тропы» [*apol*. 30; Arno von Reichersberg 1888: 30].

## 2. Троп и парадокс, или Христология в противостоянии...

Хотя здесь более поздние источники, такие как богослов Высокого Средневековья Арно фон Райхерсберг или лютеранская «Формула Согласия», дают нам самые полные сведения, но уже и Ипполит Римский знает помимо ложной видимости («φαντασία») негативное понятие тропа: «Οὐ γὰρ κατὰ φαντασίαν ἢ τροπὴν, ἀλλ' ἀληθῶς γενόμενος ἄντρωπος»[72]. По причине соседства с «φαντασία» здесь ближе значение «оборот речи»; но в латинском переводе в *Patrologia Graeca* многозначность *per fictionem et mutationem* снимается: «фантастика и изменение».

### 2.3.3. «Изменение»

Третья проблема, связанная с понятием тропа, заключается в том, что монотеистическое понятие Бога на основе греческой инициативы не совместимо с изменением [Kreiner 1998: 166 и сл.]: на неизменности Бога Отца настаивают, скажем, Послание Иакова («...πᾶσα δόσις ἀγαθὴ, καὶ πᾶν δώρημα τέλειον ἄνωθέν ἐστι, καταβαῖνον ἀπὸ τοῦ πατρὸς τῶν φώτων, παρ᾽ ᾧ οὐκ ἔνι παραλλαγὴ, ἢ τροπῆς ἀποσκίασμα»[73]) и Юстин Мученик («Ἄτρεπτος γάρ ἐστιν ὁ Θεὸς... τροπὴν δ' εἰς τὸ ποιεῖν τὰ μὴ πρέποντα αὐτῷ, οὐ δέχεταί ποτε»[74]).

Понятие человека этой проблемы в себе не содержит; в этом случае для христологической традиции изменение приемлемо во всех аспектах, когда оно касается жизни Христа (например, рост, отчаяние, сон)[75], и недопустимо, когда речь идет об изменении

---

[72] «Не согласно фантазии и превращению в форме оборота речи, а воистину стал человеком» [PG 10,828A].

[73] «Всякое даяние доброе и всякий дар совершенный нисходит свыше, ст Отца светов, у Которого нет изменения и ни тени перемены» (Иак 1:17).

[74] «Неизменен именно Бог... изменение в направлении выполнения дел, которые Ему не подобают, Он никогда на Себя не брал» [PG 6,1284A]. Основной упрек, обращенный к немецкой и британской кенотической христологии между 1840 и 1914 годом (Готтфрид Томазиус, Хью Р. Макинтош и др.) гласил, что в ней нарушается постулат о неизменности [Thompson T. 2006: 97]; [Davis 2006: 137].

[75] См. 2.7.1. Единственную проблему составлял «рост» самосознания у Иисуса (2.7.2.3).

*между Богом и человеком*. В особенности не допускались помышления о полной перемене Бога Отца и превращении его в бессильного человека в образе раба[76].

### 2.3.3.1. Патрипассианство

Опаснее всего становится представление об изменении в божественности, если оно распространяется не только на одного Иисуса, но и на Бога Отца — как это, по свидетельствам, представляли себе сторонники так называемого патрипассианства. Так, Тертуллиан полемизирует, выступая против угрозы идентификации субъекта страданий с Богом Отцом, высказывая Праксею следующие упреки: «...ipsum dicit patrem descendisse in virginem, ipsum ex ea natum, ipsum passum»[77]. При этой версии патрипассианства в основе лежит падение Бога Отца до страждущего человека Иисуса. Именно не триединый, а трехфазный Бог подвергся уничижению, через воплощение сделался способным к страданию — скандал, приведший к появлению невероятного числа отпугивающих теорий[78].

Для соединения кенозиса и теоремы изменения важен также Аполлинарий Лаодикийский. Аполлинарий, бывший одно время соратником Афанасия Великого, затем, однако, попавший под осуждение, а также его сторонники (здесь — Зенон Веронский) допускают при кенотическом акте почти полномасштабное изменение божественности («...μεταβολῇ θεότητος γενόμενος ἄνθρωπος»[79]). Для них, согласно изложению Ипполита, божественность благодаря смешению («σύγκρασις») с человеческим сама является субъектом кенозиса, ограничений, страданий: «...τὴν θεότηνα δὲ

---

[76] Только под эгидой радикальной God's-Death-School (см. 2.6.1.5) настоятельно подчеркивается «метаморфоза» в Боге [Altizer 1966: 104], что затем — и это примечательно — вызвало большие споры [Altizer/Hamilton 1966] и было поставлено во взаимосвязь с ересями, см. [Borné 1979].

[77] «Он говорит, что Отец Сам спустился в Деву сверху, Сам от нее родился и Сам страдал» [*adv. Prax.* 1, 1].

[78] См. [Hallman 1991]; [Koslowski/Hermanni 2001]. Вячеслав Иванов, напротив, помещает фигуру страдающего Бога в один ряд с Христом и Дионисом, проводя параллель между ними [Иванов 1989: 310 и сл.].

[79] «...через изменение божественности стал человеком» [PG 10,837A].

## 2. Троп и парадокс, или Христология в противостоянии...

γενέσθαι ταυτοπαθῆ τῇ σαρκὶ, διὰ κένωσιν τροπὴν ὁμοῦ, καὶ φύρσιν, καὶ σύγχυσιν, καὶ τὴν εἰς ἀλλήλους ἀμφοτέρων μεταβολὴν δογματίζοντες»[80]. Исходя из этого, позиция Аполлинария отличается самым радикальным кенозисом во всей патристике: «...если мы и ожидаем где-нибудь в древней Церкви обнаружить "настоящую" теорию кенозиса, то можно найти ее здесь, в близких к Аполлинарию кругах» [Loofs 1901: 256]. Это ответвление вскоре начнет рассматриваться как еретическое: «Правда, со времен осуждения аполлинарианства такие теории кенозиса стали более невозможны»[81].

### 2.3.3.2. Ортодоксальная идентичность

Нормативная точка зрения, напротив, заключается в том, что божественная природа в Христе не испытала при воплощении никаких изменений, что она осталась неизменной. Это подтверждает Ипполит Римский:

> Διὸ καὶ καθ᾽ ἡμᾶς ἀληθῶς γενόμενος ἄνθρωπος χωρὶς ἁμαρτίας ὁ τοῦ θεοῦ Λόγος, ἐνεργήσας τε καὶ παθὼν ἀνθρωπίνως ὅσα τῆς φύσεώς ἐστιν ἀναμάρτητα, καὶ φυσικῆς σαρκὸς περιγραφῆς[82] ἀνασχόμενος δι᾽ ἡμᾶς, τροπὴν οὐχ ὑπέμεινεν, μηδ᾽ ἑνὶ παντελῶς ὁ ταυτόν ἐστι τῷ Πατρί, γενόμενος ταυτὸν τῇ σαρκὶ διὰ τὴν κένωσιν[83].

Однако в человеческой речи сложно употреблять один за другим разные «способы», не прибегая к понятию превращения (см. также 3.1.4). Августин предписывает против этой исконно

---

[80] «Они учили, что посредством кенозиса божественное само вместе с плотью становится сочувствующим; одновременно они учили изменению, перемешиванию, смешению и взаимному обмену» [PG 10,836D].

[81] [Loofs 1901: 256]; ср. также 2.7.4.1.

[82] Как становится ясно по вводимому Ипполитом понятию «περιγραφή», или *circumscriptio*, языковая сторона и риторичность постоянно окольными путями протаскиваются обратно. В духе спора об иконоборчестве 787 года эта метафора Писания вообще возводится до обязательной для верующих (см. 3.4.5.1).

[83] «Поэтому божественный Логос ради нас стал воистину человеком без греха, действовал и страдал полностью сообразно природе, но без греха, претерпел ограничения физической плоти ради нас, не подвергая Себя вообще никаким изменениям, был равен Отцу и стал через кенозис равен плоти» [PG 10,832A].

присущей человеческому языку тенденции и против известных ему отклонений: «Nemo credat Dei Filium conversum et commutatum esse in hominis filium»[84]. Все докенотические атрибуты последовательно сохраняются и в образе раба, вторит ему Иларий: «...non alius est in forma servi quam qui in forma Dei est...»[85] В Литургии Иоанна Златоуста это сведено к краткой формуле: «...ἀτρέπως ἐνανθρωπήσας»[86]. На основе этих иллюстраций становится ясно, что тезис неизменности может быть сформулирован только путем парадоксальных формулировок, которые тем самым являются основополагающими для этого столь необходимого теистического постулата.

### 2.3.4. «Мнимое» против «изменения»

Наконец, различные пропасти понятия тропа вступают в христологии еще и в конкуренцию между собой. Феодор Мопсуестийский, в духе Александрийского собора 362 года, отклоняет соблазн предположения, что в божественном могло произойти изменение, но при этом частично оперирует мнимыми формулировками; он противопоставляет две формы глагола из филиппийской перикопы «γενόμενος» («быв») (Флп 2:8) и «λαβὼν» («приняв») (Фил 2:7): «Τὸ δὲ δοκεῖν οὐ κατὰ τὸ μὴ εἰληφέναι σάρκα ἀληθῆ, ἀλλὰ κατὰ τὸ μὴ γεγενῆσθαι. ὅταν μὲν γὰρ ἔλαβεν λέγῃ· οὐ κατὰ τὸ δοκεῖν, ἀλλὰ κατὰ τὸ ἀληθὲς λέγει· ὅταν δὲ ἐγένετο, τότε κατὰ τὸ δοκεῖν· οὐ γὰρ μετεποιήθη εἰς σάρκα»[87]. Чтобы спасти неизменяемость, Феодор жертвует инкарнацию и кенозис мнимому. *Tertium non datur?*

---

[84] «Никто не должен верить, что Сын Божий превращается в Сына человеческого и меняется» [PL 38,1002].

[85] «В облике раба он тот же, что и в образе божественном» [PL 10,292B].

[86] «Непреложно вочеловечившийся», т. е. ставший человеком, не меняясь [Kallis 1989: 56].

[87] «*Казаться* не означает *не облечься плотью*, а означает *не стать*. Дело в том, что, когда он [Павел] говорит *облечься*, он имеет в виду не мнимое, а истинное; когда же он говорит *стать*, тогда это мнимое; ибо он [Логос] не превращался в плоть» [PG 66,981CD, выделено в ориг.].

## 2.4. Изгнание тропов, катахреза и неразрешимость

Почему в спектре значений слова «троп» варианты «изменение» и «манера речи» настолько более опасны, чем «способ»? «Способ» потому самый беспроблемный вариант, что идентичный субъект Христос/Логос может быть помыслен как находящийся во владении нескольких способов его явления. «Изменение», наоборот, ставит под сомнение непрерывность субъекта, предлагая разделенную последовательность божественного Логоса и человека Иисуса[88]. «Манера речи» угрожает самой его идентичности как Бога или человека, его подлинному «быть таким», посредством неподлинности и мнимости, посредством фальшивки и обмана. Там, где невозможно изменение от А (Бог) к Б (человек) или риторическое представительство А посредством Б, только раздвоение модуса Бог — человек (А = Б) может быть выходом из положения. Тем самым понятие тропа предоставляет ключ к тому догматико-историческому вопросу, почему кенотическая христология вызывала столь много споров, с таким трудом принималась.

С культурологической и в еще большей степени с литературоведческой точки зрения вопрос бытия (какой отнологический статус присущ вочеловечиванию?) может быть поставлен в скобки. Явному наблюдению поддаются тропы христологической аргументации. С этой точки обзора невозможно установить, есть

---

[88] Критика и изгнание фигур изменения — это не нечто, подспудно присущее христологической дискуссии, а некая задача, которая встречается в разных дискурсах, и только в христологии нашло столь серьезное ересиологическое применение. Жак Лакан, исходя из структуралистско-психоаналитических позиций, дает ответ как на вопрос о том, почему изменение кажется таким неприемлемым — поскольку оно идет вразрез с составом устойчивого субъекта, — так и на вопрос, почему риторическая неподлинность и мнимость содержат угрозу — потому что раздвоение самого себя на реальное и мнимое «Я» угрожает единству вымышленного [Pagel 1989: 27]; интересно, что Бадью ставит павлианскую фигуру самоуничижения в параллель с терапией Лакана [Badiou 1997: 60]. Таким образом, божественная неизменность связана с вымышленным, самоуничижение — с признанным реальным.

ли там нечто большее, чем троп; достаточно диагностировать, что при человеческой, языковой, теологической передаче троп в наличии, что троп явно *приходилось все вновь и вновь изгонять* и что в концептуальном и культурно-историческом плане он был *высоко продуктивен*. Именно изгнание риторики порождает колоссальный объем ее использования.

Троповость затрагивает любое говорение о кенозисе Христа: если в христологическом плане столь часто речь шла о вочеловечивании Христа на основе понятия тропа, нельзя отмахнуться от вопроса, не является ли Иисус Христос в качестве репрезентации невыразимого Бога его катахрезой; та человеческая природа, которая должна представлять божественную, неизбежно искажает ее, но *без* (несоразмерной) человеческой природы не может быть изображена природа божественная. Таким образом, христологическому тропу присуще семантическое остранение, несоразмерная манера речи[89]. Когда о Боге должна идти (человеческая) речь, то троп всегда уже наготове (в качестве *pars pro toto* для риторики). Следующим шагом оказывается языковое *imitatio* кенозиса Христа, в свою очередь, риторичное, как тропическая речь, нарративное, как рассказ об изменении.

Риторический троп — это движение, которое — находясь на уровне означающих — затрагивает означаемые и которое затем имеет смысл погасить, когда выдвигается требование достигнуть аутентичности. Из-за нехватки эмпирической базы религиозный дискурс отчаянно ищет аутентичности — исключая только спокойную апофатику или самонадеянно-несоразмерную катафатику (см. 3.6.2). Чтобы обеспечить референцию, сигнификативное движение должно быть отрегулировано, остановлено и зафиксировано. Опасность «обесценивания из-за блуждания тропов» [Man 1984: 240] должна получить какой-то отпор. Кар-

---

[89] Ср.: «Этот *tropus* (τρόπος) есть "поворот" (τρέπεσθαι) семантической знаковой стрелки словесного материала прочь от изначального содержания слова — к другому словесному содержанию. Основная функция тропа — это присущее *ornatus*'у остранение» [Lausberg 1990: 63, § 174].

тина плавучих сигнификантов, описанная Лаканом [Pagel 1989: 48 и сл.], становится страшилкой.

Идет ли речь лишь о риторической фигуре, только о манере речи, или все же о референциальном высказывании, которое одновременно свидетельствует о существовании референта, — остается неразрешимой проблемой, как и в случае с каждым риторическим тропом[90]. Так что оба вида чтения — теологический и риторический — могут и должны стоять рядом. В этом взаимоисключающем соседстве сам троп становится частью парадоксальной формулы троп/не троп — и этот парадокс продвигается, в свою очередь, до центрального тропа христологии.

### 2.5. Два «способа» в синтагме

Также и там, где между А (Бог) и Б (человек) нельзя поставить никакой троп — будь то «изменение» или просто «манера речи» — т. е. оба «способа» бытия должны существовать бок о бок, у языкового выражения нет другого пути, кроме как в одной синтагме поставить одно на первое, а другое — на второе место. В грамматике предложения (во всяком случае, в индоевропейских языках) линейная последовательность неизбежна. Это не в меньшей степени относится к филиппийской перикопе.

Если следовать тезису Ломайера о (Флп 2:5–11) как обособленном прахристианском хорале [Lohmeyer 1928: 8], тогда попытка внутреннего структурирования по строкам и строфам имеет право на существование [там же: 5 и сл.]. В качестве семантической главной цезуры в начале (Флп 2:9) предлагается «διό»[91]:

---

[90] [Man 1979: 50]. Установление того факта, что религиозные высказывания являются риторическими, и того, в какой форме они риторические, отвечает исключительно специфике религиозного говорения, см. [Nygren 1972: 338], не говоря этим ровным счетом ничего о чем-либо божественном.

[91] Эту цезуру распознает также Фиск [Fisk 2006: 49], который сомневается в гимническом генезисе перикопы [там же: 46 прим. 3].

> Как период ударным «посему» разбивается на дважды три строфы, так и здесь происходит мыслительный поворот. В трех строфах описывается путь Христа с небес на землю в смерть, и еще в трех строфах — Его вознесение над миром [Lohmeyer 1928: 7].

Если синтаксис и семантика в первой половине перикопы о Христе инсценируют движение вниз, от Бога к человеку, то вторая половина — обратное движение наверх. Оба вектора, согласно аргументации Сергея Булгакова, остаются дискретными; их двойственность нельзя редуцировать до *одного* «бытия», *одного* «способа»:

> Соединение *неравных* природ может совершиться лишь так, чтобы одна какая-либо природа утверждала приоритет, так что устанавливается своего рода асимметрия с наклоном вверх или вниз: от человечества к Божеству, или от Божества к человечеству, в направлении восходящем или нисходящем [Булгаков 1933: 245, выделено в ориг.].

Хотя только эта двойка выстраивает правоверный смысл — оба вектора, как отчетливо показывает допущение Булгакова, можно вполне рассматривать изолированно[92].

### 2.5.1. Логика переоценки Нового Завета

Хотя грамматическое предложение возможно только как инсценировка некоего движения сверху вниз или снизу наверх, то авторы собранных в Новом Завете текстов заинтересованы в нейтрализации этого грамматического принуждения. Эти тексты внушают нам, что — *sub specie aeternitatis* — одно превращение в каждом случае уже произошло. В особенности в заповедях блаженства (Мтф 5:3–10) заложен парадокс сверху и снизу,

---

[92] Ср. также предлагаемое Элертом сопоставление филиппийской перикопы и лютеровского учения о *communicatio*: «...соотношение божественной и человеческой сторон личности Христа, которое в учении о двух природах сначала производит впечатление застывшей статики, [обретает] живительную тягу к историческому движению. Всеобщие очертания ее те же, что и в главе 2 Послания к Филиппийцам: сверху вниз и снизу наверх» [Elert 1931: 210].

## 2. Троп и парадокс, или Христология в противостоянии...

который делает невозможным окончательное определение вре́менны́х отрезков: то, что внутри мира считается верхом, следует *sub specie aeternitatis* всякий раз размещать внизу и наоборот. С точки зрения фигуры обращения значимы в особенности стихи с 3 по 5, а также 10:

> ³Μακάριοι οἱ πτωχοὶ τῷ πνεύματι· ὅτι αὐτῶν ἐστιν ἡ βασιλεία τῶν οὐρανῶν. ⁴μακάριοι οἱ πενθοῦντες· ὅτι αὐτοὶ παρακληθήσονται. ⁵μακάριοι οἱ πραεῖς· ὅτι αὐτοὶ κληρονομήσουσι τὴν γῆν. <...> ¹⁰μακάριοι οἱ δεδιωγμένοι ἕνεκεν δικαιοσύνης· ὅτι αὐτῶν ἐστιν ἡ βασιλεία τῶν οὐρανῶν⁹³.

И в других местах Новый Завет пронизывает переоценка существующих ценностей; например, у Иоанна фигура уничижения представлена в притче о пшеничном зерне как положительная: «...ἀμὴν ἀμὴν λέγω ὑμῖν, ἐὰν μὴ ὁ κόκκος τοῦ σίτου πεσὼν εἰς τὴν γῆν ἀποθάνῃ, αὐτὸς μόνος μένει· ἐὰν δὲ ἀποθάνῃ, πολὺν καρπὸν φέρει»⁹⁴. Согласно ей, всякий спуск уже есть подъем. В итоге такая мыслительная фигура встречается еще у Павла, который, например, дает набросок переоценки⁹⁵ слабости: «...διὸ εὐδοκῶ ἐν ἀσθενείαις, ἐν ὕβρεσιν, ἐν ἀνάγκαις, ἐν διωγμοῖς, ἐν στενοχωρίαις, ὑπὲρ Χριστοῦ· ὅταν γὰρ ἀσθενῶ, τότε δυνατός εἰμι»⁹⁶.

---

[93] «³Блаженны нищие духом, ибо их есть Царство Небесное. ⁴Блаженны плачущие, ибо они утешатся. ⁵Блаженны кроткие, ибо они наследуют землю. <...> ¹⁰Блаженны изгнанные за правду, ибо их есть Царство Небесное» (Мтф 5:3–10).

[94] «Истинно, истинно говорю вам: если пшеничное зерно, пав в землю, не умрет, то останется одно; а если умрет, то принесет много плода» (Иоан 12:24); см. об этом также 5.3.7.2.

[95] Критический тезис Алэна Бадью, направленный против всей традиционной христианской догматики, что Павел якобы является «антидиалектиком» [Badiou 1997: 69–78], пока он акцентирует внимание на чистом событии воскресения, подобает скорее Ницше (подтверждение) и Лютеру (милость), нежели Павлу. Поскольку слова Павла в данной работе будут читаться исходя из догматики и культурной истории христианства, а не — как у Бадью — использоваться против всего этого, тогда возражение Бадью может быть учтено, притом только в той мере, в какой — как это отчетливо видно у Гегеля (см. 2.11.7) — между статическим кенотическим парадоксом и процессуальной диалектикой действительно надо проводить различие.

[96] «Посему я благодушествую в немощах, в обидах, в нуждах, в гонениях, в притеснениях за Христа, ибо, когда я немощен, тогда силен» (2 Кор 12:10).

### 2.5.2. Внехристианские модели переоценки

Помимо специфического прочтения Нового Завета, исходящего от Ветхого Завета (см. 2.7.1), можно назвать другие допавлианские источники, в которых — порой вплоть до лексики — встречаются структурно схожие представления о позитивном уничижении. Они находятся в фигуре Александра (Плутарх), в мифе о Геракле, у Нерона и Калигулы, у иранского Ормазда или в среде гностиков и герметицистов. Поэтому нам никак не сбросить со счетов соображение о том, не является ли христианский кенозис, опирающийся на (Флп 2:7), в свою очередь, тоже только одним из проявлений распространенного, по крайней мере, в греческой Античности религиозного представления о самоуничижении в соединении с инкарнацией среди прочих — реализация рекуррентного, ценностного образца с перевернутой пропорцией (хорошее благодаря плохому, в формализованном выражении: *per aspera ad astra* и т. п.)[97].

Здесь речь идет прежде всего о развитии христианских христологических представлений, хотя эти последние могут быть частично вдохновлены упомянутой выше средой гностиков и герметицистов: представление о снижении Логоса от божественно-духовного бытия до плоти должно быть по причине гностического и отчасти павлианского дуализма[98] в греческом контексте первых веков еще негативным. Правда, с появлением

---

[97] Вопрос о том, не придает ли религия вообще смысл негативному, так что христианский кенозис является лишь специфической оболочкой всеобщей, антииммантентной стратегии религий, придется в этом общем виде оставить без ответа.

[98] Именно Павел превращает абсолютно целостное и нейтральное понятие плоти Ветхого Завета и части Нового Завета в дуальный оценочный термин. Например, Послание к Галатам (Гал 5:13) описывает этическую оппозицию плоти и деятельной любви: «Ὑμεῖς γὰρ ἐπ' ἐλευθερίᾳ ἐκλήθητε, ἀδελφοί· μόνον μὴ τὴν ἐλευθερίαν εἰς ἀμορφὴν τῇ σαρκί, ἀλλὰ διὰ τῆς ἀγάπης δουλεύετε ἀλλήλοις» («К свободе призваны вы, братия, только бы свобода ваша не была поводом к угождению плоти, но любовью служите друг другу»). Послание к Галатам усиливает негативную оценку понятия плоти до прямо-таки демонической (Гал 5:17–21).

инкарнационной христологии Павел старается смягчить столь радикальную негативность (инкарнация как дар любви миру; ср. 3.0.3). Однако, как показывает культурная история христианства, во многом враждебная по отношению к плоти, дуализм еще долго после этого не был изгнан полностью; инициированное Новым Заветом аксиологическое превращение, согласно которому уничижение могло быть также и позитивным, приходится все вновь и вновь риторически подкреплять.

### 2.6. Оттенки отдельных векторов

При всей переоценке перспективы божественного домостроительства, также и в святоотеческом учении о кенозисе принципиально заложены две перспективы, верхняя и нижняя, ср. [Freyer 1991: 223–226].

> Ὅτε μὲν γὰρ ἐκ τοῦ κρείττονος τὸν λόγον ποιούμεθα, θέωσιν τῆς σαρκὸς, καὶ λόγωσιν, καὶ ὑπερύφωσιν λέγομεν. <...> Ὅτε δε ἀπὸ τοῦ ἐλάττονος, σάρκωσιν τοῦ Θεοῦ Λόγου, ἐνανθρώπησιν, κένωσιν, πτωχείαν, ταπείνωσιν, φαμέν[99].

Тот, кто хочет говорить о кенозисе по-христиански, «благоверно», тем самым делает двойное высказывание о смерти *и* воскресении Христа [Schweizer 1987: 689]. В противоположность христологии, сфокусированной на воскресении, кенотическая христология — это «учение об инкарнации, конструирующее путь сверху вниз» [Loofs 1901: 263].

Если ограничиться только смыслом слова, извлеченным из контекста, то кенозисом описывается только вектор унижения. Но в христианской концепции кенозиса все это не останавлива-

---

[99] «Когда мы говорим, исходя из лучшей части Его, то говорим об обожении плоти и "ословлении", и превознесении ее, и о подобном. <...> Когда же говорим, имея в виду худшую часть, то говорим о воплощении Бога Слова, вочеловечении, уничижении, бедности, смирении» [*De fide orth.* IV 18; PG 94,1184; рус. пер. А. А. Бронзова: Иоанн 1913: 317].

ется на направлении вниз, а переходит к позитивному толкованию, благодаря которому примысливается, либо, по крайней мере, домысливается, или же впоследствии «активируется» [Hoff 1999: 173]: вектор возвышения.

Однако там, где выступают два вектора, сразу возникает вопрос о (временно́й) связи между ними: следует ли располагать противоположные направления одно за другим (схема 1)? Или они протекают одновременно (схема 2)[100]? И если исходить из дискретности, из V-модели[101]: примыкает ли вектор возвышения непосредственно к вектору уничижения (схема 1), или между ними существует зияние (схема 3)[102]? Наконец, значимой с христологической точки зрения стала четвертая альтернатива, а именно учреждение непрерывного продолжения божественной природы Логоса в дополнение к двум векторам, а к этой природе добавляется на определенное время вектор унижения и возвышения (см. 2.8.3; схема 4).

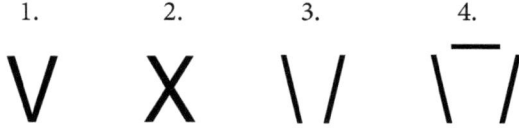

Интуитивное, основанное на земном опыте представление, что тут наверняка во временно́й последовательности за подъемом должен последовать спуск, отвергается христологическим дискурсом: вопреки гностико-неоплатоническому представлению о космологическом спуске и подъеме, раннехристианское учение стремится к тому, чтобы спасти неизменность своего

---

[100] Модель перекрестка, или X-модель. Ср. «Угасание кенозиса шло параллельно с нарастанием более широкого плерозиса» [Forsyth 1909: 311].

[101] Из модели в виде буквы «V» исходит также Фиск [Fisk 2006: 50], не анализируя конкурирующие модели.

[102] Скажем, если интерпретировать три дня после распятия, проведенные в могиле, как перерыв в бытии (см. 2.7.3).

Бога, — и растягивает ее до второй божественной гипостазы (см. 2.3.3). Итак, два вектора, но, пожалуйста, без временно́й последовательности, лучше в парадоксальном скрещении или во взаимном снятии, нежели в хронологической последовательности[103].

### 2.6.1. Вектор уничижения

Для богословской науки о кенозисе второй половины XIX и первой половины XX века — в ее споре с широко распространенной среди современников [Breidert 1977: 248] лютеранской и англиканской неокенотикой[104] — решающим был ответ на вопрос, где проходит вектор уничижения [Loofs 1901; Loofs 1928; Henry P. 1957]. Как велика «глубина падения»? От Бога Отца к человеку? От божественного Логоса к человеку? Или всего лишь от Ставшего человеком — к социальному уничижению (мытье ног, позорная смерть)? Кто же в результате есть субъект уничижения? Логос до инкарнации? Или уже Христос? И не идентичны ли тогда слова «κένωσις» и «ταπείνωσις»? Или последнее усиливает первое?[105]

---

[103] В дальнейшем речь пойдет о мотивах и речевых оборотах, которые развивает христология, — абстрагируясь от придатка некоей импликации веры и от дискурсивно-исторического и культурно-исторического обрамления. При выборе примеров по необходимости возникает количественное искажение; там, где организация «правоверного» мейнстрима описывается путем отсекания отклонений, эти последние неизбежно будут сильнее подчеркиваться (в центре поля построенного по ересиологическому принципу дискуссионного спектра христологическая догматика породила необозримое множество речевых актов). Если таким образом путь познания ведет от гетеродоксии к ортодоксии, тогда в эпицентре познавательного интереса стоит уязвимость риторически оснащенных основных христологических формул со стороны риторичности, а не вышелушивание догматического минимального консенсуса в духе экуменической христологии, ср. [Ahrens 1969]; [Stubenrauch 1995].

[104] Внедрение сюда межконфессиональной полемики приводит к тому, что многие из ее оценок приемлемы только *cum grano salis*. Однозначно в пользу разграничения между лютеранами и реформатами большую роль играет спорное помещение уничижения либо в «λόγος ἄσαρκος» («бесплотный Логос»), либо в «λόγος ἔνσαρκος» («Логос во плоти») [Slenczka 1999: 1462].

[105] Ср. 2.2.3.2, 2.2.5 и 2.3.3.1.

### 2.6.1.1. Уничижение = воплощение

Что касается остальных подлинных посланий Павла, то (2 Кор 8:9) содержит движение, приближающееся к (Флп 2:7). (Гал 4:4 и сл.) приравнивает рождение Христа и его уничижение к преклонению перед земным законом:

> ⁴ὅτε δὲ ἦλθε τὸ πλήρωμα τοῦ χρόνου, ἐξαπέστειλεν ὁ Θεὸς τὸν υἱὸν αὐτοῦ, γενόμενον ἐκ γυναικὸς, γενόμενον ὑπὸ νόμον, ⁵ἵνα τοὺς ὑπὸ νόμον ἐξαγοράσῃ, ἵνα τὴν υἱοθεσίαν ἀπολάβωμεν[106].

Если прочитать (Флп 2:7) до приведенного ранее фона, то воплощение и уничижение представляют собой единый акт унижения, ср. [Röhrig H.-J. 1996: 1395].

Наряду с Посланием к Филиппийцам для кенозиса важнейшей частью Нового Завета является Послание к Евреям. (Евр 5:5) исходит из предсуществования Логоса, ссылаясь на (Пс 2:7 и 110:4) (см. [Henry P. 1957: 38]), согласно чему, субъектом кенозиса является «λόγος ἄσαρκος» («бесплотный Логос»). Это определение становится масштабным консенсусом греческой и латинской патристики [Loofs 1928: 681–683; Seils 1976: 813].

### 2.6.1.2. Уничижение после воплощения

Однако Послание к Евреям можно истолковать и противоположным образом. В (Евр 12:2) говорится об историческом Иисусе, «τὸν τῆς πίστεως ἀρχηγὸν καὶ τελειωτὴν Ἰησοῦν»[107]. Но является ли в итоге «λόγος ἔνσαρκός» («Логос во плоти»), человек Иисус, субъектом кенозиса?

В одной работе, приписываемой Амброзиасту, Псевдо-Амвросию, излагается позиция, согласно которой субъектом кенозиса однозначно является один только Воплощенный Логос, исторический Иисус:

---

[106] «...⁴но когда пришла полнота времени, Бог послал Сына Своего [Единородного], Который родился от жены, подчинился Закону [Моисея], ⁵чтобы искупить подзаконных, дабы нам получить усыновление» (Гал 4:4 и сл.).

[107] «...начальника и совершителя веры Иисуса» (Евр 12:2).

...ut humilitatis legem doceret, Judaeis se comprehentibus non solum non repugnavit: Sed semetipsum exinanivit; hoc est, potestatem suam ab opere retraxit; ut humiliatus... videretur[108].

В том же направлении, что касается субъекта в (Флп 2:6), движется и Пелагий. Он цитирует мнение, согласно которому «λόγος ἄσαρκος» до воплощения («бесплотный Логос») рассматривается как субъект кенозиса [PL 30,845AB], и возражает, что уничижение совместимо только с человеком: «Quia se assumptus homo humiliare dignatus est, divinitas quae humiliari non potest, eum qui humiliatus fuerat, exaltavit»[109]. Третья подтверждающая цитата по поводу вопроса о субъекте уничижения, комментарий к Пелагию приматуса Аврелия Хадруметского, еще отчетливее: «Divinitas non exaltatur, quia nec humiliari potest»[110].

После того как древняя Церковь дистанцировалась от этого учения, лютеране вновь взяли на вооружение уничижение в «λόγος ἔνσαρκος»; они понимают под ним отказ Христа от божественных атрибутов, таких, как всеведение и всемогущество[111].

### 2.6.1.3. Социальное уничижение

Большей наглядностью, нежели догматический вопрос о субъекте кенозиса, обладает перенос внутримирного уничижения в социальную практику, ср. [Stock 1995–2001, 1: 48]. Иисус отказывается от земной чести и от возвышения [Мацейна 2002: 115], опускается до самого низкого положения. Зафиксировано это,

---

[108] «...чтобы учить закону смирения, он не только не оказывал сопротивление схватившим его иудеям: но сам уничижался; это значит, он приостанавливает действие своей власти, из-за чего выглядит... униженным» [PL 17, 408D–409A].

[109] «Поскольку принятый человек опускается до уничижения, его, что был унижен, вознесло божество, которое унизиться не может» [PL 30,845D].

[110] «Божество не возвышается, поскольку оно не может уничижиться» [PL 68,630D].

[111] См. 2.7.3.3. Отклоняясь от католической линии, иезуит Шооненберг примкнул к тем, кто усматривает субъект уничижения в земном Иисусе Христе [Schoonenberg 1966a].

к примеру, в (Ин 12:15) при входе в Иерусалим «на осляти», с подчеркиванием парадоксальности уничижения «царя»: «Μὴ φοβοῦ, θύγατερ Σιών ἰδοὺ, ὁ βασιλεύς σου ἔρχεται, καθήμενος ἐπὶ πῶλον ὄνου»[112].

Самый важный момент, однако, — это омовение ног по (Ин 13:5) (см. [Rengstorf 1990: 280 и сл.]: «...εἶτα βάλλει ὕδωρ εἰς τὸν νιπτῆρα, καὶ ἤρξατο νίπτειν τοὺς πόδας τῶν μαθητῶν, καὶ ἐκμάσσειν τῷ λεντίῳ ᾧ ἦν διεζωσμένος»[113]. Это может быть понято как еще одна радикализация вочеловечивания через омовение ног, совершать которое пристало лишь рабам и подчиненным. Как и в (Флп 2:5), когда речь идет о кенозисе Христа, в (Ин 13:15) социальному уничижению рекомендуется подражать: «...ὑπόδειγμα γὰρ ἔδωκα ὑμῖν, ἵνα καθὼς ἐγὼ ποίησα ὑμῖν, καὶ ὑμεῖς ποιῆτε»[114].

Добровольный деградирующий жест, который совершает Христос омовением ног, затмевается той социальной деградацией, которую означает избранный для него вид смерти. Тот факт, что к Иисусу применили казнь через распятие, послужил знаком «крайнего позора» и содержит намерение продемонстрировать, «что он потерпел поражение» [Auffarth 1999: 254]. Распятие как позорное «наказание рабов» [Kuhn 1990: 714] означает последовательное продолжение «образа раба». А на самом деле постпасхальной общине потребовалось длительное время, чтобы переосмыслить этот «σκάνδαλον» (1 Кор 1:23) как — парадоксальное — преимущество (Гал 5:11); Игнатий Богоносец в Послании к Ефесянам (18:1), как это передает Тертуллиан в сочинении «Против Маркиона»[115]. Взаимосвязь просто смерти и смерти-проклятия дублирует взаимосвязь

---

[112] «Не бойся, дщерь Сионова! се, Царь твой грядет, сидя на молодом осле» (Ин 12,15); ср. 4.3.5.1 и 4.5.6.2.

[113] «Потом влил воды в умывальницу и начал умывать ноги ученикам и отирать полотенцем, которым был препоясан» (Ин 13:5).

[114] «Ибо Я дал вам пример, чтобы и вы делали то же, что Я сделал вам» (Ин 13:15).

[115] Напр., [Adv. Marc. 1,11,8; Tertullien 1990–2001, 1: 152].

инкарнационного уничижения и социального уничижения — радикализация с целью засвидетельствовать серьезность самоуничижения Христа.

### 2.6.1.4. Многоступенчатость

В отличие от этой конфронтации метафизического и социального уничижения Новациан предложил осознанно двухступенчатое учение о кенозисе: он выстраивает поступенчатую последовательность из вочеловечивания, приятия *humana fragilitas*[116] и выходящего за пределы всего этого самоуничижения Христа как человека: «Exinanit se, dum ad injurias contumeliasque descendit, dum audit infanda, experitur indigna»[117]. Слова Павла «ἐταπείνωσεν ἑαυτὸν» («унизил Себя Сам») по поводу воплощенного Слова, по Новациану, повторяют и удостоверяют, пролонгируют и усиливают кенозис прединкарнированного. Григорий Назианзин также различает отдельные ступени уничижения: рабское служение омовения ног (Ин 13:5) является для него радикализацией воплощения в образ раба:

> ...οὐ ταπεινώσας ἑαυτὸν μόνον μέχρι δούλου μορφῆς, οὐδὲ τὸ πρόσωπον αἰσχύνῃ ὑποθεὶς ἐμπτυσμάτων, καὶ μετὰ τῶν ἀνόμων λογισθεὶς, ὁ τὸν κόσμον καθαίρων τῆς ἁμαρτίας, ἀλλὰ καὶ τῶν μαθητῶν νίπτων τοὺς πόδας ἐν δουλικῷ τῷ σχήματι[118].

Альтернативу между метафизическим *или* социальным уничижением Григорий не формулирует.

Зато она обнаруживается у лютеранина Иоганна Герхарда. Он отграничивает воплощение от собственно humiliatio, которое

---

[116] «Человеческая хрупкость» [PL 3,931B].

[117] «Он унижает Себя Сам, допуская несправедливые истязания, слушая неслыханное и испытывая недостойное» [PL 3,930D].

[118] «...который не только смирил Себя до зрака раба, не только подверг Лице Свое стыду заплеваний, и со беззаконными вменился, — очищающий весь мир от греха, но и умыл ноги ученикам в образе раба» [PG 35, 861D–864A; рус. пер.: Григорий 1843: 4].

свершается только в «λόγος ἔνσαρκός» («Логос во плоти»), и подражание возможно только ей:

> Scopus apostoli est, quod velit Philippenses hortari ad humilitatem intuitu in Christi exemplum facto. <...> Ergo considerat facta Christi, quae in oculos incurrunt, in quorum numero non est incarnatio. In eo apostolus jubet Philippenses imitari Christum, in quo similes ipsi nondum erant, sed similes fieri poterant et debebant. Atqui erant illi jam ante veri homines, sed inflati ac superbi, Christum igitur eos imitari et humilitati studere jubet, incarnatione vero nemo Filio Dei similis fieri potest...[119]

Сириец Филоксен Маббугский представляет теорию уничижения из двух метафизических шагов в том виде, в каком они выступают в тринитарной кенотике Сергея Булгакова и Ханса Урса фон Бальтазара (см. 4.4.5). Формула Филоксена гласит: сначала кенозис, потом воплощение — в латинском переводе: «Primum quidem se exinanivit et deinde incarnatus est»[120]. Если помимо этого было бы еще и социальное уничижение, тогда Филоксен представляет тем самым трехступенчатую концепцию уничижения, а в том случае, если социальное уничижение рассматривается дифференцированно во временно́м аспекте событий жизни (омовение ног и т. п.), а также в финальном их аспекте (смерть на кресте), тогда ступеней и вовсе четыре. У Сергея Булгакова, который в русском пространстве интенсивнее всех изучал такого рода ступенчатую дифференциацию, отчетливо разграничивается в таком случае еще большее количество ступеней (см. 4.4.4.5).

---

[119] «Целью апостола [Павла] является [в Флп 2:7] призыв филиппийцев к уничижению и к принятию во внимание примера Христа. <...> Итак, он рассматривал очевидные деяния Христа, к которым воплощение не относится. Он велит филиппийцам подражать Христу в том, в чем они сами на него еще не похожи, но могут и должны быть похожи. Но поскольку они и до этого были настоящими людьми, однако надутыми и высокомерными, он повелел им подражать этим деяниям и упражняться в смирении; путем воплощения, в конце концов, никто не может стать подобным Сыну Божьему...» [Gerhard 1885: 592].

[120] «Сначала Он, однако, подверг Себя уничижению, а затем воплотился» [CSCO 10,77,5 и сл.].

Для всех этих концепций характерно то, что они мыслят сквозную линию уничижения, разделенную на несколько аспектов или ступеней, не формулируя никакой альтернативы между ними. Отношения между первым, метафизическим уничижением и его человеческими соответствиями — это отношения продолжения и удостоверения — как говорит Томазиус:

> Суть этих актов мы называем *уничижением*. В нем божественное деяние начала становится *богочеловеческим деянием всей его жизни*. Различие между ним и заведомо присущим вочеловечиванию самоограничением состоит, таким образом, в том, что уничижение не как то, другое, «λόγος ἄσαρκος», а «λόγος ἔνσαρκος», то есть имеет в качестве субъекта всего единого Богочеловека, таким образом, что оно как богочеловеческое продолжение упомянутого самоограничения проходит путь униженности и страданий, сквозь крестную муку, то есть все глубже в одном некогда избранном направлении [Thomasius 1853–1861, 2: 213, выделено в ориг.].

### 2.6.1.5. Вечное уничижение

Если столь различные теоретически ступени уничижения можно разграничить, тогда возникает вопрос их соразмерности. Для греческих отцов — принимая во внимание дуалистические базовые предпосылки греческой и гностической философии, см. [Henry M. 2000: 17] — наиболее провокативным моментом является воплощение, нобилитация уничижения во плоти.

В современный период этот герменевтический фон уже не существенен; осталась смерть как провокация, от которой стоит отталкиваться. В то время как подавляющее большинство представителей христианской догматической традиции упорствуют в том, что двуединства метафизического и социального уничижения достаточно, представители God's-Death-School согласны усматривать последнее свидетельство деяния самоуничижения во имя любви только в смерти и сошествии в ад, которое они понимают как смерть Духа (*Spirit*): «...Ад является необходимой и неизбежной целью самоотрицания трансцендентности» [Altizer 1979: 131][121]. Это сошествие — не краткое интермеццо, а вечная смерть: «...смерть Иисуса является вечной смертью, окончательной смертью вечной жизни Духа» [там же: 129]. Только таким путем Царство Божие станет очевидным: «...полностью проявляется как нисхождение либо сошествие во Ад» [там же: 130]. В этом радикальном учении о сошествии возвышение уже не предусмотрено и отсутствие Бога в смерти больше не понимается как глубинное присутствие [Nnamani 1995: 116].

### 2.6.2. Вектор возвышения

...εἰ δὲ Χριστὸς οὐκ ἐγήγερται, κενὸν ἄρα καὶ το κήρυγμα ἡμῶν[122].

Для кенозиса, определяемого через вектор уничижения, встречный процесс возвышения представляет собой необходимый, но далекий горизонт. Подобно тому, как христологическая кенотика выстраивает себя, ориентируясь на эту конечную цель, по большей части не рассматривая его ближе, так же и нам здесь достаточно беглого взгляда на воскресение и возвышение. В то время как в синоптических Евангелиях воскресение описано как нечто конкретное, поразительное, что достойно свидетельствования и внимания (Де 2:32)[123], Павел, более абстрактно мыслящий, говорит о возвышении (см. титул «Господь» в (Флп 2:11)).

Проблематика разбиения на множество шагов в случае с вектором возвышения представлена меньше. Теоретическая возмож-

---

[121] Вплоть до превышения, или, соотв., принижения павлианской низшей точки в смерти на кресте (Флп 2:8) в форме сошествия в ад доходит также Ханс Урс фон Бальтазар в своем учении о кенозисе, ср. [Oakes 2006: 236 и сл.], но не до исключения воскресения.

[122] «...а если Христос не воскрес, то и проповедь наша тщетна...» (1 Кор 15:14).

[123] Ср. [Kasper 1984: 148]. Этому соответствует тот фокус, который евангелисты направляют на чудеса, совершенные Христом, которые предуказывают на это возвышение (и находятся в напряженных отношениях с действительным вочеловечиванием Христа, поэтому кенотика по большей части уделяет им мало внимания).

ность того, что униженный не достигнет больше прежних высот, исторически не реализовалась. Если остановиться на этой точке, то вопрос скорее спорный, достигает ли возвышенный Христос доинкарнационного уровня *одним* шагом возвышения, или же он вообще поднимается на более высокий уровень, а тогда сразу возникает вопрос, можно ли понимать его более высокое возвышение — в плане божественного домостроительства — как награду за уничижение. Самый древний подходящий пассаж мы находим в Евангелии от Иоанна: на вопрос о том, приводит ли возвышение после уничижения и распятия на прежний уровень, Иоанн дает утвердительный ответ, передавая слова Христа Богу Отцу: «...καὶ νῦν δόξασόν με σύ, πάτερ, παρὰ σεαυτῷ, τῇ δόξῃ ᾗ εἶχον πρὸ τοῦ τὸν κόσμον εἶναι παρὰ σοί»[124].

### 2.6.2.1. *Выше?*

Как у Иоанна Христос побуждает Отца возвысить его, так и в (Флп 2:9) последний является актором возвышения, а Христос — только объект[125]. В то время как уничижение Себе Христос причинил Сам, возвышение приходит к нему извне.

Эта субъектно-объектная субординация влечет за собой самую значимую ересь первых веков, а именно арианство, сторонники которого до воплощения однозначно ставят Христа ниже Бога Отца. *После* уничижения и возвышения, как они якобы считали, Христос стал выше, чем был («βελτιωθέντα»[126]). Насколько можно верить их противникам, для ариан существовала настоящая причинная зависимость: возвышение следует понимать как награду, более того — как возмещение Христу: от Отца через милость Ему было уделено «μισθόν»[127] [PG 26,105B].

---

[124] «И ныне прославь Меня Ты, Отче, у Тебя Самого славою, которую Я имел у Тебя прежде бытия мира» (Ин 17:5).

[125] Ср. [Kasper 1984: 163] и 2.2.3.5.

[126] «Сделался лучше» [PG 75,216A].

[127] «Награда» [PG 26,101D].

### 2.6.2.2. Возвышение человеческой природы

> Возвышение (Флп 2:9) — это не возврат опустошения (Флп 2:7), не обратное превращение из фигуры раба в фигуру Бога. Это вознесение униженного, возведение на трон раба, провозглашение послушного господином.
> 
> [Stock 1995–2001, 1: 49]

В той же мере, в какой спорным являлся вопрос, какой Логос должен стать субъектом уничижения, битвы шли вокруг вопроса о том, какой природе Христа выпало на долю возвышение — божественной или также человеческой? В особом метафизическом оправдании нуждается второй пункт — но он же сулит самую большую сотериологическую прибыль.

Возвышение человеческой природы — это завет последовательного христологического реализма; если в борьбе против докетизма (см. 2.3.2) настаивали на подлинной природе человека, то и здесь возвышение не должно осуществляться только как видимость. В этом случае необходимо телесное воскресение, ибо как конкретный исторический человек Иисус из Назарета немыслим без тела. Итак, если мы не хотим впасть в докетизм, то нет других путей, кроме телесности воскресения [Kasper 1984: 176]. Должно иметься также «движение человеческого ввысь в "обо́жении" ("θέωσις")» [Hoping 2004: 122]. А именно — плоти, как поясняет Иоанн Дамаскин: «...τὴν θέωσιν τῆς σαρκὸς γενέσθαι δοξάζομεν»[128].

Второй пункт образуют сотериологический и эсхатологический аспекты, которые могут быть к этому привязаны. Воскресение первенца сломает власть смерти и станет обещанием воскресения для остальных (1 Кор 15:20 и сл.), одаренных лишь земным телом и для которых, таким образом, вознесение одной только божественной природы Христа еще не есть обещание их спасения по аналогии с Христом. Такое вознесение низменной плоти всех людей благодаря вознесению человеческого тела Христа провозглашает Послание к Филиппийцам:

---

[128] «...мы исповедуем обо́жение плоти» [PG 94,1069A]; ср. также 3.0.2.

## 2. Троп и парадокс, или Христология в противостоянии...

²⁰ἡμῶν γὰρ τὸ πολίτευμα ἐν οὐρανοῖς ὑπάρχει, ἐξ οὗ καὶ σωτῆρα ἀπεκδεχόμεθα Κύριον Ἰησοῦν Χριστόν, ²¹ὃς μετασχηματίσει τὸ σῶμα τῆς ταπεινώσεως ἡμῶν σύμμορφον τῷ σώματι τῆς δόξης αὐτοῦ, κατὰ τὴν ἐνέργειαν τοῦ δύνασθαι αὐτὸν καὶ ὑποτάξαι ἑαυτῷ τὰ πάντα[129].

Впоследствии авторы лютеранской «Формулы Согласия» были заинтересованы в том, чтобы закрепить возвышение человека:

> Посему веруем, учим и признаем, что Сын человеческий по праву всемогущего величества и силою Господней реально, то есть воистину, Своей человеческой природой возвысился и поскольку Он был воспринят Господом, когда зачат был от С[вятого] Духа в материнской утробе, и лично объединил Свою человеческую природу с Сыном Всевышнего [BSLK 807,22–30].

Это обещание ради наглядности реализуется в аналогичном просветлении земного тела в Святом Причастии, к чему только в Западной Церкви примыкает дискуссионный вопрос, не указывается ли в таинстве Евхаристии символически на тело Христово, это тело — в его плотски-возвышенной, т. е. опять-таки телесной форме представлено реально, как и отстаивал это Лютер против Цвингли (см. 2.8.5.3 и 3.3.2.1), или пресуществляется, как это прописал в виде догмы Латеранский собор 1215 года.

Наконец, учение о возвышении человеческой природы включает живописное изображение Воскресшего с теми знаками, которые добавляются к человеческой природе — например, следы от ран. Еще Иоанн допускает человеческие рубцы от ран на теле Воскресшего, т. е. они видимы в послекенотической, божественной природе Христа (Ин 20:20). Процесс освидетельствования телесной метонимии вочеловечивания должен функцио-

---

[129] «Наше же жительство — на небесах, откуда мы ожидаем и Спасителя, Господа нашего Иисуса Христа, Который уничиженное тело наше преобразит так, что оно будет сообразно славному телу Его, силою, которою Он действует и покоряет Себе все» (Флп 3:2–21).

нировать еще при вознесении; впервые введенный в событийный ряд, он появляется также у Иоанна, когда Фома Неверующий хочет прикоснуться к ранам Воскресшего (Ин 20:25). Эффект не заставляет себя ждать; ибо Фома парадоксальным образом признает противоположное всей этой метонимии человеческого: «Ὁ Κύριός μου καὶ ὁ Θεός μου»[130].

### 2.6.3. Векторы, природы и состояния

Но разве оправданно говорить о движениях и векторах, если изменчивость несовместима с теистическим понятием Бога? Разве тут не возникает конфликт? Его усматривает в особенности Дональд До, который открыто заявляет о своей симпатии к «динамическим» мотивам кенозиса, держится на расстоянии от «статической» доктрины учения о двух природах [Dawe 1963: 19][131] и подчеркивает разницу:

> В течение своей истории кенотический мотив стал использоваться в некоторых вероучениях и богословских определениях. В противовес этому мотиву вероучения являются утверждениями, пользующимися различными языковыми формами из области философии, религии и здравого смысла [Dawe 1963: 21].

Оправданное само по себе разграничение, проводимое До, заставляет его конструировать исторический конфликт догм, который приводит к заблуждению. Не существует взаимоисключающих отношений между ссылкой на векториальную динамику павлианского кенозиса и немыслимыми без него догматическими формулами Вселенских соборов[132]. Как христология ни в какие

---

[130] «Господь мой и Бог мой!» (Ин 20:28); ср. 4.6.4.8.

[131] Здесь До очевидно присваивает себе намерение Форсайта динамизировать мнимую статику природ [Dawe 1963: 139 и сл.]; но усилия Форсайта, как и усилия До, — скорее единичный случай, нежели симптом.

[132] Критики не выдерживает следующее высказывание До: «Церковь времен Отцов не использовала в полной мере мотив кенозиса в качестве основы своей формальной христологии. Скорее, ортодоксальная христология формулировалась в смысле учения о двух природах» [Dawe 1963: 61 и сл.].

времена не обходится без *sedes doctrinae* (Флп 2:5–11), так и лютеранство не представляет собой «нового открытия образа раба» [Dawe 1963: 67]. Скорее уже со времен Тертуллиана имеется соединительный элемент между векторами уничижения и возвышения, и природами Христа — речь идет о состояниях Христа[133], о *status exinanitionis* (состояние уничижения) и *status exaltationis* (состояние вознесения). Природы Христа столь же немыслимы без представления о воплощении, кенозисе, воскресении, сколь кенозис без заострения встречных векторов до двух в корне различных природ не достиг бы своей конститутивной (парадоксальной) остроты, которая сделала его стержнем христианской религии.

Как известно, движение в когнитивном плане всегда считается только по его результатам; глаз человека регистрирует только подобные вспышке света смены состояния, а мозг достраивает ненаблюдаемое изменение. Но по-настоящему наглядными представляются только моментальные состояния, вот почему источники догматики более изобильны, пока речь идет о состояниях, а не о векторах — о *status exinanitionis* и о *status exaltationis*, или же о соразмерении человеческой и божественной природ Христа.

### 2.7. Акценты на некоторых сторонах

> Illi inperfectam divinitatem in Dei Filio dicunt, isti Inperfectam humanitatem in hominis Filio mentiuntur[134].

В зависимости от того, каким образом мы мыслим вместе эти два вектора — уничижение и возвышение, — возможны две точки зрения на роль Иисуса Христа: во-первых, деяния Христа можно рассматривать *sub specie aeternitatis* и исходя из божественного

---

[133] См. [Röhrig H.-J. 2000b: 926], а не сначала у Лютера, как внушает нам До [Dawe 1963: 70].

[134] «Те говорят, что божественность в Сыне Божьем несовершенна, эти лживо утверждают, что человечество несовершенно в Сыне Божьем» [Denzinger 1991: 146].

домостроительства (*sub specie oeconomiae*), во-вторых, с земной стороны, *sub specie mundi, hominis,* и даже *deprivationis.* В то время как тотальная перспектива с возвышением представляет собой историю наращивания прибыли или, по крайней мере, игру вничью, сужение взгляда на уничижение от божественного к человеческому ставит в эпицентр потерю, по крайней мере врéменную. В христианском толковании уничижение сразу компенсируется (с точки зрения ариан — сверхкомпенсируется; см. 2.6.2.1); рассматривая все со стороны моторики вектора уничижения, кенозис, напротив, оказывается событием, несущим утрату.

В ходе дальнейшего изложения в нашей работе, как раз на примере истории русской культуры, будет показано, что хотя для кенозиса, вплоть до самых секуляризированных контекстов, изначальным является сотериолого-эсхатологическое толкование с его вычислением выгоды или ничейным балансом; однако, что касается конкретных культурных образцов поведения и изображения, основное внимание уделялось вектору уничижения. Последующее возвышение, вопреки всем попыткам догматики настаивать на врéменном нейтралитете векторов [Elert 1931: 210] и на неизменности божественной природы Христа, — в культурных практиках откладывается; апокалиптическое спасение или секулярная революционная цель истории недостижима для отдельно взятого подражателя Христа или его секулярного «последователя» на протяжении своей жизни (см. 4.3.9.2 и 6.5.2.1). То, что в их власти, так это самоуничижение; а к нему — так или иначе — задним числом домысливается его смысл: возвышение.

### 2.7.1. Достаточно человека

Как мы видели (см. 2.3.2.1), уже на раннем этапе истории христианства считалось ересью, если в духе гностического дуализма человеческое бытие Христа деградирует до мнимого фасада духа, значимого только сотериологически. Но какими средствами удостоверяется реальность становления человека? Риторически это прежде всего тропы и фигуры, такие как метафора, метонимия и климакс, употребляемые в целях энаргейи.

*2.7.1.1. Метафоры воплощения: раб Божий и Сын Божий*
Первый инструмент удостоверения — это типология, с риторической точки зрения метафорическая зависимость: тот фрагмент из Послания к Филиппийцам — хотя и только после святоотеческих времен[135] — вписывается в ветхозаветную традицию: важнейшими местами в этой связи являются (Ис 42:13–53:12) и (Дан 7), которые интересуют нас здесь в том смысле, что они — относительно (Флп 2:5–11) — представляют собой конкурирующие прочтения. Важнейшими ветхозаветными метафорами являются *раб Божий* и *Сын человеческий,* или *дитя человеческое*.

В (Дан 7:13) содержится сравнение «כבר אנש»[136], с помощью которого в Ветхом Завете обозначена низкая человечность пророка[137], тогда как у Даниила создан специфический контекст, в котором титул «Сын человеческий» используется для эсхатологического возвышения Мессии до властелина мира. Итак, в христологическом отношении становятся значимыми как низменное состояние, так и возвышение: если прочитать этот титул у (Дан 7:13), ориентируясь на формулировку (Флп 2:7) «μορφὴν δούλου λαβών» («принял облик слуги»), то «облик раба» можно воспринимать как синоним «облика человека», что означает отсылку к метафизическому уничижению (см. 2.6.1.1), но одновременно — исходя из ветхозаветного понятия — это указание на окончательную цель эсхатологического возвышения[138]. В русской православной традиции Антоний (Храповицкий)

---

[135] Патристические комментарии на Исайю относят (Флп 2:7) к Ис, но комментарии к Флп не относят Ис к Флп [Henry P. 1957: 48].

[136] «Как сын человеческий» (арам. *кᵉвар энáш* [Дан 7:13]).

[137] «בן־אדם» (др.-евр. *бен адáм*, «сын человеческий») (Иез 3:17).

[138] Ср. (Мк 14:62). Экзегетический консенсус сводится к тому, что «Иисус в своем понимании Самого Себя и Своего послания опирался на апокалиптико-эсхатологическое представление о "Сыне человеческом", притом что он придал ему совершенно особый, собственный облик, используя это выражение также в связи со своим жребием на земле и своими — предстоящими — страданиями» [Müller 1984: 247 и сл.].

подчеркивает кенотический момент в автохарактеристике Христа в качестве «Сына человеческого» и понимает его как призыв следовать за ним[139].

В формулировке Девтероисайи «עבדי־אתה»[140] говорится, напротив, о рабе (др.-евр. עבד [*эвед*]), который вдобавок по виду своему был низменнее (безобразнее) других людей[141]. Если понимать «облик раба», исходя из гимна в Послании к Филиппийцам, опираясь на обращение к слуге в (Ис 49:3) и на конкретизацию в стихе (Ис 52:14), ср. [Haag 1985: 77 и сл.], то речь идет о внешней картине не просто человека, а страдающего, откровенно несчастного человека, т. е. налицо второе, внутримирное уничижение (см. 2.6.1.2).

В то время как Павел по отношению к Христу не использует ни один из двух ветхозаветных эпитетов [Sevenster 1957: 1749], оба параметра уничижения — метафизический и внутримирный — задействованы в синоптических Евангелиях.

В (Мк 8:31) с титулом «ὁ υἱὸς τοῦ ἀνθρώπου»[142] одновременно связывается мотив человека из (Дан 7:13) с воплощением из (Флп 2:7), а с другой стороны — с необходимостью страдать в качестве слуги Божьего из Исайи (см. [Sevenster 1957: 1752]). Также согласно (Лк 2:52) Христос, хотя он и Сын, должен научиться послушанию. В (Деян 3:13–26), где встречается «παῖς»[143], сливаются ветхозаветные представления о Сыне человеческом и о Божьем слуге.

Если следовать анализу Кольпе, то при этом, в противоположность логиям Иисуса, в которых Сын человеческий предстает

---

[139] «Он, именуя Себя Сыном человеческим, Которого видел Даниил, увещевает тем и всех израильтян отказаться от свойственной язычникам жажды земной славы и царствования, но последовать Ему...» [Антоний 1963: 148].

[140] «Ты мой слуга [раб]» (др.-евр. *авди́ атта́*) (Ис 49:3).

[141] (Ис 52:14). В Септуагинте для др.-евр. עבד [*эвед*] используется в основном «παῖς» («дитя») вместо «δοῦλος» («раб») [Rengstorf 1990: 269].

[142] «<этот> сын человека» (Мк 8:31).

[143] Дословно «дитя» (Деян 3:13).

прежде всего в апокалиптической ипостаси, речь идет о некоторых «вставках». Тогда «теологическая комбинация мессианологии, нацеленной на Сына человеческого, и мессианологии, ориентированной на раба Божьего» [Colpe 1969: 444], и фокусировка Сына человеческого на кенозисе — это продукт общины [там же: 447], который отпечатывается и на синоптических Евангелиях, и на Евангелии от Иоанна [там же: 457 и 470]. Таким образом, кенотический момент в христологии Сына человеческого если не вообще генерируется только в рамках общины, то определенно усиливается там.

*2.7.1.2. Метонимии воплощения: человеческие страсти*

В то время как метафорико-типологизирующие названия раб Божий и Сын человеческий для иудео-христианской общины примыкают к известному, в более поздние времена наибольшее значение начинают приобретать метонимии воплощения с их эффектом энаргейи, которая доходит до иллюзии свидетельств очевидцев; они становятся важнейшим средством доказательства подлинности вочеловечивания, «рисуя все с наглядностью подлинности»[144].

В ряде мест Евангелия от Марка упоминаются человеческие страсти Иисуса, и значит, они могут читаться как свидетельство всей палитры вочеловечивания Христа: сон (Мк 4:38), голод (Мк 11:12), робость и отчаяние[145]. Совершенно аналогично ведет он себя у Матфея: (Мтф 26:37–42) показывает страх Иисуса, его

---

[144] Ср. [Huizing 2000–2004, 1: 18] со ссылкой на (Гал 3:1).

[145] «Ελωι Ελωι λεμα σαβαχθανι» (Мк 15:34); ср. также (Мк 14:33–36); в книжной версии крайний упадок сил умирающего, который способен лишь выдохнуть эти слова, отражен с помощью отказа от знаков ударения как (Ин 19:24 и 28), Марк здесь цитирует 22-й псалом (ст. 2), который в литературных текстах с кенотическими мотивами зачастую также привлекается: «лама савахфани» встречается также у Ерофеева (см. 9.4.1), мотив червя из (Пс 21:7) подхватывает Державин (см. 4.3.9.3). О кенотическом значении отчаяния Христа см. также [Аверинцев 1994: 601], о его трагической интерпретации Паскалем см. [Goldmann 1955: 84–85].

печаль и робость. В Евангелии от Луки, напротив, в особенной степени подчеркивается в этом плане человеческое рождение и детство Иисуса (Лк 2). Беззащитность Младенца иллюстрирует избиение младенцев царем Иродом (Мтф 2:13–18).

Даже Иоанн, который ввел в христологию фигуру Логоса (см. 2.2.5), придает значение полному вочеловечиванию; он демонстрирует усталость (Ин 4:6 и сл.), а также печаль Христа (Ин 12:27). Как у всякого человека, у Иисуса были братья (Ин 6:42; Ин 7:3). Наконец, Иоанн предполагает жажду (Ин 19:28). В качестве доказательства истинной человечности Иисуса Иоанн приводит в пример физиологический рефлекс слез (Ин 11:35), а из раны, которую наносит распятому на кресте Иисусу солдат концом копья, струится кровь и вода[146].

Все эти детали — в основном по отдельности — привлекаются в святоотеческой литературе как доказательства истинного вочеловечивания. Однако Иоанн Дамаскин, догматика которого «О православной вере» легла в основу русского православия, подводит итог всем пунктам так:

> Ὁμολογοῦμεν δὲ, ὅτι πάντα τὰ φυσικὰ καὶ ἀδιάβλητα πάθη τοῦ ἀνθρώπου ἀνέλαβεν. <...> φυσικὰ δὲ καὶ ἀδιάβλητα πάθη εἰσὶ, τὰ οὐκ ἐφ' ἡμῖν, ὅσα ἐκ τῆς ἐπὶ τῇ παραβάσει κατακρίσεως εἰς τὸν ἀνθρώπινον εἰσῆλθε βίον· οἷον πεῖνα, δίψα, κόπος, πόνος, τὸ δάκρυον, ἡ φθορά, ἡ τοῦ θανάτου παραίτησις, ἡ δειλία, ἡ ἀγωνία, ἐξ ἧς οἱ ἱδρῶτες, οἱ θρόμβοι τοῦ αἵματος...[147]

Особую страсть к перечислению негативных аффектов питает также и столь чувствительный к энаргейе Лютер: «In summa,

---

[146] (Ин 19:35). Поскольку воду можно напрямую связать с крещением, а кровь — с Евхаристией, и эти оба таинства привязаны к кенозису (ср. 3.3.3.4, 4.5.2 и 4.5.10.1).

[147] «Исповедуем же мы, что Христос воспринял все природные и непредосудительные страсти человека. <...> Природные же и непредосудительные страсти суть не находящиеся в нашей власти, которые вошли в человеческую жизнь из-за осуждения за преступление, как, например, голод, жажда, утомление, труд, слезы, *тление*, уклонение от смерти, боязнь, предсмертная мука (от которой пот и капли крови)...» [*De fide orth.* III 20; рус. пер.: Иоанн 1913: 276 и сл., выделено в ориг.].

vera religio semper eget Et Christus conqueritur se esurire, sitire, hospitem, nudum, infirmum esse etc.»[148]. Наглядность этих энар게тических метонимий к тому же доказывает необозримое разнообразие художественных и впрямую изобразительно-художественных превращений[149].

### 2.7.1.3. Искушение

К человеческим страстям Христа могут быть отнесены также такие проявления, как гнев или же всякого рода физические потребности, для защиты от которых социальные правила предписывают верующим воздержание. В особенности конфликт «влечение» против «нормы» в повседневной речи подтверждается этикетом «искушения»[150]. Вот только у новозаветного Иисуса речь в основном идет о другой форме искушения — а именно о том, чтобы в *status exinanitionis* включать божественные атрибуты (Мтф 4:1–11), (Лк 3:1–13). Дьявол лишь делает вид, что искушает Иисуса хлебом после того, как он постился (Мтф 4:2), (Лк 4:2); а на самом деле он наводит его на мысль, что Христос мог бы использовать свою божественную власть, чтобы обратить камень в хлеб (Мтф 4:3), (Лк 4:3). К этому добавляется следующее искушение, направленное на всевластие над ангелами (Мтф 4:6), (Лк 4:10). Так, конфронтация с искушением представляет собой в синоптических Евангелиях удостоверение в истинной человечности[151]. То, что эта

---

[148] «В целом истинная вера всегда желает, чтобы и Христос жаловался, что он был голоден, испытывал жажду, что он был всем чужд, наг и слаб» [Luther WA 40,191,25 и сл.] с выжимкой из (Мтф 25:35 и сл.).

[149] См. 2.7.2.5 и 4.7.

[150] Согласно Тарееву, этому учил пелагианец Юлиан Экланский, см [Röhrig H.-J. 2000a: 162]; о позитивном для Юлиана понятии плотского влечения см. [Lössl 2001: 138–146]; к канонам, в рамках которых обосновывался приговор над Юлианом на Карфагенском соборе 418 года см. [там же: 268 прим. 107].

[151] Для литературно-художественных подражателей Христа, которые таят в себе угрозу стать слишком суверенными, да и вовсе сверхчеловеками, преодоление искушений является проверенным средством одновременной демонстрации святости и человечности. Это касается также их секуляризированных наследников (см. 8.4.5.5).

человечность состоит во временном отказе от божественных атрибутов, сближает этот эпизод с (Флп 2:7). То же измерение искушения повторяется в ситуации на кресте, когда кто-то из распятых рядом (Лк 23:39), или же первосвященники (Мтф 27:42), или же проходящие (Мк 15:29 и сл.) издевательски требовали от Иисуса, чтобы он сошел с креста, что опять-таки означало бы использование божественных свойств, на которые кенозис накладывает запрет.

В этом смысле поясняет искушения Христа также и самый крупный специалист по догматике кенозиса среди русских богословов, Михаил Тареев: речь идет не о чувственном, а о «религиозном искушении» [Röhrig H.-J. 2000a: 176–179], а именно о том, чтобы применить божественную власть, невзирая на *status exinanitionis* (см. 4.4.4.4). Тареев опирается при этом на довольно сильное заострение, которое делает Достоевский в «Легенде о Великом Инквизиторе» из «Братьев Карамазовых»[152], где Великий Инквизитор упрекает Христа в том, что Он не показал Свою божественную власть и не сошел с креста [Достоевский 1958, 9: 321]; выдуманный Достоевским священнослужитель не признает, таким образом, кенотического отречения от божественной власти.

Так или иначе, это ограничение искушения проявлением божественных признаков означает редукцию человеческой реальности конфликта между нормой и вожделением. Так, для автора Послания к Евреям Христос принимает участие в человеческой слабости («μετὰ κραυγῆς ἰσχυρᾶς καὶ δακρύων»[153]); он сталкивается с искушением, но он «χωρὶς ἁμαρτίας» («кроме [свободен от] греха») (Евр 4:15). Неокенотик Вольфганг Фридрих Гесс понимает это как изъян, считает необходимой для Воплощенного свободу выбора между добром и злом и, по крайней мере, хотел бы спасти потенциальность грешности Христа, некое *posse peccare* (возможность грешить): «В действительности получается, что и *вочеловечивание* Христа не задумано как реальное, если мы

---

[152] По поводу ссылки Тареева на Достоевского см. [Röhrig H.-J. 2000a: 110].
[153] «С сильным воплем и со слезами» (Евр 5:7).

хотим утверждать, что внутренне для него попросту невозможно грешить...» [Geß 1856: 348, выделено в ориг.].

Будь то *non posse peccare* (невозможность грешить) или же *posse peccare* (возможность грешить) — против искушения в Новом Завете выдвигается послушание Христа по отношению к Своему Отцу (Флп 2:8). Душевное движение, направленное против уныния и отчаяния, Христос по Марку и Матфею реализует с помощью покорности по отношению к воле Отца: «...μὴ τὸ θέλημά μου, ἀλλὰ τὸ σὸν γενέσθω»[154]. Адам стал жертвой искушения непослушанием, Христос вновь восстанавливает разрушенный этим порядок[155].

Хотя человеческая реальность искушения должна быть преодолена, чтобы не слишком сильно приземлять божественную природу Христа, вопрос о способности Христа к греху всегда оставался острым и лишь в определенных рамках годился для иллюстрации истинной человечности. В отношении Христа допустимо только искушение грехом, но не грех сам по себе (см. 2.7.2.4). Для подражателей Христу и его секулярных «последователей», напротив, особый эффект подлинности может заключаться в том, что грех совершается на определенных фазах или же время от времени, чтобы достигнуть затем христоподобной или, соответственно, подвижнической самодисциплины (ср. 8.6.1).

*2.7.1.4. Кульминация воплощения: страдания, смерть, тлен*

Похоже, что последнее следствие внутримирного уничижения заключено в моменте смерти: гимн из Послания к Филиппийцам ведет человеческое в Христе с помощью фигуры кульминации, ср. [Gorodetzky 1938: 169], со встроенным в нее эпаналепсисом вплоть до ультимативного свидетельства смерти на кресте: «...μέχρι θανάτου, θανάτου δὲ σταυροῦ»[156].

---

[154] «...не Моя воля, но Твоя да будет» (Лк 22:42).
[155] См. теорему анакефалайозиса (3.0.6).
[156] «...даже до смерти, и смерти крестной» (Флп 2:8).

Систематика Павла сам путь туда интересует в меньшей степени[157], но зато он очень интересует евангелистов, также и в типологической взаимосвязи с ВЗ[158]. Прежде всего, однако, в истории христианской культуры всех восхищают страдания и смерть Христа, конституирующие его в качестве особенного образца. Дело в том, что если приведенные выше метонимии воплощения были признаками, присущими любому человеку, то муки и оскверненная смерть Христа были моментами специфической биографии страдания и самопожертвования.

Упомянутые физиологические метонимии истинной человечности уже отчасти указывают — в особенности боль, печаль и отчаяние — индексально на страдания Воплощенного, хотя фокус приходится на действия глумящихся над Христом, а не на его внутреннюю жизнь. Однако, поскольку со времен Послания Иакова считалось необходимым отклонять подозрение в страданиях Божества, в особенности Самого Бога Отца (см. 2.3.3), приписывание страданий Воплощенному Сыну также не было бесспорным (см. 2.7.4.4). Чтобы отметить, что в случае со страданиями Христа речь идет все-таки не о чисто телесных прояв-

---

[157] Несмотря на приведенные претензии к антидиалектичности тезиса (см. 2.5.1), можно согласиться с мнением Бадью, что Павел не видит большого смысла в деталях человечности Христа: «...у Павла хорошо представлен крест, но нет крестного пути. Есть страсти, но нет несения креста. Какой бы энергичной и зовущей ни была проповедь Павла, она не содержит мазохистской пропаганды добродетельностей страдания, в ней нет ни пафоса тернового венца, ни эпических рассказов о бичевании, сочащейся крови или губке, пропитанной желчью» [Badiou 1997: 71 и сл.]. Насколько могущественны детали, Бадью демонстрирует самим своим перечислением. Но только происходят они по большей части из Евангелий, нежели из писем Павла.

[158] Страдания и умерщвление включены Марком в упомянутую (см. 2.7.1.1) типологию Сына человеческого: «Καὶ ἤρξατο διδάσκειν αὐτοὺς, ὅτι δεῖ τὸν υἱὸν τοῦ ἀνθρώπου πολλὰ παθεῖν, καὶ ἀποδοκιμασθῆναι ἀπὸ τῶν πρεσβυτέρων καὶ τῶν ἀρχιερέων καὶ τῶν γραμματέων, καὶ ἀποκτανθῆναι, καὶ μετὰ τρεῖς ἡμέρας ἀναστῆναι» («И начал учить их, что Сыну Человеческому много должно пострадать, быть отвержену старейшинами, первосвященниками и книжниками, и быть убиту, и в третий день воскреснуть») (Мк 8:31).

лениях, Фома Аквинский говорит о внешнем и внутреннем страдании, о *passio corporalis*[159] и о *passio spiritualis*[160].

Финал пути страданий — это смерть на кресте. В то время как страстной путь, издевательства над Распятым и подробности пыток[161] открыты для созерцания, момент кончины не таков. Во всех Евангелиях этому решающему переходу посвящен всего лишь один стих: (Лк 23:46), (Ин 19:30), причем у Матфея (Мтф 27:50) и у Марка соответственно этот стих — чуть ли не самый короткий в их Евангелиях: «Ὁ δὲ Ἰησοῦς ἀφεὶς φωνὴν μεγάλην ἐξέπνευσε» [162]. Конец — как в графической строфе в форме воронки — иконически изображен наглядно в форме преждевременно угасающего стиха.

Таким образом, по мере того как со смертью Христа дискурс евангелистов грозит угаснуть, в текстах вновь избирается метонимический метод энаргейи. Это, во-первых, метонимия креста, на котором Христос распят. Еще Павел возносит крест до эмблемы своей логики обращения[163]. А одна из анафем Эфесского собора включает смерть на кресте в число обязательных постулатов веры (см. 2.7.4.4). Из-за позорного характера распятия как вида казни (см. 2.7.1.3) только во времена Константина метонимия креста начала применяться в изображениях в качестве знака парадоксального триумфа Христа и христианства[164]. Проходит еще ряд столетий, и метонимический образ *crucifixus* вновь начинает изображаться и, наконец, находит быстрое распростра-

---

[159] «Телесное страдание» [*S.th.* III 15, 4 и 5].

[160] «Духовное страдание» [*S.th.* I–II 22 и 3].

[161] Такие, как губка с уксусом (см. 2.7.1.2).

[162] «Иисус же, возгласив громко, испустил дух» (Мк 15:37).

[163] «Ибо слово о кресте для погибающих юродство есть, а для нас, спасаемых, — сила Божия» (1 Кор 1:18; Гал 5:14); ср. 2.5.1.

[164] См. 5.5.2.2. Ср. также парадоксальность понятия *exaltatio*, которое, с одной стороны, может означать крестовоздвижение, или поднятие на крест, и тем самым, социальную деградацию, а с другой стороны, возвышение Воскресшего.

нение (см. 4.6.5.1). Католические распятия начиная с XIII века поголовно изображают мертвого Христа на кресте [Röhrig F. 2005: 67 и сл.].

Лютеранское богословие, сосредоточенное вокруг креста[165], продолжает прописывать линию прощупывания экстремальной точки смерти на кресте для целей переоценки [Loewenich 1954]. Крест — это момент, когда христианский Бог являет себя через самосокрытие[166] и испытывает триумф:

> Crux enim, quae mortificat omnem sensum et affectum, ipsa ducit ad pacem. Et CHRISTUS, dum Crucifixus est, secum pacem nostram abscondit in deum, qui sub Cruce latet, nec alibi invenitur[167].

Спровоцированный американским богословским движением «Бог умер», Мольтман с помощью парадоксальных формул типа «распятый Бог» требует «богословия, внимающего смертному крику Иисуса» [Moltmann 1972: 184 и сл.], но хотел бы говорить не о «смерти Бога», а о «смерти *в* Боге» [там же: 192, выделено в ориг.]. Деррида, напротив, приветствует «кенотический горизонт смерти Господней и антропологическую реимманентизацию» [Derrida 1996: 57].

Вторую, темпоральную метонимию невидимого момента смерти составляет весь христианский сценарий гроба Господня. Евангелисты почти единогласно амплифицируют исчезновение тела через просопопею Иосифа Аримафейского (Мк 15:42–46;

---

[165] «CRUX sola est nostra Theologia» («[один] только КРЕСТ — вот наше богословие») [Luther WA 5, 176, 32 и сл.].

[166] Здесь привлекается формулировка Исайи о «אל מסתתר» (др.-евр. *эль мистате́р*, букв. «скрывающийся Бог», ср. лат. *deus absconditus*, «Бог сокрытый») (Ис 45:15).

[167] «Ибо крест, умерщвляющий всякий смысл и аффект, сам ведет к миру. И ХРИСТОС скрывает, покуда Он распят на кресте, наш мир в Господе, который отсутствует под крестом и которого не найти больше нигде» [Luther WA 5, 418, 34–37]. Не менее наступательно высказывается и Сергей Булгаков, рассматривая третью ступень самоуничижения Господа, выделяемую им (см. 2.6.1.4), — смерть Воплощенного (см. 4.4.4.6).

Мтф 27:57–60; Лк 23:50–53; Ин 19:38–42). Вплоть до закрытия гробницы все идет типично-человеческим чередом. И поскольку состоянием тела вновь начинают интересоваться только на третий день, не может категорически исключаться также и физиологический автоматизм тления, хотя — как и безобразность, мерзость (см. 2.7.2.5) — для теистического понятия Бога они не приветствуются; по крайней мере излишнее сосредоточение внимания на этой человеческой реальности нежелательно, слишком натуралистическое изображение мертвого тела Христа представляет эстетическую угрозу для веры[168].

### 2.7.2. Избыток человека / недостаток Бога

> Парадоксия никогда не может... быть обращена в идентичность без ущерба смыслу.
>
> [Luhmann 2000: 55]

Даже когда вектор уничижения в (Флп 2:8) доходит до эпаналепсиса позорной смерти и до тления тела, в ортодоксальном представлении он перекрывается движением противоположным — возвышением (Флп 2:9–11). Там, где это встречное движение ставится под сомнение, кенозис для межконфессионального минимального консенсуса представляется слишком радикальным (см. 2.6.1.5). Так, человечность Христа, для доказательства которой все Евангелия и Святые Отцы прилагают так много усилий, может быть избыточной, во-первых, слишком большой для христологического мейнстрима, во-вторых, слишком большой для — в широком смысле слова — буржуазной, но всегда лишь наполовину натуралистической эстетики Христа[169].

---

[168] Ср. Достоевский и Ремизов (см. 4.3.9.4).

[169] Риторическая концептуализация кенотической христологии вынуждена бороться с искушением превратить заинтересованность в кенозисе в симпатию к радикально-кенотическим позициям и расценивать не такие уж кенотические взгляды как протестантские или католические. Риторическое описание не имеет никакого права объявить их «правильными». Изображение ересей как пропастей, разверзающихся по обе стороны христологических формальных компромиссов Вселенских соборов, в истории догма-

Тот факт, что на протяжении почти двух тысячелетий в Европе существовал широкомасштабный консенсус на тот счет, где заканчивается «достаточно» и начинается «избыточно», подтверждается успешным функционированием христологического диспозитива. И самое примечательное, что названный консенсус действует хуже всего на периферии своего пространства, — если брать временны́е рамки, то в начальной фазе, в отмеченных гностицизмом первом и втором веке от Р. Х., а потом вновь во второй половине XIX, и затем в XX веке (неокенотика, школа «смерть Бога»), если брать пространственные рамки, то в III и вплоть до V века на краях тогдашнего мира в Антиохии и Александрии и позднее в восточных монофизитских церквах.

И точно так же, как речь о низком или даже низменном колеблется между значениями «простой» и «дурной», между позитивным «скромно» и негативным «примитивно»[170], — так меняется и присвоение предикации низкого второй ипостаси между «достаточно» и «избыточно».

### 2.7.2.1. Арианство

В особенности человечности тогда бывает чересчур, когда она прибавлена за счет божественности. Поэтому не случайно, что самая знаменитая из всех ересей, арианство, отличается тем, что умаляет божественность Христа.

---

тики встречается повсеместно (ср., напр., [Формула Согласия; BSLK 809, 24–37]). Структура «избыток/недостаток», наблюдаемая там на обеих сторонах соответствующих принятых догматических гребней предусмотрена в той же степени, что и та имплицитная мера того, что этот гребень характеризуется уравновешенностью, т. е. отмечен парадоксальностью, и третья, нередко презираемая альтернатива к этим обеим опасностям «избыток/недостаток» может быть закреплена в вопросе об избыточной или недостаточной взаимосвязи между природами Христа [BSLK 809, 38–810, 24]; ср. 2.7.5–2.7.6.

[170] Ср.: «В немецком языке сформировался узус, согласно которому разграничивают *niedrig* ["низменно"] и *nieder* ["низко"], понимая под первым подлое, а под вторым — простое, скромное, низовое. Низменные замыслы, низменное обращение, низменная шутка и т. п.; но: низкая крыша, низкая лачуга, низкое сословие и т. п.» [Rosenkranz 1853: 199].

## 2. Троп и парадокс, или Христология в противостоянии...

На фоне римского и греческого политеизма и для защиты от подозрения в том, что в Троице монотеизм может быть выхолощен, Святые Отцы раннего периода подчеркивали монархию Отца[171], а оборотной стороной этого становится известная тенденция подчинять Сына Отцу. Впрочем, эта доникейская тринитарная субординация была еще мало заинтересована в *онтологической* иерархии. Это происходит только при Арии.

Ариане выводят из монархии Отца существенные онтологические различия между Отцом и Сыном. В радикальном монотеистическом духе среднего платонизма они понимают Логос как первое создание и при этом не как не имеющее начала, не как вечно сущее Бога Отца [Hoping 2004: 96 и сл.]. Из последующего возвышения Христа (Флп 2:9) они делают вывод, что Сын до воплощения стоял однозначно ниже Отца. «Μέγας μὲν γὰρ καὶ μικρὸς παρ' αὐτοῖς θεός»[172]. Соответственно, в своей аргументации они опираются в основном на вторую половину гимна Христу из (Флп 2:5–11): тот, кто возносится, как говорится в (Флп 2:9), неизбежно должен был прежде быть ниже [PG 39,856B]. Так они объясняют мотив «ἁρπαγμόν» («кражи») из (Флп 2:6) как неисполненное, но из-за различия в положении мыслимое «хищение» Сына[173]. «...ὅτι Θεὸς ὢν ἐλάττων, οὐχ ἥρπασε τὸ εἶναι ἴσα τῷ Θεῷ τῷ

---

[171] Восточная Церковь понимает добавление *filioque* в Символ веры, к которому сведена была схизма 1054 года, как нападки на монархию Отца.

[172] «Большой и малый Бог рядом» [PG 62,220].

[173] Социально-историческая и религиозно-антропологическая (в высшей степени критическая для христианской интенции) интерпретация непереводимости пассажа с хищением, как она выглядела бы, исходя из наития Фейербаха, Ницше, Элиаса и Смита [Smith 2001], возможно, вела бы в аналогичном направлении (ср. 5.2.7.4). Она привела бы к тому, что в смутной формулировке из (Флп 2:6) стерся некий след, а именно след человеческого психического габитуса, ингибированной агрессии против более могущественного противника, которая, по Смиту, образует базу «униженного габитуса»: нечто вожделенное не похищено стоящим ниже (Христом) — из страха перед более могущественным или более высоким (Богом Отцом) (к этому подводит также и интерпретация Фрейда в «Тотеме и табу» (*Totem und Tabu*) (ср. 3.0.4).

μεγάλῳ καὶ μείζονι»[174]. Соответственно, пропущенное хищение будет означать тогда не обладание, а неполучение (соотв., «еще-не-получение»). При этом ариане акцентируют внимание на отсутствии артикля в «ἐν μορφῇ Θεου» («в божественном обличии»): «...καὶ οὐχ εἶπε μετὰ τοῦ ἄρθρου, περὶ τοῦ Θεοῦ τοῦ Πατρὸς λέγων»[175]. Мол, Логос до воплощения существовал в форме «некий» Бог, но не в форме «этот единственный» Бог Отец. Так что и смирение следует понимать как настоящее подчинение [PG 62,232], из-за чего Христос отличается известной близостью к прочим тварям, находящимся под Господом [PG 39,817A].

Усилия императора Константина, направленные на обеспечение церковного единства, привели к осуждению арианства на Никейском соборе 325 года. Антиарианская направленность удара Никеи наиболее отчетливо прочитывается в первой и четвертой антиарианских формулах: «ἐκ τῆς οὐσίας τοῦ πατρός» и «ὁμοούσιος τῷ πατρί»[176].

Поскольку разговор о «единосущностности» может быть истолкован как суждение об идентичности, что сравнимо было с модализмом (см. 2.3.1.1), арианские течения не были пока еще исключены; попытки ослабить «ὁμοούσιος», превратив его в «ὅμοιος κατ' οὐσίαν» («подобный по сущности») или вообще лишь в «ὅμοιος» («подобный») обозначаются как полуарианство [Hoping 2004: 102]; позицию самых ярых сторонников арианского учения, которые не признают даже подобия[177], называют младоарианством. Первый Константинопольский собор 381 года не потрудился дифференцировать формулу при ответе, а только повторил «ὁμοούσιος τῷ πατρί»[178].

---

[174] «... что он был меньший Бог и не похитил, чтобы стать равным Богу большому и большему» [PG 62,220]; ср. [CGPNT VI, 248, 20–24].

[175] «...ибо он сказал это без артикля, как в виду *того* Бога Отца» [PG 62,223] (курсив мой. — Д. У.).

[176] «...из сущности Отца» и «Отцу единосущный» [COD 5; рус. пер.: Деяния 1910: 69 и сл.].

[177] «ἀνόμοιος» («несходный»); см. об этом также 3.6.2.

[178] «Отцу единосущный» [COD 5 и 24; рус. пер.: Деяния 1910: 70 и 119].

### 2.7.2.2. Адопцианство

В отличие от исполненной риска модели падения и страданий, группа т. н. адопционистов предлагает модель простого восхождения; для них Логос при воплощении не обретает человеческую природу, а вселяется в уже существовавшего до того человека. Один из самых ранних источников — это «Пастырь» Ерма, в котором Сам Христос не появляется, но чьи высказывания были отнесены к Христу:

> ...τὸ πνεῦμα τὸ ἅγιον τὸ προόν, τὸ κτίσαν πᾶσαν τὴν κτίσιν, κατῴκισεν ὁ θεὸς εἰς σάρκα ἣν ἠβούλετο. αὕτη οὖν ἡ σάρξ, ἐν ᾗ κατῴκησε τὸ πνεῦμα τὸ ἅγιον, ἐδούλευσε τῷ πνεύματι καλῶς ἐν σεμνότητι καὶ ἁγνείᾳ πορευθεῖσα, μηδὲν ὅλως μιάνασα τὸ πνεῦμα. πολιτευσαμένην οὖν αὐτὴν καλῶς καὶ ἁγνῶς καὶ συγκοπιάσασαν τῷ πνεύματι... μετὰ τοῦ πνεύματος τοῦ ἁγίου εἵλατο κοινωνόν[179].

Полностью отвергает воплощение, по крайней мере, согласно антигностическому переложению, также и гностик Маркион:

> Μαρκίων δὲ ὁ Ποντικὸς φησὶν, ὅτι ὁ Θεὸς ὁ τὰ πάντα συστησάμενος, οὐκ ἔστιν ἀγαθὸς οὐδὲ Πατὴρ τοῦ ἀγαθοῦ Χριστοῦ, ἀλλ᾽ ἕτερός τις δίκαιος, καὶ σάρκα οὐκ ἀνέλαβεν ὑπὲρ ἡμῶν[180].

В то время как Маркион, считая Христа справедливым человеком, не выдвигает в качестве аргумента его усыновление, отзвуки

---

[179] «Дух Святой, прежде сущий, создавший всю тварь, Бог поселил в плоть, какую Он пожелал. И эта плоть, в которую вселился Дух Святой, хорошо послужила Духу, ходя в чистоте и святости и ничем не осквернив Духа. И так как жила она непорочно, и подвизалась вместе с Духом, и мужественно содействовала Ему во всяком деле, то Бог принял ее в общение...» [Пастырь Ерма III, 5, 6; рус. пер. П. Преображенского: Писания 2008: 272].

[180] «Маркион Синопский, однако, говорил, что Бог, который все создал, не добр, и Он не Отец доброго Христа, который есть некто справедливый, и что Он воплотился не ради нас» [CGPNT VI, 247, 20–23]. Судя по этому высказыванию, Маркион концептуализировал конкурентные отношения между добрым, но человеком — Христом и злым, трансцендентным Богом (впрочем, при этом есть одно промежуточное звено, и это добрый Отец доброго Христа, и к эдипову комплексу дело не сводится; ср. [Harnack 1924: 97–106 и 121–143]; см. также 7.3.3.3).

этой идеи наблюдаются в иудеохристианских кругах (эбиониты), у Новациана, Илария Пиктавийского, Гая Мария Викторина Афера [Möller 1896: 180], предположительно также у Павла Самосатского[181].

Этот взгляд систематически встречается в Испании в VIII веке; испанские авторы всерьез принимают глагол «λαμβάνω» из «μορφὴν δούλου λαβών» («принял на себя рабство») и утверждают отличие от онтического *становления* человеком, о котором в (Флп 2:7) вообще не упоминается: так, в послании испанских епископов 793 года говорится: «Unus [deus et homo] autem non conversione divinitatis in carnem, sed assumptione humanitatis in Deum»[182]. Элипанд Толедский выражается еще яснее:

> Ecce ipse Filius Dei secundum formam servi quam assumpsit ex Virgine, in qua minor est Patre, et non est genere, sed adoptione, adoptivus Dei primogenitus in multis fratribus secundum Apostolum[183].

---

[181] Что касается Павла Самосатского, учение которого было осуждено на Антиохийском соборе в 268 году и мысли которого дошли до нас лишь фрагментарно, то с ним связано предположение (документировано у Евсевия в *Historica ecclesiastica* [h.e. VII 27, 2]; о его спорности см. [Lang 2000: 59]), что он якобы учил тому, что Иисус, рожденный человеком, благодаря одному только присутствию Логоса стал ему сопричастен: «...ὅτι ἀπὸ Μαρίας ἤρξατο καὶ πρὸ τούτου οὐκ ἦν; καὶ σὺ δὲ πῶς λέγεις ἐνέργεια ἦν; μορφὴ γὰρ Θεοῦ, φησίν, μορφὴν δούλου ἔλαβεν· ἡ μορφὴ τοῦ δούλου, ἐνέργεια δούλου ἐστὶν ἢ φύσις δούλου. πάντως δή που φύσις δούλου. οὐκ οὖν καὶ ἡ μορφὴ τοῦ Θεοῦ, Θεοῦ φύσις; οὐκ ἄρα ἐνέργεια» («...что он произошел от Марии, и до этого не был? И каково, говоришь ты, было его действование? Образ Бога, говорит он, принял образ раба: а образ раба, действование раба означает рабскую природу. Ну разумеется, так или иначе, рабскую природу. Но все же не образ Бога, божественную природу? В любом случае, не [его] действование») [CGPNT VI, 247, 33–248, 3]. В то время как «присутствие» Духа — желанное стремление для общины (ср. (Ин 14:23)), это все же представляется слишком малым для Христа.

[182] «Единый [Бог и человек], но не через воплощение Божественного в плоть человека, а через принятие одного человека в Божественное» [PL 101,1327D]. О явно прочитываемом в этом отталкивании от представления о перемене внутри Божественного см. 2.3.3.

[183] «Смотри, Сын Божий Сам в облике раба, который Он воспринял от Девы и в котором Он меньше, чем Отец, и не через зачатие, а через усыновление, приемный сын Господа и Первородженный многих братьев, как говорит апостол» [PL 96,871CD].

Можно сказать, что в рамках адопцианства аспект *самоуничижения* ликвидируется[184].

### 2.7.2.3. Неведение, обморок, бессознательность

В то время как адопцианство утвердилось на всеобщей базе «приобретения человека», наряду с этим имеются некоторые партикулярные признаки человеческого, которые — будучи оставлены открытыми в (Флп 2:5–11) и в Евангелиях[185] — опасны для божественной природы в *status exinanitionis*: неведение, обморок или бессознательность; под угрозой от них всеведение, вездесущность, всевластие и безгрешность.

В этом плане особенно интересен трактат «Против антропоморфитов» (*Adversus anthropomorphitas*), по-видимому, ошибочно приписываемый Кириллу Александрийскому, ибо в нем подчеркивается аспект «ἄγνοια» («неведения») Христа-человека, место которому отводится рядом с божественным свойством всеведения: «...ὅ γε μὴν ἄνθρωπος ὁ αὐτὸς οὐκ ἀποσείεται τὸ καὶ ἀγνοῆσαι δοκεῖν, διὰ τὸ πρέπειν τῇ ἀνθρωπότητι»[186]. Неведение или заблуждение у Воплощенного Христа отмечает также аббат базилики Св. Мартина в Туре, Фредегизий Турский: «Quia vere humilis erat secundum nos, abjecta de se sentit, et errasse se non dubitavit»[187]. Напротив, официальное православное прочтение в формулировке Иоанна Дамаскина звучит так:

---

[184] Помимо двусмысленности, скандальность эротико-богохульной «Гавриилиады» Пушкина с христологических позиций следует искать в некоем адопцианском представлении — в том, что Бог Отец якобы усыновляет рожденного от Гавриила и Марии отпрыска [Пушкин 1937–1959, 4: 135].

[185] Впрочем, Гарви пытается, используя контекст вопросов Христа, доказать, что, по мнению Евангелий, он иногда пребывал еще-в-неведении [Garvie 1906: 928].

[186] «...однако как человек он, по-видимому, не мог стряхнуть это с себя и не знать этого, потому что у людей так принято» [PG 76,1101B]. О снижении от аукториального автора к персональной перспективе неведения в качестве поэтического процесса, имеющего кенотическую структуру, напр., у Саши Соколова, см. 9.1.

[187] «Поскольку он воистину был столь же принижен, как мы, он слышал презрительное о себе и не колебался в заблуждениях» [PL 104,159C].

Δεῖ γινώσκειν ὅτι τὴν μὲν ἀγνοοῦσαν καὶ δούλην ἀνέλαβεν φύσιν· καὶ γὰρ δούλη ἐστὶν ἡ ἀνθρώπου φύσις τοῦ ποιήσαντος αὐτὴν Θεοῦ, καὶ οὐκ ἔχει τὴν τῶν μελλόντων γνῶσιν. <...> διὰ δὲ τὴν τῆς ὑποστάσεως ταυτότητα, καὶ τὴν ἀδιάσπαστον ἕνωσιν κατεπλούτησεν ἡ τοῦ Κυρίου ψυχὴ τὴν τῶν μελλόντων γνῶσιν, ὡς καὶ τὰς λοιπὰς θεοσημείας[188].

Только в период неокенотики Эрлангенской школы, в особенности в ранний период деятельности кенотически радикального Готфрида Томазиуса до 1845 года [Dawe 1963: 92], вновь активно ссылаются на неведение Христа во время его вочеловечивания. Воплощенный Логос может отказаться от всевластия, вездесущности и всеведения — относительных, связанных с миром свойств «вовне», — не теряя Своей божественной сущности [Thomasius 1845: 93]. Отклоняя *Extra Calvinisticum* (см. 2.7.6), Томазиус в своем труде «Ответ» (*Erwiederung*) Дорнеру сумел подумать о Христе-ребенке и Христе в смерти не только не ведающим, а пребывающим «даже моментально, вплоть до погружения в состояние бессознательности» [Thomasius 1846: 290][189]. Возвращение Томазиуса к прежним опорам после критики Исаака Дорнера и других после 1845 года [Breidert 1977: 62 и сл.] показывает, что его прежняя кенотика оказалась непригодной для консенсуса по причине того, что в ней «слишком много человека» и «слишком мало Бога»; для смягчения этого вмененного ему недостатка Томазиус вновь приближается к парадоксальным формулам халкидонизма [там же: 78 и сл.].

---

[188] «Нужно знать, что Христос восприял природу, не обладавшую ведением и рабскую; ибо человеческая природа есть рабыня сотворившего ее Бога и не обладает знанием будущего... но из-за тождества ипостаси и неразрывного соединения душа Господа преобогатилась знанием будущего, так же как и остальными божественными знамениями» [*De fide orth*. III 21; PG 94,1084B; рус. пер. А. А. Бронзова: Иоанн 1913: 277 и сл.].

[189] Особой достопримечательностью среди изображений Иисуса Христа как человека с состояниями ограниченной осознанности является комикс Хадерера «Жизнь Иисуса» (*Das Leben des Jesus*) [Haderer 2002], показывающий Иисуса под постоянным наркотическим опьянением от гашиша.

### 2.7.2.4. Рационализм

В значительно более сильной степени, нежели в православии и католицизме, рационализм Просвещения заметен в протестантизме XVIII века. Рационалистический метод, заставляющий подвергать все унаследованные догматические постулаты измерению разумом и опытом, приводит к историзации догматов посредством образования дисциплины «история догматов» [Hornig 1984: 141][190]. Религия и богословие, керигма и догмат разграничиваются, см. [Hornig 1984: 135 и сл.]. Взгляд просветителей на историческую обусловленность также и догматических форм высказывания (теория так называемой аккомодации) был заслонен преподнесенной анонимно лжетеорией из «Фрагментов из сочинения неизвестного» (*Fragmente eines Ungenannten*) Реймаруса, согласно которой апостолы Христа сфальсифицировали Благую Весть, приписав потерпевшему поражение на кресте и не воскресшему моральному проповеднику вторую, божественную природу [Reimarus 1895: 8 и 263–298]. Реймарус, как позже и Штраус, требует очищения истории жизни Иисуса от послепасхальных догматических приправ: «…так их [апостолов] новая система не ориентируется на историю, а история должна ориентироваться на их новые системы» [там же: 58]. В таком ракурсе, по ту сторону всякого божественного сыновства Иисуса «все же все остается в границах человечности» [там же: 22].

### 2.7.2.5. Натурализм

Пожалуй, еще сильнее антропоцентризм проявит себя в натурализме XIX столетия, когда подлинную человеческую суть Христа стали изображать в виде натуралистической наготы, но это ведь предпринималось и в предшествующие века, и всякий раз по большей части вновь пресекалось. И если относительно симпатичного ребенка Иисуса возмущений практически не было [Belting 2005: 111], то изображение половых признаков распятого на кресте, как, например, у Микеланджело в его скульптуре

---

[190] Без этого с точки зрения истории науки решающего шага подход, подобный нашему, был бы немыслим.

«Христос с крестом» (*Cristo della Minerva*) 1521 года породило скандал; добавленная вскоре набедренная повязка «не смогла воспрепятствовать тому, чтобы через несколько лет оскорбленный в своих религиозных чувствах монах уничтожил член Христа» [Klemm 2002: 31].

В 1553/1554 годах дьяк царя Ивана IV Висковатый привел радикально натуралистические аргументы против изображения распятого Христа в набедренной повязке:

> Слыха есмя многажды ѿ Латынъ в розговоре, яко тѣло га нашего Іс Ха оукрывахѫ херѫвими ѿ срамоты. Греки его пишютъ въ порътка а ѡ порътковъ не нашивалъ, и азъ того дла о то оусумнѣваю, а исповѣдаю, яко гдь ншь Іс Хс ради спсенїа принлъ смрть поноснѫю и волею претерпѣлъ распатїе...[191]

Вдохновляясь среди прочего также наверняка и неокенотикой (см. 2.7.1.5), в XIX веке, проникнутом викторианским и вильгельмовским духом с его особенной стыдливостью, эти старомодные протонатуралистические соображения нашли свой отклик. Полотно Макса Клингера «Распятие Христа» (*Die Kreuzigung Christi*, 1891) постигает та же судьба, что и «Христос с крестом» Микеланджело: в 1894 году художник вынужден пририсовать Христу набедренную повязку [Klemm 2002: 33].

Роль, сопоставимую с неприкрытыми половыми органами Иисуса, играют земное уродство и отвращение. Для гностиков именно этот аспект учения об инкарнации был особенно непереносим; они носились с тезисом о том, что тогда инкарнация должна принести с собой нечто физически отвратительное, ср. [Henry M. 2000: 21 и сл.]. Уже во II веке отвергнута была христологическая эсхрология платоника Цельса, который в сво-

---

[191] «От латинян в разговоре я часто слышал, что наготу тела Господа нашего Иисуса Христа херувимы прикрывают от срамоты. Греки пишут Его в портках, а Он портков не нашивал, и поэтому сомневаюсь я в том и верую в то, что Господь Иисус Христос ради спасения нашего позорную смерть принял и добровольно распятие перенес» [Розыск 1858: 7 и сл.]; ср. 4.6.8.3.

## 2. Троп и парадокс, или Христология в противостоянии...

ем труде «Правдивое слово» («Ἀληθὴς λόγος»; около 178) с насмешкой (по вопросу комического см. 3.6.1.1) дополняет иудео-христианское представление о снисхождении понятиями экстремальных перемен и среди прочего приводит также и уродливость:

> ...εἰ δὴ εἰς ἀνθρώπους κάτεισι, μεταβολῆς αὐτῷ δεῖ, μεταβολῆς δὲ ἐξ ἀγαθοῦ εἰς κακὸν καὶ ἐκ καλοῦ εἰς αἰσχρὸν καὶ ἐξ εὐδαιμονίας εἰς κακοδαιμονίαν καὶ ἐκ τοῦ ἀρίστου εἰς το πονηρότατον[192].

С эстетической точки зрения решающим является при этом сформулированный Цельсом вопрос об уродливости и отвращении, которые в гностическом дуализме пневма-сома, естественно, не могут считаться документальными подтверждениями сотериологически позитивированного вочеловечивания; однако гностическое отвержение этих естественных последствий страданий, смерти и тления до определенной степени заражает христианство как инкарнационную религию. Способы изображения, вызывающие то, что вызвал «Писающий Христос» (*Pissing Christ*) Андреса Серрано или брызжущая кровь Христа в фильме Мэла Гибсона «Страсти Христовы» (*Passion of Christ*), возбуждают буржуазное неприятие (см. 4.6.9.3), но с точки зрения кенотической христологии это-то отнюдь не ересь. Да, инкарнационная христология в состоянии ингибировать даже такие предполагаемые непроизвольные защитные рефлексы, как отвращение[193],

---

[192] «Если он теперь спускается к людям, то ему приходится подвергнуть себя изменению, а именно изменению от хорошего к плохому, от прекрасного к безобразному, от счастья к несчастью и от наилучшего состояния к наихудшему» [IV 14; Origenes 2011, 3: 684]. Эту радикальную «μεταβολή», пишет Цельс, христиане ни в коем случае не хотят учиться понимать как изменение неизменного Бога [IV 20], чтобы очистить мир от скверны. Тем самым Иисус — а это означало бы скандал для православных Святых Отцов — был бы весь изменяемым.

[193] Как отмечает Меннингхаус в своей монографии «Отвращение» (*Ekel*) «...в отвращении имплицитно содержится не только способность сказать "нет", но и в той же степени принуждение сказать "нет", исключающее способность сказать *не* "нет"» [Menninghaus 1999: 8, выделено в ориг.].

и функционализировать их в кено-эстетическом ключе. Христографический натурализм — это для кенотической христологии одновременно и внутренне присущий ей шанс, и скандал.

### 2.7.3. Достаточно Бога

Как и ограничения, усиления божественной природы Христа могут находиться на двух уровнях — уровне основного онтологического вопроса (см. 2.7.3.1) и уровне обращения с отдельными признаками божественного. Необходимые отдельные признаки божественности — вездесущность, всезнание и безгрешность — могут быть для Воплощенного в каждом случае либо 1) приписываемыми ему безо всяких ограничений (см. 2.7.3.2), или он может ими 2) обладать и их практиковать, но скрывать этот факт, и наконец 3) обладать, но практиковать лишь временами (см. 2.7.3.3). Какую меру величия («δόξα») выносит этот *status exinanitionis*?

#### 2.7.3.1. Сущностное равенство и сущностное подобие

Неограниченное обладание божественными свойствами вместе с сущностным единением с Отцом выражены с помощью не-библейского предиката Вселенских соборов в Никее в 325 году и в Константинополе в 381 году — «ὁμοούσιος τῷ πατρί»[194]. Сколь мало действовала эта компромиссная формула в стабилизирующем плане, становится ясно потому, что многие из отцов, такие как Григорий Назианзин (Богослов) или Кирилл Александрийский, избегали философской формулы «ὁμοούσιος». Выход из ситуации заключался в возвращении к менее широкой формулировке «ὅμοιος», в том виде, в каком ее представляли — так и названные омии [ὅμοιοι]. Это понятие можно было толковать в обе стороны: Христос, согласно Епифанию Саламинскому, является как «ὅμοιος τῷ Πατρί», так и в облике раба «ὁμοίως τῇ Σαρκί»[195]. Тогда Христос Богу не равен, а подобен: «Οὐ ταυτὸν δὲ,

---

[194] «Отцу единосущный» [COD 5 и 24; рус. пер.: Деяния 1910: 70 и 119]; об антиарианском направлении см. 2.7.2.1.

[195] «подобный Отцу» и «подобно плоти» [PG 42,420B].

ἀλλ' ὅμοιον...»¹⁹⁶ Выражение «Ἴσα Θεῷ» («равный Богу») из (Флп 2:6) можно тем самым толковать только как подобие. Новозаветное основание для этого Епифаний видит в отсутствии артикля в выражении «ἐν μορφῇ Θεου» («в образе Бога»): «...οὔτε μορφή ἐστι τοῦ Θεοῦ, ἀλλὰ Θεοῦ· οὔτε ἴσα ἐστὶ τῷ Θεῷ, ἀλλὰ Θεῷ· οὔτε αὐθεντικῶς ὡς ὁ Πατήρ»¹⁹⁷.

Оба атрибута — «ὁμοούσιος», так же как и «ὅμοιος» — в большинстве случаев призваны следовать одной и той же цели: стабилизировать представление о божественности Христа с помощью онтологического термина¹⁹⁸.

### 2.7.3.2. Extra Calvinisticum

Что же касается отдельных признаков божественности, то самая радикальная позиция (обладание без ограничений) представлена в концепции *Extra Calvinisticum*, которая может быть прослежена обратно до отдельных взглядов Святых Отцов, например, Анастасия [Willis 1966: 60]. Этой концепцией Кальвин решает вопрос, что же происходило во время кенозиса Христа с божественными действованиями второй ипостаси, доходя до того, что Логос, несмотря на вочеловечивание, действовал суверенно наряду с этим, сам по себе:

> Mirabiliter enim e coelo descendit filius Dei, ut coelum tamen non relinqueret; mirabiliter in utero virginis gestari, in terris versari, et in cruce pendere voluit, ut semper mundum impleret, sicut ab initio¹⁹⁹.

---

¹⁹⁶ «...не того же, но подобного [признаем мы]» [PG 42,436B].

¹⁹⁷ «...это образ не [Того Самого] Бога, но Божества; и он не равен [Тому Самому] Богу, а Божеству; и не тем же самым образом, как Отец» [PG 42,420B].

¹⁹⁸ Там, где полноценная божественность и безначальность второй ипостаси выглядит обеспеченной, предполагаемая разница в статусе по сравнению с первой ипостасью — иначе, чем в арианстве (см. 2.7.2.1), — должна в меньшей степени занимать христологию и в большей — учение о Троице.

¹⁹⁹ «Это великое чудо: Сын Божий спустился с небес — и все же их не покинул; Он родился от девственницы, странствовал по земле, и наконец, по Своей воле распят был на кресте, и все же Он продолжал наполнять Собою весь мир, как и в начале!» [*Inst.* II 13, 4]. Правда, у Кальвина это следует из богословской доктрины Тайной вечери (см. 3.3.2.1).

Тем самым Кальвин отвергает тот факт, что благодаря обмену свойствами между божественной и человеческой природой (см. 2.8.5.3) человеческое тело тоже пришлось бы объявить вездесущным. С другой стороны, из *Extra Calvinisticum* следует, что манифестация Логоса возможна не только вне тела Иисуса, но и одновременно вне новозаветного откровения Христова (в некоем не затронутом Евангелием мире), а это, в свою очередь, порождает опасность, что самоуничижение Христа больше не будет представлять собой ключевой момент божественного домостроительства и что две природы Христа оказываются разделены[200].

### 2.7.3.3. «Κρύψις» против «κένωσις τῆς χρήσεως»

Проблема использования божественных качеств в мире особенным образом встает перед лютеранами, поскольку они усматривают уничижение в «λόγος ἔνσαρκος» («Логос во плоти»)[201]. Еще Иоганнес Бренц в своем трактате 1561 года «О единстве Лиц» (*De personali unione*) формулирует тезис о том, что униженный Христос лишь скрывает божественные атрибуты: «...quam [maiestatem] etsi tempore carnis suae in hoc saeculo dissimulavit seu ea sese, ut Paulus loquitur, *exinanivit*, tamen nunquam ea caruit»[202]. На это опираются тюбингенские богословы в своем столкновении с гиссенцами начиная с 1619 года. Позиция гиссенцев заключается в том, что они усматривают в *status exinanitionis* отказ Христа от использования своих божественных качеств («κένωσις τῆς χρήσεως»[203]), тюбингенцы, напротив, видят в этом лишь отказ от демонстрации все-таки происходящего использования божественных атрибутов («κρύψις τῆς χρήσεως»[204]).

---

[200] Этот упрек кальвинистам делают так или иначе лютеране (см. 2.7.6).

[201] Ср. [Elert 1931: 211]; см. 2.7.1.2.

[202] «...каковое [величие] Он, хотя во дни Своего воплощения в этом мире Он их и скрывал, или, как говорит Павел, от них *отказался*, тем не менее никогда не был их лишен» [Brenz 1981: 30 и сл., выделено в ориг.]. Примечательна у Бренца терминологическая синонимия понятий «сокрытие» и «кенозис», которой в споре тюбингенцев и гиссенцев нет.

[203] «Отказ от использования».

[204] «Сокрытие использования», см. [Baur 1977]. Ср. далее [Hirsch 1964: 333–336 и 544–550].

## 2.7.3.4. Безгрешность

Величайшей этической взрывной силой среди всех отдельных качеств обладает безгрешность, т. е. вопрос о том, как же все-таки, насколько глубоко затрагивали Христа те искушения, которым он был подвергнут (ср. 2.7.1.3). Если смысл слова «искушение» предполагает колебания, то внутренние ощущения состояния колебания не являются ли уже грехом? Не доходит ли уничижение Христа, кто знает, — по аналогии с онтологической кульминации смерти — до этического климакса: приобретения греховности? У Павла на этот счет есть потрясающе амбивалентная формулировка: «...ὁ Θεὸς τὸν ἑαυτοῦ υἱὸν πέμψας ἐν ὁμοιώματι σαρκὸς ἁμαρτίας...»[205] Этот стих из Послания к Римлянам содержит внушение нам либо некоей греховности Христа, либо мнимо существующей греховности тела, т. е. какого-либо неполноценного вочеловечивания (см. 2.3.2.1).

Напротив, в Послании к Евреям он торопится прояснить: «...οὐ γὰρ ἔχομεν ἀρχιερέα μὴ δυνάμενον συμπαθῆσαι ταῖς ἀσθενείαις ἡμῶν, πεπειρασμένον δὲ κατὰ πάντα καθ' ὁμοιότητα, χωρὶς ἁμαρτίας»[206]. Заключительная формулировка была повторена Халкидонским собором («χωρὶς ἁμαρτίας»[207]); из сущностного равенства Христа с другими людьми грех изъят. Для Восточной Церкви Иоанн Дамаскин постулирует то же исключение: "Ὅλον γὰρ τὸν ἄνθρωπον, καὶ πάντα τὰ τοῦ ἀνθρώπου ἀνέλαβε, πλὴν τῆς ἁμαρτίας"[208].

## 2.7.4. Слишком много Бога / слишком мало человека

Как и усилия по спасению полной божественности Христа от уничижения базировались на онтологически всеобщем уровне и в отношении отдельных признаков божественности, так об-

---

[205] «...послал Сына Своего в подобии плоти греховной» (Рим 8:3).

[206] «Ибо мы имеем не такого первосвященника, который не может сострадать нам в немощах наших, но Который, подобно *нам*, искушен во всем, кроме греха» (Евр 4:15, выделено в ориг.).

[207] «Кроме греха» [COD 86; рус. пер.: Деяния 1908б: 48].

[208] «Ибо Он воспринял всего человека и все человеческое, кроме греха» [*De fide orth.* III 20; PG 94,1081B; рус. пер. А. А. Бронзова: Иоанн 1913: 276].

стояло дело и с избыточными подчеркиваниями божественности, которые были подвергнуты гонениям как еретические. Поскольку в монотеизме божественность практически не может быть преувеличена, то в контексте христианского учения об инкарнации приходится ограничить самоценность человеческой природы — с помощью уменьшения статуса бытия в качестве человека или же ограничения его самостоятельности.

### 2.7.4.1. Аполлинарианство

Утверждается, что такого рода ограничения следуют из учения Аполлинария Лаокидийского, на которого возлагают ответственность не только за тезис об изменении в божестве и за сверхрадикальный кенозис (см. 2.3.3), но и — что противоречит остальному — за сокращение человечности Христа, см. [Mühlenberg 1969: 114 и сл.]. Последнее принято связывать с формулой: «...μία φύσις τοῦ θεοῦ λόγου σεσαρκωμένη»[209]. По Аполлинарию, Логос заместил в Иисусе человеческую душу[210], и тот тем самым перестал быть целым человеком, а только «ἀνθρωποειδής» («человекообразным»), см. [Hoping 2004: 103]. Эта одноприродная христология в обратном выводе граничит, если вспомнить параллельно (Флп 2:6–8), с теопасхизмом (см. 2.3.3). Соответственно, учение Аполлинария было осуждено в 1-м правиле Константинопольского собора 381 года [COD 31; рус. пер.: Деяния 1910: 116].

### 2.7.4.2. Монофизитство

Аполлинаризм, по инициативе Феодорита Кирского, вменялся также и Евтихию, крупнейшему представителю раннего монофизитства [*Eran.* 2, 108; Theodoret of Cyrus 1975: 112 и сл.]. На самом деле Евтихий только под давлением признает, что до единения (до инкарнации/кенозиса) существовало две природы,

---

[209] «Одна природа Бога Слова воплощенная» [*ep. ad Iovianum* 1]; см. [Mühlenberg 1969: 223].

[210] Седьмая анафема Константинопольского собора 381 года [Denzinger 1991: § 159].

а после, напротив, уже нет: «Верую, что Господь до единения состоял "из двух природ", после единения верую в "одну только природу"» [ACO II 1, 1, 143][211]. Взгляды Евтихия были преданы анафеме на Халкидонском соборе 451 года [COD 86 и сл.; рус. пер.: Деяния 1908б: 47] (см. 2.8.3).

При этом важнейший из отцов древневосточных церквей, Севир Антиохийский, целенаправленно опирается на «контрабанду» аполлинарийства в христологии Кирилла Александрийского в том виде, в каком она стала учением на Халкидонском соборе [Hoping 2004: 105 и 109] (см. 2.8.4.2); хотя Севир не очень далек от халкидонской трактовки, акцент на «μία φύσις» («одна природа») дает толчок к первому большому расколу в христианстве — на Ближнем Востоке до сих пор довольно большие церковные объединения придерживаются монофизитских позиций[212].

### 2.7.4.3. Монофелитство

С точки зрения диофизитского мейнстрима монофизитство имело разнообразные последствия, ставшие вскоре не менее серьезными, осужденными ересями, чем оно само, и целью всех этих попыток было так или иначе «дехалкидонизировать» халкидонство [Lossky 1989: 104]. В том же направлении — в сторону редукции самостоятельности Христа-человека — указывает и монофелитство (и примкнувшая к нему моноэнергетика); соответственно, монофелитические представления были восприняты Константинопольским собором 680/681 годов, который утвердил решения Латеранского собора 649 года как прямое продолжение монофизитства, ср. [Hoping 2004: 119–121]:

...ἑνὸς θελήματος καὶ μιᾶς ἐνεργείας ἐπὶ τῶν δύο φύσεων τοῦ ἑνὸς τῆς ἁγίας τριάδος Χριστοῦ τοῦ ἀληθινοῦ θεοῦ ἡμῶν τῷ ὀρθοδόξῳ λαῷ καινοφώνως ἐνσπείρας τὴν αἵρεσιν, τῇ Ἀπολλιναρίου, Σε-

---

[211] Ср. об этом [Grillmeier 1990, 1: 732].

[212] Древневосточные Церкви (эфиопская, сиро-яковитская и коптская) до сих пор придерживаются того учения, которое в европейском христианстве полемически называют монофизитством [Böhlig 1975: 94–96].

> βήρου καὶ Θεμιστίου τῶν δυσσεβῶν φρενοβλαβεῖ κακοδοξίᾳ συνᾴδουσαν...[213]

Однако ключевая мысль так называемых монофелитов круга Сергия Константинопольского сосредоточена в меньшей степени на редукции двух воль и сведении их к одной и в большей степени — на постоянном (послушном) примыкании человеческой воли к божественной (ср. также 4.4.4.2):

> ...ἐν μηδενὶ καιρῷ τῆς νοερῶς ἐψυχωμένης αὐτοῦ σαρκὸς κεχωρισμένως καὶ ἐξ οἰκείας ὁρμῆς ἐναντίως τῷ νεύματι τοῦ ἡνωμένου αὐτῇ καθ᾽ ὑπόστασιν θεοῦ λόγου τὴν φυσικὴν αὐτῆς ποιήσασθει κίνησιν, ἀλλ᾽ ὁπότε καὶ οἵαν καὶ ὅσην αὐτὸς ὁ θεὸς λόγος ἠβούλετο[214].

Представители монофелитства задаются критическим вопросом, как могли появиться у Иисуса такие чувства, как отчаяние или даже ощущение богопокинутости, но перед ними встает проблема, что новозаветная Благая Весть (см. 2.7.1.2) противостоит монофелитскому исчезновению «свободы инакочувствующего»; там ведь с абсолютной эмпатией описан целевой конфликт, который за счет человеческой воли может быть разрешен только на повторном шаге уничижения послушного подстраивания человеческой воли под божественное домостроительство (см. 2.7.1.3). Только признание потенциального конфликта делает возможным спасение человеческой природы Христа и всей серьезности кенозиса (см. 2.8.6), которые иначе грозят опуститься до — как известно сомнительной (2.3.2.1) — мнимости:

---

[213] «...посеяв в православном народе ересь одной воли и одного действия в двух естествах одного от Святой Троицы, Христа, истинного Бога нашего, согласную с безумным замышлением нечестивых [Аполлинария] Севера и Темистия...» [COD 126; рус. пер.: Деяния 1908в: 220 и сл.].

[214] «...ни в какое время его одухотворенная разумом плоть не осуществляла какого-либо естественного движения отдельно и по собственному побуждению, против указания ипостасно соединенного с ним Бога Логоса, а только тогда, когда, как и в какой мере этого желал Сам Бог Логос» [ACO II/1, 160, 26–29].

Борьба против монофелитства означает в определенном смысле возврат к реализму человеческого бытия Христа, к его самым низменным и униженным высказываниям, новое, обостренное осознание того, что действительность вечного Слова может воссиять именно в его глубочайшем самоуничижении [Schönborn 1984: 122].

### 2.7.4.4. Неспособность к страданию

Смягченной формой теоремы мнимости является случай, когда не все человеческое бытие Христа и не автономное наличие у него воли объявляется мнимым, а только психическая часть реальности страдания: чтобы избежать непосредственных страданий Бога или даже Бога Отца, через своего рода «духовный заслон» [Moltmann 1972: 215], время от времени состояние страдания Воплощенного вообще оспаривается, см. [O'Keefe 1997], и он — под влиянием эллинистического представления о Боге — наделяется принципиальной «ἀπάθεια»[215]. Эфесский собор 431 года был вынужден наложить на это представление анафему: «Εἴ τις οὐχ ὁμολογεῖ τὸν τοῦ θεοῦ λόγον παθόντα σαρκὶ καὶ ἐσταυρωμένον σαρκὶ καὶ θανάτου γευσάμενον σαρκί... ἀνάθεμα ἔστω»[216].

Возможное решение проблемы формулирует еще Игнатий Богоносец, предлагая разграничить во времени неспособность и способность к страданию: «...πρῶτον παθητὸς καὶ τότε ἀπαθής»[217]. Согласно ему, способность Христа к страданию была кратким состоянием, ибо как до того (ИгнПол 3:2), так и после того (ИгнЭф 7:3) в ход шел божественный атрибут неспособности к страданию.

Второй шаг в направлении ограниченного страдания являет собой солидарно отвергаемое представление о добровольном страдании. Иоанн Дамаскин его передает так:

---

[215] «Бесстрастность» [PG 86,1321CD]. О спорах по поводу неспособности к страданию см. компендиальное исследование Ннамани [Nnamani 1995].

[216] «Кто не исповедует Бога Слова пострадавшим плотью, распятым плотью... анафема» [COD 61; рус. пер.: Деяния 1910: 199].

[217] «...сперва подверженный, а потом не подверженный страданию...» (ИгнЭф 7; рус. пер. П. Преображенского: Писания 2008: 334).

> ...τὰ μὲν πάθη ὑπομεῖναι τὸν Κύριον ὁμολογοῦσι· πεῖνάν φημι, καὶ δίψαν, καὶ κόπον· οὐ τὸν αὐτὸν δὲ τρόπον ἡμῖν ταῦτα ὑπομεμενηκέναι φασίν. Ἡμᾶς γὰρ ἐξ ἀνάγκης φυσικῆς· τὸν δὲ Χριστὸν ἑκουσίως ὑπομεῖναι λέγουσι, καὶ τοῖς τῆς φύσεως νόμοις μὴ δουλεῦσαι[218].

Вопреки этому, консенсус ортодоксальных Святых Отцов гласит, что Воплощенный вполне способен был страдать. Хотя это не касается божественной природы, но на основании попеременного приписывания Христу атрибутов человечности и божественности, особенно в форме послехалкидонской, теопасхистской манеры речи, так все-таки допустимо говорить. Хотя в последующие времена такого рода теопасхистские обороты речи становятся признаком лютеровской кенотики (см. 2.7.1.4), представление о страданиях Господних остается провокацией, которая, в особенности в католицизме, обеспечивает непрестанное обновление концепций неспособности Христа к страданию.

### 2.7.4.4.1. Отсутствие юмора

Существует своеобразный метонимический придаток к представлению об отсутствии у Христа страданий, а именно вопрос, смеялся ли Христос: по словам Иоанна Златоуста, смех не представляет собой свободного порыва, а свидетельствует о необходимости и несвободе — а ей Христос подвержен не был:

> Καὶ γὰρ καὶ αὐτὸς ἐδάκρυσε, καὶ ἐπὶ Λαζάρου καὶ ἐπὶ τῆς πόλεως, καὶ ἐπὶ τοῦ Ἰούδα διεταράχθη. Καὶ τοῦτο μὲν πολλάκις ἔστιν ἰδεῖν αὐτὸν ποιοῦντα, γελῶντα δὲ οὐδαμοῦ· ἀλλ' οὐδὲ μειδιῶντα ἠρέμα· οὐκοῦν τῶν εὐαγγελιστῶν οὐδεὶς εἴρηκε... οὔτε ἄλλος οὐδὲ εἷς τῶν ἁγίων, οὔτε περὶ ἑαυτοῦ, οὔτε περὶ ἑτέρου τινὸς τοιούτου[219].

---

[218] «...и что Господь претерпел страдания, разумею: голод и жажду, и утомление; но не говорят, что Он претерпел их не таким же образом, как мы. Ибо мы переносим страдания по естественной необходимости, Христос же, говорят они, переносил их добровольно и не рабствовал законам естества» [PG 94,756A; рус. пер. А. И. Сагарды: Иоанн 1913: 146].

[219] «Да и часто бывало, что Его видели плачущим, а чтобы Он смеялся, или хотя мало улыбался, этого никогда никто не видел, — почему и ни один из евангелистов не упомянул о том... а чтобы когда-либо смеялся, об этом нигде

## 2. Троп и парадокс, или Христология в противостоянии... | 165

### *2.7.4.5. Афтартодокетизм*

Наконец, из монофизитства после монофелитства происходит — если верить изложению Иоанна Дамаскина [PG 94,753D–756A] — афтартодокетизм.

Эта концепция восходит к следующему рассуждению: неоспоримым признаком человеческой природы является ее бренность. Сопряжение этого признака с божественной природой Христа представляет крайнюю опасность для всякого рассчитанного на постоянство теистического понятия о божественном; если тление каким-либо образом заразит божественную природу, то тогда вознесение согласно (Флп 2:9–11) пропало и уничижение будет длиться вечно (см. 2.6.1.5). Из этого некоторые, кого Тимофей Иерусалимский называет гайанитами или юлианистами, заключают, что земное (и тогда лишь условно подлинное) тело Христа еще до вознесения было нетленным[220]. Иоанн Дамаскин передает эту позицию в своем труде «Книга о ересях» (*De haeresibus liber*): «...τούτους δὲ ἄφθαρτον ἐξ αὐτῆς διαπλάσεως τοῦ σώματος τοῦ Κυρίου πρεσβεύειν...»[221]

Однако, если вычеркнуть бренность как признак человечности, то вочеловечивание будет неполноценным и Христос тогда будет не «настоящим человеком», а человеком мнимым. Вторая часть композита «афтартодокетизм» указывает на родство с докетизмом,

---

не говорит ни Сам Он, ни другой апостол, ни один из святых, ни о Нем, ни о ком другом Ему подобном» [PG 57,69; рус. пер.: Иоанн 2010: 46]. Мотив запретного смеха подхвачен Умберто Эко в романе «Имя розы» (*Il nome della rosa*). В России также смех порицался в официальной церковной культуре [Панченко 1984: 123]. Сдержаннее отзывается о предосудительности смеха Амвросий Оптинский [Ненароков 2001:250]; ср. 5.3.6.7.

[220] «Γαϊανίται, ἤτοι Ἰουλιανισταί· οἵτινες λέγουσιν, ἐξ αὐτῆς τῆς ἐνώσεως τὸ τοῦ Κυρίου σῶμα κατὰ πάντα τρόπον ἄφθαρτον εἶναι» («Гайаниты или юлианисты: эти говорят, что тело Господа по причине того же единения так или иначе нетленно») [PG 86,1,44]; о литературном расширении топоса нетленности в применении к святому старцу у Достоевского ср. 5.3.7.2.

[221] «...они провозглашают, что оно на основании образования плоти Господней само [через единение] нетленно» [PG 94,756A].

который отказывал человеческой природе в бытийности и приписывал ей мнимость, — и, таким образом, граничил с риторическими угрозами для христологического эссенциализма (см. 2.3.2.1). Как и докетизм, концепция нетленности наносит ущерб реальности кенозиса (так, во всяком случае, трактует Грильмайер отвержение афтартодокетизма Леонтием Византийским):

> Спустившийся Христос, так скажем, больше не имел права даже касаться земли, скорее Ему приходилось сразу «изъять Себя» отсюда. Где же здесь место кенозису и кресту? Неужели (Флп 2:5-11) было полностью забыто? Какие другие возможности подражания распятому Христу имелись еще? [Grillmeier 1990, 2.2: 228].

### 2.7.5. Слишком много взаимосвязи

Где A > B и A < B составляют проблему — как в разнообразных подходах, которые в послехалкидонских церквях анафематствовались как еретические, — там есть четыре решения: 1) идентификация (A ≡ B) и разделение A и B, а именно в двух направлениях, то есть 2) в пространственном и 3) во временном отношении, и наконец, 4) парадоксальное соединение и не-соединение, которое разрушает границы двузначной логики, ср. [Флоренский 1914: 483–490].

Временнóе разделение (B после A) предполагает онтологическую перемену, которая, однако, не может быть помыслена для божества в монотеистических системах и которая подвергалась гонениям как модализм и патрипассианство. Но A ≡ B также означает теопасхизм, если мы задержим внимание на кенозисе, страданиях и т. п., — и это несопоставимо с учением о Троице и с концепцией неизменности (см. 2.3.3).

Формулы смешения («σύγχυσις, κρᾶσις, σύγκρασις») и единения («ἕνωσις») находятся тем самым под постоянной угрозой, что идентификация сократит двойственность *status exinanitionis* и *status exaltationis*; не случайно у Евтихия из «σύγχυσις» («смешение») тут же следует «μία φύσις» («одна природа»). Приемлемыми формулы смешения и единения становятся всегда только благодаря введению какого-либо ограничения. Во Втором послании

Кирилла Несторию единение лимитируется как «ἕνωσις καθ' ὑπόστασιν» («единение по ипостаси»), причем «κατά» («по, в соответствии») представляет собой семантически шаткое управление, см. [Hoping 2004: 113], которое имеет исключительно один эффект — частичное ограничение данного единения. Примечателен одинаковый риторический прием *concessio* еще и в самой канонической христологической формуле, в уточненном кредо Халкидона: там декретируется «один и тот же» Христос («ἕνα καὶ τὸν αὐτόν») наряду с добавлением «ἐν δύο φύσεσιν»[222]. Одновременно один и два.

### 2.7.6. Слишком мало взаимосвязи

Не менее щекотливой, чем в случае со смешением и соединением-в-одно, является ситуация далеко идущего разграничения А и В. Намерение благополучно обогнуть Сциллу поглощения одной природы другой, т. е. нанести урон божественной природе Христа путем слишком обильной человечности (см. 2.7.2) или же, наоборот, путем изобилия божественности сократить человеческое до мнимого (см. 2.7.4), грозит опасностью разбиться вдребезги о Харибду излишнего подчеркивания различий этих природ.

С адопцианскими идеями, приписываемыми Павлу Самосатскому (ср. 2.7.2.2), также связана — в одном из указывающих на Феодорита Кирского преданий — одна из попыток разделить природы Христа:

> Paulus... Samosatenus... Dominum impie dixit nudum fuisse hominem, in quo Deus verbum sicut et in singulis prophetis habitavit, ac proinde duas naturas separatas et citra omnem prorsus inter se communionem in Christo esse, quasi alius sit Christus, alius Deus verbum in ipso habitans[223].

---

[222] «В двух естествах» [COD 86; рус. пер.: Деяния 1908б: 48].

[223] «Павел [Самосатский]... безбожно учил, что Господь Христос был полностью только человеком, в коем Бог Слово обитал, как во всяком пророке; поэтому он также считал, что божественная и человеческая природы друг от друга отделены и отграничены и что в Христе они в любом случае не имеют между собою ничего общего, равно как если бы один был Христом, а другой Бог Слово обитал бы в нем» [BSLK 1022,16–29 с опорой на PG 91,1496CD]

Если верить ересиологическому преданию, божественное Слово и человеческая природа разграничивались Павлом Самосатским гораздо последовательнее, чем позднее Несторием — чья христология становится апогеем преувеличенного разграничения природ Христа.

Несторий, скорее, продолжал традиционную христологию разграничения, свойственную антиохийской школе [Fendt 1910: 1–18]. В преддверие Халкидонского собора 451 года Несторий — в отличие от (предположительно) Павла Самосатского — уже признал полную божественность и человечность Христа. Что руководит действиями Нестория, так это неудовлетворенность сближением двух природ; в особенности он протестует против всякого предположения о способности Самого Слова к страданию (см. 2.7.4.4). Отталкиваясь от этого, он предпочитает разграничивать обе природы под эгидой просто общего имени Христос («Χριστὸς, τὸ κοινὸν τῶν δύο... τῶν φύσεων ὄνομα»[224]), что, как считают противники, ставит под сомнение единство Лица. Объединение Бога и человека происходит для Нестория только на риторическом уровне.

За это Несторий был осужден 22 июня 431 года на Эфесском соборе, который завершился словами: «Δύο... φύσεων ἕνωσις»[225]. Его доводы особенно отчетливо прочитываются в третьей анафеме Эфесского собора:

> Εἴ τις ἐπὶ τοῦ ἑνὸς Χριστοῦ διαιρεῖ τὰς ὑποστάσεις μετὰ τὴν ἕνωσιν, μόνῃ συνάπτων αὐτὰς συναφείᾳ τῇ κατὰ τὴν ἀξίαν ἢ γοῦν αὐθεντίαν ἢ δυναστείαν καὶ οὐχὶ δὴ μᾶλλον συνόδῳ τῇ καθ' ἕνωσιν φυσικήν, ἀνάθεμα ἔστω[226].

---

[224] «Христос есть общее имя... обеих природ» [PG 77,52B].
[225] «Соединение двух естеств» [COD 70; рус. пер.: Деяния 1910: 141].
[226] «Кто во едином Христе, после соединения (естеств), разделяет Лица, соединяя их только союзом достоинства, то есть, в воле или в силе, а не, лучше, союзом, состоящим в единении естеств: анафема» [COD 59; рус. пер.: Деяния 1910: 198].

На том же антириторическом эссенциализме — инкриминировании не до конца бытийного единения — базируется также и упрек Лютера по отношению к Цвингли и Кальвину (*Extra Calvinisticum*; см. 2.7.3.2), что они склонялись к разграничению природ[227]. Упрек лютеранской «Формулы Согласия» по отношению к цвинглианскому аллойозису (ср. 2.8.5.2) гласит:

> Однако, этот личностный союз не должен пониматься, как некоторые неверно истолковывают его: будто две природы, Божественная и человеческая, были объединены одна с другой — как две доски, склеенные вместе — так, что realiter, то есть на деле и воистину, они не имеют никакой общности одна с другой [BSLK 804,26–805,2][228].

Антириторический поворот христианства здесь в очередной раз пробивает себе дорогу. Но все же не что иное, как риторическая фигура, позволяет в конечном счете подвести под христологические постулаты какую-никакую стабильную базу и как минимум затруднить еретическое соскальзывание. Это парадокс.

### 2.8. Парадоксальная христология

> Разве такой, как Христос, мыслим?
> *[Henry M. 2000: 20]*

Наряду с идентификацией и временны́м размыканием третья возможность для комбинации *A* и *B*, временно́е размыкание божественности и человечности (*A после B*, и при возможности вновь *B после A*), тоже проблематична, ведь она породит такую онтологическую перемену, которая несовместима с догматом о неизменности Бога (см. 1.5). Решение, стало быть, может лежать только в плоскости четвертого вида, в области поддержания

---

[227] Виллис, напротив, характеризует Кальвина как сторонника усилий избежать всякого подозрения в несторианстве [Willis 1966: 63 и сл.].
[228] [Формула Согласия. 547,14; рус. пер. К. Комарова: Книга 2010: 547].

и аргументативного обходного маневра в отношении самого парадокса. Это происходит еще задолго до Халкидонских постановлений.

### 2.8.1. Дистрибуция взаимоисключающего

В ранний период развития христологии взаимоисключающие атрибуты двух природ Христа в структуре текста намеренно разводились, чтобы скрыть латентные противоречия за изысками распределения в предложении.

Так функционирует, например, в перикопе Послания к Филиппийцам соединение божественной высоты (Флп 2:6) и уничижения (Флп 2:7 и сл.), и затем — новое возвышение (Флп 2:9–11) как — по крайней мере, синтагматически — временна́я последовательность. Каждая дальнейшая конденсация превращается тогда в парадокс (как, например, в *Tomus Leonis*, см. 2.8.4.2).

Христологическая формула Никейского собора 325 года помещает изложение из (Флп 2:7) в конструкцию бессоюзного перечисления, которая семантически распадается на две основные части (смысловая цезура, как в издании документов Вселенских соборов Вольмута [Dekrete 1998 (COD): 5], маркируется с помощью абзаца):

> Πιστεύομεν... εἰς ἕνα κύριον Ἰησοῦν Χριστὸν τὸν υἱὸν τοῦ θεοῦ γεννηθέντα ἐκ τοῦ πατρὸς μονογενῆ, τουτέστιν ἐκ τῆς οὐσίας τοῦ πατρός, θεὸν ἐκ θεοῦ, φῶς ἐκ φωτός, θεὸν ἀληθινὸν ἐκ θεοῦ ἀληθινοῦ, γεννηθέντα οὐ ποιηθέντα, ὁμοούσιον τῷ πατρί, δι' οὗ τὰ πάντα ἐγένετο
> τά τε ἐν τῷ οὐρανῷ καὶ τὰ ἐν τῇ γῇ, τὸν δι' ἡμᾶς τοὺς ἀνθρώπους καὶ διὰ τὴν ἡμετέραν σωτηρίαν κατελθόντα καὶ σαρκωθέντα, ἐνανθρωπήσαντα, παθόντα καὶ ἀναστάντα[229].

---

[229] «Веруем... во единого Господа Иисуса Христа, Сына Божия, единородного, рожденного от Отца, то есть из сущности Отца, Бога от Бога, Свет от Света, Бога истинного от Бога истинного, рожденного, не сотворенного, Отцу единосущного, через которого все произошло, как на небе, так и на земле, / ради нас человеков и ради нашего спасения нисшедшего [на землю], воплотившегося и вочеловечившегося, страдавшего и воскресшего...» [COD 5; рус. пер.: Деяния 1910: 69 и сл.].

Логический парадокс здесь разделен распределением на два больших ответвления; пока еще риторика парадокса не обуздала логику парадокса, еще не достигнуто конечное сгущение.

### 2.8.2. От «но» к «и»

Следующий шаг знаменуют собой противительные формулировки. В этой форме обнаруживается указание на эстетическое качество стянутых в парадоксы бытийных антитез в догматической поэзии Григория Назианзина:

> Ἦν βροτὸς, ἀλλὰ Θεός. Δαβὶδ γένος, ἀλλ' Ἀδάμοιο Πλάστης. Σαρκοφόρος μὲν, ἀτὰρ καὶ σώματος ἐκτός. Μητρὸς, παρθενικῆς δέ· περίγραφος, ἀλλ' ἀμέτρητος[230].

Еще решительнее обходится с противопоставлениями Амвросий Медиоланский: он нанизывает их по порядку, соединяя с помощью «и»; из двойственности аспектов бытия Христа[231] у него получается: «Idem enim patiebatur, et non patiebatur: moriebatur, et non moriebatur: sepeliebatur, et non sepeliebatur: resurgebat, et non resurgebat»[232]. Этот далеко зашедший парадокс Амвросий сглаживает с помощью различия в перспективах, с помощью параллелизма двух перспектив одновременно:

> Ergo moriebatur secundum nostrae susceptionem naturae, et non moriebatur secundum aeternae substantiam viate: et patiebatur secundum corporis susceptionem; ut suscepti corporis

---

[230] «Он был смертен, но Бог; род Давидов, но Адамов / Создатель; плотоносец, но бестелесен; / по Матери-Деве описан, но неизмерим» [PG 37,406A; рус. пер.: Григорий 1912: 21]; ср. об этом [Cameron 1991: 163].

[231] «...biformis geminaeque naturae *unus* sit consors divinitatis et corporis... non enim alter ex Patre, alter ex Virgine, sed idem aliter ex Patre aliter ex virgine...» («...в двух формах и двойной природы Он *един*, одновременно причастен к божественности и к телу... Он именно никто другой из Отца как из Девы, но один и тот же, всякий раз другой из Отца и из Девы») [PL 16,827CD, выделено Д. У.].

[232] «Тот же самый именно страдал и не страдал; умер и не умер; был погребен и не погребен; восстал и не восстал» [PL 16,827D]. По поводу антитезы с «и» ср. также Иларион 4.3.5.3.

veritas crederetur: et non patiebatur secundum Verbi impassibilem divinitatem...²³³

Пожалуй, первым, кто оставляет такие сочинительные ряды антитез, не сглаживая их в самых широких масштабах, был Игнатий Антиохийский. Христос для него

...σαρκικός τε καὶ πνευματικός, γεννητὸς καὶ ἀγέννητος, ἐν σαρκὶ γενόμενος θεός, ἐν θανάτῳ ζωὴ ἀληθινή, καὶ ἐκ Μαρίας καὶ ἐκ θεοῦ, πρῶτον παθητὸς καὶ τότε ἀπαθής...²³⁴

### 2.8.3. Парадоксальные сопряжения

Другой прием усиления представляют собой сопряжения атрибутов божественного и человеческого в Христе в сегментах фраз, например с помощью конструкций с родительным падежом. Творчество Игнатия Антиохийского показательно и здесь: наставительные послания, которые он пишет в Рим, находясь на пути к месту своего мученичества, показательны парадоксальной комбинацией божественных и человеческих атрибутов Христа. Игнатий применяет генитивные парадоксы, которые в Новом Завете скорее разведены, такие как «αἷμα θεου»²³⁵ и «πάθος τοῦ θεοῦ μου»²³⁶ в сгущенном виде. Генитивные соединения сплавляют семантические противоречия до лигатуры.

---

[233] «Итак, умер он, согласно нашей природе, приняв ее, и не умер согласно субстанции вечной жизни; и он страдал сообразно принятому телу, так что верили в истинность принятого тела; и он не страдал в соответствии с божественностью Слова, не способного страдать...» [PL 16,828A].

[234] «...телесный и духовный, рожденный и нерожденный, Бог во плоти, в смерти истинная жизнь, от Марии и от Бога, сперва подверженный, а потом не подверженный страданию...» (ИгнЕф 7:2; рус. пер. П. Преображенского: Писания 2008: 334). Последняя понятийная пара несет на себе след временно́го разрешения парадокса (ср. 2.7.4.4).

[235] «Божественная Кровь» (ИгнЕф 1:1; рус. пер. П. Преображенского: Писания 2008: 331); ср. 2.8.5.

[236] «...страдания Бога моего» (ИгнРим 6:3; рус. пер. П. Преображенского: Писания 2008: 355).

Кирилл Александрийский, самый влиятельный противник Нестория, который на Халкидонском соборе одерживает победу, в древнехристианской литературе имеет больше всего подтверждений использования лексемы «кенозис». Кирилл затмевает векторы уничижения и возвышения с помощью модели непрерывности божественного с одновременным кенозисом: это получается только при парадоксальной нейтрализации времени:

> ...ἀπομεμένηκε γὰρ καὶ ἐν ἀνθρωπότητι Θεὸς, καὶ ἐν μορφῇ δούλου Δεσπότης, καὶ ἐν κενώσει τῇ καθ' ἡμᾶς τὸ πλῆρες ἔχων θεϊκῶς, καὶ ἐν ἀσθενείᾳ σαρκὸς τῶν δυνάμεων Κύριος, καὶ ἐν τοῖς τῆς ἀνθρωπότητος μέτροις ἴδιον ἔχον τὸ ὑπὲρ πᾶσαν τὴν κτίσιν[237].

Уничижение и возвышение, таким образом, проявляются теперь не во временной последовательности, а нейтрализованными во времени в божественном домостроительстве, одновременно, в парадоксальной равноположенности в единой физической действительности Христа.

### 2.8.4. Организация знания с помощью соборных формул

В этом отношении существуют первые намеки на логико-парадоксальные конфигурации и, пусть авторитарные, но персональные голоса. Но намного важнее решения соборов для организации знаний, и прежде всего — для христианства, консолидирующегося в качестве государственной религии, а также для православия, строго следующего этим решениям. Именно тип текста «соборная формула» отличается в христологических вопросах парадоксами, благоприятными в мнемотехническом плане; в святоотеческих христологических дискуссиях полная человечность *и* полная божественность декретируются как правильная вера.

---

[237] «Богом оставался он именно в человечности и Господом в облике раба, и в самоуничижении по нашему обычаю у него было изобилие божественности, и в слабости плоти он был Господом надо всеми силами, и в границах человечности было у него то же самое, что надо всем творением» [PG 77,301CD].

### 2.8.4.1. Эфесский собор 431 года

На Эфесском соборе 431 года распределенные еще в Никее парадоксы были сопряжены в комбинации существительных и причастий, что похоже на теопасхизм, и усилены с помощью угрозы отлучения от Церкви всех, кто не решится на эти парадоксы. Например, двенадцатая анафема санкционирует парадоксальную формулу: «Εἴ τις οὐχ ὁμολογεῖ τὸν τοῦ θεοῦ λόγον παθόντα σαρκὶ καὶ θανάτου γευσάμενον σαρκί... ἀνάθεμα ἔστω»[238].

В ходе канонизации полисиндетического нанизывания противоречивых оценочных определений относительно природ Христа на Эфесском соборе был утвержден — вопреки мнению Нестория — парадоксальный почетный титул Марии: «θεοτόκος»[239]. Первая же анафема Эфесского собора 431 года закрепляет формулу, примененную впервые Александром Александрийским еще в 328 году[240], и ниспровергает протест Нестория[241].

> Εἴ τις οὐχ ὁμολογεῖ θεὸν εἶναι κατὰ ἀλήθειαν τὸν Ἐμμανουὴλ καὶ διὰ τοῦτο θεοτόκον τὴν ἁγίαν παρθένον (γεγέννηκε γὰρ σαρκικῶς σάρκα γεγονότα τὸν ἐκ θεοῦ λόγον), ἀνάθεμα ἔστω[242].

---

[238] «Кто не исповедует Бога Слова пострадавшим плотью, распятым плотью, принявшим смерть плотью... анафема» [COD 61; рус. пер.: Деяния 1910: 199].

[239] Богородица. Прежние формулировки, такие как «девственное рождение», или более поздние, как «непорочное зачатие» и «вознесение Богоматери» и т. п., также несут на себе печать парадокса, но не могут рассматриваться здесь более подробно (ср. об этом [Cameron 1991: 165–179] и 7.6).

[240] В любом случае согласно выдержкам из Феодорита Кирского [PG 82,908A]; ср. [Söll 1984: 113].

[241] В преддверии Эфесского собора Несторий выступил против сближения божественных и человеческих атрибутов в одном парадоксальном композите с родительным падежом, и для преодоления альтернативы «θεοτόκος» («Богородица») и «ἀνθρωποτόκος» («Человекородица») предложил нейтральное «Χριστοτόκος» («Христородица»), см. [Söll 1984: 114].

[242] «Кто не исповедует Эммануила истинным Богом и посему святую Деву Богородицею, так как она по плоти родила Слово, сущее от Бога, ставшее плотью: да будет анафема» [COD 59; рус. пер.: Деяния 1910: 197].

Но со словом «θεοτόκος» тесно связан не только христологический парадокс рожденного Бога — нет, парадоксом заражена также и Мария, в том плане, что она затем, будучи творением Бога, родила Бога. В качестве продления христологического парадокса приемлемой становится и мариологический металепсис[243] Богородицы.

### 2.8.4.2. Халкидонский Символ веры

Еще отчетливее все это становится на Халкидонском соборе 451 года, акты которого быстро превращаются в главное каноническое вместилище христологических парадоксов; они создают базу, на которую обязаны ссылаться все последующие дискуссии, и на самом деле являются обладателями своеобразного «золотого ключа» [Карташев 1996: 255][244]. На этом соборе фиксируются результаты споров с несторианами (см. 2.7.6) под натиском существенной устремленности к политическому единению, см. [см. Reimer 1995: 130]. Кириллу Александрийскому удается здесь утвердить парадокс о низости и возвышении с нейтрализацией времени. Именно этот парадокс — как раз благодаря своему нестрогому характеру и контринтуитивности, в том числе в сравнении с точным разграничением у Нестория, — будет объявлен ортодоксальным.

В качестве следующего источника следует добавить Синодальное послание папы Льва I. Парадоксальные формулы в *Tomus Leonis* (449) звучат следующим образом:

> Proinde qui manens in forma dei fecit hominem, in forma servi factus est homo; tenet enim sine defectu proprietatem suam utraque natura et sicut formam servi dei forma non adimit, ita formam dei servi forma non minuit[245].

---

[243] См. [Meyer 2001a]; ср. 7.7.1.

[244] Причем не только «для всего восточного православия» [Карташев 1996: 224], но для европейского христианства вообще, см. [Зеньковский 1951: 9 прим. 2, 12 и 24].

[245] «Посему Тот, который, пребывая в образе Божьем, сотворил человека, Он же Самый соделался человеком, приняв образ раба. Оба естества сохраняют свои свойства без всякого ущерба. Как образ Божий не уничтожает образа раба, так и образ раба не умаляет образа Божия» [COD 78 и сл.; рус. пер.: Деяния 1908a: 219].

На двойном фундаменте концепций Кирилла и Льва Халкидонский собор приходит к важнейшей христологической формуле, стабилизирующей в большей мере, чем раньше (т. е. сортирующей все на ортодоксальное и гетеродоксальное), к «строгосимметричному» [Hausammann 2004: 60] двойству «θεὸν ἀληθῶς καὶ ἄνθρωπον ἀληθῶς τὸν αὐτόν»[246]. Вопреки Евтихию, обязательным сделано сущностное равенство как с Богом, так и с человеком («ὁμοούσιον τῷ πατρὶ κατὰ τὴν θεότητα καὶ ὁμοούσιον ἡμῖν τὸν αὐτὸν κατὰ τὴν ἀνθρωπότητα»[247]). С риторической точки зрения Халкидонский Символ веры строится тем самым на союзных и бессоюзных сочинительных связях между противоположностями, маркируя логическую нелепость усилениями вроде «τὸν αὐτόν». Наконец, устанавливается связь не только *из* двух природ, но и *в* них («ἐν δύο φύσεσιν»[248]), и отношения между ними утверждаются с помощью знаменитого парадоксального ряда «ἀσυγχύτως, ἀτρέπτως, ἀδιαιρέτως, ἀχωρίστως»[249]. Христос, имея две природы, обладает как «μίαν ὑπόστασιν»[250] (как у Кирилла), так и «ἓν πρόσωπον»[251]. 2 = 1 и 2 > 1. Существенное стабилизирующее достижение Халкидонского Символа веры зиждется, таким образом, на различных гранях парадокса.

### 2.8.4.3. *Неохалкидонство и теопасхизм*

Парадоксальная асиндетика противопоставленного стала после Халкидонского собора прямо-таки популярной; этот невероятный всплеск эстетики парадокса в догматической истории именуют неохалкидонством [Williams 1999: 298]. Он касается преимущественно Восточной Церкви, тогда как Западная оста-

---

[246] «...совершенного в божестве и совершенного в человечестве [исповедуем]» [COD 86; рус. пер.: Деяния 1908б: 48].

[247] «...единосущного Отцу по божеству, и того же единосущного нам по человечеству [исповедуем]» [COD 86; рус. пер.: Деяния 1908б: 48].

[248] «В двух естествах» [COD 86; рус. пер.: Деяния 1908б: 48].

[249] «...неслитно, неизменно, нераздельно, неразлучно» [COD 86; рус. пер.: Деяния 1908б: 48].

[250] «одну Ипостась» [COD 86; рус. пер.: Деяния 1908б: 48].

[251] «одно Лицо» [COD 86; рус. пер.: Деяния 1908б: 48].

## 2. Троп и парадокс, или Христология в противостоянии...

ется в стороне. Тем самым намечается риторико-культурное разграничение[252]. Яростным сторонником Халкидонского Символа веры и основным представителем так называемого неохалкидонства является Леонтий Византийский, или соотв., Иерусалимский, который в *Adv. Nestorianos* защищает учение о единой ипостаси: «...τὰς γὰρ δύο φύσεις ἐν μιᾷ καὶ τῇ αὐτῇ ὑποστάσει λέγομεν ὑφίστασθαι»[253]. Это предположение об энипостаси [Hoping 2004: 115] вместе с имплицитной пресуппозицией о взаимной передаче свойств божественной и человеческой природы друг другу (см. 2.8.5) имело своим следствием то, что, во-первых, о человеческой составляющей стало запросто возможно высказываться не только в отношении ее низменности, но и в отношении ее возвышенности, во-вторых, приемлемыми стали *высказывания* о кенозисе в отношении божественного. Только так можно объяснить неохалкидонскую популярность теопасхистски-радикальных формул, в которых используется парадокс, но выдается этот парадокс постоянно просто за *манеру речи*. Та риторичность, которая в виде тропов подлежала изгнанию (см. 2.3.1), возвращается в виде парадокса и получает в этом виде санкцию на использование.

По вопросу, в какой мере могут применяться недопустимые высказывания о бытии страдающего Бога, разгорается в 519–534 годах теопасхистский спор, вдогонку которому на Втором Константинопольском соборе в 553 году с легкими изменениями по сравнению с Никейским собором 325 года и возвращаясь к подтверждению парадоксального с помощью «τοῦ αὐτοῦ» («принадлежать тому же») была найдена формула:

---

[252] Хаусамман так или иначе все это преувеличивает: «Халкидонский Символ веры, как он описан в "Томосе Льва Флавиану" (*Tomus Leonis*), и его понимание *communicatio idiomatum* лежат на горизонте этого [западного] мышления. Неохалкидонство, напротив, предоставляет для рационального одномерного мышления слишком много противоречий. Сомнительно, достучалось ли оно вообще до Западной Церкви когда-либо... чем-то большим, нежели один эпизод, оно на Западе не стало» [Hausammann 2004: 107 и сл.].

[253] «...мы говорим, что две природы существуют в одной и той же Ипостаси» [PG 86,1561B].

...ἕνα καὶ τὸν αὐτὸν κύριον ἡμῶν Ἰησοῦν Χρυχτόν, τὸν τοῦ θεοῦ λόγον, σαρκωθέντα καὶ ἐνανθρωπήσαντα, καὶ τοῦ αὐτοῦ τά τε θαύματα καὶ τὰ πάθη, ἅπερ ἑκουσίως ὑπέμεινε σαρκί...[254]

### 2.8.4.4. Диофелитство

Поле битвы тем самым отнюдь не опустело; споры переключаются на новый объект. Позднейшие поколения монофизитов вновь начинают подчеркивать божественность и никаких страданий на долю Логоса не оставляют, вычитывая все это из парадоксов и вопреки любым манерам речи. Новые сдвиги этих возражений представляют собой моноэнергизм и монофелитство (см. 2.7.4.3). Борьба с ними приводит к канонизации диофелитства на Константинопольском соборе 681 года («δύο φυσικὰς θελήσεις ἤτοι θελήματα ἐν αὐτῷ, καὶ δύο φυσικὰς ἐνεργείας»[255]). Теопасхистские парадоксы снова смягчаются, таким образом, и вводятся новые теоретические различия.

### 2.8.5. Взаимное общение свойств

В основе неохалкидонского, теопасхистского причисления божественных признаков человеческой природе Христа и человеческих свойств — его божественной природе лежит мыслительная схема, которая в виде *communicatio idiomatum* сделала потом яркую карьеру. Для этого мыслительного алгоритма в исследованиях по истории догматики приводились старые примеры и предварительные теоретические формулировки. Иоанн Анзельм Штайгер обращается к Новому Завету, находит там в Деяниях Апостолов с их «ἐκκλησία τοῦ Θεοῦ, ἣν περιεποιήσατο διὰ τοῦ αἵματος τοῦ ἰδίου»[256] или же в приписывании Сыну человеческому власти судить (Ин 5:27) — первые симптомы мышления в категориях *communicatio*. И то и другое убеждает лишь частично, ведь при-

---

[254] «...один и тот же есть Господь наш Иисус Христос, Слово Божье, Воплотившийся, и Его же Самого суть чудеса, и страдания, которые Он претерпел добровольно плотью...» [COD 114; рус. пер.: Деяния 1913: 212].

[255] «...в одном и том же... [две естественные воли и] два естественных действия» [COD 128; рус. пер.: Деяния 1913: 222].

[256] «Церковь Господа и Бога, которую Он приобрел Себе Кровию Своею» (Деян 20:28).

менение понятия «Сын человеческий» у Иоанна отчетливо определено ветхозаветным эсхатологическим пониманием этого понятия у Даниила, а в Деяниях «кровь» и «Бог» разделены — семантически контекстом пользы для общины и синтаксически — с помощью относительного придаточного. Более приемлемым представляется указание Штайгера на каппадокийцев [Steiger 1996: 2] и его тезис о *communicatio* как «интерпретации халкидонского учения о двух природах» [там же: 1]. В том же направлении мыслит Хопинг, указывая на *Tomus Leonis* 449 года [Hoping 2004: 110], где говорится: «Agit enim utraque forma cum alterius communione quod proprium est, verbo scilicet operante quod verbi est, et carne exequente quod carnis est»[257]. Однако и Лев еще не выводит из *communio* возможность *commutatio* («обмен»; см. 2.8.5.2).

### 2.8.5.1. Ортодоксальный перихорисис

Явного терминологического закрепления достигает в особенности Иоанн Дамаскин в продолжение мыслей Максима Исповедника [Hoping 2004: 121]. Он рассуждает, что благодаря предположению о существовании Христа в двух природах получается «περιχώρησις»/*communicatio*[258] свойств, что позволяет сменить способ рассмотрения, некое «code-switching» [Schröer 1992: 66]:

> ...ὅτε μὲν τὰς φύσεις ἀναθεωροῦμεν, θεότητα καὶ ἀνθρωπότητα καλοῦμεν, ὅτε δὲ τὴν ἐκ τῶν φύσεων συντεθεῖσαν ὑπόστασιν, ποτὲ μὲν ἐκ τοῦ συναμφοτέρου Χριστὸν ὀνομάζομεν, καὶ Θεὸν σεσαρκωμένον, ποτὲ δὲ ἐξ ἑνὸς τῶν μερῶν, θεὸν μόνον, καὶ Υἱὸν τοῦ Θεοῦ, καὶ ἄνθρωπον μόνον, καὶ Υἱὸν ἀνθρώπου· καὶ ποτὲ μὲν ἐκ τῶν ὑψηλῶν μόνον, ποτὲ δὲ ἐκ τῶν ταπεινῶν μόνον[259].

---

[257] «Каждое из двух естеств в соединении с другим действует так, как ему свойственно: Слово делает свойственное Слову, а плоть исполняет свойственное плоти» [COD 79; рус. пер.: Деяния 1908a: 220].

[258] «Взаимообмен» [*De fide orth.* III 4; PG 94,999/1000A; рус. пер. А. Бронзова: Иоанн 1913: 241].

[259] «...когда в Нем рассматриваем естества, тогда называем Божество и человечество, когда же — сложенную из естеств Ипостась, тогда то называем Христа, состоящего из обоих вместе: и Бога, и в то же самое время человека, и Бога воплотившегося; а то по одной из частей — только Бога и Сына Божия и только человека и Сына Человеческого; и то соответственно возвышенному только, а то соответственно только низменному...» [*De fide orth.* III 4; PG 94,997BC; рус. пер. А. Бронзова: Иоанн 1913: 240].

Важны в формулировке Иоанна глаголы «καλέω» («называть») и т. п. Он говорит о манере речи — и это он делает с особой целью; действительное страдание и умирание не должно предполагаться:

> Ἰστέον δὲ ὅτι Θεὸν μὲν σαρκὶ παθόντα φαμὲν, θεότητα δὲ σαρκὶ παθοῦσαν, ἢ Θεὸν διὰ σαρκὸς παθόντα, οὐδαμῶς... πολλῷ μᾶλλον ἡ ἀπαθὴς τοῦ Λόγου θεότης καθ' ὑπόστασιν ἡνωμένη σαρκὶ, τῆς σαρκὸς πασχούσης ἀπαθὴς διαμένει[260].

При всей энергии, с которой Иоанн Дамаскин настаивает на реальности воплощения и кенозиса, — он вводит ограничения, которые, с одной стороны, риторически подчеркивают парадоксальность обмена свойствами, но, с другой стороны, пытается держать эту реальность подальше от сути.

### 2.8.5.2. Цвинглианский алойозис

В то время как Иоанн Дамаскин создает серьезную опору для дальнейшего использования таких оборотов речи, их статус в дальнейшем, и прежде всего в протестантизме оказывается спорным — и по этой причине откровеннее всего обсуждается. Здесь развивается нечто вроде прототеории парадоксальных речевых приемов.

Понимание того, что *commutatio* атрибутами божественной и человеческой природы Христа в пропозициях хотя и допустим, но должен осуществляться с учетом осознанной риторичности этих средств, выражен у Цвингли особенно отчетливо: реформатор представляет термин *communicatio idiomatum* по большей части с помощью риторического тропа, который он позаимствовал у Плутарха, и вместе с *communicatio idiomatum, commutatio*

---

[260] «Следует же знать, что мы говорим о Боге пострадавшем плотью, но пострадавшем плотью божестве или о Боге пострадавшем посредством плоти, — никоим образом... так же и гораздо более единственно бесстрастное божество, в то время как страдала плоть, не потерпело страдания, хотя и оставалось неразлучным с нею» [*De fide orth.* III 26; PG 94,1093C–1096A; рус. пер. А. Бронзова: Иоанн 1913: 282 и сл.].

[Corpus Reformatorum 1934: 681] или также *permutatio* ставит в качестве синонима [там же: 680]: «ἀλλοίωσις» («изменение»).

> Посему знай, что фигура, называемая аллойозис (на немецкий язык она подобающим образом может быть переведена как «*взаимозамена*») бесконечно часто употребляется как высказывание о *Самом Христе*. [Риторическая] фигура, которая при этом применяется, означает замену или «взаимообмен» между обеими природами, которые имеет одна персона. Так что можно назвать одну [природу] и при этом иметь в виду другую, или можно назвать то, что совмещает обе, и при этом подразумевать только одну [Corpus Reformatorum 1934: 925 и сл., выделено в ориг.].

При этом Цвингли создает своего рода историческую телеологию, перекидывая мостик от богословской к лингвистической перспективе:

> Quas paulo ante theologi idiomatum, hoc est: proprietatum communicationem vocabant, eas, inquam, alloeoses sive desultus, quo grammaticos haberemus magis propicios, adpellavimus[261]

Кросс подчеркивает, что речь здесь идет о явно риторическом понятии тропа:

> Согласно Цвингли, это риторический прием, в котором меняется привычное значение или порядок слов. Цвингли утверждает, что этот прием проявляется во многих определениях в отношении Христа. Для Цвингли представляется важным, что *значение* некоторых христологических определений не такое, каким кажется «на первый взгляд» [Cross 1996: 113 и сл., выделено в ориг.].

Все высказывания, в которых одной из природ Христа приписывается только один атрибут, свойственный исключительно

---

[261] «То, что богословы еще недавно называли взаимным обменом идиомами, то есть свойствами, то, говорю я, мы обозначили как аллойозис, или прыгающие тропы, за что нас скорее должны одобрить грамматисты» [Corpus Reformatorum 1934: 679].

другой природе, являются для Цвингли только фигуральными оборотами и поэтому в принципе неприемлемы: «Они верны *фигурально*, но не *буквально*. Нет никакого внеязыкового порядка, которому бы определение соответствовало буквально» [Cross 1996: 114 и сл., выделено в ориг.]. Это не в меньшей степени касается того, как Цвингли понимает Тайную вечерю: «...в связи с таинствами о Христе говорят аллойистично» [Poppenberg 2003: 160].

### 2.8.5.3. Лютеровское реальное communicatio idiomatum

Совсем иначе дело обстоит у Лютера, с которым Цвингли начиная с 1525 года находился в постоянной ожесточенной дискуссии относительно сущности или фигуральности взаимного отнесения атрибутов к соответствующим природам Христа (любое сближение позиций из-за неразрешимости спора им чуждо). Дело в том, что Лютер, с одной стороны, ставит такие намеренно замененные, отчужденные обороты речи практически «во главу угла» [Steiger 1996: 1], — скажем, с теопасхитскими формулировками в грубой лютеровской манере: «Божья мука / Божья кровь / Божья смерть», цит. по: [Steiger 1996: 3].

При теоретической рефлексии выбор глаголов говорения, осуществляемый Лютером, показывает, что говорится об оборотах речи:

> Ибо мы, христиане, должны *idiomata* («обороты») речи этих двух природ Христа / сообразно Лицу и все [употреблять] / потому что Христос есть Бог и человек в одном Лице. Поэтому то, что говорится о нем / как человеке, / это надо *говорить* и о Боге, / а именно: / Христос умер / и Христос есть Бог: поэтому Бог умер / не обособленный Бог, / а объединенный с человечеством Бог[262].

С соответствующими глаголами говорения и полагания это стало обязательным для всех лютеран:

---

[262] Лютер, цит. по.: [Steiger 1996: 3, выделено Д. У.].

> ...высшая общность, какую Бог имеет с [человеком] воистину, из личного объединения которого и отсюда происходящей высшей и невыразимой общности все вытекает, что человеческого о Боге и божественного о человеке Христе *говорится и во что верится...* [BSLK 806,11–18] (курсив мой. — Д. У.).

Тогда относительно Бога в парадоксальном *contradictio in adiectu*, ср. [Kraft 1992: 268], можно говорить о страданиях и смерти, относительно ребенка Иисуса — о господстве; реформатор величает младенца в яслях «Господом пеленок и ясельным князем» [Luther WA 32,285,8 и сл.][263]. Известное пристрастие Лютера к игре слов[264] не спутать ни с чем. Но за этим столь очевидно игривым говорением о манерах речи скрывается некий эссенциализм: для Лютера обмен свойствами осуществляется ощутимо, в реальном присутствии тела на Тайной вечере, «естественно истинно» [Luther WA 2,749,9]; см. 3.3.2.1.

Связь, которую Лютер создает между парадоксальной речью и эссенциализмом, провоцировала его противников на грубые выпады[265]. Но, очевидно, речь идет в меньшей степени о догматической проблеме, нежели о риторической, эстетической. В то время как Лютер со своей эссенциализацией реального присутствия выступает с одной стороны *in dogmaticis* традиционно антириторически, его грубая риторика доказывает, что наивный антириторический эссенциализм можно деконструировать и что на уровне практики говорения и письма уж как-нибудь проторит себе дорогу веселое парадоксальное *inventio*[266].

---

[263] Ср. похожим образом Илариона (см. 4.3.5.3).

[264] О риторической практике Лютера см. [Nembach 1972: 117–174]; [Matheson 1998].

[265] Лоофс говорит о «полете Икара над морем — абсурда» [Loofs 1901: 260]. При совмещении парадокса с эссенциализмом слишком легко возникает подозрение в модализме (см. 2.3.1.1).

[266] Не только *elocutio* при возможном предварительном осознании сути (см. 1.6.1, 2.1.5 и 3.1.5).

### 2.8.5.4. Genus tapeinoticum

В основу своего тезиса о том, что для Цвингли всякое говорение в духе аллойозиса риторически фигурально, Кросс положил типологию различных предикаций: 1) высказывания о Христе как целом, состоящем из двух природ; 2) предикат, который принадлежит природе А, высказывается о природе В; и 3) предикат, который принадлежит А и употребляется также по отношению к А [Cross 1996: 110]. Правда, Кросс не говорит (и это неисторический подход ради аргументативной эстетики аналитической философии), что эта типология очень стара. Она восходит к Иоанну Дамаскину (см. 2.8.5.1) и была подробно изложена на заре протестантизма у Мартина Хемница в работе «О двух природах в Христе» (*De duabus naturis in Christo*) в 1570 году [Chemnitz 1690].

Собственно говоря, Хемниц различает три различные *genera communicationis*. Первое, *genus idiomaticum,* касается приписывания атрибутов одной природы всему Лицу или двум природам; *genus apotelesmaticum* описывает некое действие, происходящее из двух природ [Chemnitz 1690: 61]; в случае *genus majestaticum,* наконец, человеческой природе Христа сообщаются и приписываются качества божества, такие как вездесущность, всемогущество [Chemnitz 1690: 62][267]. Если уже *genus majestaticum* критиковали представители реформированной церкви, ср. [Chemnitz 1865: 22], то и со стороны лютеран начинает бурлить протест, когда в хемницком фарватере вдруг появляется четвертый *genus* и к тройственной типологии добавляется логически необходимый отросток: перевернутое *genus majestaticum,* а именно *genus tapeinoticum*[268], реальное сообщение человеческих качеств, например, способности страдать, божественной природе. Этот четвертый *genus* вновь появляется в неокенотике XIX и XX веков (см. 2.7.2.3 и 2.6.1.5).

---

[267] Ср. [Noth 1930: 32 и 40].

[268] Или также *genus kenoticum* [Schaff/Schaff 1909: 57].

*2.8.5.5. Риторичность онтологии*
Сущностно-фигуральный конфликт между Цвингли и Лютером казался непримиримым; Цвингли вменял Лютеру смешение, Лютер Цвингли — несторианство [Steiger 1996:17] (ср. 2.7.5–2.7.6). И Лютер защищал от цвинглианской риторизации понятия *communicatio* в качестве аллойозиса реальность *commutatio* как «дара (Священного) Писания»:

> Если старый предсказатель погоды, господин Разум, дедушка Аллойозиса, сказал бы: да, божество не может страдать и умирать; должен ли ты ответить, что это правда, но тем не менее, поскольку божество и человечность составляют во Христе одно Лицо, то Писание ради такого личного единения и божеству дает все, что человечности встречается, и наоборот... [BSLK 1029,36–1030,4].

Все равно, аргументируют ли христологи с помощью теопасхистских парадоксов, сознавая, что при этом речь идет всего лишь о манере говорить (Иоанн Дамаскин, Цвингли), или же соединяют с этим реальную проекцию (Лютер) — риторика парадокса происходит сама собой. Такого рода необузданное *communicatio idiomatum* играет роль мести риторики по отношению к христологическому эссенциализму и к инкарнационному реализму: о человеке и Боге разрешается говорить вещи, которые онтологически им, собственно говоря, не подобают.

*2.8.6. Производительность примера парадокса*
Как показывает протест против *genus tapeinoticum*, после Халкидонского собора прыть в употреблении парадоксов в определенные эпохи церковной истории как-то поутихла, но никогда больше она окончательно не отодвигалась в сторону. Феофан Затворник в 1912 году, например, создает синтаксическую вариацию, выставляя атрибут божественности в виде прилагательного или причастия для обозначения постоянного состояния, чтобы с помощью спрягаемого смыслового глагола наглядно показать изменение человечности и таким образом синтаксически отобразить модель постоянства Слова в сопряжении с вектором уничижения (см. 2.6). Парадокс сам по себе скрывается здесь за тире.

...соединил в Себе и Божеское, и человеческое естество неслитно и нераздельно: и безначальный — начинается; вездесущий — определяется местом; вечный — проживает дни, месяцы, годы; всесовершенный — возрастает и разумом; всесодержащий и всеоживляющий — питается и содержится другими; всеведущий — не ведает; всемогущий — связывается; источающий жизнь — умирает [Феофан Затворник/Рудинский 2002: 530].

### 2.8.6.1. Богочеловечность

Итак, если все эпитеты божественной природы могут приписываться человеку, а все атрибуты человеческой природы — божественному Логосу, если все противоречия могут быть вмещены в самое узкое пространство и даже должны — служа опознанию этой эстетики парадокса; тогда какая (ораторская) идентификация должна быть отсюда исключена? Если уж все это — атрибуты, почему тогда не комбинировать имена[269] двух природ — апеллятивы «Бог» и «человек»?

В «Формуле Согласия» один из этих апеллятивов используется в качестве субъекта, а другой применен предикативно, «что Бог есть человек и человек есть Бог» [BSLK 806,26 и сл.]. В работах XX века по христологии выявлено на уровне программных исследований, что в сочетании «Иисус Христос» человеческое имя и обозначение божественного домостроительства (*Христос* = «Мессия», «помазанник») сходятся воедино, у Грилльмайера даже в названии его работы: «Иисус как Христос в вере Церкви» (*Jesus der Christus im Glauben der Kirche*). Тиллих открыто прибегает к понятию парадокса, чтобы описать отношения имени и титула:

> Церковная проповедь и наставление должны постоянно заново подчеркивать парадокс, что человек Иисус назван «Христос» — парадокс, который часто теряется, если в ли-

---

[269] Сергей Булгаков преподносит нам намек на тот факт, что в соединении человеческого имени «Иисус» и греческого титула Мессии «Христос» содержится онтологический парадокс [Булгаков 1933: 275].

тургии и гомилетике «Иисус Христос» используется как личное имя [Tillich 1958: 108]²⁷⁰.

В то время как парадоксальность сочетания «Иисус Христос» путем автоматизации быстро выветривается из сознания, нашлась формула, получившая широкое распространение, которая безошибочно маркирует парадокс статуса: речь о «Богочеловеке», известность которого как раз в русском XIX веке благодаря Владимиру Соловьеву далеко шагнула за пределы узкого дискурса богословия²⁷¹.

### 2.9. Эпистема и окончательная канонизация христологических парадоксов

> Парадоксом у греков называется высказывание, которое одновременно верно и истинно, но которое весь мир и все, что живет по-человечески, как минимум считает чем угодно, только не истинным, например, что все мудрые и кроткие богаты... что крест, страдания и мрак — это счастье, а смерть — это путь и вход в жизнь и даже правильное лекарство от смерти; что надо почитать за счастье быть в страдании и мраке...
> 
> [Franck 1966: 3]

Вот что мы находим на уровне парадоксальных христологических формул. Перейдем теперь к истории эксплицитной рефлексии по поводу парадоксальности православной христологии и опирающейся на нее когнитивной теории парадокса.

---

[270] Ср. об этом [Schmitz 1995].

[271] См. 4.4.4.2. Только контрастный образ «сверхчеловека» Ницше делает понятным, почему Достоевский вводит дифференциацию. С точки зрения статической логики «человекобог» в конечном счете не отличается от «Богочеловека». И только если добавить векторы возвышения и уничижения, обнаруживается различие. А именно, как известно из Заповедей блаженства (см. 2.5.1), различие это — решающее для христианской, прошедшей новозаветную переоценку, этики: презренное самовозвышение против желаемого самоуничижения.

Парадоксом, согласно этимологии слова, называется нечто, что противоречит привычному мнению, господствующей (зачастую имплицитной) конвенции («παρὰ τὴν δόξαν»; *inopinatum*) и поэтому воспринимается как противоречащее смыслу и негативно оценивается [Estienne 1831–1865, 6: 249]. Шрёер предлагает уточняющий перевод слова «παράδοξον» как чего-то «противоречащего предубеждению» [Schröer 1960: 29]. В античной судебной риторике это царящее «предубеждение» является правовым ощущением, которое может совпадать с изложением («ἔνδοξον σχῆμα») или же не совпадать («παράδοξον σχῆμα»)[272] — что в таком случае представляет проблему для цели воздействия судебной речи, т. е. ее должно избегать или, по крайней мере, исправить.

Впрочем, лишение иллюзий об ожидаемом может иметь положительный эффект; дело в том, что парадоксальным как в классическом греческом, так и в святоотеческой литературе может быть названо нечто превосходящее ожидания, ср. [PG 86,2,2753Б]. Отсюда обозначение «παράδοξος» для олимпийских победителей [Estienne 1831–1865, 6: 250], и наконец — в христианизированной форме — и для мучеников[273]. Риторика парадокса становится, таким образом, конститутивной для высшего христоподобного деяния — мученичества.

В античной судебной ситуации, где убедительность зависит только от ораторского искусства и где зрители должны быть побуждаемы к определенному решению, можно 1) наглядно показать, что парадокс должен находиться одновременно на уровне логики и уровне риторики, а точнее: на уровне *inventio* путем *elocutio* (см. 2.9.1). Переоценка негативного и противного ожидани-

---

[272] См. [Lausberg 1973: 58, § 64].
[273] «...οὓς τίς ἰδών, οὐ κατεπλάγη... τὰς ἐν τούτοις τῶν ὡς ἀληθῶς παραδόξων τῆς θεοσεβείας ἀθλητῶν ἐνστάσεις...» («...кто не будет потрясен, видя, как эти воистину изумительные борцы за веру стойко переносили длительное бичевание и сразу же после него состязание с кровожадными зверями...» (Euseb. *h.e.* VIII 7, 1; PG 20,756B; рус. пер.: Евсевий 2013: 374]).

ям в позитивное и достойное удивления подводит к мысли о том, что 2) то, что представляется парадоксом, зависит от контекста, оказывается связанным с историей конвенций и исторически изменяемо (см. 2.9.4–2.9.6).

### 2.9.1. Генеративный парадокс

В той мере, в какой парадокс, идя путем риторики, апеллирует к логике, разграничение риторических уровней, на которых должен бытовать парадокс, вряд ли имеет смысл. В то время как, например, Хотце в своей работе о парадоксах у Павла предлагает конвенционально-риторическое разделение на парадоксы *inventio* и парадоксы *elocutio* [Hotze 1997: 34], в свете деконструктивистски-перформативной риторики это одно и то же, потому что элокуция как нейтральная репродукция заранее данного (познанного посредством какой-то доязыковой инвенции) представляет собой логоцентрическую проекцию; парадокс не есть изолируемая фигура элокуции (т. е. не просто украшение — как при ближайшем рассмотрении оказывается с каждой изолированной фигурой и каждым тропом в школьной риторике). «Интеллектуальный парадокс» [Lausberg 1990: 23 § 37] и вопрос его правдоподобия неотделим от его элокутивной репрезентации; уловить можно всегда лишь языковой аспект, но никогда — некое якобы доязыковое значение.

К чести Хотце следует отметить, что этот исследователь Павла метко помещает парадокс не на секундарную поверхность, а концентрируется на парадоксах *inventio* [Hotze 1997: 34 и сл.], цитируя тезис Шрёера о парадоксальном говорении как «выразительной интенции считать свою противоречивую структуру высказывания достоверным описанием действительности» [Hotze 1997: 34]; ср. [Schröer 1960: 30 и сл.]. Но павлианский парадокс — это не любой особый случай, а камень преткновения для парадоксальной рутины мышления христианской культурной истории через столетия и поверх конфессиональных границ.

### 2.9.2. Парадокс и религия

А вдруг суверенная территория парадоксального говорения вообще выходит за пределы христианства? Может быть, парадоксальная речь выстраивает религию вообще? И тогда парадокс, не исключено, представляет собой один из нескольких решающих генераторов формы высказывания под названием «религия», т. е. для религиозного дискурса это — «конститутивный парадокс» в смысле некоей «систематизирующей формы мышления, определяющей структуру» [Wuchterl 1995: 727].

#### 2.9.2.1. Религиозно-научная стыковка с иррациональным

Что касается тезиса о парадоксе как конституирующем начале для всех форм религиозного высказывания, то прежде всего имеются свидетели из сферы религиозно-психологического и религиозно-социологического анализа, которые ставят парадокс на главное конституивное место как для религиозного восприятия, так и для общин.

По-видимому, о некоем религиозно-критическом аспекте заговорил прежде всех Сёрен Кьеркегор, описывая религию как зависящую от парадокса и говоря, что «мы каждое мгновение удерживаем парадокс, больше всего боясь объяснения, которое этот парадокс снимет» [Kierkegaard 1957, 16.1: 172], только у Кьеркегора все это сказано в жанре безусловного утверждения (см. 2.9.3.4). Далее, классик религиоведения Рудольф Отто напрямую связывает религиозное с иррациональным и наделяет божественное признаком мистерии как позитивного «избытка чувств». Отто включает парадокс в ступенчатую иерархию религиозных мистерий, простирающуюся от «только-удивительных» через «парадоксальные» до «взаимоисключающих» [Otto R. 1958: 35]. Для маркировки того, что это характерно как раз для христианства, Отто называет Иова и Лютера как свидетелей «моментов "совершенно-другого" как парадокса и антиномии» [там же: 37].

Если аргументы Отто лежат в области глобальной религиозной психологии, то более поздние работы в большей степени концентрируются на риторической поверхности: в противоположность Отто Аверил Камерон придерживается той точки зрения, что парадокс — не просто ступень лестницы иррациональностей, а та отправная точка, которая может квалифицировать некий дискурс как религиозный («то самое парадоксальное качество, которое и сделало из него религиозный дискурс» [Cameron 1991: 160]).

### 2.9.2.2. Уход богословия от абсурда

Напротив, для богословской рефлексии парадоксальность чревата, по-видимому, серьезными сложностями. Богословские авторы прямо-таки рефлекторно сужают архитектоническую роль парадокса в религиозной психологии христианства. Так, они снова и снова повторяют, что известное изречение Тертуллиана гласит не «credo quia absurdum est», а «credibile est, quia ineptum est»[274]. Причастные к теме богословы остерегаются

> ...ложного понимания парадоксальной христологии, согласно которому сущность христианской веры заключается в том, чтобы с безусловной покорностью принимать противное смыслу учение или факт как откровение божественной истины [Gerdes 1962: 37].

При этом они ссылаются даже на занимающего наступательную позицию в вопросах парадокса Кьеркегора, который ожесточенно протестует против интерпретации Эйриксоном его собственных взглядов в опубликованном под псевдонимом труде «Парадокс ли вера и "во владении ли абсурда"?»[275] как оправдания парадокса, как веры «во владении» абсурдности.

---

[274] «...верую, ибо абсурдно» — «достоверно, ибо нелепо» [Schröer 1960: 37 и сл.]; [Kraft 1992: 271]; [Schröer 1995: 733]; ср. об этом 2.9.3.2.

[275] По поводу исправления этого «или» в версии собрания материалов Тойниссеном/Греве [Theunissen/Greve 1979: 147] на «и» см. [Schröer 1989: 148].

### 2.9.2.3. Пять божественно-человеческих парадоксов

Там, где иррациональное или абсурдное не имеет права считаться основой психологии христианской веры, все-таки часто диагностируется и в сфере богословия парадокс в качестве (некоего) *конституента религиозного дискурса*[276]. Важнейшие труды в этой области принадлежат Хеннингу Шрёеру. Религиозные высказывания, отмечает Шрёер, не могут определяться одним только парадоксом, но обладают в целом более высокой степенью парадоксальности, чем это в принципе наблюдается в операциях со знаками, «качественно другим многообразием» различий [Schröer 1995: 732]. Основа всего этого Шрёеру видится в пропасти между миром и Богом, которую ставит на центральное место и Кьеркегор, на которого исследователь опирается[277]: «Парадокс — это не уступка, а категория, онтологическое определение, которое выражает отношения между существующим познающим духом и вечной истиной» [Kierkegaard 1968–1978, 8.1: A 11].

В действительности на пропасти между человеком и Богом базируются по меньшей мере пять разновидностей парадоксов, которые следует искать в сфере христианской религии: 1) (негативно-теологический) парадокс выразимости (см. 1.6.1 и 2.4); 2) парадокс бытия человека между земным Ничто и завещанным Все, см. [Friedrich 1936: 341]; 3) парадокс веры; 4) парадокс оправдания[278] и 5) парадокс (христологических) природ. Хотя первые четыре то и дело сопрягались с христологическим парадоксом природ[279], здесь интерес направлен исключительно на парадокс природ Христа.

---

[276] Беглые обзоры находим у [Schröer 1995] и [Куссе 2000: 271–274]; невзирая на обнаруженный уровень исследованности, верной представляется точка зрения Хотце о «пренебрежении парадоксом как богословской величиной» [Hotze 1997: 1].

[277] Ср. также [Dawe 1963: 157]; [Nnamani 1995: 109].

[278] См. прежде всего формулу Лютера «simul iustus et simul peccator» («оправданный и грешник одновременно») [Luther WA 57,165,12].

[279] Ср.: «Если принять христологический парадокс религиозности В в качестве догматического учения, без намерения освоить, тогда тебя отбрасывает даже за пределы религиозности А. <...> Тот, кто отклоняет негативную диалектику

### 2.9.3. Рефлексия парадоксальности в христологии

Основные религиозно-научные вопросы по поводу неизбежной парадоксальности человеческой речи о божественном, по поводу возможной взаимозависимости веры, да и религиозности вообще с парадоксом — по возможности, на базе результатов нейротеологических исследований, см. [Newberg 2001] — в этой работе ответа не найдут; здесь речь идет об узко исторической, а точнее — об организующей знания функции парадокса в христологии — а отталкиваясь от этого — за пределы христианской сферы влияния (см. 2.11.8).

### 2.9.3.1. Применение понятия в Новом Завете и патристике

В греческих текстах Библии этимон «παράδοξος» скорее редок[280]; в Новом Завете лексема встречается только в отношении осуществленных Христом чудесных исцелений: «Ὅτι εἴδομεν παράδοξα σήμερον»[281]. В патристике также встречаются соответствующие употребления понятия «парадокс» с отсылкой к этим чудесам, например у Оригена [PG 11,1532A]. Негативным дополнением к этому позитивному использованию понятия является полемическая формула Евстафия Антиохийского по поводу арианства [PG 18,691B]. Помимо этого, в патристике сравнительно мало доказательств использования «παράδοξος»; примечательное количество случаев его упоминания встречается вообще только у Оригена [PG 11,721A, 1152D и 1192C].

---

парадокса в качестве интеллектуализма, не понял ее функцию, тот, кто делает из этого новую догматику, в том числе в духе, скажем, теории методов к экзистенциальной диалектике... отказываясь от конкретного содержания догмы, также отказывается признать связь формы и содержания по Кьеркегору, даже если содержание опять-таки кажется лишь парадоксом» [Schröer 1989: 149]. О противостоянии и сопряженности веры и христологического парадокса см. также 2.10.5.

[280] О греческой передаче определенных понятий Ветхого Завета словом «παράδοξος» см. [Kraft 1992: 254].

[281] «...чу́дные дела видели мы ныне» (Лк 5:26). В Послании к Титу (Тит 1:12); ср. [Kraft 1992: 260–262], парадокс о критянах цитируется без упоминания слова «парадокс».

Что касается понятий догматики, то «παράδοξος» применяется однажды, чтобы описать единство и различия трех божественных ипостасей [PG 86,2,2796B]. В сфере христологии наиболее подходящей является интерпретация Никейского символа Феодотом Анкирским:

> Θεὸν δεικνὺς γενόμενον ἄνθρωπον· καὶ διὰ τοῦτο τὸν αὐτὸν τὰ μὲν ἐνεργοῦντα θεϊκῶς, τὰ δὲ ὡς ἄνθρωπον ὑπομένοντα· οὐ μεταβληθέντος Θεοῦ, οὐδὲ τὸ φαινόμενον ψευσαμένου. Παράδοξος γὰρ ἡ ἕνωσις γέγονεν· εἰ γὰρ σύγχυσις φύσεων ἐποίει τὴν ἕνωσιν. οὐκ ἦν θαῦμα τὸ γεγενημένον· νῦν δὲ σημεῖόν τί σοι καὶ παράδοξον δείκνυσι[282].

### 2.9.3.2. Locus classicus Тертуллиана

*Locus classicus* для парадоксальной речи у отцов Церкви представлен, однако, известным высказыванием Тертуллиана, в котором не встречается на самом деле ни слово «абсурдный», ни слово «парадоксальный». В полном виде фраза гласит: «Ei mortuus est dei filius; credibile est, quia ineptum est. Et sepultus resurrexit; certum est, quia impossibile»[283].

Если соответствующее место из Тертуллиана цитировать полностью, без умышленного сокращения (см. 2.9.2.2), то моментально становится ясно: не что иное, как именно парадоксы воплощения и воскресения порождают веру и, более того, уверенность — парадоксальным, т. е. контрконвенциональным и даже противоестественным способом. Крафт, отмечая, что это высказывание касается лишь Бога Сына и, следовательно, вовсе не

---

[282] «Бога он [Павел] представляет как ставшего человеком, который поэтому и действует как Бог, и страдает, как человек; [а] не как изменившегося Бога, и не как Бога, кажущегося мнимым. Ибо соделалось парадоксальное единство; если бы единство в самом деле было порождено смешением природ, то произошедшее не было бы чудом; ныне же он посылает тебе знамение, и знамение парадоксальное» [PG 77, 1317D–1320A].

[283] «И умер Сын Божий — это совершенно достоверно, ибо нелепо; и, погребенный, воскрес — это несомненно, ибо невозможно» [*De carne Christi* 5; рус. пер. А. Столярова: Тертуллиан 1994: 166].

парадоксально, стирает эффект *communicatio*, хотя он цитирует как раз томос Льва I [Kraft 1992: 271 и сл.]. Да он вообще сам себя опровергает, говоря: «У Тертуллиана парадоксальность павлианской проповеди о кресте стала топосом» [там же: 272]. Он заходит еще дальше, наделяя это высказывание Тертуллиана прямо-таки качеством доказательства божественного бытия: «Парадоксальное слово о смерти Бога смогло таким образом стать среди доказательств истинности христианства настоящим топосом» [там же: 271].

### 2.9.3.3. Подъем в Новое время

Если византийское и латинское Средневековье продолжает традицию осторожности отцов Церкви в вопросах концентрации внимания на риторике христианского парадокса, то в Новое время разражается истинная «эпидемия парадоксальности» [Colie 1976: 33]. Хотя в эпоху Возрождения в пособиях по риторике редко встречаются отдельные параграфы, посвященные парадоксу, см. [Plett 1992: 91], тем не менее процветает жанр парадоксального панегирика [там же: 95], вроде «Ортодоксальных парадоксов» (*Orthodox Paradoxes*) Ральфа Веннинга и «Парадоксов и проблем» (*Paradoxes and Problemes*) Джона Донна [там же: 96–141]. В «Похвале глупости» (Μωρίας Ἐγκώμιον *sive Laus Stultitiae*) Эразма Роттердамского (1511) это делается с некоей апелляцией к христологии[284]. Собственную коллекцию предлагает также в своем труде «Парадоксы. 280 утверждений о Боге и мире» (*Paradoxa*, 1533) Себастьян Франк, дающий системно-богословское оправдание своему выбору названия:

> Итак, я озаглавил мою философию «Парадоксы», и на немецкий язык перевожу парадокс как «чудесную речь» или «чудесное слово», ибо теология, истинный смысл Писания (которое единственное есть Слово Божье), есть не что иное, как вечный парадокс, воистину и по отношению ко всему безумию, призрачности, верованиям и вниманию всего мира [Franck 1966: 4].

---

[284] Эразм [Erasmus von Rotterdam 1968–1980, 2: 196] указывает на (1 Кор 1:18).

В «Парадоксах» Франка также обширные пассажи посвящены Христу[285].

Под эгидой учения о *communicatio idiomatum* происходят, как мы видим (2.8.5.3–2.8.5.4), аналогичные вещи в эпоху Реформации, ср. [Lebeau 1982], и позднее, в особенности в лютеранстве (Хемниц, Герхард). Сфера влияния процесса рекатолизации утверждает под знаменами барочной риторики (особенно в консептизме) практически настоящую культуру парадоксальной речи. При этом барочные формулы парадоксов бытия (ср. 2.9.2.3) — лишь одна из многих сфер применения. Можно назвать французского мастера парадоксов бытия — это Блез Паскаль[286], а также русского — Державин (см. 4.3.9.3) — и у обоих серьезные увязки с христологией.

### 2.9.3.4. Послепросветительские диагнозы парадоксов

Просветительский идеал устранения рациональных противоречий неизбежно должен был нанести урон такого рода культуре риторического и христологического парадокса (см. 2.11.6). Однако в процессе угасания просветительского оптимизма парадокс уже вскоре смог вновь считаться «коррективой» [Schröer 1992: 67] (см. 2.9.7). Эту позицию представляют прежде всего Гаманн и Кьеркегор.

Иоганн Георг Гаманн, именующий себя сам «Philologus crucis»[287], строит свои размышления вокруг «опускания Бога на землю»[288]. При этом он выказывает пристрастие к христологическим парадоксам, ср. [Ernst 1990: 23–25] в той степени, в какой они не по-

---

[285] По крайней мере, фрагменты 99–140 [Franck 1966: 170–247].

[286] Ср. [Friedrich 1936] и Гольдмана, который ясно показывает, что «религия Богочеловека» является для Паскаля единственно истинной потому, что ее парадоксальность изоморфна парадоксу человеческого бытия [Goldmann 1955: 342].

[287] «Филолог креста» [Hamann 1949–1957, 2: 249].

[288] См. [Gründer 1958: 21]; ср. также компиляцию «Унижение Бога» в [Hamann 1963: 11–25].

являлись со времен лютеровской ортодоксии. Гаманн ищет подобное, например, в

> …земном венце из терний и небесном венце из звезд, а также в установлении перекрестной связи между глубочайшим унижением и самым благодатным возвышением обеих противопоставленных природ… [Hamann 1949–1957, 3: 405–407].

Прибегая к приему *communicatio*, Гаманн объявляет христологический парадокс основой всего человеческого существования: «…communicatio божественного и человеческого idiomatum есть основной закон и главный ключ ко всему нашему познанию и ко всему видимому домашнему обиходу» [там же: 27].

Подобную же экзистенциальную основу подводит Кьеркегор в «Философских крохах» (*Philosophische Brocken*) под свои пылкие речи о парадоксе разума, веры и греха [Kierkegaard 1952: 34–51], чтобы с этих позиций подступиться к явлению Господа в «обличии раба» в (Флп 2:7) [там же: 52 и сл.] и чтобы с помощью понятия парадокса постигнуть связь Бога и человека в вере. В «Заключительном ненаучном послесловии» (*Abschließende unwissenschaftliche Nachschrift*) он вообще переходит к превосходной степени: «Тезис о том, что Господь присутствовал, рожден, вырос и т. п. в человеческом облике, — это парадокс sensu strictissimo, абсолютный парадокс» [Kierkegaard 1957, 16.1: 208 и сл.][289].

*2.9.3.5. Радикализм Кремера по отношению к парадоксу*

На рубеже XIX–XX веков протестантский богослов из Грайфсвальда Герман Кремер идет по стопам обоих постпросветительских представителей парадоксальной христологии и одновременно — превосходит их. «Радикализм по отношению к парадоксу», присущий Кремеру [Koepp 1955: 305], собственно говоря, лишь смутно можно возвести к Кьеркегору [там же: 314]. Дело в том, что Кремер в своем позднем творчестве после 1895 года выказы-

---

[289] О кенотических импликациях христологических парадоксов Кьеркегора ср. [Vos P. H. 2002: 120–128].

вает интерес к тому, чтобы выявить парадокс практически во всех сферах христианской догматики. Это не исключает сильного христологического фокуса, см. [там же: 324]; так, в неопубликованных тезисах Кремера к лекциям говорится: «Становление человека — это полномасштабный парадокс, но он не так велик, как другой: вочеловечивание — это путь к смерти того, кто вечно есть Бог...» (цит. по: [Koepp 1955: 296]). Противоположный вектор также мыслится как парадоксальный: «Божественность Христа, т. е. божественность человека Христа — это бесподобный парадокс» [там же: 295]. Как позже и Крафт (см. 2.9.3.2), Кремер подходит к тому, что парадокс даже влечет за собой усиление эффекта убеждения; Кремер говорит о «...парадоксальности явления Христа со своей вечной сущностью, ибо именно эта парадоксальность открыла ему [евангелисту Иоанну] мессианскую миссию Христа» [Cremer 1901: 139].

Важность фокуса парадокса для Кремера доказывает его критика, адресованная Гарнаку, которому в 1901 году он вменяет ту «роковую ошибку», а именно — «что из-за его критики содержание Евангелия теряет парадоксальность» [там же: 117].

Радикализм Кремера по отношению к парадоксу в широких кругах остается «без влияния» [Schröer 1992: 61]; последующая диалектическая теология, если говорить о позиционировании парадокса, скорее держит дистанцию относительно радикализма Кремера. Хотя практически все представители диалектической теологии временами выказывают понимание парадоксальности базовых христианских допущений; однако зачастую у них происходит так, что уточнение парадоксальности при постепенном ее ослаблении и ограничении ведет к снижению уровня парадоксальности (см. 2.11.3).

Еще более оборонительную позицию занимала вплоть до сегодняшнего дня в вопросах парадоксальности католическая догматика [Schröer 1992: 62], что, впрочем, не мешает представителям протестантизма предполагать, что именно парадокс очень подходит для налаживания межконфессиональных связей [там же: 68]; за этой экуменической надеждой кроется скрытое понимание того, что та (сильно преобладающая) часть христианского догматического наследия, которая утверждена общепризнанными Вселенскими соборами, на элементарном уровне структурирована, да и вообще выстроена с помощью риторики парадокса, так что парадокс представляет собой троп, генерирующий догматы.

### 2.9.3.6. Почитание парадокса Семеном Франком

В русском православном обиходе фигурами парадокса оперируют в самых разных сферах (особенно в литургии и иконографии, см. 4.5–4.6), не увязывая все это с риторическим понятием парадокса. Так действует — изолированный в эмиграции во время мировой войны — философ Семен Франк в разделе «Парадоксальная правда» своей книги «С нами Бог»[290]. Опираясь на Дионисия Ареопагита и Николая Кузанского (*coincidentia oppositorum*; [Франк 1964: 156]), Франк в этом труде определяет христианство как сущностно парадоксальное: «...христианство по самому своему существу парадоксально...» [там же: 159]. Христология для Франка — всего лишь одна из многих сфер применения, и там частотность понятия парадокса отстает от его скопления у Кремера; христологические формулы Халкидонского собора цитируются именно в этом всеобщем контексте [там же: 200 и сл.]. Против сведения Христа к его божественности, как это происходит повсеместно, Франк энергично протестует с этих позиций [там же: 201]. Из «богоподобия» человека и самоуничижения Христа для Франка следует призыв к людям парадоксально возвыситься через унижение. Последний вывод, согласно Франку, визуализируется как готовность служить (как для Христа, так и для человека) в парадоксе Христа: «*В этом и состоит путь креста* — путь... который есть высшее и адекватное выражение парадоксальной правды христианства» [Франк 1964: 265, зыделено в ориг., sic].

---

[290] Англ. 1946, франц. 1955, рус. 1964.

### 2.9.3.7. Парадоксофилия в постмодерне

Как и эпистемология Просвещения, философия модерна (особенно Венского кружка) и аналитическая философия по большей части может усматривать в парадоксе только то, что считает необходимым устранить с помощью научного фундирования философской аргументации. С постепенным ослаблением позиций диалектической теологии готовность воспринимать парадоксы как конститутивную вещь для христианства продолжает ослабевать также и у систематиков [Schröer 1992: 62 и 68].

Совершенно другие соображения, прежде всего постструктуралистские, знаменуют собой конец «парадоксофобии» аналитического модерна [Gumbrecht 1991: 472] и начиная примерно с 1970-х годов разражаются новой конъюнктурой парадокса[291]. Для направления деконструкции, нового историзма, как и для «Логики смысла» (*Logique du sens*) Делёза, выработка парадоксальных конфигураций представляет собой именно цель анализа [Deleuze 1969: 9]; эта тенденция затрагивает также и теологию [Beuscher 1993]. А когда деконструкция обогащалась постколониализмом с периферии, тогда теология получала новые отправные точки для метарефлексии по поводу собственных конститутивных парадоксов извне европейской традиции [Nnamani 1995: 24, 99 и 368–370].

Тщательность требует в этом месте самоисторизации предлагаемой работы: если здесь заново рекламируется конститутивность парадокса для христологии, которая примыкает, таким образом, к наследию Гаманна, Кьеркегора, Кремера, Франка, то с научно-эстетической точки зрения все это, бесспорно, относится к постструктуралистской парадигме, ср. [Vos P. H. 2002: 112]. При этом здесь, в противоположность к некоторым постструктуралистским способам аргументации, в меньшей степени уместен торжествующий жест, что, мол, все поддается деконструкции посредством выявления содержимых парадоксов, а должен быть

---

[291] См. об этом напр., [Luhmann 1991: 59 и сл.]; [Bode 1992].

поднят культурно-исторический вопрос о том, как парадоксально построенные структуры определяют религиозно-исторические процессы преемственности и дискретности.

### 2.10. Теория познания христологических парадоксов. К тезисам

> Источник противоречий. Бог, униженный Бог до [позорной] смерти на кресте; Мессия, посредством Своей смерти над смертью торжествующий. Две природы в Иисусе Христе, два пришествия, два состояния человеческой природы.
>
> *[Pensées 241/765; рус. пер. О. Хомы: Паскаль 1994: 402, выделено в ориг.]*

То обрисованное здесь волнообразное движение, которое характеризовало метарефлексию христианских и в особенности христологических парадоксов, только частично ответило на вопрос, какие образцы познания обслуживают парадоксы. И лишь на мгновение (у Крафта или у Кремера) мелькнула догадка, что они обладают парадоксальным эффектом *доказательства*.

Ввиду описанного волнообразного движения при конкретизации парадокса как парадокса нетрудно предположить, что и когнитивные эффекты, обслуживаемые парадоксами, тоже подвержены изменениям. Впрочем, здесь решающим в меньшей степени является склонность определенных эпох к признанию иррационального и в большей — вопрос социального приятия христианства и его парадоксов. Сколь действенно в определенный момент некое земное общепринятое мнение, против которого обращен христианский парадокс и насколько в противоположность этому консолидирована социальная система христианства? Решающий порог, как известно, представляло собой принятие христианства Константином в качестве дозволенной религии. До того эффект парадоксов был, по-видимому, сильнее, чем после; чтобы охватить взглядом научно-социологические и когнитивно-психологические различия периодов до и после, наверное, достаточно сопоставить контраст между когнитивным призывом павлианского парадокса (до) и халкидонского парадокса (после).

### 2.10.1. Деавтоматизированный парадокс (Павел)

Особенно продуктивным оказалась сфокусированность на исторических христианских явлениях парадоксальной риторики в исследованиях, посвященных Павлу[292]. Вопреки «прежнему предпониманию» Павел объявляет негативное позитивным, которое должно казаться «глупым», исходя из современной ему среднеплатоновски-гностической и политеистической перспективы. Шрёер предлагает на этом основании закрепить за переоценками Павла прежде всего лексему «μωρία» («безумие») (1 Кор 1:18)[293]. На основании конфронтации с враждебным контекстом убедительной оказывается даже биографическая подоплека, в том виде, в каком ее описывает Эрхард Камла. Камла предлагает увязывать склонность Павла к кенотическим парадоксам напрямую с упомянутыми в (Флп 1:12-26) страданиями, выпавшими ему на долю в жизни [Kamlah 1963]. Хвалы, возносимые Павлом слабости (в том числе и собственной) и унижению, на фоне конвенционального самовосхваления представляются «иронизированием» [Kamlah 1963: 222][294]. Хотце, напротив, усматривает

---

[292] Ср. 2.8.1. Обзор состояния исследованности описывает Хотце [Hotze 1997: 2–23]. Именно в экзегезе Павла диалектическая теология в первую очередь готова признавать парадоксы, см. [Bultmann 1960: 48]; [Fuchs 1968: 183–186].

[293] Мотив, который позже возникает в «картинке» Паскаля, см. [Friedrich 1936: 359], который пренебрегает генеалогией Павла, однако в официально католической Франции XVII века давно уже не играет той роли контраста, которую выполнял в первое столетие раннего христианства, а, согласно заявлению Паскаля, что он, де, хотел быть «только верным и ортодоксальным христианином», дает ход идее трагического мировосприятия [Goldmann 1955: 84]; ср. также 3.5.5.4.

[294] Определенная доля иронии при описании собственных страданий в литературном отношении оказалась в высшей степени продуктивной: сплошь и рядом это практикует Венедикт Ерофеев (см. 9), но даже и не склонный к иронии Николай Островский заставляет своего героя иронизировать по поводу собственной болезни (см. 8.6.1).

## 2. Троп и парадокс, или Христология в противостоянии...

в парадоксах Павла порожденную враждебным окружением «добродетель из нищеты» [Hotze 1997: 351][295]. Исходя из этой контекстуализации, Хотце отвечает на вопрос относительно эпистемической функции павлианских парадоксов с «эффектом остранения» [там же: 72].

Как и в случае с намеком Хотце, вне павлианских исследований также любят перебрасывать мост между риторикой парадокса и формалистской теорией приема остранения [Шкловский 1969а: 22–30; Ханзен-Лёве 2001: 22–35; Plett 1992: 99][296]:

> Идеальный текст формалиста-сторонника девиантной эстетики — это парадоксальный текст, поскольку он оптимальным образом противоречит, или, соответственно, противостоит ожиданиям и дошедшим до автоматизма читательским привычкам реципиента [Bode 1992: 623].

Если это так, то тогда и павлианские парадоксы могут создавать «идеальные тексты формалиста-сторонника девиантной эстетики». С помощью своей стратегии парадоксальной переоценки Павел «дестабилизирует» [Plett 1992: 92] «заведомое понимание», снимает мыслительный автоматизм своего времени[297].

Направленный против мудрости мира и мирской риторики, парадокс возвышается до острейшего оружия Павла — его «безумия» и антириторики. Поскольку это происходит с помощью языковых и риторических средств, парадокс становится самой необходимой риторической фигурой антириторики Нового Завета.

---

[295] Ср. также [Cameron 1991: 160]: «воспользовался парадоксом» [*букв.* «сделал из парадокса добродетель»]. См. об этом 5.2.7.

[296] Идущее еще дальше соединение остранения Шкловского и концепции Бахтина относительно кенозиса автора (см. 3.5.5.6), так или иначе, из-за недостатка доказательств остается на правах ассоциативного для использования понятия кенозиса формалистами [Bogdanov 2005].

[297] Хольт Майер говорит — в другом контексте — о «субверсивной силе христианства», которая имеет своим «ядром» парадоксальное [Meyer 2004: 488].

### 2.10.2. Автоматизированные парадоксы (Халкидонский собор)

> Но в качестве *функционального* понятия религия представляется местом борьбы вокруг *парадоксов*, местом, в котором постоянно в условиях значительного напряжения стараются *сохранить* парадоксы, не «разрешая» и не «снимая» их.
>
> [Lease 1991: 464, выделено в ориг.]

Но сохраняется ли все же эта деавтоматизирующая функция парадокса, когда Святые Отцы эпохи официально-государственного христианства начиная с Никейского собора утверждают парадоксальные формулы (см. 2.8.4), с целью провозгласить обязательными догматы, идущие от Павла? Системные богословы, по-видимому, хотели бы спасти павлианскую взрывную силу парадокса: «Им [богословам] он [парадокс], парадоксальным образом, нужен в качестве системного оружия против образования системы» [Schröer 1992: 61][298]. Активизирующий параметр должен сохраниться, как его описывает Куссе: «...парадоксами не только отражается, но и должен возбуждаться религиозный опыт...» [Куссе 2000: 273].

Однако церковно-исторические свидетельства говорят о другом. Отцы Вселенских соборов стратегически насаждают парадоксы в христологии. Момент ошеломления у профессиональных догматистов скоро минует; рутина умерщвляет деавтоматизацию. Таким образом, посредством единения по поводу парадоксальных формул как раз не происходит никакой дестабилизации «конвенционального мнения», а вообще только в этот момент и учреждается христологическая конвенция.

---

[298] Как раз эта способность парадокса образовывать систему кажется протестантским богословам, которые традиционно склонны недооценивать институциональные моменты, опасным: «Существует опасность сделать из средства отмены [парадокса] систему. Кьеркегор осознанно понимал себя только как средство отмены. <...> Но все вновь и вновь возникало побуждение превратить границу в систему» [Schröer 1992: 67].

Изначальное средство отмены — парадокс, который у Павла сигнализировал об отклонении от действующей нормы, воспринимается православным мейнстримом. Он создает впечатление, что Иисус Христос с его помощью может быть «описан... полностью» [Schmitz 1995: 166]. В качестве обязывающего, подкрепляемого анафемой долга веры остается, пожалуй, еще кое-что от мнемотехнического эффекта, состоящего в том, что ошеломление, вызывающее когнитивный диссонанс, легче поддается запоминанию[299]. Но автоматизированное остранение уже не остранение; христологические парадоксы Вселенских соборов возвышаются до целенаправленной автоматизации и стабилизации. Андерс Нюгрен точно формулирует суть: «Религиозный парадокс... стал общим явлением» [Nygren 1972: 338].

### 2.10.3. Эндоксальные жанры парадокса

Христологические постановления Вселенских соборов — это не первый случай, когда бывший дестабилизирующий парадокс втискивается в стабилизирующие границы жанра. В литературе у парадокса также имеются определенные жанры, которые делают его эндоксальным, например, античное упражнение риторического восхваления ничтожных предметов («παράδοξον ἐγκώμιον»)[300], или именуемое парадоксографией литературное описание невероятных явлений природы. Наконец, это широко распространенный поэтический метод: с помощью маркирования невероятного делать это невероятное или даже невозможное удостоверенным и возможным («ἀδύνατον εἰκός»)[301]. Такие жанры, как гномы, сентенции или афоризмы, образуют тем самым полную чашу не только признанных, но и желанных парадоксов [Lachmann 2002: 100]. Такое имеется отнюдь не только в антиофициальных движениях, вроде маньеризма [Hocke 1959; Lach-

---

[299] Штайгер описывает вдобавок и юмористический эффект, возникающий в связи с лютеровскими парадоксами учения о *communicatio*: «Испытывать радость понимания, понимая, что означает, когда Бог рождается человеком» [Steiger 1996: 27].

[300] См. [Lausberg 1973: 131 § 241].

[301] Об этом [Lausberg 1973: 563 § 1180 и 847 § 1245].

mann 2002: 101] или концептизма [там же: 102], а — как мы видели — также и в официальном христианстве; догматическая хвала кенозису Христа образует привычное христологическое «παράδοξον ἐγκώμιον».

### 2.10.4. Эндоксальные христологические парадоксы

Хотя исторически в христологической догматике парадокс постоянно создает проблемы для правдоподобия, с другой стороны, парадоксальная формула гарантирует ортодоксальный характер догматического мнения, и парадокс становится эндоксальным — не на уровне логики вне времени, а вследствие исторических, институциональных действий [Meyer 2001a: 45 и 48]. Тогда он не призван провоцировать слушателя на «собственную умственную работу» [Lausberg 1990: 61 § 166], а, наоборот, ее остановить[302]. Парадоксальные догматические определения Вселенских соборов «определяют» в прямом смысле слова: они ограничивают (по крайней мере, согласно интенции) семантический сдвиг. Теперь парадокс служит в качестве средства остановки смыслового сдвига в догматических постулатах (см. 2.1.4).

Для профессиональных репетиторов догматизированных парадоксов диссонанс на этом исчерпан; но фактическая ситуация с божественно-человеческими парадоксами тем самым не исчезает (см. 2.9.2.3). Чтобы как-то обходиться с парадоксом изреченности, веры, оправдания, уничижения или возвышения, новаторы внутри христианства все вновь и вновь прибегали к противоречивым формулам (Лютер, см. 2.8.5.3) — а как только они хоть на йоту отступали от догматизированных формул — провоцировали встречное движение к уменьшению парадоксальности.

---

[302] Эта точка зрения противоречит распространенному религиозно-философскому предположению, согласно которому религия обладает функциями «депарадоксализации» и «сокращения контингентности» (Никлас Луман говорит о контингентной формуле «Бог» [Luhmann 2000: 151]), только на первый взгляд. С помощью грамматико-эндоксальных парадоксов христологии одновременно конструируется смысловой порядок того, что на первый взгляд кажется недостойным, плохим, порядок уничижения и земной скорби, который затушевывает внутримирные неразрешимые противоречия.

### 2.10.5. Тезис: парадокс как неназванный фигуральный центр христологии

> Христианство... провозгласило себя *парадоксом* par excellence...
>
> [Kierkegaard 1957, 16.1: 204, *выделено в ориг.*]

Тот догматический парадокс, который Вселенские соборы определили, опираясь на павлианский мотив кенозиса (см. 2.6.3), образует невидимый центр христологии: «...парадокс является отличительным методом...» [Lock 1991: 71]. Именно риторическая фигура предназначена была для того, чтобы воспринять традиционную христианскую антириторику (см. 2.1.5) и риторически стабилизировать ее. Из этой неназванной фигуральной середины то и дело исходят попытки устранить эти парадоксы, которые, в свою очередь, порождают новые потребности сильнее заострить формулировки парадоксов.

Несомненно, должны существовать перспективы рассмотрения, которые призваны смягчить парадоксальность как сфокусированность на процессуальной последовательности векторов уничижения и возвышения (см. 2.6). Но и они, даже в самой малой степени обслуживая риторику парадокса, разделяют парадокс оценки, согласно которому ухудшение понимается как нечто позитивное. И точно так же может быть и верно, что специфическая традиционная линия начертала парадокс на своих знаменах — от Гаманна и «Философских крох» Кьеркегора до Кремера и Франка. Но это не означает, что остальные европейские христологии — во всяком случае, после Халкидонского собора — тем или иным образом не происходили от парадокса, их не отбрасывало к нему постоянно и они его не защищали[303].

Но разве не удивительно, что за исключением отдельных явных сторонников парадоксальной христологии парадоксальность

---

[303] Ср.: «Аллергия по отношению к мнимой или кажущейся постановке под сомнение принципа противоречия имеется в обеих конфессиях [католицизме и протестантизме]» [Schröer 1995: 735].

христологических формул по большей части скорее не обозначается и не уточняется? Нет, поскольку не-называние, не-уточнение парадоксов на метауровне способствует санкционированию системности парадокса. Тот, кто уточняет парадокс, попадает на стезю желания его устранить — и не только начиная с аналитического оптимизма философии модерна; а стезя эта — извилистая, если взирать на нее с высокой башни православной христологии. Усиленное упоминание и уточнение христологических парадоксов в послепросветительское время, соответственно, вело к определенной утрате волшебного ореола фигуры[304]. Православная христология в риторическом плане выстраивается *per paradoxum innominatum*, и подробные описания кеносиса Христа или его человеческих подражаний образуют с количественной точки зрения самое значительное содержательное наполнение парадоксального восхваления в европейской культурной истории.

### *2.11. Изгнание и преемственность парадоксов*

Благодаря парадоксу происходит не только «присущее риторике саморазрушение» [Lachmann 2002: 99], но христианская антириторика губит саму себя путем эндоксализации христологических парадоксов. Вопреки угрозе суровых штрафов за смягчение официальной парадоксальной линии парадокс остается опасным сам по себе, пока «такие, склонные к девиантности фигуры, или схемы [как *paradoxon, oxymoron, adynaton*] не могут

---

[304] Слишком далеко заходит жест объятия у Пауля Эрнста или также у К. Х. Райха, где содержательно опустошенная аналогия парадоксальных фигур поднимается прямо-таки до константы европейской духовной истории — будь то чисто фигуральное *complexio oppositorum* [Ernst 1990] или же дополнительное сдваивание перспективы (короткое замыкание халкидонских парадоксов у Райха с теорией комплементарности у Бора; 1990). Ирина Паперно также избыточно эксплуатирует халкидонскую модель, когда привлекает ее для описания парадоксального единства жизни и творчества в понятии «жизненное пушкинианство» у символистов [Паперно 1992: 19 и 29–32]. Все случаи переноса и метафоризации халкидонской модели парадокса, разумеется, свидетельствуют о ее продуктивности.

быть полностью освобождены от риторической систематики» [Lachmann 2002: 99]; «они не могут стереть свои риторические следы» [там же] и поэтому предпринимают все новые попытки изгнания и новые отклонения. Стабилизация путем «безумия» никогда не удается надолго. Так что парадокс не только сам по себе, но и в своей стабилизирующей роли остается «болезненным» [Аверинцев 1994: 601].

### 2.11.1. Риторическая редефиниция христологических ересей

В отличие от догматической магистральной линии, определяемой парадоксом, концепции, классифицируемые как еретические, характеризуются, как уже излагалось (см. 2.3–2.8), тем, что они либо ограничивают человечность Христа (докетизм), либо задевают божественность его (адопцианство, динамизм) или даже Бога Отца (патрипассианство, модализм). От официальной линии, для которой риторика парадокса является определяющей, эти взгляды[305] отличаются либо более сильным подчеркиванием единства того, что напряженно противостоит друг другу внутри парадокса, либо расщеплением парадоксального единства на «односторонности»[306]. С одной стороны, консенсус может быть утвержден только в парадоксе; с другой стороны, из-за своей двусмысленности этот консенсус всегда заново ставится под угрозу.

Дискредитация неканонических интерпретаций, так называемых ересей, с той претензией, что они следуют нехристианским образцам, восходит прежде всего к ересиологической интенции[307].

---

[305] Выжимка из самых известных ересей, связанных с (Флп 2:5–11), содержится в сохранившихся катенах [CGPNT VI, 247–258].

[306] Ссылаясь на проблему неспособности Бога к страданию, Ннамани устанавливает сопоставимое различение парадоксальных формулировок и «одномерных утверждений» [Nnamani 1995: 366–369].

[307] При этом гностический дуализм духа и плоти является основополагающим еще для Павла, а иоанновское понятие Логоса немыслимо без Филона. Также в найденном в Наг Хаммади коптском переводе греческого «Свидетельства истины» (*Testimonium Veritatis*, 26:5) уже содержится концепция телесного

Чем различаются ортодоксия и гетеродоксия, так это в меньшей степени их побуждениями и в большей — их риторическими преференциями — парадоксальная двусмысленность и санкционированная двойная перспектива, или еретическая отмена парадокса (см. также 5.4.3.1).

### 2.11.2. Академические lectiones difficiliores

В противоположность еретическим односторонним толкованиям, некоторые более поздние версии христологической догматики исходят из парадокса, принципиально приемлют его, однако стараются, чтобы версия если не снимала логическую парадоксальность, то смягчала бы ее. Для этого они попутно также эксплуатируют изощренную богословскую казуистику[308]. После того как стала известна важная парадоксальная догматическая позиция Халкидонского собора 451 года по диофизитству, дискуссии вокруг монофелитства представляют собой казуистическую попытку смягчения парадокса[309]. В период Высокого Средневековья, а по-

---

воплощения Слова. К тому же христианские представления, такие как воплощение и кенозис, либо имели параллели в таких не-христианских традициях, как герметизм, либо повлияли на них. Характерно, что возврат к павлианскому активному залогу «ἐκένωσε» («он опустошил») впервые зафиксирован у гностика Феодота. Климент Александрийский пересказывает: «Ὁ Ἰησοῦς τὸ φῶς ἡμῶν, ὥς λέγει ὁ ἀπόστολος, ἑαυτὸν κενώσας, τουτέστιν ἐκτὸς τοῦ ὅρου γενόμενος, κατὰ Θεόδοτον, ἐπεὶ ἄγγελος ἦν, τοῦ Πληρώματος τοὺς ἀγγέλους τοῦ διαφέροντος σπέρματος συνεξήγαγεν ἑαυτῷ» («Иисус — это наш свет, как говорит апостол, поскольку сам он унизился, это означает, по Феодоту, что он, ибо сам был ангелом, из всего сонма вел за собой ангелов высшего чина») [PG 9,675C, выделено в ориг.]. Высказывание Феодота относится к тому времени, когда послания Павла еще не были канонизированы, см. [Loofs 1901: 248]. Напротив, канонической предвзятости против страждущего Бога (см. 2.3.3.1) предстояло восприниматься в свете возврата к Эпикуру и его философеме о неспособности богов к страданию [Kraft 1991: 121]. Внехристианские философские озарения действуют и на ортодоксальной, и на гетеродоксальной стороне.

[308] Еще Эразм критиковал это, называя «безумием» [Erasmus von Rotterdam 1968–1980, 2: 130].

[309] Что не должно принижать экзистенциальную серьезность дебатов; в конце концов, Максим Исповедник в 662 году был подвергнут истязаниям, когда отстаивал диофелитство, см. [Hoping 2004: 119].

том вновь в лютеровской ортодоксии христологические дебаты переключаются на академические детали, такие как «κρύψις» или «κένωσις τῆς χρήσεως»[310]. Мнемонический эффект удержания определенной формулы, который свойственен парадоксу также и в народных верованиях, неодолимо утрачивается при таких академических дифференциациях.

Богословскую метатеорию парадокса также характеризует апотрептическая направленность: Шрёер разграничивает комплементарные и супплементарные парадоксы [Schröer 1960: 37] и определяет инкарнационные парадоксы как супплементарные, поскольку в них преобладает божественный элемент [там же: 47]. Вот только комплементарные парадоксы являются выдержанными и не клонятся ни в какую сторону (см. 2.7). По Шрёеру, напротив, божественность должна по мысли Нового Завета добавляться в человеке через нечто вторичное [Schröer 1960: 132][311]. Утверждаемое Шрёером преобладание божественной стороны вновь отнимает у парадокса часть его остроты; парадоксы Кьеркегора, в которых Шрёер усматривает комплементарную парадоксальность, напротив, подпадают у него под подозрение в неправоверности.

Во всех этих случаях весомость внутри парадоксального консенсуса, который надлежит сохранять, сдвигаются лишь незначительно. Наряду с академической самопрезентацией дебатирующих побуждением к этим дебатам кажется снятие когнитивного диссонанса с помощью *lectio difficilior*. В результате, однако, ослабляется двойственность ошеломления и замирания посредством новых, микроскопических устранений неоднозначности под эгидой парадоксального консенсуса.

---

[310] Ср. 2.7.3.3. Ннамани усматривает в этом «богословское буквоедство» [Nnamani 1995: 103].

[311] Деррида через несколько лет объявит добавление доказательством неодолимого недостатка [Derrida 1967].

### 2.11.3. Парадоксия парадокса в диалектическом богословии

Протестантское диалектическое богословие XX века характеризуют колебания по поводу того, сколько же парадоксальности переносимо. В особенности это стало заметно на примере теологического развития диалектического богословия. Карл Барт еще в раннем своем творчестве, уже в первой версии «Послания к Римлянам» (*Römerbrief*; 1919), прибегает к парадоксу, причем и в христологическом [Barth 1985: 296] плане, и с точки зрения теологии креста [там же: 353]. Во втором издании число употреблений понятия «парадокс» увеличивается в семь раз [Schröer 1960: 135]. В дебатах по поводу сочинения Тиллиха «Критический и позитивный парадокс» (*Kritisches und positives Paradox*, 1923) Карл Барт и Пауль Тиллих оба говорят о «позитивном парадоксе» как о чем-то желательном для богословия [Barth/Tillich/Gogarten 1962][312]. Но это продолжается совсем недолго; вскоре можно наблюдать «явный отказ от понятия парадокса» [Schröer 1960: 145] — как у Барта, так и у Тиллиха. Барт отчетливо проявляет заботу о том, чтобы изгнать парадокс, «в теологии пользоваться им лишь в более скромных пределах» [Barth 1947, 1.1: 172]. А Тиллих в своей «Систематической теологии» вообще высказывает критику по отношению к Халкидону:

> Один из примеров несоразмерной понятийной формы дает нам само вероопределение Халкидонского собора... с помощью находящихся в распоряжении понятийных средств задачу можно было решить только путем нагромождения мощных парадоксов [Tillich 1958: 153].

### 2.11.4. Вера как анестезия при помощи парадокса

Итак, острота когнитивных парадоксов может быть нейтрализована еретическим путем односторонних толкований; но она может быть смягчена и академическим путем с помощью

---

[312] Ср. также [Schröer 1960: 140–142] и [Reimer 1995: 133 и сл.]. Характерно, что Бойшер тут же к ним примыкает со своей постструктуралистской жаждой «позитивного парадокса» и в качестве выхода рекомендует неоструктуралистскую эпистему [Beuscher 1993: 64].

построения сложных опорных конструкций и со своей стороны вызвать парадоксальные жесты приятия и отторжения. Однако когнитивная парадоксия может быть остановлена еще одним, четвертым путем, а именно скачком к более-не-рассуждению, к желанию признать истинным, которое называется верой.

Это происходит, например, тогда, когда Эйрикссон намеревается изгнать «веру ввиду ее абсурдности» Кьеркегора тем путем, что включает в веру «одновременно некое *иное свойство*... чем абсурдность» [Eiríksson 1979: 149, выделено в ориг.], а именно предположение, что верующий человек по ту сторону от «голого ограниченного рассудка» должен «учитывать *высшие духовные* законы, полагаться на неисповедимую мудрость Господню» [там же: 151, выделено в ориг.]; «...тогда и парадокс, тогда и абсурд вообще не появляются» [там же: 151 и сл.]. В чем Кьеркегор солидарен с ним: «Покуда верующий верует, абсурдное не является абсурдным...» [Kierkegaard 1979: 164].

Установление онтологически более высокого ранга неизбежно ведет к парадоксу целей; если вера в высшую мудрость Бога Отца представляет собой интенсифицированный эффект христологического парадокса, то его пока не автоматизированный провокативный остаток он все же окончательно затормаживает. Специфический парадокс богословской науки заключается в том, что она в конечном счете вновь перечеркивает собственную аналитику и аргументирует, опираясь на надрациональную инстанцию: в конце для теологов должны стоять «решение» и «снятие» [Keil 1995: 152], «окончательное преодоление всех противоречий» [Hotze 1997: 355][313].

### 2.11.5. Обуржуазивание и империализм — опасности парадоксальной кенотики

Наконец, нельзя недооценивать пятую угрозу парадокса уничижения, проистекающую из христианской среды, — социальные условия. Пока общественную санкцию имеет в качестве признан-

---

[313] Кьеркегор выступает против примысливания снятия и разрешения христианских парадоксов [Kierkegaard 1957, 16.1: 211–214].

ной, а затем и государственной религии именно христианство, возникает новая опасность основополагающих для христианства христологических парадоксов (ср. об этом [Cameron 1991: 155]). Как габитус буржуазной зажиточности[314] с известным идеалом культурности [там же: 185], так и имперское величие наносят ущерб образу мышления с помощью противоположных пропорций, которое практиковали мученики и аскеты (и революционеры). *Humiliatio* может представлять для буржуазной модели постоянного накопления только угрозу, и тогда вместе с основополагающей парадоксальной формой мышления гибнет и кенотическая фигура позитивного уничижения.

Парадоксально санкционированный кенозис может обрести свое особое культурно-историческое значение только тогда, когда он будет воспринят как догма, как фигура дискурса и как габитус; и когда будет защищен определенными культурными механизмами от опасности подрыва его самого со стороны прямо пропорциональной логики благосостояния и империи. Это удалось в Византии:

> Христианский дискурс после Константина противился опасности сверхассимиляции окружающего общества. В особенности в греческом мире, [в связи с] творениями отцов-каппадокийцев, христианскому дискурсу как религиозному языку удалось избежать потенциального поглощения Империей [Cameron 1991: 188].

То же самое удается позднее и в России (см. 5); наряду с прямо пропорциональной логикой жизни и против нее религиозные парадоксы должны получить культурное признание, чтобы сохранить стабильный характер и оставаться образцами для подражания. Однако им вновь и вновь угрожают обуржуазивание (см. 3.3.3.4) и имперское величие (см. 4.6.8.1).

---

[314] Причем «буржуазный» должно пониматься здесь не как отличительный критерий социальной истории Нового времени, прежде всего — XIX века, а как эпитет для обозначения тех кругов любых обществ, которые, будучи торговцами или управляющими, заинтересованы в существующих производственных отношениях, поскольку получают от этого выгоду.

### 2.11.6. Рационалистические апотропы парадокса

Парадоксальную кенотическую христологию подстерегает, таким образом, много опасностей, хотя ни одна из упомянутых до сих пор величин не противостоит парадоксальному в христианстве как таковом. Однако в Новое время к антирелигиозно-рационалистической постановке христианства под сомнение добавляется контрадикторный протест.

Сначала в просветительской теологии парадоксы попадают под шквальный огонь критики в связи со своей логической формой, сперва со стороны социнианцев в Раковском катехизисе 1605 года, чтобы затем быть полностью отвергнутыми в деизме (напр., см. «Христианство не загадочное» (*Christianity not Mysterious*) Джона Толанда [Toland 1696, особ.: 24–37]. Либеральная теология отвергает кенозис божественного Логоса точно так же, как и парадокс о двух природах, считая их метафизикой, чуждой религии; согласно ее сторонникам, в христологической догматике человек Иисус наделяется метафизическими «всеобщими понятиями» божества [Ritschl 1881: 39], в то время как Ритшль намеревается отменить порожденные такими метафизическими допущениями логические апории [Ritschl 1874, 3: 381 и сл.] путем сконцентрированности на земном «миссионарном действии» Христа [Ritschl 1881: 55]. Но вскоре нападки на христологические парадоксы приводят к сомнению в самом христианстве.

На «внешней границе» христианства стоит также произведенная Георгом Фридрихом Вильгельмом Гегелем инструментализация парадоксами вочеловечивания и смерти Бога для его диалектики духа. Еще в его ранней богословской работе «Дух христианства и его судьба» (*Der Geist des Christentums und sein Schicksal*; 1798/1799) упоминаются мотив уничижения и фигура раба из (Флп 2:7); именно это становится поводом для критики «двойственности природы», т. е. логической парадоксальности, которую «не забыть» (в подл.: «...nicht aus der Seele zu bringen», т. е. букв. «не изгнать из души») [пер. с нем. М. И. Левиной: Гегель 1975–1977,

1: 185]. Во второй части «Лекций по философии религии» (*Vorlesungen zur Philosophie der Religion*; 1821–1831) Гегель к этому возвращается: «*Христос* назван в Церкви *богочеловеком*, — это невероятное соединение полностью противоречит рассудку...» [пер. с нем. П. П. Гайденко: Гегель 1975–1977, 2: 279, выделено в ориг.]. «*Превращение*» смерти на кресте в воскресение, «*смерть смерти*», представляется ему «отрицанием отрицания», «*снятием непосредственной единичности*, непосредственного бытия и отчуждения» [там же: 290 и сл., выделено в ориг.]. Благодаря переводу на терминологический язык его диалектики духа, ср. [Dawe 1963: 105], Гегелю удается потом рассматривать христианство как «истинную религию» [пер. с нем. П. П. Гайденко: Гегель 1975–1977, 2: 280], не скрывая «удовлетворения» по поводу его инструментализации: «Эта смерть, однако, хотя и естественная, но есть смерть Бога, и она вызывает у нас такую удовлетворенность потому, что представляет собой *абсолютную историю божественной идеи*...» [там же: 291, выделено в ориг.]; «Для истинного сознания духа в смерти Христа уничтожена конечность человека» [там же: 293]. Но одновременно гегелевская система путем воображаемой трансформации христологии в диалектическую телеологию становится переносчиком христологических концепций: «Кенотический мотив является образчиком всей его [Гегеля] логики и онтологии» [Dawe 1963: 106].

### 2.11.7. Постхристианские апотропы парадокса

Подобно диалектической корректуре Гегеля, вмешательство Фейербаха состоит в ретемпорализации христологических парадоксов. В «Сущности христианства» (*Wesen des Christentums*) Фейербах предпринимает попытку «*перевернуть* религиозные изречения» [рус. пер.: Фейербах 1965: 92, выделено в ориг.] и сократить божественные атрибуты Христа до человеческих[315], и тем самым он выходит за пределы логос-христологических позиций

---

[315] «Воплощение есть не что иное, как фактическое, чувственное проявление *человеческого естества в* Боге» [Фейербах 1965: 81, выделено в ориг.].

## 2. Троп и парадокс, или Христология в противостоянии...

(см. 2.2.5) и моменты, заложенные в адопцианстве, арианстве или в издевательской христологии Цельса, возводит к следующей проекции:

> Но вочеловечившийся бог есть только *сделавшийся богом* человек, потому что нисхождению бога как человека должно непременно предшествовать *возвышение человека до бога* [Фейербах 1965: 81, выделено в ориг.].

Для Фейербаха в христианстве причина (человеческая проекция) и следствие (предположение о предваряющем божественном действии инкарнации) менялись местами [там же: 82]. В этом он усматривает основание для парадоксальности, которую он называет «противоречащей», отмечая тем самым свой взгляд на то, что следует генетически разрешать это противоречие: «Выражение "бог стал человеком" кажется нам глубоким и непостижимым, то есть *противоречивым*...» [там же: 82, выделено в ориг.], и эту противоречивость следовало бы устранить. Если просто перечеркнуть обмен причины на следствие, то снятие противоречия свершилось бы:

> Согласно учению церкви, воплощается не первое, а *второе* лицо божества... В действительности же... второе лицо является *истинным, целостным, первым лицом* религии. И только *без* этого посредствующего понятия, служащего исходным пунктом воплощения, последнее кажется таинственным, непостижимым, «умозрительным» [там же: 82 и сл., выделено в ориг.].

Попытку предложить другую форму редукции богочеловеческого парадокса до человеческого за несколько лет до этого предложил Давид Фридрих Штраус, также исходя из гегелевских предпосылок [Dawe 1963: 129], в своем труде «Жизнь Иисуса» (*Das Leben Jesu*; 1835). Во второй ее части, в «Мистической истории Иисуса в ее возникновении и формировании», Штраус описывает историю возникновения «мифов», выходящих за пределы свидетельств о жизни Иисуса, формулируя базовый принцип, из которого следуют все остальные:

> Вся предыстория Иисуса, раскрывающаяся нам в Евангелиях, развилась... из простого постулата новой веры, что Иисус есть Мессия. <...> Но Иисус как Мессия был еще и Сыном Божьим, и причем в самом строгом смысле этого слова: для авторов первого и третьего Евангелий это означало, что он был зачат святым духом во чреве матери своей без участия человеческого отца, что провозглашено и благовещено ангелами; для автора четвертого Евангелия это означало, что Иисус был воплощением Божественного Слова творящего, титул, по сравнению с которым не только происхождение от корня Давидова и рождение в городе Давидовом, но и идиллические пасторальные сцены при возвещении о Рождестве и самом рождении, кажутся задуманными слишком мелкомасштабно и выпадают из общего ряда как незначительные [Strauß 1920, 2: 1 и сл.].

Как видно из изложения, где отчетливо выделяется описание Иоанна, для христологии также и в интерпретации Штрауса особое значение имеет принятие понятия Логоса, по Филону [Strauß 1920, 2: 20–23] (ср. 2.2.5). Штраусу интересно заглянуть за «массу мифических ползучих отростков разного рода» [там же: 158], что оказывается практически неосуществимым, поскольку «Его [Иисуса] изначальная фигура тем самым уже вообще отсутствует» [там же]. Очищение от «ползучих отростков» позволило бы, однако, вырвать с корнем все парадоксальное:

> Твердо известно немногое, и как раз о том, на что преимущественно опирается церковная вера, о чудесном и сверхчеловеческом в свершениях и жизненных перипетиях Иисуса, скорее всего твердо известно, что этого не происходило [там же: 160].

Присоединяясь к Реймарусу (см. 2.7.2.4), Штраус видит единственный испытанный путь в «развитии христианской религии в направлении гуманитарной религии»; тогда Христос не больше чем лицо, в котором кристаллизуется существующая *a priori* «идея человеческого совершенства» [там же] — и тем самым смыкается дуга, ведущая к адопцианскому «Пастырю» Ерма (см. 2.7.2.2).

### 2.11.8. Следы парадокса в постхристианских комплексах

> Феномены секуляризации во многом зиждутся на этом духе языка, на задушевностях, которые он создал...
>
> [Blumenberg 1974: 132]

Когда обнаруживается, что парадоксальную христологию подстерегают опасности со столь многих сторон, но они не в состоянии снять связующую социальную силу христологии в целом, становится ясно, насколько грандиозна та стабилизирующая мощь, которую породила христология. Труд Штрауса «Жизнь Иисуса» становится стимулом для новой волны кенотической христологии, лютеровской неокенотики Эрлангенской школы [Breidert 1977: 24 и сл.]; подобно тому, как, с небольшой задержкой, также и в России (см. 4.4.4.5 и 6.9.2) ресакрализирующий протест против секуляризации способствует появлению новых вариантов кенотической модели.

Даже начатую Фейербахом радикальную критику христианства настигает структурная диалектика; ибо как раз в противоположность угрозе для парадокса со стороны внехристианских позиций, устойчивость христологических фигур мышления и речи выходит далеко за рамки христианской сферы: через традицию парадокса христологические практики встречаются также и в считавшихся секулярными постхристианских или целенаправленно антихристианских контекстах, таких как советский (см. 5.6.3.2). Принятая в христологии парадоксальная оценка страстного пути Христа вплоть до его возвышения становится основой мыслительных практик революции (ср. 5.5.4–5.5.5). Хотя базирующаяся на Гегеле революционная диалектика находится в напряженных отношениях с парадоксальной христологией (см. 2.11.7), но обе, согласно тезису данной работы, являются выражением обратно пропорционального пути мышления, который отрицает существующие внутримирные социальные условия (ожидает победы через отрицание, будь то революция или Апокалипсис) и, будучи имманентным отрицанием, уже постоянно склоняется к религиозности.

Расхожие представления о секуляризации, которые сводятся к тому, что религиозные парадоксы сами роют себе могилу[316], тем самым опровергаются. «Секуляризация» оборачивается скорее увековечением фигур парадокса вовне религиозного пространства, из которого они родом или с которым они ассоциируются при втором прочтении (ср. 5.6).

---

[316] Ср.: «Различные стратегии, которые разрабатывает "религия", чтобы сохранить за собой роль центра распределения власти в различных культурах и общественных устройствах, нуждаются в парадоксах и поэтому в конечном итоге из-за неспособности выносить напряженное противостояние, исходящее от этих парадоксов, приводят к краху и к распаду сознания» [Lease 1991: 468].

# 3. Метонимия и метафора, или Воплощения кенозиса

…dum servus videtur, et dominus adoratur[1].

Только когда сам Бог являет себя и открывается в качестве этого *единичного человека*, а дух, субъективное знание о духе как таковом становится истинным проявлением Бога, только тогда чувственность становится свободной, то есть она больше не связана с Богом, но обнаруживается как несоответствующая его образу; чувственность, непосредственная единичность пригвождается к кресту. Если Бог является и открывается в качестве *этого единственного*, тогда дух, субъективное знание о духе как таковом есть истинное явление Господа, только тогда чувственность свободна; т. е. она более не обручена с Господом, а показывает себя как неподобающая его образу: чувственность, непосредственная единичность пригвождается к кресту.

[Гегель 1975–1977, 2: 148, выделено в ориг.]

### 3.0. Богословское целеполагание относительно кенозиса

Результатом парадоксального устройства христологических формул согласия является не только всякий раз заново возникающее когнитивно-критическое недоумение: неужели Богочеловек задуман столь парадоксально (см. 2.11), а — там, где парадокс принят как таковой — дальнейший вопрос о том, почему

---

[1] «…видя раба, молились Господу» [Феофил Александрийский; PL 22,776].

для Господнего смотрения потребовалась такая парадоксальная конструкция, «qua scilicet ratione vel necessitate Deus homo factus sit»[2]: зачем вообще такое вочеловечивание, которое вызывает столь парадоксальные выражения? Вопрос Ансельма Кентерберийского «Почему Бог — это человек?» (*Cur deus homo*?; 1098) сам по себе парадоксален, особенно если толковать отсутствующий глагол как глагол настоящего времени, то есть как описание одновременного напряжения между божественностью и человечностью Бога (однако это напряжение по большей части ликвидируется путем сглаживающего перевода «Почему Бог стал человеком?»).

В ходе христологических дебатов было много ответов на вопрос, почему именно случились воплощение и самоуничижение Христа. Различные целеполагания создают своеобразную аргументативную ткань, в которой А не исключает ни Б, ни В. Кроме того, те из указанных функций, о которых прежде всего пойдет речь в этой части — воплощение Бога в «μορφὴ δούλου» («образ раба») в (Флп 2:7) как отображение, представление и замещение, — невозможно полностью отделить от прочих предлагаемых функций. Среди целеполаганий воплощения Христа практически не встречаются кенотические точки зрения[3], например в реформатском, а также лютеровском учении о тройном служении Христа[4].

### 3.0.1. К вопросу «экономики» кенозиса

Напротив, в высокой степени кенотичны все целеполагания воплощения и уничижения, которые — в широком смысле —

---

[2] «По какой именно причине или необходимости Бог стал человеком...» [*Cur d.h.* I 1; PL 158,361C].

[3] Как не всякая цель воплощения Логоса является кенотической, так и не всякое нисхождение Логоса представляется как таковое: в этом смысле рассказ о Троице описывает нисхождение без телесного кенозиса.

[4] Царское, священническое и пророческое служение. Эта трехчастная форма утвердилась при Кальвине в его *Institutio*. Например, в самой распространенной русской догматике «Православно-догматическое богословие» московского митрополита Макария она является несущей конструкцией христологии [Макарий 1895, 2: 117–181].

оформлены «экономически», то есть включают представление об обмене, покупке или пользе: А отдает нечто, что напрямую получает не обязательно Б, но Б получает взамен нечто иное в качестве встречной услуги[5]. Уменьшение обладания А поставлено во взаимосвязь с увеличением обладания Б (или с уменьшением дебета), так что достигается обратно-пропорциональное распределение расходов и запросов: прибыль Б становится возможной благодаря убытку А.

### 3.0.2. Избавление

Сам по себе христологический гимн Послания к Филиппийцам не содержит «никакого прямого сотериологического высказывания в пользу христиан» [Berger 1994: 211]. Косвенно намеченный там аспект избавления выведен из других мест текста. Выгодоприобретателем уничижения А (Христа) для аргументирующих таким образом людей является человек: (2 Кор 8:9) предоставляет обоснование кенозиса, распределяя уничижение и возвышение между отдающим А (богатый господин становится бедным) и принимающим Б (бедные люди становятся богатыми), и таким образом происходит взаимообмен — как «экономико-надэкономическое» действие по отношению к любви: «...γινώσκετε γὰρ τὴν χάριν τοῦ Κυρίου ἡμῶν Ἰησοῦ Χριστοῦ, ὅτι δι' ὑμᾶς ἐπτώχευσε, πλούσιος ὤν, ἵνα ὑμεῖς τῇ ἐκείνου πτωχείᾳ πλουτήσητε»[6].

Также и пассаж 2:9–18 из Послания к Евреям содержит аргументацию при помощи отношений даяния; цель самоуничижения — освобождение человека от смерти и от диавола (Евр 2:14 и сл.), которое возможно только благодаря тому, что Иисус Христос «во всем уподобился братиям» (Евр 2:17).

---

[5] Отношения обмена почти всегда мыслятся как символические в духе «символического обмена» Бодрийяра [Baudrillard 1976: 204 и сл.]; см. также [Bergfleth 1991: 370 и сл.]; о связи с жертвенной смертью ср. [там же: 381 и сл.].

[6] «Ибо вы знаете благодать Господа нашего Иисуса Христа, что Он, будучи богат, обнищал ради вас, дабы вы обогатились Его нищетою» (2 Кор 8:9).

Отношения приобретения выгоды — Христос для людей — проясняет повторяемую у Отцов Церкви (напр., у Афанасия Великого) *ad infinitum* формулировку: «ὑπὲρ ἡμῶν» (ради нас; см., напр., [Филарет 2002: 56 § 151]). Дело в том, что для Афанасия одной из функций самоуничижения является именно сотериологическая — возвышение людей[7]. Предельное понятие для этого возвышения — обо́жение («θέωσις» или «θεοποίησις»; ср. 2.6.2.2); в программно-заостренном виде оно появляется, однако, только у Дионисия Псевдо-Ареопагита [PG 3,376AB] и у Максима Исповедника [PG 90,321A]. Опора на эти источники сделала обо́жение важным фактором как для русского православия в целом, так и для русской религиозной философии в частности [Goerdt 1995: 207–210, 646].

Сотериология в латинском Средневековье вырастает до центрального вопроса; догматическая христология отступает под сень основополагающих принципов сотериологии; даже у величайшего систематика этой эпохи, Фомы Аквинского, вычитывается эта несамостоятельная позиция христологии как придатка, когда он напрямую соединяет христологию и сотериологию [Hoping 2004: 126 и сл.]. Наконец, от сотериологии кенотическая христология получает ключ к теодицее, как это видит Семен Франк:

> ...идея сошедшего в мир добровольно страдающего, соучаствующего в человеческих мировых страданиях Бога — страдающего Богочеловека — *есть единственно возможная теодицея*, единственно убедительное «оправдание» Бога [Франк 1964: 264, выделено в ориг.][8].

---

[7] «...οὕτως ἐν αὐτῷ τῷ Χριστῷ πάλιν ἡμεῖς ὑπερυψωθῶμεν, ἔκ τε τῶν νεκρῶν ἐγειρόμενοι, καὶ εἰς οὐρανοὺς ἀνερχόμενοι...» («...так в самом Христе мы, в свою очередь, превозносимся, и из мертвых восстаем, и на небеса восходим...») [PG 26,97A].

[8] Ср. также [Мацейна 2002: 154].

### 3.0.3. Дар

Во многих смыслах самым известным топосом общинной практики является любовь и ее чистый дар; Бог настолько возлюбил людей, что вручил им изобильный подарок — своего Сына: «...οὕτω γὰρ ἠγάπησεν ὁ Θεὸς τὸν κόσμον, ὥστε τὸν υἱὸν αὐτοῦ τὸν μονογενῆ ἔδωκεν, ἵνα τᾶς πᾶς ὁ πιστεύων εἰς αὐτὸν μὴ ἀπόληται, ἀλλ᾽ ἔχῃ ζωὴν αἰώνιον»[9]. Но этот дар любви Сына состоит как раз в жертвовании им, как говорится в Первом Послании Климента Римского: «...διὰ τὴν ἀγάπην, ἥν ἔσχεν πρὸς ἡμᾶς, τὸ αἷμα αὐτοῦ ἔδωκεν ὑπὲρ ἡμῶν Ἰησοῦς Χριστὸς ὁ κύριος ἡμῶν ἐν θελήματι θεοῦ...» (1 Клим 49:6).

В двойном кенотическом дарении любви — воплощении и крестной смерти — реализуется милостивый дар Господа («τὴν χάριν ἐδωρήσατο» [PG 65,933A]). Эта милость должна навсегда остаться лишь даром по ту сторону любой возвратности; грешник никогда не может получить его за собственные заслуги[10], и она всегда ломает рамки человеческого обмена. Этот милостивый дар не побуждает получающего к ответному дару, он освобождает его[11]. Парадоксальным образом из чистого с виду дара Христа выводится, однако, наставление о подражании Христу.

Примечательно в этой связи толкование функции вочеловечивания и повторного уничижения, которое предлагает Григорий Богослов: наряду с обычными мотивами дарения жизни и воскресения Григорий называет свободу для людей: «...δούλου μορφὴν ἔλαβεν, ἵνα τὴν ἐλευθερίαν ἡμεῖς ἀπολάβωμεν»[12], — что попутно возвращается у Ансельма Кентерберийского [Plasger 1993: 150] и позже переносится на революционные представления о смысле индивидуальных жертвенных действий для коллективного освобождения.

---

[9] «Ибо так возлюбил Бог мир, что отдал Сына Своего Единородного, дабы всякий верующий в Него не погиб, но имел жизнь вечную» (Ин 3:16).

[10] С этим конкурирует католическая практика отпущения грехов (см. 3.0.5).

[11] Ср. анализ проблематики дара у Деррида [Derrida 1991]; [Деррида 1993: 172].

[12] «Он принял облик раба, чтобы мы получили свободу» [PG 35,397C–400A].

### 3.0.4. Жертва

Если самоуничижение, страдания и смерть Христа задуманы как чистый, чрезмерный дар, ломающий рамки человеческого обмена, то это соответствует экономике жертвы, см. [Brandt 2000: 250], в любом случае однократной, выпадающей из культового контекста [там же: 270].

Еще в Ветхом Завете звучит критика языческих жертвенных культов — сосредоточившись на фигуре жертвенного агнца (Ис 1:11). Наоборот, в Новом Завете представление об «агнце Божьем» воспринимается позитивно (Ин 1:29)[13]; Христос и «кровь агнца» соединяются вместе (Апок 12:10 и сл.). В других местах, напротив, перенимается ветхозаветный протест против религиозных жертвенных действий, особенно в (Евр 10:5–8), чтобы тут же вновь вернуться к принесенному в жертву телу Иисуса Христа: «...ἐν ᾧ θελήματι ἡγιασμένοι ἐσμὲν διὰ τῆς προσφορᾶς τοῦ σώματος Ἰησοῦ Χριστοῦ ἐφάπαξ»[14]. Также и дальнейшая история концепции жертвы[15] остается неоднородной; в то время как Августин продолжает использовать фигуру жертвы [О граде Божьем, De civitate Dei X 6], до наших дней наряду с этим доходит критика понятия жертвы, ср. [Dalferth 1995: 287], которое, между прочим, создало лазейку для иного прочтения жертвы Христа у Фрейда как рефлекса на Эдипов комплекс, содержащий желание убийства отца [Freud 1991: 208 и сл.].

Ближе, чем Фрейд, подходит к «*само*пониманию» христианства Рене Жирар [Koschorke 2001: 108, выделено в ориг.]. Для него Евангелия в страстях Христовых инсценируют те же топики жертвы, «как и во всех мифологиях мира» [Girard 1982: 148]. За религиозным осмыслением стоит социальный автоматизм, по-

---

[13] «...ἴδε ὁ ἀμνὸς τοῦ θεοῦ ὁ αἴρων τὴν ἁμαρτίαν τοῦ κόσμου». Ср. [Stock 1995–2001, 4: 292].

[14] «По сей-то воле освящены мы единократным принесением тела Иисуса Христа» (Евр 10:10). Брандт поясняет, что для этого самоуничижение важнее, чем смерть на кресте [Brandt 2000: 270].

[15] В меньшей степени речь идет о терминах («θυσία», «προσφορά»; см. [Moll 1975: 183–189]), нежели об оценке.

требность толпы в козле отпущения. Неоднородность Нового Завета при оценке жертвы является, таким образом, симптоматичной, поскольку, согласно видению Жирара, «...Евангелия разоблачают механизм козла отпущения, не называя его так» [там же: 160]. О том факте, что Иисус — это козел отпущения, «...говорит уже сам текст, причем как можно отчетливее, называя жертву агнец Господень» [там же: 170]. Хотя Жирар позже не отказывается от этой интерпретации [Girard 1999: 240], он видит в эксплицитности механизма жертвы преодоление скрытого автоматизма мимесиса насилия (ср. 8.2.3). Однако и теперь Жирар по-прежнему считает, что «Иисус — это коллективная жертва» [Girard 1999: 191 и сл.]. Но только «жертвенный механизм... не может покорить себе текст, в котором он отчетливо выражен — Евангелия» [там же: 227]. Жирар утверждает тем самым парадоксальный «триумф креста»: «Вырывая из мрака механизм жертвы, которым он должен себя окружать, чтобы всем управлять, крест ставит мир на голову» [там же: 220]. На место отмененного Иисусом имитационного механизма (механизма имитации насилия как некоей имитации самовозвышения) приходит противоположный, позитивный, но не менее имитационный механизм — *imitatio exinanitionis Christi*[16].

### 3.0.5. Satisfactio

Откровенно «экономические» формулировки встречаются в Новом Завете и в греческой святоотеческой литературе скорее редко. Впрочем, в Послании к Колоссянам разговор ведется в категориях долгового обязательства и погашения долга: «...ἐξαλείψας τὸ καθ' ἡμῶν χειρόγραφον τοῖς δόγμασιν, ὃ ἦν ὑπεναντίον ἡμῖν...»[17]. А в Апокалипсисе с закланием агнца и, соответственно,

---

[16] Стренски показывает, что Жирар представляет направление христоцентризма французской католической реакции, даже когда он отвергает понимание Христовой жертвы как насильственной [Strenski 1993: 204 и сл.].

[17] «...истребив учением бывшее о нас рукописание, которое было против нас...» (Кол 2:14).

с жертвой Христа увязывается представление о выкупе грешных людей «для Господа»[18] — то есть у продавца — диавола. Центральным понятием становится плата за «выкуп» (*redemptio*) диаволу, как это формулирует Ансельм Кентерберийский (*Cur d.h.* I 6; PL 158,366A)[19].

Мысль о жертвоприношении легитимизуется прежде всего в западном Средневековье. Ансельм Кентерберийский разрабатывает свою теорию, важнейшую в этом плане, вокруг ключевого понятия «удовлетворения» (*satisfactio*; [*Cur d.h.* I 20; PL 158,392A–393B]). Человек своим грехом «ущемил честь Господа» [*Cur d.h.* I 11; PL 158,376C][20], и теперь его обязанность предоставить сатисфакцию. Измеряемая величиной греха сатисфакция[21] грешника, концептуализированного как должник, добровольно взята на себя Христом и искуплена. Чтобы этого достигнуть, Христу пришлось стать таким, как человек-должник. То есть Богу пришлось стать человеком, чтобы Богочеловек смог искупить человеческую вину: «…satisfactio, quam nec potest facere nisi Deus, nec debet nisi homo; necesse est ut eam faciat Deus homo»[22].

При этом в меньшей степени действует гомеопатический принцип, нежели экономика чрезмерного: искупительная жертва Христа погашает вину, «…ut sufficere possit ad solvendum quod pro peccatis totius mundi debetur, et plus in infinitum»[23]. Это «сверх-

---

[18] «…ὅτι ἐσφάγης, καὶ ἠγόρασας τῷ Θεῷ ἡμᾶς ἐν τῷ αἵματι σου…» («…ибо Ты был заклан, и Кровию Своею искупил нас Богу…») (Апок 5:9).

[19] Ср. [Plasger 1993: 142–144].

[20] К изложению понятия чести см. [Plasger 1993: 85–98].

[21] «Quod secundum mensuram peccati oporteat esse satisfactionem» («Что удовлетворение должно соответствовать мере греха») [*Cur D.h.* I 20; PL 158,392A].

[22] «…удовлетворение, которое никто не может принести, кроме Бога, и которое никто не задолжал, кроме человека; [поэтому] необходимо, чтобы его принес Богочеловек» [*Cur D.h.* II 6; PL 158,404AB].

[23] «…чтобы хватило для уплаты того, что причитается за грехи всего мира, и даже бесконечно больше» [*Cur d.h.* II 18; PL 158,425C].

экономическое» уточнение не помешало тому, что с представлением о чистилище, которое формирует западное Средневековье[24], и в критикуемой Лютером католической практике отпущения грехов реализовалась экономико-правовая сделка обмена.

Учение Ансельма о сатисфакции создало традицию прежде всего в англосаксонской христологии; *atonement* рассматривается здесь как ядро христологии, см. [Rupp 1974: 2–4]. Насколько западно-англосаксонское учение об удовлетворении само по себе (а не только практика отпущения грехов) функционировало с экономико-правовой точки зрения, в католицизме остается вопросом спорным [Hoping 2004: 125 и сл.]; с протестантской, см. [Plasger 1993: 108], и в особенности с православной точки зрения, однако это учение слишком близко к меркантильному принципу соотносительности, к обмену и договору[25]. Поэтому авторы более поздних западных исследований предпочитают переводить *satisfactio* как «очищение» [там же: 124].

### 3.0.6. ἀνακεφαλαίωσις[26]

Но почему люди вообще низменны и нуждаются в возвышении? И это возбуждаемое большинством религий предположение должно найти свое обоснование в метафизической системе христианства; как и в случае с выкупом, это система исцеляюще-историко-философская: Ириней Лионский использует для этого редкое слово Нового Завета — «ἀνακεφαλαίωσις», — для которого Лампе приводит значения «резюмирование», «обобщение»

---

[24] На фоне этого меркантильного рутинного мышления наблюдается и появление представления о чистилище на Западе в 1170-е годы [Auffarth 2002: 193–198].

[25] См. [Pelikan 1971: 147–149]. Среди русских сотериологов особенно отчетливо такую склонность обозначил Хомяков [Хомяков 1995: 132]. Тот факт, что в православной традиции институты практической набожности, такие как жертвование свечей, заказ молебнов и литургических услуг у монастырей, базируются для получающих деньги учреждений также на концепции экономического обмена, ср. [Steindorff 1994: 169–205], дело иное.

[26] Рекапитуляция, обобщение.

и «возобновление» [Lampe 1961: 106]. В Послании к Ефесянам оно используется, чтобы указать место Христа в божественном домостроении: «...εἰς οἰκονομίαν τοῦ πληρώματος τῶν καιρῶν, ἀνακεφαλαιώσασθαι τὰ πάντα ἐν τῷ Χριστῷ...»[27]. Точкой отсчета для Иринея служит грех Адама — взаимосвязь, которая изложена в Послании к Римлянам (Рим 5:19–21). Комбинируя первородный грех и домостроение, Ириней разрабатывает теорему о том, что кенотическая жертва Христа компенсировала грехопадение Адама, а его уничижение и возвышение «обобщают» историю мира; просопопейя Адама, который у Иринея (и у других авторов), с историко-философской точки зрения, несет ответственность за начало и одновременно с морально-философской точки зрения за вину [Iren. *Adv. haer.* V 16, 1], может быть наглядно исцелен только с помощью другой просопопейи — Христа. Во всяком случае, именно это вычитывается в риторике Иринея о параллелизме и антитезе:

> Et antiquam plasmationem in se recapitulatus est, quia quemadmodum per inobaudientiam unius hominis introitum peccatum habuit et per peccatum mors obtinuit, sic et per obaudientiam unius hominis iustitia introducta vitam fructificat his qui olim mortui erant hominibus[28].

О кенозисе речь у Иринея заходит метонимически в цитате из (Флп 2:8):

> Dissolvens enim eam quae ab initio in ligno facta fuerat hominis inobaudientiam, «obaudiens factus est usque ad mortem, mortem autem crucis», eam quae in ligno facta fuerat inobaudientiam per eam quae in ligno fuerat obaudientiam sanans. <...>

---

[27] «...в устроении полноты времен, дабы все небесное и земное соединить под главою Христом...» (Еф 1:10).

[28] «И Он восстановил в Себе древнее создание [человека]. Ибо как непослушанием одного человека вошел грех и чрез грех появилась смерть, так чрез послушание одного человека введенная праведность оплодотворит жизнь людям, бывшим некогда мертвыми» [*Adv. haer.* III 21, 10; рус. пер. П. Преображенского: Ириней 2008: 308].

manifeste ipsum ostendit Deum, quem in primo quidem Adam offendimus, non facientes eius praeceptum, in secundo autem Adam reconiliati sumus, obaudientes usque ad mortem facti[29].

Мефодий, напротив, отчетливо связывает «ἀνακεφαλαίωσις» с кенозисом: «...ὁ Χριστὸω κενώσας ἑαυτὸν, ἵνα χωρηθῇ κατὰ τὴν ἀνακεφαλαίωσιν... τοῦ πάθους...»[30]

### 3.0.7. Посредник и средство

Одна из заведомых целеустановок, которые нельзя недооценивать, заключается в том, что самоуничижение Христа расценивается как акт посредничества между Богом и человеком. Когда говорят о Христе как «посреднике» («μεσίτης», или *mediator*)[31], то это распространенная формула, которая применена была исторически скорее для того, чтобы примирить между собой отчетливо противостоящие одна другой целеустановки[32]. У одного только Августина имеется более 200 таких мест, неоднократно со ссылкой на (Флп 2:7), к примеру, «...quando in forma servi, ut mediator esset...»[33]. Кальвин характеризует задачу Христа обобщенно как *mediatoris officium*[34]. И тем не менее в этих рутинных оборотах речи, конечно, было заложено понимание того, что

---

[29] «Ибо Он, разрушая непослушание человека, бывшее вначале относительно древа, "был послушен даже до смерти, и смерти крестной", бывшее на древе непослушание исправляя чрез послушание на древе (крестном). <...> Он чрез то ясно показал Того же Бога, Которого мы в первом Адаме оскорбили неисполнением Его заповеди и с Которым мы примирились во втором Адаме, "быв послушны даже до смерти"» [Iren. *Adv. haer.* V 16, 3; рус. пер. П. Преображенского: Ириней 2008: 488].

[30] «...Христос уничижил себя, чтобы вместить в себя всю сумму страдания...» [PG 18,73B].

[31] Классическая цитата для этого — (1 Тим 2:5). Энциклика «Посредник между Богом и людьми» (*Mediator Dei et hominum*) папы Пия XII (1947) выстраивает всю аргументацию, опираясь на строку из Послания к Тимофею.

[32] Ср. [Iren. *Adv. haer.* 3, 18, 7] или [PG 26,1024B]. См. также 4.3.9.3.

[33] «...когда Он был в образе раба, чтобы быть посредником...» [*De civitate Dei* IX 15; PL 42,269].

[34] «Служение посредничества» [*Inst.* II 14, 4].

Христос предоставляет мост, связь между разобщенными без него полюсами, среду, которая функционирует как носитель Благой вести.

### 3.1. Оформление в Иисусе Христе и по Его образу и подобию

> ...каковы бы ни были эти смыслы, чтобы войти в наш опыт (притом социальный опыт), они должны принять какое-либо временно-пространственное выражение, то есть принять *знаковую* форму, слышимую и видимую нами (иероглиф, математическую формулу, словесно-языковое выражение, рисунок и др.).
> *[Бахтин 1975: 406, выделено в ориг.]*

«Посредник Христос» имплицитно прочитывается как знак, как свидетельство божественного деяния — милости, любви и т. д. Наряду с этим момент указания, обозначения также возвышается и до эксплицитной цели, которая не должна отодвигаться в задний ряд: самоуничижение Христа как акт самообнаружения и самообозначения божественного в постижимых для человека, считаемых как знаки, наглядных формах. Понятно, что этот аспект играет ключевую роль для предлагаемого литературоведческого подхода к кенотической христологии. Речь идет о вопросе *изображения кенозиса и кенозиса как изображения*. В известной *sedes doctrinae* (Флп 2:5–11), как показывает ее развитие в патристике, момент превращения в опознаваемое лексически передается через «ἐν μορφῇ Θεοῦ ὑπάρχων... μορφὴν δούλου λαβών»[35]. Насколько определяющей связь с этим фрагментом как источником стала для греческой христологии, доказывает тот факт, что «μορφή» в патристике чаще всего упоминается с прямым указанием на «μορφὴ δούλου» («образ раба») (Флп 2: 7); [Lampe 1961: 885].

---

[35] «Он, будучи *образом* Божиим... приняв *образ* раба» (Флп 2:6 и сл., выделено Д. У.).

### 3.1.1. Двояким образом (forma Dei и forma hominis)

Как в (Флп 2:6 и сл.), «μορφὴ δούλου» («образ раба») часто встречается в патристике в связи и в отказе от «μορφὴ Θεοῦ» («образ Божий»). При этом, что касается лексемы «μορφή», то речь идет о двух природах Христа, то есть о христологическом парадоксе (см. 2), как, скажем, в греческой версии *Tomus Leonis*:

> Τοιγαροῦν ὃς μένων ἐν μορφῇ Θεοῦ, πεποίηκε τὸν ἄνθρωπον, αὐτὸς ἐν μορφῇ δούλου γέγονεν ἄνθρωπος·... καὶ ὥσπερ οὐκ ἀναιρεῖ τὴν τοῦ δούλου μορφὴν ἡ μορφὴ τοῦ Θεοῦ, οὕτως τὴν τοῦ Θεοῦ μορφὴν ἡ τοῦ δούλου μορφὴ οὐκ ἐμείωσεν[36].

### 3.1.2. Во образе человеческом (in formā hominis)

Если греческие Святые Отцы сосредоточивают свое внимание на образе человеческом, то это происходит, как правило, в ересиологическом дискурсе, прежде всего в ходе борьбы с докетизмом: «...μορφὴν λέγων δούλου, καὶ οὐχὶ αὐτὸν τὸν δοῦλον ἀνειληφέναι, καὶ ἐν σχήματι λέγων τὸν Κύριον γεγενῆσθαι, ἀλλ᾽ οὐχὶ αὐτὸν τὸν ἄνθρωπον...»[37] «Μορφή» при этом, как и «σχῆμα»[38], скорее опасное понятие, которого следует избегать — внушает ли он нам видимую иллюзию или риторическую неподлинность, и то и другое призвано сузить истинную бытийность вочеловечивания — как открытая речь о Боге в человеческом образе и даже о воплощении как придании образа. Впрочем, Бергер напоминает о том, что «μορφή» «является в других случаях выражением достоинства и знатности» [Berger 1994: 211].

---

[36] «Точно так же [как] он, будучи во образе Божьем, сотворил человека, он же во образе раба стал человеком... и как образ Божий не упраздняет образа раба, так и образ раба не умалил образ Божий» [PL 54,766A]. Лат.: «Proinde qui manens in forma dei fecit hominem, in forma servi factus est homo... et sicut formam servi dei forma non adimit, ita formam dei servi forma non minuit» [COD 78].

[37] «...[Валентин] говорит, что [Христос] принял "образ раба", а не "стал рабом", и что Господь принял образ [человека], но сам не стал человеком...» [PG 32, 969C]; см. также 2.3.1.1.

[38] Ср. [PG 96,552B]. Встречающееся в (Флп 2:7) наряду с «μορφή» слово «σχῆμα» является риторическим понятием [*Brut.* 17, 69], которое изредка встречается у греческих Святых Отцов также и в этом смысле [Lampe 1961: 1359].

### 3.1.3. В качестве образа Божия (formā Dei)

Напротив, совершенно целенаправленно мысль об образе развивается у Мария Викторина Афра, когда он «ἐν μορφῇ Θεοῦ» («во образе Божьем») из (Флп 2:6) практически читает как именительный падеж. Тем самым Марий Викторин дает нам своеобразное, но не отвергаемое в качестве еретического прочтение (Флп 2:6 и сл.), [PL 8,1207CD], своего рода метафизику Христа *как образа Божия*: «Christus ergo Dei forma est»[39], что Марий Викторин объясняет так:

> Dictum est enim quod [Christus] forma Dei esset. Quid autem sit Dei forma? non figura, non vultus, sed imago et potentia... circumformatur enim et definitur quodammodo, id est in considerationem et cognoscentiam devocatur[40].

Согласно этим словам, происходит, таким образом, распознание непознаваемого Божественного, этого *Deus absconditus* — как поясняет Эрнст Бенц: «Для интеллекта постижимо только то, у чего есть форма» [Benz 1932: 83]. Вдохновленная неоплатониками теория Мария Викторина пользуется лицами Отца и Сына, чтобы описать космогонический процесс отображения[41]: «Отец и Сын состоят, таким образом, в реальных метафизических образных отношениях между собой» [там же: 86].

Даже если вряд ли кто-то еще из Святых Отцов идет на замену падежа, предложенную Марием Викторином, греческие Святые Отцы также понимают воплощение как процесс, который обеспечивает людям познание божественного. Василий Великий,

---

[39] «Следовательно, Христос есть образ Божий» [PL 8,1207C].

[40] «Утверждается, что [Христос] есть образ Божий. Но что же такое образ Божий? Не наружный вид, не черты лица, но отражение и возможность. <...> Он в известном смысле оформляется и определяется, что призвано служить для рассмотрения и познания» [PL 8,1207CD].

[41] К вопросу, не удаляется ли при этом Марий Викторин от исторического воплощения и кенозиса в умозрительные высоты, см. [Benz 1932: 106–118]. О космогонических переносах кенотической модели ср. 4.4.4.5.

## 3. Метонимия и метафора, или Воплощения кенозиса

например, считает, что с помощью «μορφὴ δούλου» начинает действовать двойная направленность познания:

Ὥστε ἡ τοῦ Υἱοῦ ὑπόστασις οἱονεὶ μορφὴ καὶ πρόσωπον γίνεται τῆς τοῦ Πατρὸς ἐπιγνώσεως· καὶ ἡ τοῦ Πατρὸς ὑπόστασις ἐν τῇ τοῦ Υἱοῦ μορφῇ ἐπιγινώσκεται...[42]

Это представление утверждается как в западной, так и в восточной церквах, ср. [Frugoni 2004: 83–85]. Самое позднее, в XVI веке эта мысль отмечается в России [Голейзовский 1981: 134]. В труде «Икона и иконопочитание» позицию Мария Викторина подхватывает и Сергей Булгаков: «Христос как истинный человек в человечности Своей есть икона Божества...» [Булгаков 1999: 279].

### 3.1.4. Становление образа
### (in formam hominis)

За свободной интерпретацией падежных отношений в перикопе Филиппийцам у Мария Викторина кроется та точка зрения, что через вочеловечивание, которое ранее (см. 1.4.4) расценивается как первичная материализация, открылся путь к становлению образа божественного, к «μόρφωσις» («образование»). Автор родом из Африки, и этого греческого термина не приводит, но его хорошо знает Климент Александрийский: «Εὐθὺς οὖν ὁ Σωτὴρ ἐπιφέρει αὐτὴν μόρφωσιν τὴν κατάγνωσιν καὶ ἴασιν τῶν παθῶν, δείξας ἀπὸ Πατρὸς ἀγεννήτου τὰ ἐν Πληρώματι καὶ τὰ μέχρι αὐτῆς»[43].

Существительное «μόρφωσις» ни в коем случае не представляет собой единственный дериват, от которого происходит павлианское «μορφή»: словно нанизанные на одну нить, возникают такие производные понятия у папы Юлия I:

---

[42] «И как ипостась Сына как бы становится образом и лицом, ведущим к познанию Отца, так и ипостась Отца познается в образе Сына...» [PG 32,340C].

[43] «Тот же час Спаситель приводит этот образ [раба] к осуждению и исцелению страданий, явив от безначального Отца свойства в полноте и до пределов его [образа]...» [PG 9,680C].

> Ὁ θεὸς οὖν ὁ ἐνανθρωπήσας ὁ κύριος καὶ προὔχων τῆς γεννήσεως, εἰ καὶ γεγέννηται ἀπὸ γυναικὸς, κύριος ὢν εἰ καὶ μεμόρφωται κατὰ τοὺς δούλους, πνεῦμα ὢν εἰ καὶ σὰρξ κατὰ τὴν ἕνωσιν τῆς σαρκὸς ἀποδέδεικται, οὐχ ἄνθρωπος ὢν κατὰ τὸν ἀπόστολον εἰ καὶ ἄνθρωπος ὑπὸ τοῦ αὐτοῦ κηρύσσεται, καὶ τὸ ὅλον εἰπεῖν, ἀόρατος θεὸς ὁρατῷ σώματι μεταμορφούμενος ἄκτιστος θεὸς κτιστῇ περιβολῇ φανερούμενος, κενώσας μὲν ἑαυτὸν κατὰ τὴν μόρφωσιν, ἀκένωτος δὲ καὶ ἀναλλοίωτος καὶ ἀνελάττωτος κατὰ τὴν θείαν οὐσίαν[44].

Примечательно, что Юлий применяет к Христу также и глагол «μεταμορφεῖν» («превращаться»).

Из всего этого становится ясно, что не только христологическая антириторика сама себя деконструирует — согласно парадоксу (см. 2.10.1), теперь и через «μορφή», «μόρφωσις» и «σχῆμα»[45] — но и что исключение перемены («τροπή», «μεταβολή»; см. 2.3.3) в божестве выдерживается не на сто процентов: там, где не приводятся четкие аргументы против теопасхизма, там относящаяся к «μορφή» языковая деривация — так сказать, своим ходом, без посторонней помощи — вносит понятия, связанные с переменой, в христологию. Необходимость повествования о Христе вводит в христологию как — потенциально докетический — образ, так и — потенциально теопасхистскую — перемену образа; именно к этой нарративной неотъемлемости может привязываться литература — в виде литературных образов или персонажей, и в виде повествования об изменениях (см. 5–10).

---

[44] «Вочеловеченный Бог Господь наш существовал одновременно до рождения, и был рожден женщиной, был господином и принял образ раба, был духом, невзирая на то, что через единение с плотью была явлена плоть, не был — согласно апостолу — человеком, хотя тот хвалил его как человека, и говорил все нижеследующее: "Бог невидимый воплотился в видимую плоть, несотворенный Бог явился в сотворенном окружении, опустошил себя самого в соответствии с воплощением, но был неопустошаем, и неизменен, и неумалим по божественности природы своей"...» [PL 8,873D–874A].

[45] О христологическом применении этого родственного с риторикой термина см. 3.1.2.

### 3.1.5. Наделение образом против оформления

> Repraesentare autem est 1. Significare...
> 2. Rem praesentem facere[46].

Из того двойного описания, которое Василий Великий указывает относительно познания — от образа Сына к Отцу и от Отца к познанию в Сыне (см. 3.1.3), — видно, что «μόρφωσις», или, соответственно, воплощение, — функционирует в двойном смысле — как становление образа, вместе с которым с позиций богословского логоцентризма внушается, что некое содержание, которое до сих пор существовало, не обладая формой, теперь форму обретает, но что это наделение формой прежде всего инициировано бесформенным содержанием, которое, хотя в форме и отсутствует, но воссияет позади него[47]. Одновременно такое воплощение происходит и наоборот — как моделирование некоего лишь мнимо фиксированного (догматического) содержания посредством его оформления людьми (через культуру)[48]. Христология подвергается воздействию через формы ее воплощения[49], так что это оформление ни в коем случае не является только *elocutio*, но и *inventio Christi* (ср. 1.6.1 и 2.9.1).

---

[46] «Но репрезентировать означает: 1) обозначать... 2) делать некую вещь наличествующей» [Goclenius 1613: 981].

[47] Так гласит провозглашенная Кевином Хартом деконструктивная интерпретация метафизики [Hart 1989: 11 и сл.], которая в понимании Деррида свойственна любой теологии [там же: 21].

[48] Развитие спектра медиальных оформлений догматического содержания было предпринято еще Алексом Штоком в его «Поэтической догматике» [Stock 1995–2001].

[49] Чем сильнее немецкое понятие *Gestalt* («образ») заражалось определенной, простирающейся до Эрнста Юнгера традицией [Franz 1995: 5–7], тем все более повсеместным становилось угасание абсолютно по-другому ориентированной, а именно христологической понятийной традиции в немецкой истории этого понятия [Metzger/Strube 1974]; [Franz 1995]; [Buchwald 2001]; исключение составляют историко-понятийные аспекты в систематико-теологической версии Манца [Manz 1990: 49–126]. Поскольку здесь речь идет о христологической понятийной традиции, использование понятия образа (*Gestalt*) может быть простительным. Впрочем, сюда можно добавить ту

I. Риторика христологии

Именно это двойное прочтение момента познания вырабатывает деконструктивная критика относительно логоцентрического понятия репрезентации. В то время как теология ставит означающее на второе место после *prius*'а трансцендентного сигнификата, деконструкция утверждает предшествование означающего [Derrida 1967]. Представление об инкарнационном становлении образа обслуживает — если рассматривать дело так — логоцентрическое представление о теофании как становлении присутствия божественного и предвидении сакрального как знаменательном акте[50]; это провидческое становление присутствия мыслится в христологии как идущее от агенса[51], а не от знака. Напротив, сигнификативная теория деконструкции видит человеческое оформление с помощью знаков как такой процесс, который перформативно конституирует и референта. Эти позиции непримиримо противостоят одна другой: так о чем идет речь — о самообозначении Божественного, или же — как утвер-

---

систематизирующую точку зрения, согласно которой в данном исследовании вдохновляющей может оказаться и немецкая традиция — это прежде всего связанный с Гёте интерес к преображению и метаморфозе [Goethe WA II 6: 25 и сл.]. Дело в том, что понятие *Gestalt* в восходящей к Платону немецкой традиции ассоциируется не только с дуализмом бытия и мнимости, идеи и явления, см. [Buchwald 2001: 824], и эмфатически наделяется целостностью, как в морфологических исследованиях литературы [там же: 837 и сл.]; наряду с этим существует также целостно-критическое направление: в том же как морфологическое рассмотрение литературы, например Пропп [Пропп 1998: 5], ссылается на Гёте, понятие *Gestalt* у Гёте — если судить по новейшим прочтениям — поворачивается разными сторонами в диапазоне от понятия формы, указывающей на вероятное предшествующее другое, к точке зрения, согласно которой «за феноменами ничего нет» [Goethe WA II 11: 131], и образ — это сама вещь. Теми же напряженными отношениями характеризуется предлагаемая читателю двойственная перспектива взгляда на павлианское понятие «μορφή» — от христологической суггестии *становления образа* до историко-культурного описания как *оформления*.

[50] Намеки Деррида по поводу учения о Логосе содержатся в *Glas* [Derrida 1974: 77–79]. Ср. также [Taylor 1987: 7].

[51] У Сергея Булгакова всякий производный образ последовательно происходит из Первообраза Бога Отца [Булгаков 1999: 273 и сл.]; Христос в таком случае занимает лишь промежуточную ступень.

ждал еще Фейербах — о проекции человеческих практик обозначения на мнимо внечеловеческий центр (Логос), которому приписывается та деятельность, которая, по сути, является актом человеческого постулирования?

### 3.1.6. Воплощение в Христе: допущение презентации

Если самопрезентация Божественного подпадает под подозрение, что она есть проекция, тогда и все человеческие репрезентации этой мнимо первичной презентации оказываются под угрозой. Всякая попытка репрезентации, Перво-Презентации, зафиксирует в таком случае врожденную ошибку «христологического, логоцентрического союза» [Hansen-Löve 2002: 173].

В богословии репрезентация с самого начала была жгучей проблемой, правда, такой диагноз, равно как и задорное выплескивание наружу негативистских эмоций — это исторически приходится только на эпоху модерна и постмодерна. Но дело всегда обстоит теперь так, — по крайней мере, в истории христианства — что репрезентация «сама может показать разницу [языка и мира]» [Weimann 1997: 9]. И отнюдь не только литература эпохи модерна стала разделять, с одной стороны, означающее и означаемое и, с другой — Бога и человека[52]. В качестве лекарства для несказанности уже в богословской традиции действуют риторические тропы[53].

Точно так же, как тропы/манера речи или риторика вообще, понятие *repraesentatio* балансирует на узкой с теологической точки зрения грани между привлечением Божественного и пропастью его искажения с помощью человеческих знаков. Это проявляется уже у Тертуллиана, «теоретика репрезентации», «репрезентативного» для поздней Античности. Во-первых, он возражает против Праксея: «Igitur et manifestam fecit duarum personarum coniunctionem ne Pater seorsum quasi visibisi in conspectu desideraretur et ut

---

[52] Как считает Хиллис Миллер [Hillis Miller 1963: 3], «в ходе этой эволюции слова постепенно выхолащивались и теряли свое существенное место в материальной или духовной реальности» [там же: 6].

[53] Параболы, метафоры, парадоксы (см. 2.10.1 и [Cameron 1991: 156 прим. 3]).

Filius repraesentator Patris haberetur»[54]. Во-вторых, Тертуллиан заявляет, что именно через слова и дела Сына можно увидеть Отца (*per ea videtur*[55]). К этому следует добавить два непременно цитируемых в работах о *repraesentatio* фрагмента из Тертуллиана, в которых репрезентация оказывается легитимным представлением или созданием ситуации присутствия — при евхаристии (см. 3.2.3) и при соборном понятии церкви (см. 3.2.8).

Парадоксальная, невозможная цель презентации испытывает в случае *ре*презентации Божественного всего лишь усложнение общей проблемы. Когда же соединяются (вечный) кризис репрезентации (внеисторическая «трансцедентальная бездомность» Лукача [Lukács 1971: 32]) и непостижимость Божественного (своего рода неизвестный трансцендентный адрес), проблематика становится еще острее.

Помещенный Фуко в определенный исторический контекст (в XVII век [Foucault 1966: 73]) кризис предсказания (*divination*) и удвоенной репрезентации [там же: 77], к которому примыкает деконструктивистский скептицизм по поводу репрезентации [Werber 2003: 284–288], тем самым не является чем-то новым, а обозначает всего лишь очередное осознание некой проблемы, которая в одних исторических формациях отодвигалась в сторону успешнее (хотя никогда полностью не удаляется), чем в других[56]: «На самом деле в образе содержится от содержания только то, что он репрезентирует, и тем не менее это содержание кажется репрезентируемым только путем репрезентации» [Foucault

---

[54] «Он [Христос] указал, таким образом, на два связанных между собой лица, чтобы никто потом не захотел посмотреть на Отца отдельно, так, словно сам Он видим, и затем, чтобы на Сына не смотрели как на кого-то, кто делает Отца присутствующим» [*Adv. Prax.* 24, 8].

[55] «Через них его видно» [*Adv. Prax.* 14, 9].

[56] В качестве примера осознанной рефлексии называют обычно иконоборчество в Византии или ранний немецкий романтизм (ср. об этом, напр., [Finlay 1988]), тогда как среди традиционных суждений, например, эпоха рекатолизации или реализм считались в этом отношении менее осознающими проблемы, что, однако, тут же можно подвергнуть деконструкции.

1966: 79]. Специфический предмет инкарнационной презентации и его медиальной репрезентации, вокруг которого возникла дискуссия в византийском иконоборчестве (см. 3.4.5.1), в любом случае иллюстрирует тот факт, что диагностированное Фуко проблемное сознание Нового времени восходит к более старым, предшествующим формам.

### 3.1.7. Метонимическое и метафорическое воплощение после Христа: допущение репрезентации

> ...все истинное сознание есть отношение — это означает, однако, что *не презентация, а репрезентация* есть *изначальное*.
>
> [Natorp 1912: 56, выделено в ориг.]

Самоуничижение божественного Логоса до человека в образе раба по-настоящему не представимо ни образно, ни повествовательно. При подражаниях Божественному нисхождению до человека, *осуществляемых* человеком, может самое большее наличествовать верность отношений, но никогда нет материального родства[57]. Иначе обстоит дело, когда различие проводится между кенозисом как актом вочеловечивания и тапейнозисом как внутримирным социальным унижением (см. 2.2.3.4), и последнее передается, например, в сценах омовения ног или в особенно душераздирающих картинах распятия (2.7.1.2)[58]. Однако тайна вочеловечивания постижима всегда только метафорически или метонимически; она может быть только репрезентирована — это такая *ре*презентация, которая подтверждает метафизическую иерархию имитируемого и имитирующего[59], но которой изначаль-

---

[57] По Бюлеру, следует различать случаи, когда репрезентант верен репрезентируемому своим явлением или же просто фактом отношений [Bühler 1934: 189].

[58] См. 2.7.1.2. При том что пропасть между означающим и референтом, разумеется, не преодолена.

[59] «Все метафизики действуют так, от Платона до Руссо, от Декарта до Гуссерля: добро до зла, позитивное до негативного, чистое до нечистого, простое до сложного, существенное до случайного, *имитированное до имитирующего* и так далее» [Derrida 1990: 174, выделено Д. У.].

но присущ недостаток присутствия, презентности. Все совершающиеся *после* Христа процессы оформления, представленные как репрезентации, могут, с одной стороны, целиком поглотить себя репрезентацией предполагаемой интенции репрезентировать Божественное, но, с другой стороны, они остаются безнадежно вторичными видами оформления.

Но в качестве неизбежно вторичных эти виды оформления — вопрос щекотливый; как раз в истории Православной Церкви трения по поводу поучения очень часто шли рука об руку с вопросами по поводу соразмерной репрезентации, ср. [Onasch 1981: 206]. Так что представляется невозможным оторвать историю догм от истории их оформления: не может быть истории догм без основополагающего вопроса «Изображаемо ли Божественное?». Пьер Абеляр формулирует эту основополагающую проблему в виде косвенного вопроса: «Quod Deus per corporales imagines non sit repraesentandus, et contra»[60]. Вопрос о том, можно ли и должно ли изображать Бога и Христа с помощью материальных знаков, всегда составлял серьезную, причем отнюдь не только образно-теоретическую, но как раз-таки теологическую проблему. Переход от теологии к семиотической теории столь же древен, как и сам монотеизм (см. 3.4.5), ибо без полемики, направленной против образов других богов (идолов), не было бы запрета на изображения.

При объединении усилий теологии и семиотики решающим является соответствующее направление соотношения целей. В теологических дебатах об образе Божественное — это установленное, это тема, а вопрос изображения в рамках христологии — это, напротив, рема. В противоположность этому, в данном семиотико-культурно-историческом исследовании не вычитывается теоцентрический акцент, а подчеркивается прежде всего культурно-историческое оформление. Неизбежная метонимичность и метафоричность семиотических соотношений с Христом позволяют применить *риторику для разгадки*

---

[60] «О том, что Бога не подобает изображать в телесных обличьях, и наоборот» [*Sic et non* 45; рус. пер. А. Волкова].

*культурной истории христианства*. То, что за этим следует, есть попытка некоего (семиотико-научного) очерка *материализаций христологии*, а именно и прежде всего материализаций плоти, образа и слова.

### 3.1.8. Мультисенсорный призыв

> Душа Христова, освяти меня.
> Тело Христово, спаси меня.
> Кровь Христова, напои меня.
> Вода ребра Христова, омой меня,
> срасти Христовы, укрепите меня.
> *[Ignacio de Loyola 1966: 13;
> рус. пер: Игнатий 2017]*

Где с богословской точки зрения проводится максимальная дифференциация между Богом, соответственно, Логосом, с одной стороны, и человеком, его габитусом, плотью, образом и также словом, с другой стороны, то есть фиксируется категориальное различие между первичной (божественной) презентацией и вторичной (человеческой) репрезентацией, там с семиотико-культурно-исторической точки зрения это представляется иначе, как раз никакой *категориальной дифференциации* провести невозможно, пока все документы, которые рассматриваются, есть произведение человека[61]. Логоцентрически установленная самопрезентация Бога в человеке, исходя из этой перспективы, не представляет собой ничего принципиально иного, нежели репрезентации произошедшей инкарнации в образной форме или в практическом подражании со стороны исторически существовавших людей. В обоих случаях от (логически) более позднего репрезентанта возвращаются к более раннему[62]. Так, впоследствии

---

[61] *Есть ли*, помимо этого или же предварительно, деяние Божье — на этот умозрительный вопрос истории культуры ответить нечего.

[62] Понятия, по Пальмеру, для которого речь о репрезентации образует предикат из пяти частей: репрезентирующая и репрезентированная система («*representing* world» и «*represented* world» [Palmer 1978: 262, выделено в ориг.]), репрезентирующий и репрезентируемый аспект и отношение соответствия.

не будет вводиться никаких принципиальных границ между якобы первичным — плоть Иисуса, образ Иисуса, слово Иисуса — и в той же степени мнимо вторичной репрезентацией плотской замены плоти Иисуса, изображения образа Иисуса, слова о слове Иисуса[63]. На обоих теологически различных уровнях звучит призыв, обращенный к различным человеческим чувствам.

### 3.1.9. К семиотике и риторике упоминаний Христа

#### 3.1.9.1. От презентации Иисуса Христа к репрезентирующим оформлениям

> Если репрезентация что-то и вызывает, то это слабость, утрату интенсивности, глубокое охлаждение.
>
> [Lyotard 1973: 141]

Вопреки павлианскому ценностному дуализму плоти и духа, плоть Воплощенного, образовавшаяся в процессе «σάρκωσις» («воплощения»), является первичным средством для презентации Божественного. Саму расхожую в теологическом плане речь о *воплощении* имеет смысл читать как речь о средстве передачи: непредставимое получает в материальном веществе человеческого тела постижимый, чувственно воспринимаемый облик, во-вторых, оно передает божественные качества. Через ипостасное единение со Словом этой *единственной* человеческой плоти сообщается именно такое качество, которое не имеет более ничего земного, как пишет Иоанн Дамаскин:

---

[63] Принятие категориального различия между божественной презентацией и человеческой репрезентацией выстроило в теологии целые системы, так, например, архитектонику «Суммы теологии» Фомы Аквинского, в той мере, в какой в ней «обсуждаются таинства... как приложение к христологии» [Hoping 2004: 129].

## 3. Метонимия и метафора, или Воплощения кенозиса | 245

> ...ἡ δὲ τοῦ Κυρίου σὰρξ ἑνωθεῖσα καθ' ὑπόστασιν αὐτῷ τῷ Θεῷ Λόγῳ, τῆς μὲν κατὰ φύσιν θνητότητος οὐκ ἀπέστη, ζωοποιὸς δὲ γέγονε, διὰ τὴν πρὸς τὸν Λόγον καθ' ὑπόστασιν ἕνωσιν...[64]

Если для современников плотское присутствие Иисуса в мире было первичным средством наглядности невидимого божественного, то для потомков этой наглядности уже не дано[65]. Теперь на его место должны прийти Святые Дары как замещающие «конкретные формы посредничества» [Hoping 2004: 129]. Иоганнес Хофф додумывает до конца эту конститутивную для христианства, да и для самого конституированного в церковных воспоминаниях Христа (ср. 7.8.5) структуру субститута, в духе добавок и дополнений Деррида:

> Ибо если «настоящее тело» Христа уже больше невозможно найти, мы можем вплоть до дальнейшего ориентироваться только на его вторичные *дополнения*: на «резидентов», которые напоминают об этом теле и прежде других дополнений на *то, единственное*, которое, как никакое другое, хранит память об этом теле — *corpus christi, евхаристическая жертва* церкви [Hoff 1999: 168, выделено в ориг.].

То, что, исходя из теологической перспективы, является «исходным» (*prius*) — то есть Христос, — если судить из сторожевой башни семиотики, отходит на позиции производного:

> Возможность *добавить* к «исконной» и единственно «сущностной» жертве еще одну, порождает то, что, с теологической точки зрения, ей *предшествует*. Таким образом, *семиологически* следует исходить из примата современного добавления (жертвы церкви) перед произошедшей в про-

---

[64] «...плоть Господа, ипостасно соединенная с Самим Богом Словом, хоть и не потеряла своей природной смертности, но стала животворящею из-за ипостасного соединения со Словом...» [*De fide orth.* III 21; PG 94,1084B–1085A; рус. пер. А. А. Бронзова: Иоанн 1913: 278].

[65] См. предостережение Иисуса, обращенное к ученикам «ἐμὲ δὲ οὐ πάντοτε ἔχετε» («...ибо нищих всегда имеете с собою, а Меня не всегда имеете») (Мф 26:11) и слово Воскресшего, обращенное к Фоме Неверующему (см. 2.6.2.2).

шлом (жертвой Христа). <...> Без *повторяющей* этой жертвы церкви *одна только* жертва Христа не имела бы значения [там же: 168.174, выделено в ориг.].

Через посредничество человека божественное делается постижимым, и, по крайней мере отчасти, умиротворяются сомнения относительно репрезентации божественного, хотя тезис Ханзена-Лёве о «катафатическом сакраментализме» [Hansen-Löve 1997: 187] звучит со слишком заведомой уверенностью в успехе. Без человеческой, культурной оформленности у «самого Христа» не было бы образа (см. 5.0.3).

Не все святые таинства, которые известны в христианских церквях, следует в равной степени объяснять кенозисом Христа[66], гораздо больше подходит здесь то множество христианских практик, которые выходят за рамки узкого пространства таинств. Если впоследствии последуют роли оформления кенотической христологии в человеческих практиках, тогда не может быть речи о морфологии христианства как такового, а только о морфологии кенотических оформлений в культурной истории христианства.

### 3.1.9.2. Материальная, риторическая, семиотическая перспектива и перспектива с точки зрения теории речевых актов

Чтобы вскрыть смысл сюжетов, связанных с Христом, которые создали христианские культуры, чтобы создать отсутствию Христа новую презентность, не хватает одного только семиотического различия, будь то преимущественно материальный во-

---

[66] Наиболее древние в церковной истории святые таинства — крещение и причащение — имеют кенотические импликации; добавленные позднее в католицизме и православии таинства, такие как елеосвящение, миропомазание и освящение, теснее взаимосвязанные с действием Духа Святого, нежели с самоуничижением Христа, напротив, связаны с кенозисом меньше (сведение в протестантизме числа таинств до двух является тем самым рекенотизацией). Святые таинства, понимаемые, скорее, как связанные с вектором возвышения (с наделением милостью Божией), здесь исключены из рассмотрения, тогда как такие кенотически важные, как Тайная вечеря (см. 3.3.2.1) и крещение (см. 3.3.2 и 3.3.5.5), а опосредованно также и покаяние (см. 3.2.2) обсуждаются более подробно.

## 3. Метонимия и метафора, или Воплощения кенозиса

прос о той несущей среде, в которой эта связь проявляется (дух, тело, образ или слово), будь то риторически индуцированные относительные понятия, такие как метафора и метонимия[67], описание соотношения знака и действия с позиций теории речевых актов ([Austin 1962; Searle 1969]) или, наконец, внешняя знаковая манифестация связи с Христом или ее переноса в глубь некоего непроницаемого внутреннего пространства. Эти четыре перспективы впоследствии пересекутся.

К тому же упомянутые четыре перспективы обладают разной наглядностью; поскольку проявления материализации в разных несущих средах, исходящие явно от Иисуса или такие, в которых реализуется соответствующая связь с Христом (очевидно или предположительно), представляются самыми ощутимыми, они впоследствии образуют верхний уровень подразделения (см. 3.2–3.5). При этом существуют различные теологические критерии, чтобы логически упорядочить несущие среды *дух*, *плоть*, *образ* и *слово*. При доступе, высвечивающем различные возможности, как та попытка, которая здесь делается, указанная последовательность, при которой *образ* следует *за плотью* и выступает *до слова*, не есть установление иерархии. Скорее, дело обстоит так, что эти средства исторически либо конкурируют[68], либо/и порождают эффекты синергии (см. 4.8). Риторический вопрос о том, осуществляется ли соответствующая связь с Христом по принципу смежности или же по принципу сходства и как при этом взаимодействуют знаки и действия, идет вразрез с этим разделением.

---

[67] Они понимаются здесь, особенно исходя из параксиальной модели метонимии, предложенной Якобсоном, как синтагматической и логической смежности, и его модели метафоры как парадигматического подобия при совпадении функционального места в синтагме [Jakobson 1983].

[68] См., напр., суждение Яусса: «Двойственная природа Христа затем в христологических перипетиях... иконоборчества стала сильнейшим оправдательным основанием для слома привилегии письма (и слушания) перед силой образа (и видения) в качестве средства Откровения. Так, парадоксия религиозного образа, желавшая сделать невидимое видимым, могла быть снята с помощью христианской эстетики невидимого...» [Jauß 1991: 939].

За обзором семиотических возможностей, разработанных христианским сообществом для оформления кенозиса Христа, следует сужение угла зрения до того, что реализовано в наставлениях действенным образом на практике в истории русской культуры и перенесено в среду литургии, образа, литературы (см. 4–5).

### 3.2. В духе/в габитусе

> Тело представляет собой указание «снаружи», которым оно является, на «внутри», которым оно не является.
>
> *[Nancy 2006: 60]*

Первая величина, которая — согласно Книге Деяний — должна сплачивать послепасхальную общину, это «Дух». Для культурологии, работающей с историческими документами, эта величина Дух, которая для христианской общинной жизни является центральной, создает одновременно самую большую проблему: какими документами должен описываться такой «Дух»?

Внутренние «чувствования», как их подает (Флп 2:5), с трудом поддаются культурологическому восприятию. Такие религиозные атрибуты, как духовность, духовный склад, чувствования и внутренняя убежденность, требуют для научной осязаемости каких-то манифестаций, с которых они могли бы считываться (можно назвать это своеобразным бихевиоризмом в исторических науках; ср. [Berkhofer 1969: 7–26 и 46–74]. Но если говорить о духовности, не обеспечив себя защитой, то она, напротив, автоматически попадает в традиционную субъектно-философскую позицию, когда склоняется к тому, чтобы возвысить чисто «внутреннее» до примарного *movens*[69].

---

[69] Это запечатлено в архаичной немецкой форме с флексией «im Geiste» (рус. «в духе»), передающей эмфазу. Христианское понятие «дух» удваивается в немецкой традиции за счет философского значения (Гегель).

## 3. Метонимия и метафора, или Воплощения кенозиса | 249

Семиотика и историография культуры сами по себе «в религиозном смысле немузыкальны»[70], из-за чего с их помощью категория духовности (спиритуальности) никогда по-настоящему не постижима, а светится как вероятное свободное место позади воздействий других медийных средств. Идеалистический тезис о том, что деятельное подражание Христу теряет «смысл» без внутреннего самоуничижительного образа мыслей [Chibarin 1966: 75], историкам культуры вовсе не обязательно разделять; например, то, что повсеместно провозглашается «закатом», или «упадком» монашества в XVIII веке (см. 5.3.6), исходя из историко-документального обоснования, следует переформулировать как недостаток функции повседневного образца и как малый успех предостерегающей передачи потомкам, как паралич мнемонического импульса. Наоборот, всякое высказывание о внутреннем «чувствовании» следует расшифровать так, что его приписывают некоему наблюдавшемуся образу действий только в качестве обратной проекции от проекций как ее побудительной причины (*movens*).

Даже если при таком медийном подходе пренебречь такими конвенциональными религиозными понятиями, как вера, духовность и духовный склад, из-за их исповедального балласта и вместо этого начать учитывать внутреннюю сторону габитуса, некий «психический габитус» [Elias 1997, 2: 326], то он сам по себе остается непостижимым. Его можно понять только через его метонимии: одежду, положение тела, коммуникативное поведение и т. д.

Следующую трудность составляет *передача потомкам* внутренних чувствований, поскольку она может происходить только через перевод во внешние медийные пространства и из них. Такие вещи, как образ мыслей, являются сравнительно нестабильными средами, ср. [Künkel 1991: 262 и сл.], поскольку получателю постоянно приходится предпринимать свободное переложение и перевод *принятого им* образа мыслей отправите-

---

[70] Макс Вебер в 1909 году, ср. [Habermas 2001].

ля «в духе», т. е. в предполагаемом смысле источника подражания[71]. Эти барьеры передачи «изнутри вовнутрь», описанные современной теорией коммуникации, не умаляют, однако, важности такого рода *интенции* передачи, например, в популярной монашеской литературе (см. 3.2.5.3).

### 3.2.1. Одухотворение

Внутреннее «чувствование» с увещевающим призывом, включающим гимн в Послании к Филиппийцам — «Τοῦτο φρονεῖτε ἐν ὑμῖν ὃ καὶ ἐν Χριστῷ Ἰησοῦ...»[72], — до такой степени рассматривается как эпицентр всего, что это чувствование как интенция всего этого фрагмента текста дошло до XX столетия (см. 2.2.3.1), не вызывая никаких вопросов. Послепасхальная община определяла себя — не в последнюю очередь причиной был ее конспиративный характер — через внутреннее чувствование (проявить которое внешне могло быть опасно для жизни). Поскольку «πνεῦμα» («дух») до создания концепции Троицы мог представлять еще и преэкзистентную сущность Слова/Второй Ипостаси[73], участие в Духе и в Христе казалось идентичным, ср. [Kohlenberger 1974: 166–168]. В большинстве своем свидетельства формулировки «τὸ Πνεῦμα τὸ ἅγιον» (Дух Святой) не случайно содержатся в Деяниях св. Луки, и в примыкающих к ней павлианской и девтеропавлианской литературе, в которой встречается также вариант «τὸ Πνεῦμα τοῦ Θεοῦ» («Дух Божий»). Свершение Дня Святой Троицы являет собою акт полного сообщения непостижимого величия Духа во внутренний мир апостолов — знаменательным образом засвидетельствованный с помощью внешнего знака, а именно чудодейственного приобретения активных знаний иностранного языка: «...καὶ ἐπλήσθησαν ἅπαντες Πνεύματος ἁγίου, καὶ ἤρξαντο λαλεῖν ἑτέραις γλώσσαις, καθὼς τὸ Πνεῦμα ἐδίδου

---

[71] См. «двойная сопряженность» Лумана [Luhmann 1984: 148–190].

[72] «Ибо в вас должны быть те же чувствования, какие и во Христе Иисусе...» (Флп 2:5); ср. 2.2.3.1.

[73] У Павла (2 Кор 3:17) или также у Климента Александрийского [Strom. V 89, 2].

αὐτοῖς ἀποφθέγγεσθαι»[74]. Чистой задушевности Луке, очевидно, мало; ему нужно метонимическое приложение к этой коммуникации «изнутри вовнутрь», которое создает внешнее впечатление индекса[75], впервые делает неуловимый ряд событий убедительным и создает их. Невзирая на это, Дух задуман как решающая побудительная причина, и он защищен от несущественного; духовное крещение «во Христа» Лука отделяет от «крещения водой» Иоанна Крестителя (Деян 19:2–5).

### 3.2.1.1. Одухотворенный душевнобольной

Тот, кто одухотворен Христом, ни в коей мере не обязан быть одарен обращенным к миру разумом. Точно так же, как Павел противопоставляет мудрости мира одержимое Христом «μωρία» («безумие», см. 2.10.1), так и в Византии — персонифицированная в юродивом («σαλός») Симеоне [PG 93,1669–1748] — вырабатывается модель юродства в Христе, которая в Западной Церкви — у Франциска (см. 5.3.4.4) — нашла лишь несколько воплощений, однако самое широкое распространение получила в русском православии (см. 5.4.1.1). Одухотворенный Христом божий человек являет себя в миру как сумасшедший. Его душевная болезнь должна отражать его одухотворенность.

Вопрос о том, сколь сильно это сумасшествие проявляется, когда юродивый остается один, то есть насколько «истинно» его юродство с психопатологической точки зрения, здесь устанавливать необязательно; манифестации христоподобного безумия содержатся в одеждах (см. 3.3.5), позах и жестах (см. 3.3.6) и речевых привычках (см. 3.5.5.4). Именно эти внешние знаменательные проявления выступают на передний план там, где внутреннее юродство ради Христа иначе никак о себе не могло бы заявлять.

---

[74] «И исполнились все Духа Святаго, и начали говорить на иных языках, как Дух давал им провещевать» (Деян 2:4).

[75] Терминология по Пирсу: «...всякий знак детерминирован своим объектом: во-первых, когда он имеет какие-то из характеров своего объекта — этот знак я называю *Иконой*; во-вторых, когда он реально и в своем индивидуальном существовании связан со своим индивидуальным объектом — этот знак я называю *Индексом*» [Пирс 2000, 222, выделено в ориг.].

### 3.2.2. Метонимия compassio

Наряду с Днем Святой Троицы, вторую исконную сцену коммуникации «изнутри внутрь» — выраженную в православной иконе «Умиление» («Елеуса»; см. 4.2.2.3) — представляет собой сострадание (*compassio*) Марии. Ее сочувствие мукам Христа, в том числе Его предстоящим мукам, выстраивает метонимическую связь со страстями Христовыми. Согласно меткому наблюдению Даниеля Ранкура-Лаферьера, в живописных образах страдания Марии «никогда не изображены прямо» [Ранкур-Лаферьер 2005: 287]. Под ее страданиями прежде всего подразумевается внутреннее эмоциональное сочувствие, и только во вторую очередь — явная подстановка себя в роль другого страдающего (см. 3.3.2.3); сочувствие в марианском смысле — как сострадание (*compassio*) — поначалу еще не идентично с подражанием. Сострадание еще пассивно; самое большее — дело обстоит так, что симпатия усиливает готовность к эффекту подражания. В то время как Мария является образцом сочувствия, сочувствуя и испытывая страдания сама, свершается гендерное переключение, которое стоит у истоков всякого подражания Христу (см. 7.7.1) и в высшей степени значимо для православной иконографии (см. 4.6.4.2). Как марианское сострадание с Христом, этот метафорический «кенозис Марии» [Hoffmann A. 2008: 43], открывает собой целую серию событий, так и первое сострадание связывается с призывом к этосу подражания этому состраданию.

### 3.2.3. Пассивная добродетель смирения

В соответствии с конвенциональной патриархальной моделью переключение гендера означает сдвиг в сторону пассивности. Пассивное сострадание сопровождает внутренняя позиция, которой характеризовали Марию все вновь и вновь: *смирение* — то понятие, эквивалент которого в немецком языке (*Demut*) означает внутреннее унижение и которое этимологически связано со словом *dienen* (нем. «служить»[76]), то есть может быть проведена параллель с «δοῦλος» («раб») из (Флп 2:7). Рериг в соответствии

---

[76] Речь идет о стяжении в композите *Dien-Mut,* ср. [Schaffner 1959: 35].

## 3. Метонимия и метафора, или Воплощения кенозиса

с этим предлагает говорить вместо «унизил себя сам» — «смирил себя сам» (*verdemütigte sich selbst*) [Röhrig H.-J. 1997: 491, выделено в ориг.], «ταπεινοφροσύνη» («смирение») — это понятие, впервые в положительном смысле употребленное Павлом [Schaffner 1959: 39], и оно теснейшим образом связано со смиренным самоуничижением Христа, согласно гимну в Послании к Филиппийцам [там же: 50 и 75]. Смирение как ключевая добродетель внутренней, скромной связи с Христом, возможно, характерно для мариологического дискурса — но эксклюзивной собственностью этого дискурса оно отнюдь не является. Ссылаясь на перикопу из Послания к Филиппийцам, Августин усматривает в смирении даже «матерь всех добродетелей»[77]. Так «ταπείνωσις» возвышается до основного учения Христа («Ταπείνωσις ἐστ. διδαχὴ Χριστοῦ...»[78]) и провозглашается символом христианства: «Τοῦτό

---

[77] Ср. [Schaffner 1959]. Особым случаем внутреннего смирения является раскаяние; оно представляет собой внутреннюю сторону покаяния, одного из семи католических таинств, которое постепенно все больше перенималось Православной Церковью (без собственного правового определения). В то время как внешний аспект искупления нарушения божественного порядка склоняется, скорее, к жертве, *satisfactio* и «ἀνακεφαλαίωσις» («рекапитуляция», см. 3.0.4–3.0.6) и внешне проявляется в исповеди (см. 3.5.5.3), раскаяние заключено во внутреннем психическом пространстве. В Новом Завете покаяние («μετάνοια») занимает свое место прежде всего в Деяниях апостолов в связи с «πνεῦμα» («дух») (см. 3.2.1) и описывает продолжение жертвенной муки Христа (Деян 3:18 и сл.). Ко внутренним событиям раскаяния взывают реже (2 Кор 7:10). Значительно большее внимание ему уделяет — не без влияния тенденции того времени к интериоризации (см. 3.2.5.3) — в позднем Средневековье Петр Ломбардский, который оценивает внутреннее покаяние как «добродетель духа» [*Lomb. Sentt.* 14, 1]. Реформация завершает эту тенденцию к интериоризации критикой католического таинства покаяния и ставкой на веру и раскаяние. При этом раскаяние путем уничижения всего лишь опосредованно связано с Христом, поскольку тот ведь по причине своей безгрешности (см. 2.7.3.4) мыслится свободным от любой собственной вины, в которой он мог бы раскаиваться. Недопустимость того, чтобы приписывать Христу раскаяние и считать человеческое раскаяние подражанием Христу, не исключает, однако, того, что в сопутствующем раскаянию самоуничижении последует непохожее опознание кенозиса Христа.

[78] «Уничижение есть Христово учение...» [PG 88,997B].

ἐστι τὸ σημεῖον τοῦ Χριστιανισμοῦ, αὐτὴ ἡ ταπείνωσις»[79]. Алекс Шток видит в этом фокус «вершины наставления» и «фокусировку», которую представляет собой использование Павлом древнего гимна о Христе в (Флп 2:5–11); [Stock 1995–2001, 1: 50 и сл.].

Решающую роль играют такие дериваты, как «ταπεινοφροσύνη», которые указывают на интериоризацию уничижения в настрое на смирение. Афанасий Великий отличает чувствование именно ото всех внешних проявлений[80], а в «Изречениях святых старцев» («Ἀποφθέγματα τῶν ἁγίων γερόντων») монаху предписывается прежде всего внутреннее смирение: «...οὐκ ἄσκησις, οὔτε ἀγρυπνία, οὔτε παντοῖος πόνος σῴζει· εἰ μὴ γνησία ταπεινοφροσύνη»[81]. Ефрем Сирин в труде «О смирении и гордости» ссылается на (Флп 2:7):

> И сколь гнусна гордыня, показывает Христос, говоря: *кто высок в сердце своем, тот мерзок пред Господом.* <...> Имейте всегда пред очами... Самого Христа, Который уничижил Себя, и старайтесь приобрести смирение, потому что им угодите вы Богу. <...> И если хочешь благоугодить своему Господу, облекись в ризу смирения, ибо как скоро увидит тебя в оной, возрадуется о тебе и прославит тебя в Царстве Своем. <...> Слава Господу, Который уничижил Себя, научил нас смирению и дал нам Духа Своего, чтоб говорить о богатстве смирения [Ефрем Сирин 1907, 4: 116 и сл., 121].

Наставление о смирении пронизывает собой всю монашескую литературу [Lohse 1963: 73–75, 96–97 и 126–130] и — в деаскетизированной форме — накладывает отпечаток также и на нормативную антропологию Лютера [там же: 254–258]. Русская кенотическая топика подходит к этой внутренней стороне следования

---

[79] «Это символ христианства, само уничижение» [PG 34,602B].

[80] «Τοὺς ταπεινόφρονας, λέγει, σώσει, οὐ τοὺς ταπεινολόγους, καὶ ταπεινοσχήμους» («Смиренно чувствующие, говорит он [Давид)], спасутся, а не на словах или в облике смиренные») [PG 27,773B].

[81] «...ни аскеза, ни ограничение сна, и также никакие разнообразные свободы не спасут, если отсутствует истинное смирение» [PG 27,773B].

кенозису с целым спектром синонимов: *смирение, кротость, скромность*. Нерушимую связь с самоуничижением Христа выказывает церковнославянская передача греческого термина «ταπείνωσις»[82].

### 3.2.4. Отношение к Христу через память

Предпосылкой для всех внутренних (как и большинства внешних) связей с Христом является память; без репродуцирующей деятельности аппарата воспоминаний христианство — как и культура вообще — было бы немыслимо. Но поскольку индивидуальная память склонна к деформации и конструированию заново, социальная система христианства порождает разнообразные внешние мемориальные техники, такие как литургия, церковный год, Иисусова молитва и мн. др. (см. 4), имеющие своей целью продолжить, умноженную в миллион раз, мемориальную внутреннюю жизнь верующих «духовно» или в «чувствовании».

Все эти мемориальные техники существенным образом увязываются с фигурой Иисуса Христа. Именно привязка к личности/образу Христа приносит различным средствам оформления связи с Христом мнемотехническое преимущество: путем привилегированности визуального смысла, а также путем филогенетически древнейшего происхождения учения, путем прямой имитации поведения других людей по отношению к более поздним формам коммуникации (язык, образы, байты) в память человека-персоны, образы и типы человеческого поведения врезаются в память лучше, чем через все прочие носители информации (см. 5.0.3).

Однако связь с личностью Иисуса Христа отличается тем, что от очевидцев практически ничего не сохранилось (Новый Завет по большей части написан авторами, которые уже не знали Иисуса лично). Так или иначе, накопление сведений о персональной модели функционирует также и по другим принципам, не-

---

[82] См. (Флп 2:8); об этом [Гильтебрандт 1989, 5: 1983]; ср. 2.2.3.4.

жели свидетельства очевидцев. Если уже очевидцы редуцируют информацию до структурированных единиц, то не-очевидцы и подавно группируют встреченных ими самими лиц и воспринятые лично примеры поведения по определенным категориям, которые опознаются и, соответственно, нанизываются поверх ранее сообщенного (здесь: об Иисусе Христе). Тем самым мнемонический импульс исходит не только от персоны-образца, он может перениматься посредниками: ведь своими подражающими Христу страданиями Павел целенаправленно старается на собственном примере побудить других к подражанию страстям Христовым (Флп 3:17) и провозглашает себя звеном посреднической цепи (1 Фес 1:6)[83]. Августин подхватывает миссию посредничества: «imitando imitatores Christi tui»[84].

Одна из причин феномена почитания святых и заключается, по-видимому, в этой субституции вместо уже более невидимого Иисуса Христа. Когда святых называют «христоподобными»[85], то тогда это должно пониматься в двух аспектах: имеется в виду, что они по «форме» или «образу» приближаются к Христу; однако с помощью усилий по конструированию культурной памяти они сами порождают эту «форму». Итак, (множество) подражателей Христа трудятся таким образом над утверждением (единого) образцового примера — Христа (см. 7.8.5).

### 3.2.5. Христоподобный габитус

Моделирование верующих последователей с ориентацией на Христа уясняется в Послании к Галатам с помощью метафоры облачения в одежды: «...ὅσοι γὰρ εἰς Χριστὸν ἐβαπτίσθητε, Χριστὸν ἐνεδύσασθε»[86]. Одеяние Христа отменяет все различия (Гал 3:28). В этом проглядывает протоформулировка социологической

---

[83] Ср. [Schulz A. 1962: 308–314].

[84] «...[душу воздержанную], подражающую подражателям Христа Твоего» [*Conf*. XIII 21, 31; рус. пер.: Августин 2005: 517].

[85] Эпитет «ὅσιος», «преподобный» (см. 5.0.4).

[86] «...все вы, во Христа крестившиеся, во Христа облеклись» (Гал 3:27).

### 3. Метонимия и метафора, или Воплощения кенозиса

теории поведенческого униформирования через габитус. В латинском переводе (Флп 2:7) греческое слово «σχῆμα» переведено как «habitus»[87]. Если учитывать «σχῆμα» и «habitus», то социологическое понятие габитуса не в последнюю очередь имеет также христологические и риторические корни.

Облечение в Христа, которое в Послании к Галатам подразумевает крещение, рассчитано на постоянство; одеяние христианина, его христоподобность должна сохраняться пожизненно. Тот же расчет на длительность лежит в основе габитусной теории Бурдьё. Дело в том, что мнемоническая октруа примера для подражания успешна только в том случае, если реципиент не только признает пример как таковой, но усвоил и различные сценарии поведения — в самовоспроизводящемся габитусе. Индивидуальный габитус, по Бурдьё, обеспечивает «активное присутствие прежнего опыта» [Bourdieu 1999: 101], вновь, в свою очередь, «структурируя» опыт как «структурированная структура» [там же: 98]. В качестве «*интериоризации экстериориальности*» [там же: 102, выделено в ориг.] стабилизированная модель восприятия, интерпретации, оценивания и действий габитуса образует соединительное звено между внешними, «объективными» социальными факторами и индивидуальной интенцией, в которой и через которую эти факторы действуют[88]. Внешнее

---

[87] См. 2.2.2; ср. также [Lampe 1961: 1359]. К латинской версии (Флп 2:7) «et habitu inventus ut homo» («по поведению сделавшись как человек» / рус. «сделавшись подобным человекам и по виду став как человек») восходит габитусная теория Петра Ломбардского, который пишет: «...illis duobus [anima et carne] velut indumento Verbum Dei vestiretur, ut mortalium oculis congruentuer appareret» («...в эти обе [душа и плоть] Слово Господа облачилось как в одеяние, чтобы предстать соразмерно в глазах смертных») [*Lomb. Sentt.* III 6, 6; PL 192,770]. Теория Петра Ломбардского, тесно связанная с понятием *habitus,* привлекает в XII веке большое внимание, затем, однако, предается забвению.

[88] Таким образом, Бурдьё переносит в структурализм элементы интерпретативной и герменевтической теорий культуры [Reckwitz 2000: 310]. Объективистским теориям Бурдьё предъявляет упрек в «схоластическом рационализме» [там же: 312]. Не случайно, что габитусная модель Бурдьё представ-

«инкорпорируется», как выражается Бурдьё, — то есть телесно «присутствует»[89] в действиях, — в ментальные репрезентации, которые управляют восприятием и оцениванием. Индивидуум в таком случае несет на себе отпечаток смежных структур, если не ими определяется[90]. Габитус, который объединяет эти формирующие структуры, создает, таким образом, традиционную среду на протяжении веков.

В качестве вошедшей в кровь и плоть, ставшей второй природой и тем временем как таковая забытой историей, габитус являет собой действенное присутствие всего прошлого, которое его породило [Bourdieu 1999: 105].

Из прошлого репродуцируются накопившиеся диспозиции, притом что габитусная форма способна пережить даже изменение социальной среды. Действующие лица габитусной группы предъявляют «диспозиции... на длительный срок», которые оказываются более жизнеспособными при определенных обстоятельствах, чем экономические и социальные условия их порождения» [там же: 117]. Потом речь заходит о так называемом гистерезисе [там же: 116]. Классическим примером гистерезиса является продолжение бытования кенотических фигур в атеистическом контексте. Однако наряду с поразительной устойчивостью традиции следует ожидать ее вариаций в новых контекстах: налицо «полная (контролируемая) свобода» [там же: 103] и дело доходит до «регулярных импровизаций» [там же: 107].

---

ляется особенно подходящей для анализа такой культуры, как русская, одержимой — православной и славянофильской — полемикой против схоластики (см. 4.5.1. о самоконцептуализации православия как религии опыта, или полемику Киреевского о схоластике, ср. [Uffelmann 1999: 185]). Православно-славянофильскую и разработанную Бурдьё «праксеологию» объединяют общие отграничения от чисто духовного и вотум за практику.

[89] И в еще большей степени с православными идеологическими интенциями о религии опыта следует тогда увязывать тот факт, что духовность в таком случае приобретает сомнительный статус. Заметными «чувствования» становятся только в формировании действий.

[90] Ср. «Паскалевские медитации» (*Méditations pascaliennes*) Бурдьё [Bourdieu 1997: 204].

В социальных связях групповой габитус гарантирует, как и габитус христоподобности, гомологизацию разнообразия опыта и действий своих участников[91]. Впрочем, групповой габитус формирует не более чем гомологическую для всех носителей интрапсихическую схему конструирования, ср. [Rusch 1987], и это ни в коем случае не «сохранение» идентичной субстанции. Скорее, схеме конструирования габитуса приходится во все время меняющихся условиях окружающей среды пребывать в своего рода «перманентном кризисе применения» [Reckwitz 2000: 341] и либо утверждать себя, либо терпеть крах и трансформироваться. Тем самым культурные перемены в габитусную модель Бурдьё обычно уже заложены заранее.

### 3.2.5.1. Габитус против практики

Итак, если на определенных отрезках русской истории и в определенных социальных сегментах русского общества существовал групповой габитус, ориентированный на уничижение Христа (как это самым очевидным образом проявлялось у монахов), то значительную долю его способности к продолжению существования следует искать в интериоризации внешнего образца кенозиса в повседневные привычки. И даже если в связи с этим он представлял собой среду передачи традиции, обладающую самым сильным мнемоническим действием, то все равно «успех» кенотической фигуры в истории русской культуры можно объяснить только интеракцией с другими связями с Христом (см. 3.3–3.5), а также практиками наставления последователей Христа (см. 4); само по себе установление определенного кенотического габитуса еще не может доказать существование репрезентативной социальной практики. Габитус в медиальном ракурсе истории кенозиса является *одним* носителем значения среди прочих.

---

[91] О гипотезе гомогенизации ср. [Reckwitz 2000: 311 и 339].

### 3.2.5.2. Идентичность через самоуничижение

Отметим: фигура уничижения, в отличие от габитуса мелкобуржуазной самодовольной прижимистости, — в первую очередь есть описание изменений. Габитус мученика естественным образом долго не длится. В возвысившемся до профессии смирении монахов, напротив (ср. 5.3.3), целью является достижение постоянства. Если кенозис приобретает модельный характер, то у мученика «субъектность» конституируется в момент его упокоения (в смысле результативного *sub-iectum*), а в монашеском дозированном самоубиении, напротив, унижение, самоопустошение становятся длительными[92]. В противоположность архаичной обменной модели жертвы теперь на первое место выдвигается — повторяемый — отказ.

Так или иначе, подчинение модели Христа, которой следует подражать, наделяет подчиняющегося идентичностью: идентичностью определенного (в каждом случае — своего) отказа от собственной идентичности (точно так же, как кенозис преэкзистентного Логоса есть разновидность отрицания собственной идентичности). Там, где речь идет о групповом габитусе, эта идентичность обретает еще и социальный, и исторический статус. Если принять такое расширенное понятие субъекта, то происходит «становление субъекта», задолго до того, как может идти речь о субъекте в современном смысле этого слова[93] — и в противоположном смысле. Но это лишь усиливает антропологические импликации концепции габитуса у Бурдьё; ибо габитус функционирует — иначе, чем изводы «искусства жить» эпохи модерна[94] — как константа практического опыта человека. Спонтанная сво-

---

[92] Через дозированное телесное самобичевание (ограничение сна, пост и т. п.) реализуется стремление к достижению в большей или меньшей степени стабильного пограничного состояния на грани жизни и смерти (см. 5.3); ср. поучение Амвросия Оптинского: «В монастыре полезно быть немного больным. Монаху не следует серьезно лечиться, а нужно только подлечиваться» [Смолич 1999: 438].

[93] О субъекте см. 1.2.7; к гетерономии — 3.2.6.4.

[94] Для обзорного представления см. [Schmid W. 1998]; по русской культуре и литературе: [Paperno/Grossman 1994]; [Schahadat 1998].

бода действий, исходя из этой антропологической гипотезы, всегда уже подчинена габитусу. *Содержание* подчинения при кенотическом габитусе усиливает тогда только лишь ту структуру подчинения, которая заложена в каждом габитусе, то есть социальное и историческое становление субъекта[95].

### 3.2.6. Следование против подражания
#### 3.2.6.1. Внешнее следование и социальное подражание

> Quid est enim sequi, nisi imitare?[96]

В Новом Завете призыв к верующим (о наставлении см. 4.1) исполнять задачу подражания примеру Христа в собственной жизни опирается на глаголы «ἀκολουθέω» («следовать») и «μιμέομαι» («подражать»), а также на их производные. Но как в греческой, так и в латинской традиции преобладают далее «μιμέομαι» и «μιμητής» («подражатель»), ср. [Luz 1994: 679]. Этому, вероятно, способствовал факт, что подражание по сравнению с первоначально пространственным *следованием* (как «хождение-позади-кого-либо») возвышается над узким кругом учеников, превращаясь в задачу сотворения жизни для всех христиан в качестве апостолов [там же: 683]. К явно первичному значению простого следования, то есть участия в бродячей жизни Иисуса (Лк 9:57), добавляются семантические расширения понятия следования, которые предлагает Лука: бездомность[97] и отказ от

---

[95] Отдельный разговор — согласование этого наблюдения с теорией цивилизации (см. 5.2.7.4).

[96] «Что же остается последователям другое, кроме подражания?» [Августин, *De s. virginitate* 27; PL 40,411].

[97] Продолжение этого мотива содержится в проповеди о Страстной субботе, приписываемой Епифанию Кипрскому, где Иосиф Аримафейский, просивший Пилата отдать ему тело Христа, упоминает бегство Иисуса в Египет [PG 43,448A] и в целом характеризует его как «добровольного изгнанника»: Δός μοι τοῦτον τὸν ξένον, τὸν ξένην ζωὴν καὶ βίον ζήσαντα ἐπὶ ξένα. <...> Δός μοι τοῦτον τὸν ἑκούσιον ξένον...» («Отдай мне этого чужака, который живет чужой жизнью среди чужих. <...> Отдай мне этого добровольного чужестранца...») [PG 43,445D]. Таким образом, также и в случае эмиграции становится возможна интерпретация ее как следование Христу.

семейной жизни (Лк 9:58–62), беззащитность (Лк 10:3), отказ от собственности и бедность (Лк 10:4). У Иоанна есть требование подражания социальному унижению (омовение ног (Ин 13:15)). Марк извлекает из этого структурную сумму самоуничижения (Мк 10:44), вплоть до страданий и мученичества (Мк 8:35). Такова христианская версия, вероятно, общегреческой теоремы о «μίμησις θεοῦ» (подражание Господу), см. [Schulz A. 1962: 206–251]: подражание униженному, земному, кенотическому Богу, что у Павла (как раз в (Флп 2:5–8)), становится отчетливее всего.

### 3.2.6.2. Внешнее подражание

После смерти Иисуса пространственное следование невозможно. По необходимости остается обобщенное следование или подражание. Но насколько буквально следует понимать подражание? В конце концов, задача подражания Богочеловеку Иисусу Христу, поставленная перед человеком, — это чрезмерное требование, и это парадокс, ср. [Koschorke 2001: 40]. Но и *imitatio exinanitionis* (подражание самоуничижению) тоже никогда не может быть связано с требованием вочеловечивания, а только — с социальным аспектом унижения и со страстным путем — или же с чувствованием, как об этом говорится в (Флп 2:5) (см. 3.2.1). Там, где подражание связано с признаками, считаемыми внешне, и подражание Христу конструирует отношения симилярности, то есть — метафору.

Павел не использует слово «следование», для него частотно «подражание» Христу; он прямо требует: «...μιμηταί μου γίνεσθε, καθὼς κἀγὼ Χριστοῦ»[98]. В ранний период христианства подражание Христу понимается как строго-аскетическое максималистское требование с мученичеством как следствием (см. 3.3.4.4). Бездомность, отсутствие собственности и постепенное аскетическое умерщвление собственного тела понимались бродячими аскетами как прямое подражание пути Христа.

---

[98] «Будьте подражателями мне, как я Христу» (1 Кор 11:1).

## 3. Метонимия и метафора, или Воплощения кенозиса

Возможного конфликта между внутренней ориентацией на Христа и внешним самопожертвованием в ранний период еще почти не видели. В святоотеческой литературе преобладает по большей части склонность к соединению обоих понятий; Евсевий Кесарийский, например, прибегает к нему при описании внешних примеров мученичества из-за радикального следования мотиву отказа (от «хищения») в (Флп 2:6) (см. 2.2.3.2):

> Οἳ καὶ ἐπὶ τοσοῦτον ζηλωταὶ καὶ μιμηταὶ Χριστοῦ ἐγένοντο, ὃς ἐν μορφῇ Θεοῦ ὑπάρχων οὐχ ἁρπαγμὸν ἡγήσατο τὸ εἶναι ἴσα Θεῷ, ὥστε ἐν τοιαύτῃ δόξῃ ὑπάρχοντες, καὶ οὐχ ἅπαξ οὐδὲ δὶς, ἀλλὰ πολλάκις μαρτυρήσαντες, καὶ ἐκ θηρίων αὖθις ἀναληφθέντες, καὶ τὰ καυτήρια καὶ τοὺς μώλωπας καὶ τὰ τραύματα ἔχοντες περικείμενα, οὔτ' αὐτοὶ μάρτυρας ἑαυτοὶς ἀνεκήρυττον...[99]

Настоящее мученичество достигается, согласно этому, пересказанному Евсевием взгляду, с одной стороны, только в свершении смерти во имя Христа [*h.e.* V 2, 3]. С другой стороны, подражание, согласно ссылке на (Флп 2:6), проходит через деяние отказа, каким является кенозис — здесь это отказ от титула мученика. В топосе скромности самоуничижение перформируется дискурсивно.

Только совмещение внутреннего и внешнего для Евсевия является достаточным условием для подражания Христу. Впрочем, эта двойственность вскоре разъединяется — по двум причинам: из-за вероятности смертельных последствий внешнего подражания и из-за отсутствия сообщения внутреннего следования другим; в культурной истории отсылок к Христу начинается

---

[99] «Столь ревностно подражали они Христу, Который, "будучи образом Божиим, не почитал хищением быть равным Богу", что столь прославленные не раз и не два, а многократно мучимые, бросаемые зверям и возвращаемые в тюрьму, все в ожогах, рубцах и ранах, они не только сами не объявляли себя мучениками, но запрещали нам их так называть, и, если кто в письме или разговоре обращался к ним: "мученики", они горько его упрекали» [*h.e.* V 2,2; PG 20,433A; рус. пер.: Евсевий 2013: 222].

время движения вперед и назад, колеблющегося между внешней, знаковой манифестацией (вплоть до мученической смерти) и внутренним чувствованием.

### 3.2.6.3. Внутреннее следование

Если еще во времена «понимаемой вполне практически христологии следования» Фомы Аквинского [Schilson 1996: 824] конкретное действие и внутренняя связь сходятся воедино, то в поздний период Средневековья и в раннее Новое время, отчасти совпадая во времени с развитием движения *devotio moderna* (Новое благочестие; ок. 1375–1550), происходит скачок интериоризации, который усиливает разрастание вширь призыва к следованию Христу: «Более значительна для религиозной жизни была... христология следования в мистике Бернарда Клервоского... Иоганна Таулера... и *devotio moderna*» [Hoping 2004: 131].

Тенденцию, побуждающую меньше заниматься умозрительными рассуждениями о взаимоотношениях двух природ Христа, рассматривать христологию преимущественно исходя из ее цели существовать «для человека» и представлять человека соответственно в следовании Христу, ориентируясь на его самоуничижение, вдохновил Бернард Клервоский. Суровая монашеская аскеза связана для него с внутренним идеалом смирения[100]. Да, Бернард формулирует «всего один правильный ответ, в котором... концентрируется все следование Христу, и этот ответ — смирение» [Kleineidam 1950: 440], т. е. внутренний духовный склад.

Появившаяся в кругу движения *devotio moderna* и (не единогласно) приписываемая Фоме Кемпийскому нравоучительная книжица «О подражании Христу» (*De imitatione Christi*[101]) относится к жанру популярной монашеской литературы, а в адаптированной форме нашла читателей и в протестантских кругах.

---

[100] О том, что Бернард подчеркивал внутренний опыт Христа, см. [Köpf 1980: 124].

[101] Впрочем, в отдельных ранних немецких переводах название гласит: «Следование Христу» (*Nachfolgung Christi*, Диллинген 1608). О принадлежности брошюры к узкому кругу *devotio moderna* и о вопросе авторства ср. [Post R. 1968: 522–533].

## 3. Метонимия и метафора, или Воплощения кенозиса

После Библии это, наверное, самая читаемая книга мировой литературы. Главный императив, формулируемый наставником, гласит: следование Христу — «...quatenus vitam eius et mores imitemur...»[102]. Если поначалу кажется, что это наставление лежит во внешней плоскости жизни, то совсем скоро становится ясно, что для автора главную добродетель подражателя Христу составляет *humilitas*, или «смирение» [Thomas 1982: 2; рус. пер. К. П. Победоносцева: Фома 2007: 10]. Содержанием следования является, таким образом, кенозис: книга преподносит хвалу послушанию [Thomas 1982: 18; рус. пер. К. П. Победоносцева: Фома 2007: 16] с тем же пылом, как и призыв следовать кресту:

> Sicut ego [Christus] me ipsum, expansis in cruce manibus et nudo corpore, pro peccatis tuis Deo Patri sponte obtuli, ita ut nihil in me remaneret quin totum in sacrificium divinae placationis transierit, ita debes et tu temetipsum mihi voluntarie in oblationem puram et sanctam quotidie in Missa, cum omnibus viribus et affectionibus tuis, quanto intimius vales, offerre[103].

Внутренние чувствования как место действия становятся окончательно главенствующими во второй книге, которая озаглавлена «Наставления ко внутренней жизни» [Thomas 1982: 81; рус. пер. К. П. Победоносцева: Фома 2007: 40]. В этой книге звучит совет: «Disce exteriora contemnere et ad interiora te dare...»[104] «Humilitas» («смирение») является центральным понятием всего текста [Mesnard 1964].

---

[102] «...подражать жизни и нравам Его...» [Thomas 1982: 3; рус. пер. К. П. Победоносцева: Фома 2007: 10].

[103] «Как Я Сам [Христос], руце распростер на кресте и наг, волею принес Себя в жертву Богу Отцу за грехи твои, и ничего во Мне не осталось, чтобы совсем не перешло в жертву Божественного умилостивления, так должен и ты каждый день волею приносить Мне себя самого в жертву чистую и святую на литургии, со всеми своими силами и склонностями, от всего своего сердца. Ничего больше от тебя не требую — только чтоб ты поревновал Мне всего отдать себя» [Thomas 1982: 330; рус. пер. К. П. Победоносцева: Фома 2007: 140].

[104] «Учись внешнее презирать, внутреннему предаваться...» [Thomas 1982: 89; рус. пер. К. П. Победоносцева: Фома 2007: 40].

В сторону сравнимой задушевности указывает лютеровское, постмонашески направленное, то есть вырывающееся изо всего регулярного, понятие *humilitas*, которое объявляется единственным обязательным условием наличия веры и тем самым означает спасение («humilitas sola salvat»[105]). При этом речь здесь в меньшей степени идет о конфессиональном разграничении, нежели о всеохватной тенденции, в той степени, в какой и Лютер, и Игнатий Лойола — в корне по-разному расположив их в своей общей концепции — вопреки всякой практической связи с миром выдвигают на передний план *внутренние* аспекты веры, воображения и упражнения [Maron 2001: 26–28]. В «Духовных упражнениях» (*Exercitia spiritualia*, 1548) Игнасио де Лойолы, которые воскрешают прежнее значение аскезы как «упражнения», хотя и говорится о «бедности» и «позоре» Христа как содержании упражнения, то есть — о земном социальном внешнем, на которое стоит ориентироваться[106], но, что касается формы связи с Христом, то недвусмысленно доминирует упражнение «meditandi»[107].

Любая интериоризация следования Христу — будь то в мистике, в переброске межконфессионального моста от Бернарда Клервоского к Лютеру [Bell 1993: 280][108] и обратно к Игнатию Лойоле или в исихазме (см. 4.4.2.3 и 5.3.5.4) — склоняется к тому, чтобы из концепции инкарнационного и социального снисхо-

---

[105] «Только смирение спасает» [Luther WA 4, 473, 17]; ср. [Loewenich 1954: 175] и [Riches 1994: 692].

[106] Вот как Игнасио де Лойола определяет 'tertius... modus humilitatis' («третий... вид смирения): «...ad maiorem tamen imitationem Christi, eligam potius cum eo paupere, spreto, et illuso, pauperiem, contemptum, et insipientiae titulum amplecti: quam opes, honores, et sapientiae aestimationem» («если именно... для того, чтобы тем более следовать Христу, Господу нашему, и чтобы тем более в действительности походить на него, скорее с бедным Христом хочу и избираю бедность, а не богатство, с опозоренным Христом хочу позора как чести, и чем больше я затем желаю, чтобы считали меня простофилей и придурковатым, нежели мудрым и умным в этом мире — ради Христа, на которого поначалу так и смотрели»; Ignacio 1548: § 167]; ср. об этом [Ong 1986: 113].

[107] «Осознание» (*meditación*) [Ignacio 1548: § 45].

[108] Ср., напр., [Luther 1983: 147].

ждения сделать концепцию одухотворяющего возвышения, ср. [Freyer 1991: 225]. Возвышение без предшествующего или параллельного уничижения (см. 2.6) доводит, однако, кенотическую модель до крайней грани. К тому же интериоризацию следует понимать как симптом того, что ригоризм воззвания к подражанию, который читается следом за (Флп 2:5) в святоотеческой литературе и в экзегезе вплоть до XX века[109], благодаря развитию автономного субъекта все больше теряет свою значимость. Там, где непостижимая внутренняя реальность веры встает на место внешней материализации, через которую инкарнация как раз и должна была бы обрести постижимость, происходит своего рода «экскарнация»[110].

*3.2.6.4. Гетерономное подражание против автономного следования*

Эти тенденции к интериоризации, которые посредством привлечения духовного возвышения являют собой также и декенотизацию, находят свой отпечаток в ревизии древнецерковного и раннесредневекового радикализма, происходящей в Новое время. Теперь подражание и следование контрастируют — включая все конфессии западной церкви[111]. Радикальность

---

[109] Рьяные поправки, согласно которым в (Флп 2:5) речь идет якобы не об образце, которому следует рабски подражать, которые предпринимает теологическая экзегеза в XX веке, есть, таким образом, тоже симптом либерализации и, соответственно, ослабления христианства.

[110] Которая не менее метафорична, чем обозначенный так Алейдой Ассман аспект «акта создания письменности» [Assmann A. 1993: 133], который на последнем закономерном этапе приводит к «умиранию автора в печатном тексте» [там же: 141] — к тому варианту кенозиса авторства, который особенно разработан постструктурализмом [там же: 154 и сл.]; ср. 3.5.5.7). По поводу аналогичного понятия у Булгакова см. 4.4.4.5.

[111] Ансельм Шульц, например, показывает, что связанные с глаголами «ἀκολουθεῖν» (как *религиозное* представление о «сотрудничестве» в мессианском труде исторического Иисуса» [1962: 334, выделено в ориг.]) и «μιμεῖσθαι» (этическая копия и копия практики страданий) представления о следовании и подражании в Новом Завете еще сильно разграничены [там же: 197 и 331–333]. И в контексте новозаветного «μιμεῖσθαι» Шульц подчеркивает — и в этом

мученичества, аскезы, самоумерщвления, в том виде, в каком их хотели вложить в понимание подражания Христу поздняя Античность и Средневековье, начинают считаться неблагоразумием, самое позднее, под знамением появившегося субъекта, который сам о себе заботится [Фуко 1998] и сам себя понимает как автономный. Гетерономия строгого подражания Христу размякла до индивидуального толкования следования. Подчеркивая автономную в каждом отдельном случае связь с Христом, многочисленные современные теологи предпочитают строгому подражанию свободное следование. Пример «образ раба», которому следует рабски подражать, представляется теперь недостаточно либеральным, ср. [Kleineidam 1950: 432], а прямой образец — чересчур просветительски-практическим, потому что он склоняется к ограничению онтологического значения Христа[112].

Вплоть до современности внешнее подражание превосходит внутреннее следование по наглядности и поэтому, как тенденция, опережает его, если речь идет о приписывании совершенного следования Христу, то есть — святости; особенно в русском православии (см. 1.1.3) наблюдается тенденция скорее вознаграждать канонизацией за наглядность мученичества, нежели за ангелоподобную жизнь (см. 3.3.3.4).

*3.2.6.5. Потребность культурной историографии в материальных знаках*

В этой работе духовная сокровенная сущность отодвинута на задний план (поскольку она вряд ли поддается изучению средствами истории культуры) и ставится вопрос внешне видимого

---

он сын своего времени — случаи употребления скорее с этическим воодушевлением («ἀγάπη», «любовь» [там же: 282 и 298]), чем с метафизическим образцом уничижения как (Флп 2:5–11) [там же: 272–274], с социальной деградацией как в (Ин 13:1–15) [там же: 300] или со страданиями, как в Послании к Евреям [там же: 297]. Ср. также [Betz 1967].

[112] Например, у Толстого, когда Христос редуцируется до выражения «закон Христа» [Толстой 1972, 23: 335].

и социально уловимого *подражания* модели Христа в истории русской культуры. Ведь не только божественный Логос, нет, подражание Христу также должно стать видимым и материально осязаемым, чтобы его можно было считывать.

### 3.3. У тела и во плоти[113]

> *Hoc est enim...* [*corpus meum*] может породить целый *Corpus* всеобщей энциклопедии наук, искусств и мышления Европы.
> 
> [*Nancy 2006: 8, выделено в ориг.*]

В противоположность величинам, постижимым только через метонимии — дух, убеждения, сокровенная сущность, — та плоть, в которую воплощается божественный Логос, с виду имеет преимущество наглядности. Но при этом считается, что «истинная» плоть Христа избежала осязаемости (через смерть и воскресение) и в течение длительного времени получает наглядность лишь в своих метонимиях и метафорах.

Кенозис представляется реабилитацией материальных метафор и метонимий для нематериального. Манихейский дуализм с его проклятием плоти, как подметил Иоанн Дамаскин [*Imag.* I 16 и II 13)], тем самым исключается. Для кенотических позиций характерно, что они отвоевывают у воплощенной, примарной материи как у чего-то несхожего, другого варианта божественного Логоса — и также у их вторичных материализаций — нечто по-

---

[113] Антропология начала XX века вводит разграничение понятий, которое традиционная христология с ее понятиями «σῶμα» («тело») и «σάρξ» («плоть») не знала — разграничение между *Körper* («тело») и *Leib* («переживаемая плоть»). Для описания форм подражания Христу предлагается говорить не о материальном теле (*Körper*), а ставить во главу угла аспект целенаправленного оформления и толкования, осознанное отношение к телу как собственному и вслед за Плесснером [Plessner 1965: 269 и сл.] говорить в дальнейшем о переживаемой плоти (*Leib*).

зитивное. Да, оценка низменной плоти в других случаях (например, у Бахтина[114]) выявляет кенотические следы также и в несакральных контекстах.

### 3.3.1. Причастие к кресту

#### 3.3.1.1. Метонимии креста

От усопшего Христа христианство, согласно догмату воскресения, не может иметь никаких реликвий, но у него достаточно метонимий некогда бывшего присутствия его умирающего и мертвого тела — крест и его части (щепки от креста, гвозди с креста), плащаница (см. 3.4.3.1) с «нерукотворным» отпечатком мертвого тела и лица, а также одеяние Христа. Когда в эпоху раннего христианства живописные изображения Христа еще не ценились, знак креста представлял земную плоть Иисуса Христа, «ко кресту пригвожденного». По свидетельству Амвросия Медиоланского[115], после предположительного обретения Креста Господня императрицей Еленой в 326 году распространилось мнение, что некий кусок дерева или гвоздь — заключенный в ставротеку и выставленный для всеобщего почитания, — происходит от Креста Христова, и верующие могли опосредо-

---

[114] Несмотря на неочевидность христианских следов в трудах Бахтина [Clark/Holquist 1984: 85–87]; [Emerson 1990: 111]; [Ugolnik 1990: 140 и сл.] — а в советском контексте скрывать это настоятельно рекомендовалось, — исследователи, заинтересованные в богословских корнях Бахтина, встраивают в православно-кенотическую традицию как раз его физиологическую антропологию [Lock 1991: 78]; [Mihailovic 1997]. Из-за скудности данных об этом в опубликованных работах Бахтина обратились к его записным книжкам. Самое отчетливое уравнивание инкарнационной и карнавальной оценки телесного обнаружил при этом чтении Лок: «...гротескный реализм... является способом представления, подходящим для воплощения» [Lock 1991: 74]. Вторым шагом, на этот раз лингвотеоретическим является оценка «конкретизирующего преобразования высказываний в дискурс» как «в значительной степени напоминающего патристическое понятие опустошения или кеносиса» [Mihailovic 1997: 38]; ср. также [Ugolnik 1984: 291 и сл.]; о Бахтине см. далее 3.5.5.5.

[115] «Надгробная речь Феодосию» (*De obitu Theodosii*) 43–50 [CSEL 73, 393–398].

ванно принимать участие в распятии; отношения смежности, утверждаемые здесь, двойные: перенесение от «Пригвожденного ко кресту» на сам крест или его фрагменты, а уже от них далее — на верующих. Метонимический след Христа делает эти материальные останки достойными почитания (Иоанн Дамаскин; *Imag.* II 19).

Христова метонимия креста воздействует, в свою очередь, на место креста, на место казни — Голгофу, которая, поскольку смерть и гробница считаются кульминацией страстного пути Христа, вместе с надгробной церковью становятся важнейшим местом стечения христианских паломников (см. 5.4.2.2). Место носит обозначение «μαρτύριον» («мученичество», букв. «свидетельство») [Евсевий *De vita Constantini* 3,28 и 3,33; PG 20,1088D и 1093A]. Метонимически связанные с Христом страстные станции одну за другой находят, и это позволяет, таким образом, проследить пространственное следование Христу на его страстном пути (что воздействует также на византийско-славянскую литургию; см. 4.5.9.3).

Пролиферацию реликвий креста затмило раннее распространение крестного[116] знамения начиная с V–VI веков, а также живописи с изображением распятия[117]; Христова метонимия креста как реликвии дополняется реликвиями святых подражателей Христа, то есть метафорами-метонимиями Христа.

### 3.3.1.2. Метафоры креста

Наряду с метонимиями крестных реликвий в раннем христианстве развиваются также отношения сходства, то есть метафорический перенос Христова креста на членов христианской общины. Речь при этом идет о переносе на членов общины с двух казненных вместе с Христом уголовников формулы «сораспятия», которая встречается еще в Послании к Галатам:

---

[116] Ср. [PG 48,826 и сл.], [Traditio 1991: 308]; далее 4.6.5.1.
[117] См. [Hinz 1973–1981, 1: ил. 116–129]; [Thümmel 1992: 188 и сл.].

> ¹⁹ἐγὼ γὰρ διὰ νόμου νόμῳ ἀπέθανον, ἵνα Θεῷ ζήσω. Χριστῷ συνεσταύρωμαι· ²⁰ζῶ δὲ, οὐκέτι ἐγώ, ζῇ δὲ ἐν ἐμοὶ Χριστός· ὃ δὲ νῦν ζῶ ἐν σαρκὶ, ἐν πίστει ζῶ τῇ τοῦ υἱοῦ τοῦ Θεοῦ, τοῦ ἀγαπήσαντός με καὶ παραδόντος ἑαυτὸν ὑπὲρ ἐμοῦ[118].

Управление глагола «ζήω» («жить») дательным падежом может таить в себе, на первый взгляд, метафорическое включение члена христианской общины в крестную позицию, поскольку в выражении «ἵνα Θεῷ ζήσω» («жить вокруг Бога») речь идет о *dativus commodi*. Однако то же управление переносится на «сораспятие». Дативное окружение субституции верующего в положение Христа на кресте сохраняется и в латинской версии, популярности которой содействовал Лютер своим призывом следования за крестом [Loewenich 1954: 159]: «filio concrucifixi sunt»[119].

Что касается телесных поз, то расположение верующего лежа с раскинутыми руками, напоминающее крест, во время покаяния или в простирании во время католического посвящения, может телесно инсценировать сораспятие. Если говорить о мелких жестах, то осенение себя крестом — это обозначение себя в соединении с крестом Христовым. В жесте благословения благословляющий делает то же самое транзитивно (см. 4.5.3.8 и 4.5.12).

### 3.3.2. Усвоение в плоть

#### 3.3.2.1. Метонимии Тайной вечери

Если метонимические реликвии указывают скорее на отсутствие некогда существовавшего тела, то таинство евхаристии должно репрезентировать былое существование плоти — и это мотивируется в истории понимания евхаристии в общем-то совершенно по-разному.

---

[118] «Законом я умер для закона, чтобы жить для Бога. Я сораспялся Христу, и уже не я живу, но живет во мне Христос. А что ныне живу во плоти, то живу верою в Сына Божия, возлюбившего меня и предавшего Себя за меня» (Гал 2:19 и сл.).

[119] «Они распяты вместе с Сыном» [Luther WA 4,476,27].

## 3. Метонимия и метафора, или Воплощения кенозиса

Повествуя об установлении евхаристии, евангелисты намечают некий контекст жертвы (Мтф 26:26–28; Мк 14:22–24), опираясь на недокетическую реальность плоти и крови (Ин 6:53–58)[120]. (Лк 22:19) добавляет аспект поминовения; жертву упоминают в литургических действах, ср. [PG 63,131]. Но в какой мере истинная плоть Воплощенного представлена в ритуале воспоминания?

Наиболее точная каноническая формулировка о хлебе Тайной вечери как репрезентации плоти Христовой содержится у Тертуллиана; примечательно, что она следует из одного пункта его аргументации, когда он незадолго до этого парафразировал фигуру уничижения из (Флп 2:7)[121]: «...panem quo [Christus] ipsum corpus suum repraesentat...»[122] На этих словах Тертуллиана сосредоточивается на протяжении более тысячи лет дискуссия о правильном понимании евхаристии, в частности в западной церкви. Для культурной истории кенотических воплощений не столь важно, прав ли Хофман, приписывая Тертуллиану понимание «живой настоящей плоти» [Hofmann H. 1990: 59]. Важнее то, что во множестве дебатов — между Пасхазием Радбертом и Ратрамном Корбийским (1-й евхаристический спор), между Беренгаром Турским и Гумбертом (2-й евхаристический спор), наконец, между Лютером и Цвингли — спорили о том, означает ли эта репрезентация символическое изображение или же реальное присутствие[123].

---

[120] Ср. [Moll 1975: 50–78]. Для Восточной Церкви подлинность жертвы устанавливает соответственно Николай Кавасила [PG 150,440].

[121] «...propter quem [hominem] in haec paupertina elementa de tertio caelo descendere laborauit, cuius causa in hac cellula Creatoris etiam crucifixus est?» («...для него [человека] он даже спустился с третьего неба на эту несчастную планету, в связи с чем он и был распят в этом узком углу творения») [*Adv. Marc.* I 14,2; Tertullien 1990–2001, 1: 164].

[122] «...хлеб, через который Христос репрезентирует свою плоть...» [*Adv. Marc.* I 14,3; Tertullien 1990–2001, 1: 164].

[123] Ср. [Hilberath 1995: 946–948]. О Лютере и Цвингли см. [Hirsch 1964: 372–383]. Согласно Хофману, может оказаться даже так, что «та определяющая многозначность слова [репрезентация] есть следствие простирающейся на столетия теологической переработки проблем, связанных с евхаристией» [Hofmann H. 1990: 64].

Что перед нами: человеческое сознание, которое передает репрезентируемое [Фейербах 1965: 284–307], или носитель божественного знака, который заявляет человеку о себе? Последнее означало бы, что плоть Христова в евхаристии сама себя репрезентирует, ср. [Hofmann H. 1990: 78]. Сам ли Христос распоряжается «презентацией» реальной плоти или же это делает причащающееся сообщество как дань его памяти[124]? На языке традиционного описания между «эффективным» и «выставленным напоказ» или между «реально-символическим» и «символическим» различается понимание той евхаристии, которая укладывается в термины теории речевых актов: «перформативная» и «пропозициональная»[125]. Как подчеркивает Хёриш, между семиотическими полюсами дело неизбежно доходит до парадоксальных наложений:

> Свой невероятный онтосемиологический статус таинство евхаристии обосновывает в форме множества отдельных парадоксов: Христос реально присутствует в хлебе и вине — но только для тех, кто в него верует; евхаристия — это поминальная трапеза — но одновременно это торжество присутствия Христа и эсхатологическая трапеза; сакральные элементы — это больше чем знаки — но для того, чтобы быть больше чем знаками, они нуждаются в преобразующих словах; сила преобразующих слов присуща эпиклезе священника — но она есть не более чем цитата из изначальных, введенных Господом в оборот слов… [Hörisch 1992: 17].

---

[124] Между этими полюсами старались найти выход в виде золотой середины, ср.: «Экзегетическая модель пресуществления зарекомендовала себя как средний путь между Сциллой обычного символизма и Харибдой сенсуалистского реализма…» [Hilberath 1995: 947]. См. об этом далее 4.5.3.5.

[125] Ср. в особенности определение Бергером «реально-символического»: «Реально-символическими я называю действия, которые не только намекают, образно поучают и предостерегают, то есть являются "только" символическими, — но такие действия, которые, выходя за пределы символов, по представлению тех, кто их осуществляют, реализуют кусочек того, что они представляют» [Berger 1994: 90]. Риторическое прочтение разнообразных концепций евхаристии раннего периода Нового времени предлагает Поппенберг [Poppenberg 2003: 147–172].

Вкушением сельскохозяйственной продукции — хлеба и вина — евхаристия, эта «центральная парадоксия» [там же], инсценирует усвоение плоти, переход от плоти Христовой в плоть (желудок) отдельного верующего.

### 3.3.2.2. Метафоры стигмы

Стигма тоже есть «усвоение» кенотической плоти Христа — в данном случае не через желудки причащающихся, а через кожу одного из привилегированных подражателей Христу, в качестве «надписи на теле» [Menke/Vinken 2004]. В то время как Тайная вечеря устанавливает метонимические отношения между вкушающим и плотью Христовой, стигматы функционируют метафорически — согласно удостоверяющей интенции, в качестве «вещественных индексов таинства» [Didi-Huberman 1990: 11]. Связь с Христом осуществляется в собственной плоти представителя человечества, а не во вкушении сельскохозяйственных продуктов. Хотя для метафоры стигматизации существует павлианское доказательство («ἐγὼ γὰρ τὰ στίγματα τοῦ Κυρίου Ἰησοῦ ἐν τῷ σώματί μου βαστάζω»[126]), но представление о соматической обратимости этой метафоры в соответствии с духовной инцизией относится к значительно более позднему периоду; оно было «открыто» прежде всего сообщением о стигматизации Франциска Ассизского в сентябре 1224 года [Frugoni 2004][127]. То, что происходит в XIII веке, есть только отчасти материальное усвоение: «Парадоксальным образом во плоти материализуется спиритуализация плоти» [Vinken 2004: 14][128]. Эта специфическая форма

---

[126] «Я ношу язвы Господа Иисуса на теле моем» (Гал 6:17).

[127] Менке объясняет парадоксальность человеческого и риторического *inventio* этих телесных знаков и их выстраивание как акта «подачи божественного сигнала» [Menke 2004: 28]: «Телесная реальность [*Korpor(e)alität*] присутствия, запечатлевающегося в божественных знаках последователей — это *invenzione*» [там же: 30].

[128] Проводя далее намеченную Финкен историческую линию, можно было бы закрепить за высоким Средневековьем и ранним периодом Нового времени спиритуализацию связи с Христом: старое физическое мученичество наполовину интернализируется в стигматах (видимых у Франциска Ассизского и затем невидимых — у Екатерины Сиенской) и окончательно интериори-

телесного следования Христу нашла своих «последователей следования» почти исключительно в католичестве [Menke 2004: 31][129] — в Новое время зачастую в сочетании с гендерным переключением [там же: 32].

### 3.3.2.3. Метафоры страдания

В павлианском смысле метафорическая речь о «метке» означала готовность последователя Христа к страданиям. Как описывает Камла, Павел проводит аналогию между своими страданиями, которые выпали ему на долю в апостольском служении, и страданиями Христа [Kamlah 1963: 229], а также с репрезентацией страданий Христа с помощью его (Павла) собственной плоти [там же: 230]. Так Павел обосновывает мощный топос кенотических связей с Христом — это просьба о чести получить позволение быть подражателем в страданиях, как ее формулирует, например, Игнатий Антиохийский («ἐπιτρέψατέ μοι μιμητὴν εἶναι τοῦ πάθους τοῦ θεοῦ μου»[130]). Не менее важна она для лютеровской нормы следования страстям Христовым [Loewenich 1954: 157].

Страдание — это тот аспект Христа, который — в отличие от метафизического кенозиса — доступен для человеческого подражания; собственное страдание делает возможным метафорическое участие в Христе:

---

зируется в мистическом следовании, протестантском понятии совести и, наконец, в автономном следовании Нового времени, ср. [Gallaher 1997: 100], см. 3.2.6.3. При всем наличии этой тенденции раны на просветленном теле являются, однако, не знаками чистого возвышения, а признаками парадокса, в котором кенозис остается в наличии; настоящую «теологическую смену парадигм в подражании Христу» [Vinken 2004: 16] стигматы, таким образом, отнюдь не представляют.

[129] Несмотря на положительное восприятие Франциска Ассизского восточной церковью (5.3.4.4), этот аспект его подражания самоуничижению вряд ли упал на благодатную почву. Представление о том, что следует удостоверять собственное кенотическое следование иерогностическим инструментом, эдаким «сакрометром» (Брентано), представляется прегрешением по отношению к заповеданному смирению.

[130] «Дайте мне быть подражателем страданий Бога моего» (ИгнРим 6:3; рус. пер. П. Преображенского: Писания 2008: 355).

Поскольку Христос опустошил Себя от своей божественности, он явился на землю в «уничиженном» образе, что позволило Ему чувствовать так же, как и люди, то есть телесно. Наиболее очевидным показателем телесности человека является его способность страдать. Христос был способен страдать, о чем свидетельствует его смерть на кресте. Следовательно, для нас, телесных существ, возможно в ограниченной степени участвовать в опыте Христа. Когда мы страдаем, мы соучаствуем в единственном аспекте опыта Христа, который доступен нам, а именно в телесном аспекте [Cassedy 1987: 304].

### 3.3.2.4. Со-бесплотность

В стремлении Павла к следованию в страданиях проглядывает его негативное понимание плоти, поскольку одновременно речь идет об отрицании греховной плоти [Kamlah 1963: 231 и сл.], то есть об аскетическом «обесплочивании». Не только воплощение, но и обесплочивание может применяться как средство христоподобия. Этот парадокс снимается, если вспомнить о том, что земная плоть Христа достигает своей кульминации в смерти — в своем уничтожении; в конце концов, вкушенное в евхаристии тело Христа уже само по себе является мертвым или же просветленным.

### 3.3.3.1. Пост

Самой умеренной, практикуемой почти во всех христианских конфессиях формой дозированного отвержения плоти является пост, который имеет свои установленные строгие рамки в церковном календаре (см. 4.5.5.2 и 4.5.11.1), поэтому к летальному исходу, как правило, не приводит. При этом связь поста с Христом обеспечена практически только Евангелием от Матфея, в то время как у Марка апостолы не постятся (Мк 2:18), а Лука даже вкладывает в уста фарисея бахвальство по поводу строгого поста (возвышение через уничижение) (Лк 18:12), впрочем, и апостолы у него тоже постятся (Деян 13:2 и 14:23). Сообразно посту Иисуса в пустыне (Мтф 4:2), пост у первых монахов-отшельников превращается в главное средство подстановки себя на роль Христа (см. 5.3.5).

### 3.3.3.2. Аскеза

Плотская техника поста превращается в принципиальную позицию в явлении аскезы. Если первоначально слово «ἄσκησις» означает «упражнение», и тем самым прежде всего — занятие духовное[131], то под эллинистически-гностическим влиянием[132] значение этого слова сужается, — а в современных разговорных языках почти исключительно — до отказа [Kotelnikow 1999: 131][133], до отвержения плоти. У евангелистов и в личности Иоанна Крестителя заметно аскетическое влияние ессеев и эбионитов, но все же можно констатировать, что некоторые современники воспринимали совместную жизнь учеников Иисуса как совершенно неаскетическую (Мф 11:19).

Павел тоже амбивалентен: пока, как мы видим, учение о воплощении реабилитирует для него плоть, Павел в своем требовании безусловного предания себя Господу возвращает это облагораживание плоти обратно. К тому же он рекомендует безбрачие — хотя и не в качестве безальтернативной и единственной в своем роде модели (1 Кор 7:32–38); христианской общине надлежит удерживаться от «всякой нечистоты» (Эф 5:3). Хотя тем самым требуется «соблюдение этического отказа», но об «аскетическом образе жизни» еще «открыто речь не идет» [Stegemann 2000: 210]. Действия, связанные с отказом, «…пожизненная жертва в виде аскезы, по-видимому, стала известна только в раннехристианской церкви…» [там же: 215].

---

[131] См. среди прочего понятие аскезы у Хоружего (4.2.2), или понимание аскезы как просветления, ср. [Byčkov 2001: 16], то есть как разновидность возвышения, а не нисхождения.

[132] Грибомонт решается на осторожную формулировку, что, мол, благодаря посредничеству греческой культуры и литературы свершилось также и «развитие аскезы, если речь не идет вообще о ее возникновении благодаря этому» [Gribomont 1979: 207].

[133] Соответственно, необходимо различать аспект отказа и аспект упражнения; ниже (4.4.3.2) делается попытка различать их с помощью понятийной пары (одухотворенной) аскетики и (отвергающего) аскетизма.

## 3. Метонимия и метафора, или Воплощения кенозиса

Святые Отцы Церкви — и не только те, что были связаны с монашеством Востока, — момент аскезы отказа подчеркивают все больше и больше [Lohse 1969: 133]; например, Тертуллиан однозначно высказывается за целибат и пост как «sacrificia Deo grata»[134]. Постепенно можно наблюдать «переход от аскезы к монашеству» (там же: 173), которое доминирует в Средние века (см. 5.3). Католическая и православная церкви выдвигают для своего клира обязанность целибата, см. [Koschorke 2001: 138–140], впрочем, в последней это требование распространяется только на монашеский клир. Но все еще можно говорить только о дозированном отвержении плоти; уморение себя голодом, как это, по-видимому, сделал Гоголь, или самооскопление, как это было у скопцов и может быть у Оригена (ср. 5.4.3.1), клеймили как сектантство.

Здесь отчетливо проявляется разница между кенозисом и аскезой: кенотическое отрицание высокого в себе самом несопоставимо с отвержением низменного другого (ср. 8.3.2); аскеза даже подвержена опасности самовозвышения. К этому приводит и лютеровская критика монашества в труде «О монашеских обетах» (*De votis monasticis iudicium*; 1521 [Luther WA 8,573–669])[135]; эту же тему затрагивает взгляд Бодрийяра, что, мол, аскет искушает Господа [Baudrillard 1976: 65] — предполагаемая собственная чистота приводит аскета на грань постыдного самовозвышения (намерение самому стать сверхчеловечески чистым). Следова-

---

[134] «Богоугодная жертва» [*De res. carn.* 8; PL 2,806B].

[135] Хотя для него на переднем плане стоят такие аспекты, как вера против действия, или свобода против правил, Лютер все же неоднократно делает акцент на необходимости отказа от самовозвышения. А именно прежде всего среди последователей Христа: «...deinde, quod sibi eam [paupertatem] solis arrogant et voveri a se iactant» («...так что они одни только важничают и кичатся тем, что ее [бедности] обет дают только они одни»; WA 8,641,33 и сл.). Или: «Id quod plane ipsimet gloriose et absque pudore confitentur, ut qui tales sint, qui ultra Christum quaedam altiora et perfectiora vivant» («Как же они даже сами хвастливо и бесстыдно признаются в том, что они [монахи] помимо Христа хотели бы вести жизнь более возвышенную и совершенную») [Luther WA 8,579,15–17].

тельно, аскеза создает радикализирующую интерпретацию кенозиса, но клонится к тому, чтобы вырваться за пределы цели *нисхождения в плоть* в направлении *уничтожения плоти*.

Но — как показывает культурная история монашества — столь сомнительная трансформация почти не наносит ущерба кенотической модели как таковой. К тому же аскеза по причине ее этимологии, восходящей к «упражнению», обладает потенциалом самообновления — в истории православия, например, в исихазме (ср. 4.4.3.1 и 5.3.5.4).

### 3.3.3.3. Гиперболы жертвы

Итак, аскеза понимается как дозированное самопожертвование и тем самым открывает путь к категории тотального самопожертвования. Например, словоупотреблению Павла искони присуще осознание гиперболики[136] переноса жертвы Христа на собственную жизнь (см. 3.2.3.3), например, когда в Послании к Филиппийцам — в непосредственном соседстве с гимном Христу — делается метафорический скачок от жертвы Христа к жертве подражателя Христу: «Ἀλλ' εἰ καὶ σπένδομαι ἐπὶ τῇ θυσίᾳ καὶ λειτουργίᾳ τῆς πίστεως ὑμῶν, χαίρω καὶ συγχαίρω πᾶσιν ὑμῖν»[137]. Имеется в виду прежде всего самоотдача [Stegemann 2000: 210], в которую так или иначе заложена готовность, в крайнем случае, воспроизвести кульминацию из (Флп 2:7) в виде подражания вплоть до мученической смерти[138].

---

[136] Согласно Поппенбергу, концепция заместительной жертвы Христа всякий раз гиперболична и соответствует экономике потлача: «Отдавание — это гиперболическое действие того *vis infinita*, которое высвобождаются как гетерогония жертвы. Поэтому в центре христианской версии жертвы стоит добровольное самопожертвование Христа» [Poppenberg 2003: 214]; см. также [там же: 224].

[137] «Но если я и соделываюсь жертвою за жертву и служение веры вашей, то радуюсь и сорадуюсь всем вам» (Флп 2:17).

[138] «В поучениях о жертве [Нового Завета] также не заложено суждение о том, что, собственно говоря, может наступить в экстремальном случае: что жизнь, прожитая для Бога и людей, приводит в мире к *противоречию* с этим миром» [Brandt 2000: 275, выделено в ориг.].

### 3.3.3.4. Гиперболы умирания

И все же речевые акты, которые говорят о со-умирании с Христом, в большинстве случаев не претендуют на перлокуционное действие, а в своей топике уничижения пользуются осознанно метафорическими, и гиперболическими, и даже целенаправленно парадоксальными средствами. Так, например, знаменательно, что одна из формул, наиболее распространенных в ранний период, содержит заведомое предупреждение о со-умирании с Христом прямо в формуле крещения: «ἢ ἀγνοεῖτε ὅτι ὅσοι ἐβαπτίσθημεν εἰς Χριστὸν Ἰησοῦν, εἰς τὸν θάνατον αὐτοῦ ἐβαπτίσθημεν»[139]. Василий Великий в своем сочинении «О крещении» (*De baptismo*) выражается еще жестче: «...ὁ βαπτισθεὶς ἐν Χριστῷ εἰς τὸν θάνατον αὐτοῦ βαπτίζεται· καὶ οὐ μόνον συνθάπτεται τῷ Χριστῷ, καὶ συμφυτεύεται, ἀλλὰ πρῶτον συσταυροῦται...»[140] Крещение «во что-то» («εἰς» с *accusativus directionis*) устанавливает ультимативное уничижение Христа ради как цель и одновременно дистанцируется от него. «Основополагающее убийство» — как понимается смерть Христа на кресте для создания христианской общины, может быть повторено только ритуально, см. [Girard 1999: 136], и это его автоматизирует, эндоксализирует и смягчает. Эта дистанцированность[141] не может помешать тому, что с социальной консолидацией западного христианства кенотические формулы крещения, подобные (Рим 6,3 и сл.) больше не кажутся приемлемыми общине, а в лютеровских кругах только

---

[139] «Неужели не знаете, что все мы, крестившиеся во Христа Иисуса, в смерть Его крестились?» (Рим 6,3). Согласно «Апостольскому преданию» (*Traditio Apostolica*) Ипполита Римского (около 215), крещение было, кроме того, подготовлено целым рядом сопроводительных практик уничижения и опустошения, таких как пост, уединение, лишение сна, коленопреклонение, разоблачение от одежд и, наконец, погружение в воду [Traditio 1991: 252–260].

[140] «...во Христа крестившийся в смерть его крещается — и он не только со Христом погребается и [с Ним] в землю ложится, но и прежде со-распинается...» [PG 31,1549C].

[141] Чем угодно, только не дистанцированностью этого характеризуются тексты, которые опираются на нередкое мученичество времен доконстантиновского гонения на христиан, как труд Оригена «Увещание к мученичеству» («Εἰς μαρτύριον προτρεπτικός»).

недавно возвысили голос о решительной рекенотизации литургии крещения, в то время как традиционализм православия так и придерживался резкой кенотики пассажа из Послания к Римлянам (см. 4.5.10.1).

Метафоризация смертной жертвы за Христа усиливается, когда христианство становится официальной религией и путь мученичества[142] в том виде, в каком его очерчивает апостольская история в просопопее Первомученика Стефана (Деян гл. 6 и сл.), становится для последователей Христа невероятным. Там, где уходит максимальное мученичество, на его место приходит дозированная, процессуальная мортификация путем аскезы, в сочетании с богоугодным изменением образа жизни и атрибуцией некоей «ангельской жизни» («ἀγγελικὸς βίος») взамен этого мученичества[143]. Маленькие жертвы аскезы уже не обладают ультимативной уникальностью мученичества и поэтому должны повторяться (см. 7.4.4). Исторически эту смену парадигм принято связывать с египетским монахом Антонием [Hannick 1985: 661].

### 3.3.4. Со-рабство

Самая стабильная внутримирная *imitatio exinanitionis* заключается не в метафорическом, гиперболическом или парадоксальном отрицании мира, а в земной практике — в социальной реализации «образа раба» из (Флп 2:7). Павел определяет место, с позиции которого его слова будут считаться авторитетными, как рабство по отношению к ставшему рабом Господу: «ΠΑΥΛΟΣ δοῦλος Ἰησοῦ Χριστοῦ...»[144] Друг друга члены древней общины

---

[142] В этом понятии объединяются связь с Христом, основанная на свидетельстве («μάρτυς», «свидетель»), и всепроникающее сплетение с готовностью пойти на смерть — ради Христа; ранняя мартирология придает большое значение этой взаимосвязи, ср. [Christen 1992: 214].

[143] См. [Clasen 1970: 49] (ср. 5.0.4). Ангелоподобность, однако, описывает такой род одухотворения, который предусматривает не уничижение, а возвышение (см. 3.2.6.3).

[144] «Павел, раб Иисуса Христа...» (Рим 1:1); ср. также (Флп 1:1) и (Гал 1:10).

называют «συν-δοῦλος»[145]. Если здесь имитация кенозиса в первую очередь обращена к пастве, то при звучащем так же обращении епископа к дьякону «συνδοῦλος»[146] происходит нивелирование иерархического различия между ними. Начиная с Юстиниана «раб Божий» становится также и эпитетом правителя (см. 5.5.2.2).

После интериоризации следования Христу в XIX и XX веках наблюдается противоположное движение — возврат к практической осязаемости, при которой христианское толкование со-страдания бедным оборачивается своей социально-революционной стороной, как при революционном взрыве русских шестидесятых XIX века (см. 5.5.4–6), или в «теологии освобождения» Леонардо Боффа [Boff 1986: 48 и 350], которая представляет собой реэкстериоризирующее новое прочтение интериоризированной концепции следования, ср. [Riches 1994: 701].

### 3.3.5. Облачение, движение и дозирование бедности

В то время как эпитет «συνδοῦλος» означает скорее социальный жест, следование бедности — это социальная практика, которая становится в монашестве базовым правилом и в ходе обогащения монастырей все снова действует в качестве коррективы. Внешние видимые признаки бедности инсценировались с помощью убогих одежд (у юродивых они еще и нарушали приличия) или — у ранних иеремитов-пустынников — с помощью наготы (ср. 4.6.5.3 и 5.3.3).

В бродяжничестве во имя Христа (*peregrinatio propter Christum*), прежде всего в движении гировагов раннего периода, затем в ирландском монашестве и частично в русском странническом иеремитстве[147] христоподобная нищета связывается с бездомностью [Frank K. 1994: 690].

---

[145] «со-раб Христов» (Кол 1:7 и 4:7; испр. рус. пер.); см. об этом [Rengstorf 1990: 270].
[146] «со-раб Божий» [IgnMagn 2:1; испр. рус. пер. по: Писания 2008: 341 и сл.].
[147] См. 5.4.2. Ср. также «Исповедь» Горького.

Гомеопатической дозой монашеского отказа от собственности была средневековая католическая индульгенция позднего периода, которая за небольшую плату (денежное самоуничижение) обещала вознесение: «Hominem predicant, qui statim ut iactus nummus in cistam tinnierit evolare dicunt Animam», или что-то подобное[148], согласно 27 тезису Лютера, представляет собой поучение, приписываемое католическому проповеднику индульгенций Иоганну Тетцелю.

### 3.3.6. Жесты унижения

Литургическое коленопреклонение, как оно практиковалось в древней Церкви во время псалмопения на молебне [PG 28,276C и 31,877A], восходит к позе раскаяния у античного раба и, соответственно, было включено в предписания о покаянии [PG 99,1661A], однако в меньшей степени увязывалось с «образом раба» Иисуса Христа, нежели с представлением о священном трепете, и понималось подобно жесту покорности при католической пострации во время церемонии рукоположения. Так что в ходу скорее коленопреклонение перед Христом, как в (Флп 2:10)[149], нежели понимание коленопреклонения как аналога самоуничижения. Впрочем, Петр Александрийский противопоставляет, с одной стороны, воскресенье, которое, как и показывает этимология русского названия, посвящено воскресению, где коленопреклонение неуместно, и повседневное коленопреклоне-

---

[148] «Тотчас, как только монета зазвенит в ящике, душа вылетает из Чистилища» [Luther WA 1, 234, 29 и сл.; рус. пер.: Лютер 1996: Тезис 27]. По поводу полемики относительно этой атрибуции см., напр., [Buettner 1905].

[149] Отчетливее всего это проявляется в концепции «духовного коленопреклонения» у Оригена: «Τὴν δὲ νοητὴν γονυκλισίαν, οὕτως ὀνομαζομένην παρὰ τὸ ὑποπεπτωκέναι τῷ Θεῷ ἐν τῷ ὀνόματι Ἰησοῦ, καὶ ἑκάστου τῶν ὄντων αὐτῷ ἑαυτὸν τεταπεινωκέναι, δηλοῦν μοι ὁ Ἀπόστολος φαίνεται ἐν τῷ...» («На духовное же коленопреклонение, — так названное потому, что все существующее преклоняется пред Богом во имя Иисуса и пред Ним смиряется, — мне кажется, намекает апостол в словах...») [PG 11,552B; рус. пер.: Ориген 1897: 154]. Далее следует точная цитата из (Флп 2:10).

ние[150]; член, отсутствующий в этом силлогизме, — сближение кенозиса и коленопреклонения.

Хотя в более позднюю эпоху православие упраздняет и то и другое, но оно все же сохраняет метание — краткое преклонение колен с касанием земли двумя руками, а также коленопреклоненное принятие причастия (см. 4.5.9.1). Во время частной молитвы как в православии, так и в католицизме распространена поза смиренного подчинения — стояние на коленях (ср. 4.5.9.1 и 7.3.3.2).

### 3.3.7. Коллектив

Если в отношении «σύνδουλος» речь идет об индивидуальной метафорической взаимосвязи, то в (Флп 2:5) Павел формулирует также задачу коллективного подражания. Коллектив, к которому обращен этот призыв, можно, во-первых, обозначить исторически как определенную группу жителей восточно-македонского города Филиппы, которые создали одну из первых христианских общин, с другой же стороны, сообразно экклезиологической метафизике незримой Церкви, они, будучи идеальной общиной, также суть «тело Христово» («σῶμα Χριστοῦ») (Рим 12:5; 1 Кор 12:27; Эф 1:23, 4:12 и 5:30). Тем самым образец Христов приобретает нормативное присутствие в качестве ориентира для социального коллектива.

Если в ранний период местная церковная община экклезиологически превознесена как тело Христово, то церковные соборы Тертуллиан описывает как «repraesentatio totius nominis christiani»[151]. При этом речь у него идет о мистическом «скучизании

---

[150] «Κυριακὴν δὲ χαρμοσύνης ἡμέραν ἄγομεν διὰ τὸν ἀναστάντα ἐν αὐτῇ, ἐν ᾗ οὐδὲ γόνατα κλίνειν παρειλήφαμεν» («Воскресный же день провождаем, яко день радости, ради Воскресшаго в оный. В сей день и колена преклоняти мы не прияли») [PG 18,508B; рус. пер.: Петр б. г.: Правило 15]; каноническое предписание, сохранившееся у Кирика (см. 4.5.9.1).

[151] «Представительство всего Христова имени» [PL 2,972B]

всех вокруг Христа»¹⁵². С этим соборным понятием репрезентации смыкается конфликт в Католической Церкви, который сводится к вопросу о том, кто является полноправным представителем Христа/тела Христова, папа римский или собор [Haller 1992: 814]. В противопоставлении папы и собора наряду с индивидуальной линией просматривается также и коллективная связь с Христом; последняя, с одной стороны, приводит к политической теории репрезентации Нового времени, с другой стороны — к таким коллективным носителям кенозиса, как «народ богоносец» [Достоевский 1956–1958, 9: 395] (см. 5.1.3) или «соборная» церковь у Хомякова и Соловьева (см. 4.4.4.1).

В конечном счете все приведенные до сих пор индивидуальные метафоры и метонимии связи с Христом имеют явный оттенок вести для коллектива. Внешняя заметность индивидуальной нищеты, страданий и даже предпринимаемого поста несут в себе призыв к подражанию, обращенный ко многим другим; подражающий Христу делает себя самого изображением Христа и опосредованным образцом для других.

### 3.4. В изображении

> ...Сын выразительно называется *подобием* божиим; его *сущность* в том, что он есть образ — фантазия бога, *видимая* слава *невидимого* бога. Сын есть удовлетворенная потребность образного созерцания...
> [Feuerbach 1994: 107, выделено в ориг.]

Из первичной материализации Бога в человеке, которую Ансельм Кентерберийский запечатлевает в вопросе *Cur deus homo?* (см. 3.0), логично вытекает вопрос о цели получившейся видимости в образе человека, например, для Арнобия Старшего: «Sed si deus, inquiunt, fuit Christus, cur forma est in hominis *visus*?»¹⁵³

---

[152] А не о корпоративно-политическом понятии репрезентации [Hofmann H. 1990: 52 и 57].

[153] «Но если Христос был Бог, говорят они, почему его тогда по образу его *видели* среди людей?» [*Adv. nat.* I 60, выделено Д. У.].

### 3.4.1. Образ и изображение

Если павлинианское «μορφὴ δούλου» («образ раба») в первом смысле есть образ человека во плоти, то греческие Святые Отцы перекидывают мостик от «μορφή» («образ») к «εἰκών» («изображение»), как это делает, например, Евсевий Кесарийский: «...ὃς ἐν μορφῇ Θεοῦ ὑπάρχων, τοτὲ δὲ αὐτὸν εἰκόνα τοῦ Θεοῦ...»[154] Аналогичным образом Афанасий Великий формулирует свое представление о Сыне как *изобразительной* репрезентации Отца: «...ὁ Υἱὸς εἰκών ἐστι τοῦ Πατρὸς...»[155]

### 3.4.2. Божественное наделение изображением

Поскольку тот другой образ, от которого, как мы знаем из (Флп 2:6–8), совершается нисхождение к «μορφὴ δούλου», являет собою божественное, то такое наделение изображением имеет всегда космический характер. Предпосылка всей видимости, соответственно, свет, после создания которого (Быт 1:3) Ветхий Завет обозначает первый зрительный акт: «...וירא אלהים את האור כי טוב»[156]. Только на второй ступени происходит самопрезентация Господа «по образу Своему» как человека (Быт 1:27). То, что случается в плане воплощения, в девтеропавлинианском смысле представляет собой обобщение и сосредоточение богоподобия в Богочеловеке Христе[157]. Поскольку рождение Христово изъято из исторического времени («рожденный прежде всякой твари»), воплощение представляется космогонически-самодовлеющим

---

[154] «...тот, кто был в образе Божьем, есть потом изображение Господне...» [PG 24,888B].

[155] «Сын есть образ Отца...» [PG 26,332B; рус. пер.: Афанасий 1902: 375]

[156] «И увидел Бог свет, что он хорош...» [1 Быт 1:4].

[157] «[15]ὅς ἐστιν εἰκών τοῦ Θεοῦ τοῦ ἀοράτου, πρωτότοκος πάσης κτίσεως· [16]ὅτι ἐν αὐτῷ ἐκτίσθη τὰ πάντα, τὰ ἐν τοῖς οὐρανοῖς καὶ τὰ ἐπὶ τῆς γῆς, τὰ ὁρατὰ καὶ τὰ ἀόρατα, εἴτε θρόνοι, εἴτε κυριότητες, εἴτε ἀρχαί, εἴτε ἐξουσίαι· τὰ πάντα δι' αὐτοῦ ἔκτισται· [17]καὶ αὐτός ἐστι πρὸ πάντων, καὶ τὰ πάντα ἐν αὐτῷ συνέστηκεν» [«[15]Который есть образ Бога невидимого, рожденный прежде всякой твари; [16]ибо Им создано все, что на небесах и что на земле, видимое и невидимое: престолы ли, господства ли, начальства ли, власти ли, — все Им и для Него создано; [17]и Он есть прежде всего, и все Им стоит» (Кол 1:15–17).

событием, которое метафизически предпослано творению: «Τίς πρῶτος ἐποίησεν εἰκόνα», — спрашивает Иоанн Дамаскин в своем труде о защите образов (см. 3.4.4.2) и отвечает: «Αὐτὸς ὁ θεὸς πρῶτος ἐγέννησε τὸν μονογενῆ υἱὸν καὶ λόγον αὐτοῦ, εἰκόνα αὐτοῦ ζῶσαν, φυσικήν, ἀπαράλλακτον χαρακτῆρα τῆς αὐτοῦ ἀιδιότητος...»[158] Знаменательно, что момент представления изображения возводится тем самым до метафизического события уровня творения. Иконическая христология никогда не ориентирована только на *status exinanitionis,* она претендует на надысторический характер (Тим 6:14–16) (ср. также 3.1.3).

Этот космогонический макро-масштаб в иоанновском учении о Слове творящем сосредоточивается затем на воплощении (см. 2.2.5); для Иоанна — при созвучности с топосом света от (Быт 1) до (Иоан 1:8) — становление видимого образа связано с воплощением. Более явно это выражено в (Евр 1:3), согласно чему Сын Божий являет собою «ἀπαύγασμα τῆς δόξης καὶ χαρακτὴρ τῆς ὑποστάσεως αὐτοῦ»[159].

Создателем изображения выступает Господь. Иларий Пиктавийский использует метафорику печати как знака из (Иоан 6:27) и (Евр 1:3)[160]: «Hunc enim Pater signavit Deus». Деятельное начало, от которого исходит обозначение, — Господь; Он создает Себе сущностно точное отображение [*de trin.* 8, 49; PL 10,272B–273A].

### 3.4.3. Метонимическое принятие изображения

В качестве потребителя этого божественного создания образа выступает в таком случае человек — современник и свидетель

---

[158] «Кто первый сделал изображение? / Сам Бог первый родил Единородного Сына и Слово Свое, Свой живой и естественный образ, неизменное отражение Своей вечности...» [*Imag.* III 26; Johannes von Damaskus 1975: 132; рус. пер.: Иоанн 1913: 403].

[159] «Сей, будучи сияние славы и образ ипостаси Его» (Евр 1:3).

[160] «ибо на Нем положил печать *Свою* Отец, Бог» [*de trin.* 8, 44; PL 10,269A; рус. пер. цит. по: Иоан 6:27, выделено в ориг.]. О юридическом представлении относительно скрепления печатью через крест см. далее 4.5.10.1.

земного бытия Иисуса Христа[161]. Неважно, в связи ли с космогонией, или же сосредоточившись в тот момент на боговоплощении, — так или иначе канонизированные в IV веке тексты Нового Завета фокусируются на видимости воплотившегося тела для очевидцев. Лишь позже — когда прямых очевидцев уже не осталось — репрезентация попадает на ту же скользкую поверхность, как и троп (см. 2.3). Теперь появился аргумент, что, если бы легитимным образом речь могла зайти о том, что божественное Слово стало видимым в человеческом образе раба, то эта видимость не должна пониматься как фата-моргана, как демонстрация ложного сияния (ср. ранее о докетизме; 2.3.2).

В таком случае задача обхождения человека с изображением, которое, как утверждается, Господь дал в Христе, заключается в том, чтобы внести как можно более скромный собственный вклад в этот изобразительный дар; соответственно, для описания представления по возможности чисто человеческих ре-презентаций этих первичных Божественных презентаций невольно приходит в голову вокабуляр теории знаков, говорящей о следах и аналогии — об индексальности и иконичности, о метонимии и метафоре.

### 3.4.3.1. Vera icon (истинный образ)

После исчезновения тела Христа, истолкованного как воскресение, его видимость надолго прекратилась. Прошли столетия, прежде чем «тяжкое наследие» [Belting 2005: 11] ветхозаветного аниконизма (см. 3.4.5) шаг за шагом преодолевалось и — по аналогии с обретением предположительно подлинного Креста Господня (см. 3.3.2.1) — явлены были метонимические следы тела Христова — Туринская плащаница и Спас Нерукотворный (Эдесский Мандилион), а с ними — и повествовательные ампли-

---

[161] В ту же позицию реципиента Павел Флоренский в своей «Обратной перспективе» помещает наблюдателя православной иконы и объясняет этим отсутствие центральной перспективы [Флоренский 1967]. Содержание изображения, по его мнению, сообщается со стороны Бога.

фикации в форме легенд о святой Веронике и о царе Авгаре[162]. Все они предусматривают, что на плате (греч. «μανδύλιον») или саване[163] останется запечатленный след, индексальный знак, см. [Belting 2005: 47] от лика Христа[164].

> Они доказывали историческое существование того, кто при жизни оставил отпечаток своего тела, и одновременно они свидетельствовали о вневременном присутствии, о том, что и его изображения также могут творить чудеса [Belting 1990: 70].

Как и знак креста, Туринская плащаница и легенда об Авгаре обладают имагогенным действием[165]; по крайней мере, один из столпов аргументации в пользу православной теологии образа защищает изобразительную форму иконы, возникшей из метонимии плащаницы, как «самим Господом данную икону»[166]. Икона Мандилиона, которая, как утверждают, показывает «нерукотворный образ Христа»[167], является иконографическим

---

[162] См. особенно [Kessler 2000] и [Stock 1995–2001, 2: 109–137].

[163] Несколько более низким статусом наделены реликвии одеяния Христова, как, например, те, которые были перенесены в 1625 году в московский Успенский собор, см. [Шалина 2005: 387]. Этот перенос реликвий также имел свою образную программу (ил. 148–152 и 154 в [Шалина 2005: после 534]), хотя ее распространенность не идет ни в какое сравнение с популярностью Мандилиона.

[164] «Легенда о Нерукотворной иконе Иисуса Христа» (оцененная в качестве апокрифа в 787 году) повторяет мотив прямого отпечатка для создания образа, который в легенде встречается трижды: 1) огненный столп, запечатленный в камне [Тихонравов 1863, 2: 12]; 2) прямой отпечаток Лика Господа на плате, *vera ikon*; и 3) написанный рукой земного Иисуса Христа [Тихонравов 1863, 2: 15; Martini-Wonde 1998: 13] ответ царю Авгарю, автору одного из направленных ему прошений.

[165] [Stock 1995–2001, 2: 123]. Создание легенд, несомненно, способствует возникновению христианских изображений. Однако преувеличенной представляется точка зрения Аверинцева [Аверинцев 1994: 598], что только христианская «мифология» поддерживала образную изобразимость, тогда как догматика ее отвергала, что опровергается, однако, концепцией *forma Dei* (ср. 3.1.3).

[166] Ср., напр., Иоанн Дамаскин [*De fide orth.* IV 16; PG 94,1173A].

[167] Каноническим литературным рефлексом является свободное переложение Пушкиным оды Горация «Я создал памятник более долговечный, чем бронза» (*Aere perennius*) с парадоксальным названием «Я памятник себе воздвиг нерукотворный» (1836).

образцом, который затем воплощает эту аргументацию [Onasch/Schnieper 2001: 79] (см. 4.6.3.1). Он должен в чистом виде реализовать тот принцип, который современная теория знака — не в последнюю очередь вдохновленная православной нормативной теологией *vera ikon* — называет иконическим знаком (см. 3.2.1).

Этот сюжет запечатления, обладающий предположительно двойной идентичностью через след *и* через подобие, см. [Belting 2005: 57], в дальнейшем обогатился новыми сюжетами самостоятельных и символических изображений Христа [Stock 1995–2001, 2: 121–139].

### 3.4.3.2. Метонимии и метафоры Христа

> Даже несовершенное содержит еще некоторые следы совершенного... даже в последнем отпечатке обнаруживается еще отсвет исконного образа.
>
> *[Fischer 1996: 14]*

Метонимические отношения не заканчиваются там, где есть материальный след, который, как утверждают, оставил Христос, а распространяются, начиная со своего образного изображения, также и на прочие фигуры библейской истории, в особенности на Марию. Иконы, изображающие Богоматерь с младенцем, типа Умиление, или сюжет распятия, инсценируют различные аспекты кенозиса Христа (см. 4.6.4.2 и 4.6.4.6).

Уже не метонимически, но метафорически действуют по отношению к Христу иконы святых[168]. Также и их Иоанн Дамаскин защищает, ссылаясь на связь святых и Иисуса [*Imag.* I 19; II 6;

---

[168] Описанная здесь метонимическая цепочка не соответствует исторической последовательности возникновения определенных образных типов; в поздний период Античности происходило скорее так, что изображения Христа стали возможны только после изображения святых, то есть путем постепенного, медленного приближения к Воплотившемуся, с опорой на его метафоры и метонимии.

рус. пер.: Иоанн 1913: 356, 375]. То, что делает святых достойными изображения, так это именно их *imitatio exinanitionis Christi*, визуализированная в сценариях страдания (мученики) или наготе (иеремиты). Икона Параскевы Пятницы одновременно является метафорой Христа и метафорой метонимии Христа — Марии[169].

Вдвойне расширенная метонимия налицо, когда иконам приписывают силу воздействия (например, исцеляющим) на их наблюдателей и почитателей. Любопытно, что приписывание таких свойств реже касается икон с прямым изображением Христа, нежели икон его метонимий и метафор, т. е. икон Богоматери и святых; по-видимому, приписывание чудотворно-магического воздействия скорее поддерживается опосредованным характером связи с Христом, чем ему препятствует[170].

Какими бы плодотворными ни казались с виду такие метафорико-метонимические отношения, неограниченное умножение таких передаточных звеньев не в интересах репликационной системы христианства. Именно Православная Церковь вводит для ограничения диапазона надлежащих для поминовения образов строгий канон допустимых сюжетов иконописи[171]. Если канон размягчается в XVI и XVII веках, его укрепляют книги правил (см. 4.6.8.2). Хотя они реагируют на уже фактически произошедший разрыв преемственности, «миф иконического постоянства» [Schmidt 2009: 224] остается основополагающим для парадоксального жанра православной историографии иконописи.

---

[169] Ср. [Onasch/Schnieper 2001: 207]; о переплетениях метафор и метонимий см. 1.4.7.

[170] Дополнительное посредническое звено налицо, когда в жизнеописании Алипия Печерского иконописец может исцелять красками для иконописи [Martini-Wonde 1988: 25 и сл.].

[171] Выходящее за эти рамки представляет угрозу для статуса культового образа и тем самым грозит потерей опосредованного участия в реально присутствующем следе и утратой магического влияния [Belting 1990].

### 3.4.4. Снижение статуса репрезентанта

Даже если полагаться на существование следов земного лика Иисуса и на удаленное участие метонимических и метафорических связей с Христом в его божественной власти, напрашивается вопрос, заслуживают ли эти изображения, выходя за пределы документального статуса, некоего почитания, то есть — сколько от Бога остается в запечатленном человеческом лице, или как много в этих метонимиях и метафорах остается еще действующего.

#### 3.4.4.1. Два «стана» (*Staturen*)

> Церковь вновь и вновь провозглашала более масштабный взгляд на величие Господне: величие Бога, который может отринуть себя самого, чтобы принять образ раба и уравняться со своим собственным созданием. Как же тогда это может быть унижением чести Господа, если теперь Вочеловеченного представляют также и в изображениях?
>
> *[Schönborn 1984: 224]*

Любые метонимические и метафорические привязки к Воплощенному не меняют того, что земная природа должна мыслиться как отделенная от божественной онтологической пропастью; если Слову Божиему пришлось низойти, чтобы обрести человеческий облик, тогда и дающий образ Бог должен понизить уровень своего образа, чтобы человек, воспринимающий образ, вообще смог стать его реципиентом.

В этом смысле Ориген в своих размышлениях о цели воплощения напоминает о разнице между божественным и человеческим, на основании чего обретение зримости неизбежно должно означать уменьшение масштаба:

> ...exinaniens se Filius qui erat in forma Dei, per ipsam sui exinanitionem studet nobis deitatis plenitudinem demonstrare... ut qui in magnitudine deitatis suae positam gloriam mirae lucis non

poteramus aspicere, per hoc quod nobis splendor efficitur intuendae lucis divinae viam per splendoris capiamus aspectum. Comparatio sane de statuis, quasi in rebus materialibus posita, ad nihil aliud recipiatur, quam ad hoc quod Filius Dei brevissimae insertus humani corporis formae ex operum virtutisque similitudine Patris in se immensam ac invisibilem magnitudem designabat, per hoc quod dicebat ad discipulos suos, quia «Qui me vidit, vidit et Patrem...»[172]

Подчеркивание пропасти между двумя «станами» навлекло на Оригена критику Иеронима[173]. «Образ и подобие Невидимого» ввиду онтологической несоразмерности репрезентанта и репрезентируемого остается изобразительно-теоретическим парадоксом; несходство между источником света и отсветом (сиянием), которое в учении о *forma Dei* намечено, но не описано, чревато проблемами — во всяком случае, для эпистемы подобия (см. 3.7). Деградация репрезентанта (образ раба и его изображение) ради возвышения репрезентируемого (божественная природа) может лишь смягчить эту трудность, но не преодолеть ее.

### 3.4.4.2. Видение другого насквозь

Однако с помощью концепции обмена свойствами (*communicatio idiomatum*, см. 2.8.5) эндоксализируются парадоксальные отношения. Не может ли этот взаимный обмен свойствами распространяться на изображение человека и сущность Бога?

---

[172] «...Сын Божий, уничижив Себя в Своем равенстве Отцу и указывая нам путь к познанию Его, дабы мы, не имевшие возможности видеть славу чудного света, присущую величию Божества Его, могли бы получить доступ к созерцанию божественного света при виде сияния Его, благодаря тому, что Он делается для нас этим сиянием. Конечно, сравнение со статуями, заимствованное от материальных предметов, имеет приложение при объяснении того только, что Сын Божий, вселившись в малейшую форму человеческого тела, отобразил в Себе неизмеримое и невидимое величие Отца, вследствие сходства с делами и силою Его. Вот почему Он и говорил Своим ученикам: "Видевый Мене виде Отца..."» [PG 11,136C–137AB; рус. пер.: Ориген 1899: 32].

[173] См. [PG 11,137 прим. 32]; больше об Оригене и Иерониме см. в [Grillmeier 1990, 1: 275].

## 3. Метонимия и метафора, или Воплощения кенозиса

Феофил Александрийский прорабатывает приемлемую для православия версию взаимной связи двух природ Иисуса Христа под углом зрения видимости; он считает, что обе природы не перекрывают друг друга: «Neque enim divinitatem ejus, quae nullis locorum spatiis circumscribitur, assumptio servilis formae poterat obscurare, nec angustia humani corporis ineffabilem»[174]. Через одно прозревается другое: «non alter et alter, sed unus atque idem utrumque subsistens, Deus et homo, dum servus videtur, et dominus adoratur»[175]. Одна природа изображается в другой, то есть именно из другой, чем оправдывается изображаемость:

> Очевидность изображения тем самым одновременно ограничивается и расширяется: ограничивается, поскольку изображение может демонстрировать только видимое тело, и расширяется, потому что оно имеет вблизи невидимого референта [Belting 2005: 98].

Иконы Христа являются в таком случае сменой направления и образной прибавочной стоимостью кенотического акта[176].

Намеченное Феофилом взаимное изображение посредством двойственности природ станет затем важным в эпоху иконоборчества (726–843) для борцов за изображения, и позже — определяющим для теологии икон в целом. Для Иоанна Дамаскина из неоднократно уже описанного *communicatio idiomatum* следует также, что ипостась Богочеловека может почитаться через плоть «анагогическим путем»:

---

[174] «Ибо ни приятие образа раба не могло затемнить его божественность, которая не описана никакой принадлежностью к месту, ни теснота человеческого тела сделать ее несказанной» [PL 22,775].

[175] «…не два отдельных, а существующий как один и тот же, как Бог и как человек... когда виден раб, то преклоняются и перед Господом» [PL 22,776].

[176] Ср. «Иконопочитатели считали, что кенозис Христа не станет реальностью, если будет отрицаться его видимость, а значит, и возможность его изображения и участия в нем человечества» [Turner 2001: 241].

Οὐ γὰρ ὡς ψιλὴν σάρκα προσεκυνοῦμεν, ἀλλ' ὡς ἡνωμένην θεότητι, καὶ εἰς ἓν πρόσωπον καὶ μίαν ὑπόστασιν τοῦ Θεοῦ Λόγου, τῶν δύο αὐτοῦ ἀναγομένων φύσεων[177].

В развернутом виде это изложено в формулировке защиты изображений Иоанном Дамаскином: «Три защитительных слова против отвергающих святые иконы» («Λόγος ἀπολογητικὸς πρὸς τοὺς διαβάλλοντας τὰς ἁγίας εἰκόνας»; *Contra imaginum calumniatores*; около 730 года). Ветхозаветный запрет изображений [*Imag* I 6; Johannes von Damaskus 1975: 79 и сл.; рус. пер.: Иоанн 1913: 350] отменяется воплощением:

Δῆλον ὡς, ὅταν ἴδης διὰ σὲ γενόμενον ἄνθρωπον τὸν ἀσώματον, τότε δράσεις τῆς ἀνθρωπίνης μορφῆς τὸ ἐκτύπωμα· ὅταν ὁρατὸς σαρκὶ ὁ ἀόρατος γένηται, τότε εἰκονίσεις τὸ τοῦ ὁραθέντος ὁμοίωμα· ὅτε ὁ ἀσώματος καὶ ἀσχημάτιστος ἄποσός τε καὶ ἀπήλικος καὶ ἀμεγέθης ὑπεροχῇ τῆς ἑαυτοῦ φύσεως ὁ ἐν μορφῇ θεοῦ ὑπάρχων μορφὴν δούλου λαβὼν ταύτῃ συσταλῇ πρὸς ποσότητά τε καὶ πηλικότητα καὶ χαρακτῆρα περίθηται σώματος, τότε ἐν πίνακι χάραττε καὶ ἀνατίθει πρὸς θεωρίαν τὸν ὁραθῆναι καταδεξάμενον. Χάραττε τούτου τὴν ἄφατον συγκατάβασιν...[178]

Такая парадоксальная репрезентация через другое близка дискурсу возвышенного и образует промежуточную ступень между апофатикой и катафатикой в той мере, в какой она смыкает изображением с не-изображением (ср. 3.5.6–3.6.2).

---

[177] «...ибо поклоняемся плоти Господа не как простой плоти, но как соединенной с Божеством, и потому, что два естества Его возводятся к одному Лицу и одной Ипостаси Бога Слова» [*De fide orth*. III 8; PG 94,1013C; рус. пер.: Иоанн 1913: 254 и сл.].

[178] «Очевидно, что, когда увидишь бестелесного, ради тебя сделавшегося человеком, тогда сделаешь изображение Его человеческого образа. Когда Невидимый сделается видимым во плоти, тогда изобразишь подобие Виденного. Когда бестелесный и не имеющий формы, не имеющий количества и величины и несравненный в виду превосходства Своей природы, сущий во образе Божием, принявши зрак раба, смирится в нем до количества и величины и облечется в телесный образ, тогда начертай Его на доске; и возложи для созерцания Того, Который допустил, чтобы Его видели. Начертай неизреченное Его снисхождение...» [*Imag*. I 8; рус. пер: Иоанн 1913: 350 и сл.].

### 3.4.4.3. Дидактическая теология икон

Менее парадоксальным предстает отображение, когда изображение Христа понимается в меньшей степени как божественный дар образа, нежели как человеческий и человеком созданный памятный знак; к тому же у мнемонического знака нет такой большой проблемы сходства, раз он может функционировать совершенно произвольно или согласно оговоренным условиям (как символ рыбы для Иисуса Христа; см. 3.4.4.5).

Итак, представляет ли собой теория *memoria* по отношению к образу спасение из пропасти двух природ? И да и нет. Ибо решение одобрить изображения Христа как опоры для воспоминаний, как это указывается в решениях Никейского собора 787 года[179], Иоанна Дамаскина [*De fide orth*. IV 16; PG 94,1172B][180] или у Максима Грека, см. [Byčkov 2001: 285], только в отдельных редких случаях исключает в корне конкурирующую с этой концепцией теорию *vera ikon*; византийская и русская православная изобразительная апологетика скорее избирают путь нагромождения массы разных (и расходящихся) аргументов, чем отдают предпочтение одному убедительному объяснению.

Когнитивные преимущества образного знака подтверждены теориями последнего времени, стоит лишь вспомнить теорему иконографической памяти, предложенную Варбургом[181]; в свою

---

[179] «Ὅσον γὰρ συνεχῶς δι' εἰκονικῆς ἀνατυώσεως ὁρῶνται, τοσοῦτον καὶ οἱ ταύτας θεώμενοι διανίστανται πρὸς τὴν τῶν πρωτοτύπων μνήμην τε καὶ ἐπιπόθησιν...» («Чем чаще при помощи икон они делаются предметом нашего созерцания, тем более взирающие на эти иконы возбуждаются к воспоминанию о самых первообразах...») [COD 136; рус. пер.: Деяния 1909: 285].

[180] Эти дидактические наглядные знаки важны еще и для неграмотных *De fide orth*. IV 16; PG 94,1172AB; ср. также *Imag*. I 17; рус. пер.: Иоанн 1913: 355].

[181] Ср. «Атлас Мнемозины» Варбурга, в предисловии к которому Варбург демонстрирует мнемоническую действенность «инкапсуляции запечатленных заранее выразительных ценностей» с помощью изобразительных произведений искусства [Warburg 2000: 3]. Тот факт, что христианский «инвентарь доступных для документального подтверждения предварительных запечат-

очередь, иконографическая память имеет колоссальное значение для культурной памяти — в особенности для ее целенаправленного оформления: для интенции репликации, в том смысле, в каком она соединяет диспозитив христианства с мнемонической фигурой кенозиса (см. 1.5.2), изображение настолько значимо, что оно в конечном счете всякий раз могло устоять под натиском таких пуристических антиизобразительных устремлений, как иконоклазм и иконоборческие восстания эпохи Реформации.

*3.4.4.4. Третичное отображение и слово как связующее звено*
Меньше затруднений в понимании знаков Христа доставляет изобразительное сопровождение Евангельских историй. Но даже это для радикальных иконоборцев было чрезмерным из-за изображения самого Христа, и вторая анафема 787 года встает на защиту этих изображений: «Εἴ τις τὰς εὐαγγελικὰς ἐξηγήσεις τὰς στηλογραφικῶς γινομένας οὐ προσίεται, ἀνάθεμα ἔστω»[182]. Так что и слово как связующее звено (евангелисты)[183] не окончательно уничтожает пропасть между двумя природами.

*3.4.4.5. Абстракция*
Другую попытку принизить саму изобразительную форму, чтобы тем самым заведомо исключить претензию на сходство изображаемого с божественным, представляет собой абстракция. Наряду с графемными символами, такими, как разнообразные варианты монограммы Христа [Wessel 1966], которая «стремительно распространилась» благодаря Константину I [Stock 1995–

лений» [там же: 4] имеет мало общего с «запечатляющим механизмом массовой одержимости» [там же: 3], интересующей Варбурга, и даже ей противостоит [там же: 5], не сужает применимость указания на иконографичность памяти Варбургом.

[182] «Кто не допускает изображения евангельских повествований, представленных живописно, тому анафема» [COD 137; рус. пер.: Деяния 1909: 294].

[183] Ср. [Uspenskij 1976: 11 и 53]; [Onasch 1968: 151]; [Hirt/Wonders 1998: 9 и сл.]; ср. 4.7.1.

2001, 2: 31], абстрактные изображения пустого креста являются первыми изобразительными формами, которые изобретает церковная община[184]. В разгар спора об изображениях иконоборцы противопоставляли изображениям простые кресты [Thümmel 1992: 187]. Много позже, в протестантизме, особенно в реформатской церкви, пустой крест — по сравнению с кенотически-эсхрологическим католическим изображением распятия времен готики — приобретает иногда антикенотическое значение — он заменяет собой (отвратительную) измученную истязаниями плоть, которую он все же метонимически представляет.

Комбинацию уровня означающего с изобразительным уровнем образует монограмма Христа, состоящая из двух первых букв имени X и P, часто в сочетании с крестом [см. Onasch 1981: 76], или же выводимый из акростиха «Ἰησοῦς Χριστὸς Θεοῦ υἱὸς Σωτὴρ» [Иисус Христос Божий Сын Спаситель] символ рыбы (греч. «ἰχθύς»).

### 3.4.4.6. Почитание вместо преклонения

В конце концов упрек в служении идолам был преодолен на Втором Никейском соборе 787 года[185] путем разграничения почитания («προσκύνησις», *veneratio*) и преклонения («λατρεία», *adoratio*): «...ταύταις ἀσπασμὸν καὶ τιμητικὴν προσκύνησιν ἀπονέμειν· οὐ μὴν τὴν κατὰ πίστιν ἡμῶν ἀληθινὴν λατρείαν, ἣ πρέπει μόνῃ τῇ θείᾳ φύσει...» Почитание относится не только к какой-либо матери-

---

[184] Древнейшее материальное свидетельство существования изображения Распятого (между 238 и 244) — это карикатурное изображение, см. рис. [Krischel/Morello/Nagel 2005: 257].

[185] «...и получают более побуждений воздавать им [иконам Христа и девы Марии] лобызание, почитание и поклонение, но никак не то истинное служение, которое, по вере нашей, приличествует одному только божественному естеству» [COD 136; ср. также PG 94,1240B; рус. пер.: Деяния 1909: 185]. Греческое терминологическое разграничение в латинских переводах часто стирается, например, в [PG 93,1597CD–1600A], где «adoratio» заменяет «προσκύνησις» («почитание»). Эта переводческая проблема послужила существенным побудительным мотивом к протестам франков против постановлений Второго Никейского собора 787 года — см. в «Каролингские книги» (*Libri Carolini*, 790).

альной среде, как, например, древесина, но и к случаям, когда контакт происходит при посредстве материальной среды, например, если в ней «запечатлен лик Христа» («χαρακτὴρ Χριστοῦ»; PG 93,1600A), который метонимически отсылает к Христу. Иконопочитание есть опосредованное — и осмысляющее свою опосредованность — почитание самого изначального образа: «...καὶ ὁ προσκυνῶν τὴν εἰκόνα προσκυνεῖ ἐν αὐτῇ τοῦ ἐγγραφομένου τὴν ὑπόστασιν»[186].

### 3.4.5. Критика вторичного отображения

Эти разнообразные способы принижения видимого изображения Христа — до памятного знака, до интермедиальной транспозиции слова евангелистов или же до абстрактно-произвольных опознавательных знаков — отчетливо показывают, что поборники изображений Христа ощущали, что надо обороняться. Среди их концептуальных сложностей следует различать два побудительных воздействия: платоновское и ветхозаветное. Платоновская критика искусства («Государство», *Politeia*, X) сводится к тому, что отображение чего-либо, что само по себе является уже вторичным отображением первичной идеи, оказывается третичным. Если в этом смысле уже на пути к воплощению имеющееся изображение божества столь не похоже на самое себя, к чему же приведет попытка его еще раз отобразить[187]? К этому можно добавить возникший из-за конкуренции с другими (политеистическими) религиями ветхозаветный запрет изображений (Исх 20:4; Лев 26:1), которому Новый Завет (1 Кор 8:4–6; Деян 17:29) вначале безусловно последовал. Обе позиции сходятся в византийском споре об изображениях[188].

---

[186] «...потому что честь, воздаваемая иконе, относится к ее первообразу и поклоняющийся иконе покланяется ипостаси изображенного на ней» [COD 136; рус. пер.: Деяния 1909: 285]. В русской теологии икон Сергей Булгаков подробнее изложил этот аспект [Булгаков 1999: 243 и сл., 292–297].

[187] По поводу платонизирующих сценариев рассуждения некоторых противников изображений ср. [Schönborn 1984: 158].

[188] Безансон метко говорит о «платонизме иконоборцев» [Besançon 2000: 125].

### 3.4.5.1. Подспудная практика почитания изображений

Авторитетность этого запрета сохранялась до тех пор, пока в ситуации религиозной конкуренции поздней Античности и в пору преследования христиан изображения ассоциировались с противниками — политеизмом, императором и репрессивной властью. Неслучайно императрица Елена, как утверждают, нашла крест Христов — первый якобы очевидный материальный след Иисуса — именно в 326 году (см. 3.3.1.1). Изображения начинают встречаться в обиходе в последующие столетия явно все чаще и чаще: если их наличие регистрируется начиная с III века, то с VI века уже весьма вероятно их почитание[189]. Зато в старых работах указываются прежде всего монофизитские представления[190], в рамках которых у воплощенного Христа должна была преобладать его божественная природа и, следовательно, преклонение было допустимо. Только после византийского спора об изображениях удается создать полноценную формулировку христологически обоснованной, парадоксальной, то есть православно-эндоксальной (ср. 2.10.4) теологии изображений.

### 3.4.5.2. Иконоборчество

В византийском споре об образах (726–843) в ходе защиты от монофизитства и его изобразительной концепции, ср. [Besançon 2000: 126], еще раз всплыла старая аниконическая позиция Ветхого и Нового Заветов: Константин V, ссылаясь на запрет изображений в (Исх 20:4 и сл.), пытается уничтожить уже распространившееся почитание икон. Концептуально первая фаза иконоборчества (730–780) важнее, чем вторая (815–843). Суть намерений Константина была христологической: он подчеркивает в халкидонских парадоксах слово «нераздельно», и, критикуя, заявляет, что изображение человеческой природы Христа якобы

---

[189] О неудовлетворительном положении с источниками о начале использования христианских изображений см. [Hausammann 2004: 233].

[190] О монофизитстве см. 2.7.4.2. Такое прочтение в более поздних исследованиях оценивается как слишком простое, в том плане, что оно переносит проблему вовне [см. Schönborn 1984: 144].

неизбежно опишет неописуемую божественную природу — а это невозможно и является ересью; Иерийский собор 754 года согласился с Константином, см. [Schönborn 1984: 164–169]. Следующий аргумент против изображений явился результатом конкуренции тех передаточных сред, которые были связаны с Христом: плоть в этом плане противопоставлялась изображению: из соображений медийного подобия Иерийский синод в 754 году осуждает наглядные изображения, ибо только евхаристия «ὁμοούσιος» («единосущна») Господу (см. 2.7.1), а двухмерное изображение — нет, ср. [Schönborn 1984: 154–156]. «Сакраментальным реализмом»[191] наделяется только плоть.

Другой случай медийной конкуренции — это разразившиеся в эпоху Реформации иконоборческие волнения в Цюрихе и Женеве в 1523 и 1525 годы соответственно, ср. [Belting 1990: 513]. Столь гибкий в риторическом отношении Цвингли (аллойозис; см. 2.8.5.2), в отношении наглядных изображений действует экстремально жестко. Для реформатов, как и для некоторых других лиц в истории иконоборчества, приемлемой в применении к Христу кажется одна только метонимия креста, ср. [Schönborn 1984: 161]. Этот факт наглядно показывает, что ассоциирующееся с византийскими VIII и IX веками иконоборчество представляет собой вполне вневременное явление; Безансон (2000) вообще отваживается перекинуть мостик от Ветхого Завета до Малевича.

### 3.4.6. Воплощающее описание и переписывание

Конкуренция между абстрактным символом и реализмом воплощения, которую развернули иконоборцы, может быть истолкована и ровно наоборот. Защитники основанного на вопло-

---

[191] В качестве «сакраментального реализма» Шли описывает стремление (старонидерландской) живописи к «изобразительной риторике, которая стазит себя не только на службу отображения тела жертвы, но и реагирует на реальное присутствие со свойственным ей реализмом, уподобляясь реальному присутствию» [Schlie 2002: 12 и сл.].

щении образа Христа (такие как Висковатый; см. 4.6.8.3), все вновь и вновь ссылаются на 82 канон Трулльского собора, согласно которому запечатленный акт воплощения превосходит собой ветхозаветные символы:

> Ἔν τισι τῷ σεπιῷ εἰκόνων γραφαῖς ἀμνὸς δακτύλῳ τοῦ προδρόμου δεικνύμενος ἐγχαράττεται, ὅς εἰς τύπον παρελήφθη τῆς χάριτος, τὸν ἀληθινὸν ἡμῖν διὰ τοῦ νόμου προϋποφαίνων ἀμνὸν Χριστὸν τὸν Θεὸν ἡμῶν. τοὺς οὖν παλαιοὺς τύπους καὶ τὰς σκιὰς, ὡς τῆς ἀληθείας σύμβολά τε καὶ προχαράγματα παραδεδομένους τῇ ἐκκλησίᾳ κατασπαζόμενοι, τὴν χάριν προτιμῶμον καὶ τὴν ἀλήθειαν, ὡς πλήρωμα νόμου ταύτην ὑποδεξάμενοι. ὡς ἂ οὖν τὸ τέλειον καὶ ταῖς χρωματουργίαις ἐν ταῖς ἁπάντων ὄψεσιν ὑπογράφηται, τὸν τοῦ αἴροντος τὴν ἁμαρτίαν τοῦ κόσμου ἀμνοῦ Χριστοῦ τοῦ Θεοῦ ἡμῶν κατὰ τὸν ἀνθρώπινον χαρακτῆρα καὶ ἐν ταῖς εἰκόσιν ἀπὸ τοῦ νοῦ ἀντὶ τοῦ παλαιοῦ ἀμνοῦ ἀνασηλοῦσθαι ὁρίζομεν, δι᾽ αὐτοῦ τὸ τῆς ταπεινώσεως ὕψος τοῦ Θεοῦ λόγου κατανοοῦντες, καὶ πρὸς μνήμην τῆς ἐν σαρκὶ πολιτείας, τοῦ τε πάθους αὐτοῦ καὶ τοῦ σωτηρίου θανάτου χειραγωγούμενοι, καὶ τῆς ἐντεῦθεν γενομένης τῷ κόσμῳ ἀπολυτρώσεως[192].

Таким образом, цель изображения Христа — это закрепление в памяти (здесь описано с использованием этики смирения) кенозиса Христа.

Второй Никейский собор 787 года после этого вновь допускает изображение Христа как человека, вводя в рамках стратегического решения столь неоднозначное еще в 754 году понятие «описания» Бога: «Εἴ τις Χριστὸν τὸν θεὸν ἡμῶν περιγραπτὸν οὐχ

---

[192] «На некоторых живописях честных икон изображается агнец, указуемый перстом Предтечи, который был принят за образ благодати, потому что посредством закона предуказал нам истинного Агнца — Христа Бога нашего. Мы же, уважая древние образы и тени, преданные Церкви в качестве символов и предначертаний истины, отдаем предпочтение благодати и истине, принявши ее, как исполнение закона. Посему, чтобы и в живописных произведениях представлялось взорам всех совершенное, определяем, чтобы на будущее время и на иконах начертывали вместо ветхого агнца образ Агнца, поднимающего грех мира, Христа Бога нашего в человеческом облике, усматривая чрез этот образ высоту смирения Бога Слова и приводя себе на память Его житие во плоти, страдание, спасительную смерть и происшедшее отсюда искупление мира» [Mansi 11,977–980; рус. пер.: Деяния 1908в: 293 и сл.].

ὁμολογεῖ κατὰ τὸ ἀνθρώπινον, ἀνάθεμα ἔστω»[193]. Парадокс описания неописуемого эндоксализируется[194]. Но если, согласно этому взгляду, изображения в состоянии «описать» Бога Христа, то предпосылкой для отображения человека Иисуса является то, что в воплощении он становится видимым, и это основано на акте божественного кенозиса. Воплощение мыслится согласно этому рассуждению как самоописание Бога. Эта метафора письма замыкает круг, приводя к основной предпосылке христологии с точки зрения теологии Слова творящего (2.2.3).

### 3.5. В слове

Тезис теории коммуникации о том, что слово на порядок абстрактнее образа[195], в не меньшей степени важен для культурной истории христологии, чем для технической истории средств коммуникации.

#### 3.5.1. Логос, перекрывающий слова

> Все говорение о Боге предпосылает говорение Господне. <...> Если бы мы захотели последовать мысли «Бог — пра-богослов» в *богословском* ключе, то мы должны были бы взять за основу собственное говорение Господне, говорение божественного Слова творящего. Однако в качестве пра-символа следовало бы принять во внимание вочеловеченное слово.
>
> *[Stein 2003: 58, выделено в ориг.]*

В то время как изображение в качестве средства религиозной коммуникации в первом тысячелетии христианства окружено было ожесточенной борьбой, логос-теологическое предположе-

---

[193] «Кто не исповедует Христа Бога нашего описуемым [по человечеству], тот да будет анафема» [COD 137; рус. пер.: Деяния 1909: 301].

[194] Ср. формулировку Мефодия «так сказать»: «Ἡ περιγραφῃ, ἵν' οὕτως εἴπω, τοῦ ἀπεριγράπτου...» («Ты объемлешь, так сказать, необъемлемого...») [PG 18,372C, sic; рус. пер. Е. И. Ловягина: Мефодий 1996: 154].

[195] См. разграничение средств коммуникации на «горячие» и «холодные» у Маршалла Маклюэна [Маклюэн 2003: 27].

ние, стоящее у основ парадоксальной христологии (см. 2.2.5), было безоговорочно принято на вооружение начиная, самое позднее, с III века. Робость апологетов, которые поначалу предпочитали говорить о «θεοῦ φωνή» («голосе Божьем») (напр., Игнатий Богоносец. Послание к филадельфийцам (ИгнФил 7:1)), чтобы отмежеваться от гностицизма, вскоре исчезла. Спорность далее находится в прямой пропорции с наглядностью — а эта последняя относительно предполагаемого преэкзистентного Слова, очевидно, меньше, чем в случае с материальным изображением. Именно подчеркнутая исключительность Слова — согласно прологу к Евангелию от Иоанна, находящегося у магического начала всего творения, где слово и дело, слово и вещь (плоть) еще совпадают (Иоан 1:1 и 14); ср. [Cassirer 1994, 2: 53–55] — защищала от метарефлексии столь слабое по сравнению с ним слово человеческое в древней Церкви на протяжении долгого времени. Лукавое внушение лестной мысли о том, что магическое Слово творящее и проповедническое слово апостольской Благой вести по сути своей едины, в определенной мере остановили герменевтическую устремленность к их разграничению[196].

*3.5.1.1. Взрыв конкуренции между средствами коммуникации*

Только на раннем этапе Нового времени с помощью реформаторской формулы *sola scriptura* [только Писание] был эмфатически задан масштаб слова: «...sine verbo non potest cognosci Deus»[197]. Только теперь дело доходит — особенно у Цвингли — до индуцированной межконфессиональными распрями конкуренции средств коммуникации — изображения и слова. Чуть позже и в Православной Церкви, которая после спора об изображениях

---

[196] Разграничение между *verbum incarnatum* [воплотившееся слово] и *verba testamenti* [слова Евангелия] или *biblia* были введены только схоластами (Фома Аквинский *Contra Gent.* IV 56), номиналистами (Оккам) и, наконец, Реформацией.

[197] «...без слова Бог не может быть познан» [Luther WA 31/1,333,6 и сл.].

следовала практическому богословию канонической связи между словом и образом, начинается спор о средствах коммуникации. (см. процесс Висковатого; 4.6.8.3).

В ранний период христианства слово и изображение, как параллельные материализации и пути постижения непостижимого божественного, состоят между собой скорее в отношениях суммирования. Еще в прологе Евангелия от Иоанна появляется наряду с параметром видимости кроме того и словесный аспект; за обретением видимости благодаря плоти (Иоан 1:14) у Иоанна следует возвещение воплотившегося: «Θεὸν οὐδεὶς ἑώρακε πώποτε· ὁ μονογενὴς υἱὸς, ὁ ὢν εἰς τὸν κόλπον τοῦ πατρὸς, ἐκεῖνος ἐξηγήσατο»[198]. «Никогда не виданный» Бог был «провозглашен» в коммуникативной среде слова, то есть словесно, изреченно. Однако обе эти следующие друг за другом формы репрезентации, видимо, не приводят у Иоанна ни к какому резко разграничивающему медиальному различию, а, скорее, производят мультимедийную метафорику.

Подобным образом стоит оценить такие высказывания в апостольской литературе, как в (Евр 1:1), согласно которому говорение Бога, которое прежде было внятно «τοῖς πατράσιν ἐν τοῖς προφήταις»[199], находит свою кульминацию в Сыне: Бог «...ἐλάλησεν ἡμῖν ἐν υἱῷ...»[200], который тем самым оказывается привилегированным рупором информации. Святоотеческая литература также скорее суммирует средства коммуникации — «Sicut verbum meum assumpsit sonum, per quem audiretur: sic Verbum Dei assumpsit carnem, per quam videretur»[201] — нежели вступает в конкурентную борьбу между изображением, словом и духом.

---

[198] «Бога не видел никто никогда; Единородный Сын, сущий в недре Отчем, Он явил» (Иоан 1:18).

[199] «отцам в пророках» (Евр 1:1).

[200] «...говорил нам в Сыне...» [Hebr 1:2].

[201] «Как слово мое обрело звук, чтобы его услышали, так и Слово Божье обрело плоть, чтобы его увидели» [Августин, PL 38,1097 и сл.].

## 3. Метонимия и метафора, или Воплощения кенозиса

Широкомасштабное сплетение всего упомянутого имеет место также у Иоанна Георга Гаманна, который в своем труде «Эстетика. В сжатом виде» (*Aesthetica. In nuce*[202]) примыкает[203] к позиции видимости Бога через творение, но в тот же миг подчеркивает аспект речи как генератора изображения: «Говори так, чтобы я тебя видел! — Это желание было исполнено творением, которое есть речь к твари через тварь...» [Hamann 1998: 87]. Для Гаманна после творения вторым генератором воспринимаемости является воплощение:

> ...так говорил он в вечер тех дней нам через своего Сына —
> вчера и сегодня! — пока обетование его будущего — уже
> более не в образе раба — будет исполнено —
> Ты — Царь славы, ГОСПОДИ Иисусе ХРИСТЕ,
> Ты — ОТЦА присносущный СЫН,
> Ты не возгнушался лоном Девы[204].

### 3.5.1.2. Вторичное слово

Результатом творения, воплощения и уничижения, таким образом, становится, по Гаманну, концепция сложной артикуляции божественного, которая может быть изобретательно воспроизведена человеком в его собственной эстетической деятельности[205].

---

[202] Слово *nux* — это в заглавии у Гаманна не в последнюю очередь конвенциональная, канонически сформулированная Адамом Сен-Викторским эмблема Христа: «Nux est Christus, cortex nucis» («Христос есть орех, скорлупа ореха») [PL 196,1433AB].

[203] Ср. (Быт 1:3); см. выше 3.4.2.

[204] [Hamann 1998: 137]. Цитируемый стих из третьей строфы перевода Лютером гимна *Te Deum* содержит павлинианскую фигуру «образа раба» из предшествующей фразы (о явной кенотике *Te Deum* ср. далее [Kähler 1958: 83]). Ему предшествует возвращение к (Флп 2:5–11) [Hamann 1998: 131], где также возникает христологический парадокс «величие его образа раба» (*Majestät seiner Knechtsgestalt*).

[205] «Таким образом, природа и письмо суть материи прекрасного, творящего, подражающего духа...» [Hamann 1998: 127].

Однако Гаманн выстраивает теоретико-переводческую поступенчатую иерархию, согласно которой язык представляет собой вторичную репрезентацию после предъявления плоти:

> Говорить — значит переводить, с языка ангельского на язык человеческий, то есть мысли в слова, — вещи в имена, — изображения в знаки... Эта разновидность перевода (подразумевается речь) более, чем всякая другая, похожа на оборотную сторону ковра... [Hamann 1998: 87–89].

Там, где слово берет человеческая эстетика, для Гаманна перед лицом этого многообразного перевода — после метафизического Слова творящего и его воплощенного телесного присутствия — за дело берется третичная языковая репрезентация. В его генеративно-христологической поступенчатой эстетике, своего рода «религиозном реализме», такие шаги перевода, в ином ключе, чем у Платона, но ни в коей мере не являются фундаментальным злом, ср. [Gründer 1958: 10]. С точки зрения Гаманна, они утверждают скорее неизбежно третичную форму обозначения, которая выводит на след несоразмерности и непохожести всякой репрезентации (см. 3.1.6), в особенности непохожей или кенотической христологической репрезентации (см. 3.6).

### 3.5.1.3. К теории речевых актов вторичного слова

Доказательства понимания неизбежной вторичности человеческой деятельности по отношению к божественной, как она высвечивается в «христологии перевода» Гаманна, не должны привести к предположению, что эта вторичность всюду была принята как неизбежная; прикрытая той же лексемой «λόγος»[206] пропасть между (человеческими) речевыми действиями и (метафизической) сущностью вновь разверзается в человеческой

---

[206] Ср. частоту приведения доказательств, что «λόγος» имеет значение «имманентной разумности» и высказывание «о божественной ипостаси Христа» [Lampe 1961: 808 и 810], «λόγος» тем временем означает также «проповедь» [там же: 807] и только позже заменяется на «ὁμιλία» (lat. *homilia* и *sermo*). В церковнославянском и русском преобладает «слово» (ср. 4.3.5).

практике: в миссионерстве, в проповеди, вообще при попытке достойно говорить о Боге (см. 2.1.5).

Именно по той причине, что пропасть между Словом как ипостасью и человеческим словом больше, чем между воплощенным образом раба и его наглядными отображениями, непозволительно для описания порожденных человеческим словом отношений с Христом (или, соответственно, Словом) использовать описательный язык слежения (индексикализации) или аналоговости знака по отношению к своему означающему (иконичность, произвольность), что принималось в расчет относительно изображения (см. 3.1.9.2 и 3.4.3). Если речь идет об очевидно вторичном слове, метаописание должно шире пользоваться инвентарем теории актов речи — применяя такие понятия, как пропозиция, коннотация, апелляция, иллокуция и перлокуция. Все вновь стираемая пропасть между предполагаемым Словом творящим и реализованным словом человеческим вполне может оказаться причиной того, почему, несмотря на возведение Слова творящего на вершину всей христологии, до сих пор не сложилась теория речевых актов относительно слов, связанных с Христом[207].

### 3.5.2. Пропозиция

Уровень высказываний, который, на первый взгляд, познать легче всего — это их пропозиция, то есть содержание предложения, см. [Searle 1969: 29]. Пропозициональные высказывания о Христе в том виде, в каком они выстраиваются в столь же пропозициональных стихах 6–10 филиппийской перикопы, являются главной сферой христологической догматики, что в греческом и латыни выражается через *accusativi cum infinitivo*, что в русском передается через «что» и в немецком с помощью «dass»[208]. В качестве положительного утверждения догматические фразы передают истинную ценность *true*, в полемике — *false*.

---

[207] О теории речевых актов в ракурсе гомилетики Шлейермахера см. [Bogun 1998].

[208] О пропозициональном «that» ср. [Searle 1969: 29].

Однако как только «пропозициональные акты представляются не самостоятельными» [там же], контекст догматических предложений — особенно это бросается в глаза в текстовом жанре катехизиса — индуцирует переход к призыву (см. 3.5.3): «ты должен верить, что...» или «ты должен вести себя, как...»[209].

Если же в древней общине еще доминирует устная беседа о Христе по причине конспирации (ведь и литургия тоже — устный жанр), и письменная форма эпистолографии (Павла[210]) играет *количественно* побочную роль, то возвышение христианского учения до государственной религии ведет к развитию новых письменных жанров (об этом в подробностях см. 4.3).

Пропозиции о Христе самое позднее в этот период времени переступают границы текстов, которые специализируются на христологии, и вбирают в себя все хитросплетения христианской культуры. Формируется гибкая система более или менее нормированных речевых видов и жанров с эксплицитной и имплицитной опорой на Христа. Денотаты при этом зачастую опускаются до коннотатов — и в высшей степени неясно, происходит ли при этом утрата влияния. Правда, литургические формулы, к примеру, воспроизводятся механически (или из-за иностранного языка и экфонии самой литургии мало понимаются; см. 4.5.1). Автоматизация такого рода касается, например, формул со-распятия и со-погребения в ритуале крещения (см. 3.3.3.4). Фразеологизмы с упоминанием Христа становятся метафорическими (формула воскресения как шифр радости; см. 6.4.6) и переносятся на другие сферы (например, приобретают функцию проклятия[211]). Какими бы автоматизированными

---

[209] См. традиционное паренетическое прочтение (Флп 2:5) (см. 2.2.3.1 и 4.0).

[210] Который со своей стороны так или иначе фоноцентрично провозглашает устное пресуществление «Слова Господня» (1 Фес 1:8).

[211] «Христологические проклятья», такие как нем. *Kruzifix!* (букв. «Распятый!»), больше всего распространены в католических культурах, тогда как русская православная культура — вполне возможно, из-за языческого происхождения вульгарного материнского языка [Успенский 1994] — практически не использует христологические мотивы в проклятиях, как отмечал еще Герберштейн [Герберштейн 1988: 103].

или метафорико-метонимично остраненными ни были эти фразеологизмы — они образуют ресурс восстановления осознания и снятия автоматизации; не следует пренебрегать той частью повторяющегося успеха христианства, которой оно обязано богатым формам риторического опосредованного говорения о Христе и отсылкам к нему, содержащимся в этом ресурсе.

### 3.5.3. Призыв, проповедь и правило

Не только в пропозициях догматики, но и в сниженных коннотациях, связанных с Христом, латентно сквозит призыв к ориентации на Христа[212]. Хотя подавляющее большинство этих подспудных призывов остаются не услышанными, речь при этом так или иначе идет о бесконечном множестве речевых актов, и именно избыточность привычного создает невероятный мнемонический эффект привязки (см. феномен старообрядчества; 5.4.3.2).

Целенаправленно разрабатывается параметр призыва в теории о миссионерстве и проповедничестве. После образцовых речей в Деяниях св. Луки так или иначе пришлось ждать до «О христианском учении» (ср. 2.1.3) Августина, чтобы появилась отчетливая теория гомилетики. Задача миссионерства среди германцев и славян привела к практическому взлету проповеди (см. 4.3.5), тогда как методическая рефлексия о проповедничестве, наблюдаемая позже, прежде всего приходится на протестантство [Müller K. 1996: 1503–1507].

В теории проповеди все снова и снова ее легитимация выводится прямо из самого слова Христова (Рим 10:17); по крайней мере, одна из ключевых сфер проповеди должна быть связана прямо с Христом[213]. В жанровой разновидности гомилий библей-

---

[212] См. (Флп 2:5); ср. 2.2.3.1 и 4.0.

[213] Напр., Лютер: «Иначе нельзя проповедовать, кроме как *quam de Iesu Christo et fide* [об Иисусе Христе и о вере]. Это — *generalis scopus* [основополагающий фокус]» [Luther WA 36, 180, 10 и сл.].

ский текст образует отправную точку, по отношению к которой слова проповедника считаются вторичными. Удачность убеждения (*persuasio*) также предполагается как зависимая от метафизического измерения:

> Qui ergo dicendo nititur persuadere, quod bonum est, nihil illorum trium spernens, ut scilicet doceat, ut delectet, ut flectat; oret atque agat, ut... intellegenter, libenter, oboedienter audiatur[214].

Соответственно, риторика проповеди должна обуздывать саму себя, стараться, чтобы *perspicuitas* было соответствием *claritas scripturae,* ср. [Müller K. 1996: 1500]. Августин примыкает к этой точке зрения, когда скромности письма противопоставляет постыдную риторическую «темность и двусмысленность»[215]. В жанре проповеди во всех христианских церквах высказывались бесчисленные призывы к следованию Христу, преимущественно с позиций кротости.

Аспект призыва к следованию Христу цементируется прескриптивными речевыми актами такого рода, какие встречаются в свернутом виде в законах и правилах. Миссионерская проповедь требует поддержки со стороны прескриптивных типов текста. Для случаев ссылок на Христа подходящими нормативными регулирующими текстами являются, например, предписания, установленные церковным правом, касающиеся общежития христианской общины (см. 4.3.2), и правила поведения для отдельных церковных групп; для священников это — требники, для монахов — монашеские уставы (в православии менее уважаемы; ср. 5.3.5.2).

---

[214] «Итак, наш Церковный оратор... достойно действует, когда, по возможности, умеет справедливое, святое и доброе выражать так, что его слушают с понятием, охотно и покорно. Но успеха в сем действовании должен ожидать он более от благочестивых молитв, нежели от способностей ораторских...» [*De doctr. christ.* IV 17; рус. пер.: Августин 2006: 194].

[215] *De doctr. christ.* IV 10; рус. пер.: Августин 2006: 187; ср. 2.1.3.

Отсылка к кенозису Христа обеспечивается при этом не только общим христианским контекстом законов, но и тесно связанным с кенозисом (Флп 2:8–12) примером послушания Христа. Соответственно, акцент на послушании у Василия Великого колеблется в диапазоне от максимального требования Бога Отца [PG 31,1388B] до такого поведения, которое «πνευματικὸς... πατήρ» («духовный отец») со своей стороны имеет право требовать в рамках своих «правил» («νόμοι») [PG 31,1388B] от находящихся под его началом монахов в качестве высочайшей из всех добродетелей [PG 31,884C]. Главная добродетель послушания довлеет при этом надо всеми прочими правилами монашеской общежительности[216].

Поскольку каноническое право связано с регулированием церковной жизни в миру, оно не так часто ссылается на Христа, как монастырские уставы. Впрочем, и здесь отчасти действует легитимация отдельных предписаний и регулирующего общего запроса на кенозис Христа (см. 4.3.2). На пропозициональном уровне преобладает ссылка на Христа очевидным образом в практических требниках (см. 4.3.3 и 4.5).

### 3.5.4. Перлокутивное «христоподобие»

В той мере, в какой призыв, проповедь и правила нацелены на воспроизведение примера Христа, идеальным действующим напрямую речевым актом, взывающим к последователям Христа, было бы само собой осуществляющееся уничижение, которое слушающий или читающий должен совершить. Это был бы речевой акт, который достигает эффекта паренезы (Флп 2:5) в силу

---

[216] Тем самым монашеские правила служат не только для регулирования социальных интеракций, но функционируют также в качестве письменного жанра для передачи мнемонической фигуры кенозиса Христа (см. 4.3.2); именно первые правила (от монастырского устава Пахомия Великого [ранее 346 года] до устава Бенедикта [529 год]) в большой степени выполняют эту мнемоническую роль.

собственной авторитативной деятельной силы[217]. Для подобных актов в теории речевых актов есть слово «перлокуция» [Austin 1962: 101]. Чтобы поставить перформативный аспект перлокутивных актов во главу угла, внутри теории речевых актов рекомендуется вернуться от Сёрля к Остину; ведь после того, как Сёрл потерял из виду перформативный аспект из-за «пренебрежения к перлокуции» [Schlieben-Lange 1975: 86][218], имеет смысл, ради теории интенции воспроизводства (см. 1.5), в том виде, в каком она здесь намечена, вновь включить в поле зрения интенцию руководить поведением других через перформативно-перлокутивные речевые акты.

В отличие от иллокутивно-перформативных речевых актов, перлокутивные акты требуют контекста и соединяющего действия другого[219], и они нуждаются в повторении [Derrida 1971: 7]. Тем самым чистота интенции осуществления воспроизводства сама по себе вновь ограничивается перлокутивным речевым актом; хотя речевые акты могут выдать самих себя за перлокутивные (побудить к покаянию, убедить), но зависят от их принятия социумом, который, к примеру, должен принять освящение и исполнять его, отныне относясь к освященному как таковому.

### 3.5.4.1. Крещение, благословение и освящение

Классическими перлокутивными речевыми актами, апеллирующими к Христу, являются речевые акты, применяющиеся в рамках обрядов перехода, таких как крещение, благословение

---

[217] Симптоматично в этом плане описание Божественных речевых актов в качестве «творящих факты»: «Ipse [deus] dixit et facta sunt, loqui et facere idem est deo. <...> Non verba sunt, sed facta, quae deus loquitur» («Он [Бог] сам говорил, и это происходило; говорит и делать для Бога одно и то же. <...> Это не слова, а дела, которые Бог произносит») [Luther WA 14, 306, 10 и сл., 29].

[218] Сёрл упоминает перлокутивные акты почти исключительно по случаю своей полемики с Грайсом [Searle 1969].

[219] Остин показывает этот аспект необходимого соединяющего действия через переходный аспект перлокутивного акта: «Мы можем... отличить локутивный акт "он сказал, что..." от иллокутивного акта "он утверждал, что..." и перлокутивного акта "он убедил меня, что..."» [Austin 1962: 102].

## 3. Метонимия и метафора, или Воплощения кенозиса | 315

и освящение; не случайно Остин в связи с перлокуцией приводит пример брачной церемонии [Austin 1962: 8 и сл.]. Крещение происходит «во Христе» (см. 3.3.1.2)[220], к причастию в его кресте, смерти, гробе; перлокутивные акты сопровождаются при освящении коленопреклонением, прострацией как пространственной перформацией уничижения в следовании Христу (см. 4.5.9.1).

### 3.5.4.2. Магические эффекты призыва

Перлокутивные речевые акты, такие как крещение, благословение и освящение, понимаются в большинстве христианских конфессий не как символические жесты, которые сохраняют свою перформативность только потому, что их принимает община (и соотв., государство), а как воздействие призванного Святого Духа. Собственно, действующим тогда является не священник, который оглашает этот речевой акт, и не община, которая его принимает, а Дух. Если отвлечься от этой всесторонней консенсуальной опоры на воздействие Духа как на исконный и непостижимый центр перлокутивного речевого акта, обнаруживаются существенные различия того, насколько эксплицитно, имплицитно или намеренно замалчивая суть, делается при этом акцент на впечатление магических воздействий, или не должно ли это впечатление по возможности быть полностью устранено, см. [Müller H. 1985].

Магическая составляющая опоры на Христа в наступательном ключе представлена в русском религиозно-философском учении об имяславии (см. 5.1.1), которое приписывает коммуникативной практике бесконечного повторения Иисусовой молитвы (см. 4.5.8.3) духовно-магическую реальность, выходящую за пределы автопсиходелического момента.

---

[220] Ср. также английские обороты *Christian name* и *to christen* (последний приводит также Остин [Austin 1962: 116]); наделение христианским качеством, следовательно, неразрывно связано с перлокутивными актами.

### 3.5.4.3. Присущий всякой перлокутивной интенции недостаток

Через механизм регулирования богослужения и общежительности действия и говорение по идее должны быть предопределены; но превращены в перформативы они тем самым быть не могут. Перформативную деятельность уполномоченных на то правилами надлежит осуществлять исполнителям; только исполнение, которое при определенных социальных обстоятельствах осуществляться не может (например, революционный хаос), обеспечивает правила перформативной деятельностью. Так что, исходя из перспективы классической теории речевых актов, речь идет при подобном механизме регулирования не о самодовлеющих перформативных речевых актах.

Напротив, акты освящения, благословения и крещения, хотя и попадают в классический перечень перлокутивных актов, в тех пределах, в каких они осуществляют обряды перехода, которые принимает община и тем самым помогает в осуществлении перформативной деятельности, — однако вся эмфаза этой христианской перлокуции приходится на дальнейшую передачу Святого Духа и его «χάρισμα»[221]. Сколь сильно действует на крещеных, благословленных и посвященных этот «Дух»[222]? Пневматология экклезиологии может определять себя через духовное посредничество, которое должно выстраивать духовное сообщество; эмпирическая история Церкви показывает, что «освящение» Святым Духом у массы крещеных, благословленных и посвященных представлено скорее в скудном объеме.

---

[221] «Харизма», см., напр., [PG 6,658A; PG 45,585A]. Ср. о неуловимости «харизмы» и «Духа» [Weber 1976: 245 и сл.].

[222] В сфере православия также имеются представления о перлокутивной, магико-авторитарной харизме, см. [Müller H. 1985: 444 и сл.], о некоем «проникновенном слове», которое не оставляет слушающему или читающему якобы никакого иного выбора, кроме «воодушевления».

### 3.5.5. Иллокутивное уничижение
#### 3.5.5.1. К прикладной теории иллокутивных речевых актов

> Ἐγγύς σου τὸ ῥῆμά ἐστιν, ἐν τῷ στόματί σου καὶ ἐν τῇ καρδίᾳ σου· τοῦτ' ἔστι τὸ ῥῆμα τῆς πίστεως ὃ κηρύσσομεν· ὅτι ἐὰν ὁμολογήσῃς ἐν τῷ στόματί σου Κύριον Ἰησοῦν, καὶ πιστεύσῃς ἐν τῇ καρδίᾳ σου ὅτι ὁ Θεὸς αὐτὸν ἤγειρεν ἐκ νεκρῶν, σωθήσῃ[223].

В противоположность перлокутивным речевым актам иллокутивные акты имеют то преимущество, что они осуществляют речевое действие «в говорении» (обещать, утверждать). Тем самым, хотя они и приносят меньше проблем с точки зрения теории деятельности, но это происходит только потому, что они концентрируются исключительно на осуществлении речи, и им сложнее служить передаточным звеном связи с Христом.

Особый интерес, однако, должно проявлять к иллокутивным актам литературоведение, к вопросу о том, как — вокруг пропозициональных высказываний, связанных с Христом, — языковой переход повторяет эту связь на втором уровне, как ее *форма* сама указывает на фигуру кенозиса и перформирует движение уничижения. Этот особый случай обозначения посредством перформативного речевого акта можно было бы назвать *иллокутивно-иконическим*, чтобы соединить параметр действия с аспектом отображения подобия[224]. Специфический вопрос о применении, который нацелен здесь на теорию речевых актов, звучит соответственно: как практические речевые действия

---

[223] «⁸Близко к тебе слово, *в устах твоих* и в сердце твоем, то есть слово веры, которое проповедуем. ⁹Ибо если *устами твоими* будешь исповедовать Иисуса Господом и сердцем твоим веровать, что Бог воскресил Его из мертвых, то спасешься» (Рим 10:8 и сл.) (курсив мой — Д. У.].

[224] Тем самым, речь идет о том, как именно превращение языка в фигуральный способно осуществить референциальность (перемена в обратном направлении, которую де Ман недооценивает).

способны дублировать христологическую фигуру уничижения аналогичными движениями на уровнях жанра, повествовательности, перзуазивности и т. п.?

Чтобы согласовать рабочие инструменты теории речевых актов с литературоведческой повесткой, необходимо и здесь также вернуться к теории перформативных речевых актов Остина в их ранней версии (1962), чтобы состыковать перформативный аспект иллокутивных актов с иконической составляющей. Собственно говоря, речь идет в случае с литературоведческой повесткой (в противоположность лингвистической) о некоем *mise-en-abîme* (принципе матрешки) речевых актов, об осуществлении некоего речевого акта *вместе* с моторикой уничижения. Следовательно, речь здесь не может идти о вкладе во всеобщую теорию речевых актов, а только о концептуализации особого перформатива, а именно перформатива об уничижении *в* речи. В соответствии с эмфатическим размещением речевого действия «говоря что-либо», «eo ipso» [Austin 1962: 98 и сл.; ср. там же: 107], следует всерьез принимать этимологию делаемого Остином разграничения между иллокутивными и перлокутивными актами [там же: 98–107]. Именно иллокутивно-иконическим образом передается фигура уничижения, если в самом осуществлении речи, (непосредственно или опосредованно) связанной с кенозисом Христа (а не только тогда, когда после этого наступает действие, зависимое от контекста и реципиента), происходит действие уничижения.

### 3.5.5.2. Humilitas/ταπείνωσις

Такого рода формальная деградация, *humilitas*, в классических риториках от Квинтилиана до Путтенхэма, оценивалась негативно и описывалась как *vitium*. Квинтилиан дает совет на примере плохого учиться избегать этого — среди прочего избегать «низменного» — впрочем, соглашается, что существует также оборотная эстетика, повышающая ценность, на первый взгляд, «более плохого»:

## 3. Метонимия и метафора, или Воплощения кенозиса

> Ne id quidem inutile, etiam corruptas aliquando et vitiosas orationes, quas tamen plerique iudiciorum pravitate mirentur, legi palam ostendique in his, quam multa inpropria, obscura, tumida, *humilia*, sordida, lasciva effeminata sind: quae non laudantur modo a plerisque, sed, quod est peius, propter hoc ipsum, quod sunt prava, laudantur[225].

У Путтенхэма суждение также недвусмысленное:

> Немалая вина автора в том, что он использует такие слова и термины, которые уменьшают и унижают предмет, который он, казалось бы, излагает, умаляя достоинство, высоту, мощь или величественность дела, за которое он берется... [Puttenham 1589: 216].

Путтенхэм выражает намеренно негативную оценку: «сильно унизить сам предмет и говорящего или пишущего: греки называют это [*Tapinosis*], мы — [*abbaser*]» [там же: 217].

Несмотря на это, у Святых Отцов встречаются — если честно, то не очень часто и не особенно прямо — рассуждения по поводу иконико-иллокутивных фигур уничижения с отсылкой к Христу. Феодорит Кирский один раз взывает, ссылаясь на (Евр 5:12)[226] «τοὺς ταπεινοτέρους περὶ τοῦ Χριστοῦ λόγους»[227], то есть

---

[225] «Небесполезно также читать с детьми иногда и такие сочинения, которые наполнены недостатками, но которым многие, по дурному своему вкусу, удивляются; и показывать в них мысли и выражения несобственные, темные, надутые, слабые, *низкие*, подлые, непристойные, которые не только от всех почти одобряются, но, что всего хуже, и одобряются единственно потому, что они дурны» [*Inst. orat.* II 5, 10; рус. пер. А. Никольского: Квинтилиан 1834: 107; выделено Д.У.].

[226] «...καὶ γὰρ ὀφείλοντες εἶναι διδάσκαλοι διὰ τὸν χρόνον, πάλιν χρείαν ἔχετε τοῦ διδάσκειν ὑμᾶς, τίνα τὰ στοιχεῖα τῆς ἀρχῆς τῶν λογίων τοῦ Θεοῦ· καὶ γεγόνατε χρείαν ἔχοντες γάλακτος, καὶ οὐ στερεᾶς τροφῆς» («...ибо, судя по времени, вам надлежало быть учителями; но вас снова нужно учить первым началам слова Божия, и для вас нужно молоко, а не твердая пища») (Евр 5:12).

[227] «...невысокие сказания о Христе» [Thdt. *Heb.* 5,12; PG 82,713B; рус. пер.: Феодорит 2003: 527 и сл.].

к соответствию самоуничижения Христа и стилистического уровня дискурса об этом. Такое снижение в отдельных случаях рассматривается в риторике под понятием тапейнозиса. Эдельберт Буллингер определяет *tapeinosis* как «унижение»: «…в *тапейнозисе* то, что уменьшается, является тем же самым, что увеличивается и усиливается» [Bullinger 1898: 159], ср. [Uffelmann 2008в: 154 и сл.].

В исследовании о Гаманне Карлфрид Грюндер для оценки риторических «снижений» в порядке конкуренции с павлинианскими понятиями ταπείνωσις/*humilitas* усиливает значимость (редкого) риторического термина «συγκατάβασις» [снисхождение], опираясь при этом прежде всего на Иоанна Златоуста[228]. Используя Златоуста, Грюндер описывает синкатабасис на двух уровнях — на уровне приобретения лучшей видимости через воплощение и на уровне простых речевых стратегий Иисуса:

> …μέλλων ὁ Ἰησοῦς ὑψηλῶν ἅπτεσθαι δογμάτων, διὰ τὴν τῶν ἀκουόντων ἀσθένειαν ἑαυτὸν κατέχει πολλάκις καὶ οὐ συνεχῶς τοῖς ἀξίοις τῆς μεγαλωσύνης αὐτοῦ λόγοις ἐνδιατρίβει, ἀλλὰ μᾶλλον τοῖς συγκαταβάσιν ἔχουσι[229].

Терминологическая преференция остается вопросом открытым — *humilitas*, «ταπείνωσις» или «συγκατάβασις» могут быть переоценены в смысле «меньше значит больше», ср. [Meyer 2001a: 454 и 464]. Негативный в риторическом контексте, редкий в хри-

---

[228] Грюндер столь сильно заинтересован был в понятии синкатавасиса, что появление других кенотических терминов в более уважаемых источниках — например, у Фомы Аквинского или Лютера — он воспринимал почти с разочарованием [Gründer 1958: 32–35]. О дальнейших оценках в западной церкви, особенно у Августина, см. [Auerbach 1946: 149].

[229] «Что Иисус, намереваясь коснуться высоких догматов, нередко приспособляется к немощи слушателей и употребляет образ учения, не всегда соответствующий Его величию, но более приспособительный к ним» [*Hom. 27 in Joh.* 1; PG 59,157; рус. пер.: Иоанн 1902: 172]. У Златоуста чуть позже аспект воплощения обозначается с помощью того же этимона «καταβάς» («он спустился») [PG 59,158] (по поводу дальнейших случаев употребления «συγκατάβασις» для обозначения воплощения и кенозиса см. [Lampe 1961: 1268]).

стологическом, но парадоксально-позитивный термин «тапейнозис» может быть с успехом применен в литературоведческой теории литературных репрезентаций кенозиса Христа и парадоксальных эффектов свидетельствования (см. 5.3.6.5–5.3.6.6).

*3.5.5.3. Обязательные ситуации дискурса смирения*

Для дискурса, который должен перформативно осуществить настрой на смирение, христианство разработало повторяющиеся ситуации, такие как речь грешника перед Богом — исповедь[230]. Исповедь может, да даже и должна, быть прерывистой на своей языковой поверхности, произноситься с запинкой и оборванными фразами, прерываться всхлипываниями, вздохами, междометиями[231]. Ослабление риторической поверхностной структуры влечет за собой, как обнаруживает Борис Гройс, эффект искренности и аутентичности[232]. Если же исповедь обходится без иллокутивно-иконического смирения, то есть представляет собой неверный уровень с точки зрения риторики, тогда семантика смирения дискредитирует себя сама[233].

---

[230] При этом исповедь, предполагающая психическую позицию раскаяния, сама по себе не является формой следования Христу, если рассматривать ее как имитацию его унижения, в той мере, в какой этому полагалось бы предпослать наличие в Иисусе некоего греха, в котором можно каяться и исповедоваться, что для большинства христологов рассматривалось бы как «избыток человеческого» (см. 2.7.3.4). Поза уничижения обособляется тем самым от своего кенотического прообраза. В описанной Фуко экономике признания унижение, впрочем, обретает дополнительные преимущества с моральной и технической точек зрения [Foucault 1976: 30], то есть структурно репродуцируется кенотическая модель Х (см. 2.6).

[231] Обязательный момент ситуации исповеди становится обузой, делается самодовлеющим, выходя за пределы христианских контекстов, например, на сталинских показательных процессах, ср. [Sasse 2001].

[232] «Феномен искренности возникает, таким образом, как комбинация контекстуально определенной инновации и редукции» [Гройс 2006: 64].

[233] Так, в «Бесах» Достоевского довод старца Тихона против чтения письменной «исповеди» заключается в том, что она стилистически («"А нельзя ли в документе сем сделать иные исправления? <…> Немного бы в слоге"») [Достоевский 1984, 11: 23] представляет собой не подобающую исповедь, а исповедь с ложным адресатом, ср. [Зассе 2012].

### 3.5.5.4. *Редукция персуасивности*

Уже павлинианская риторика внушает нам постулат «меньше значит больше»; апостол Павел программно проповедует (предполагаемый) отказ от риторических стратегий *persuasio*[234], чтобы взамен претендовать на высшую духовную силу[235]: «καὶ ὁ λόγος μου καὶ τὸ κήρυγμά μου οὐκ ἐν πειθοῖς σοφίας λόγοις, ἀλλ᾽ ἐν ἀποδείξει Πνεύματος καὶ δυνάμεως»[236].

Хольт Майер, опираясь на Павла, описывал кенозис как отказ от риторической проверки достоверности [Meyer 2002б: 21 прим. 19] и на примере «кенотической языковой работы Хопкинса» [там же: 8] показал такой кенозис персуасивности. При этом Майера тоже занимает связь христологической теоремы с риторико-антириторической стратегией: «Мышление жертвы у Хопкинса [исходит] из кенотического восприятия Христа, материи и языковой материи» [там же: 19]. Понимаемое таким образом нисхождение без умолкания — это ведь скорее негативная теология (к которой прибегает Деррида), нежели апофатика, то самое, что мы вместе с Деррида могли бы обозначить как «кенозис дискурса» [Derrida 1993: 46]; ср. об этом [Bogdanov 2005: 56].

---

[234] В связи с кенозисом человеческого познания, «λογισμοὺς καθαιροῦντες καὶ πᾶν ὕψωμα ἐπαιρόμενον κατὰ τῆς γνώσεως τοῦ Θεοῦ, καὶ αἰχμαλωτίζοντες πᾶν νόημα εἰς τὴν ὑπακοὴν τοῦ Χριστοῦ» («ими ниспровергаем замыслы и всякое превозношение, восстающее против познания Божия, и пленяем всякое помышление в послушание Христу») (2 Кор 10:4 и сл.); следует обратить внимание на амбивалентный родительный падеж в немецком переводе «Gehorsam Christi» (*рус.* Христа) или «Gehorsam gegen Christus» (*рус.* Христу); по поводу кенозиса познания ср. также [Meyer 2002б: 15 прим. 17]. Этот отказ от земной логики заявляет о себе исключительно только в «μωρία» [безумие], в парадоксе (ср. 2.10.1).

[235] В этом смысле и глоссолалия, поскольку она понимаема как целенаправленный отказ от рационального самого себя, может также быть описана как форма перформативного подражания Христу, ср. [Ottovordemgentschenfelde 2004: 127].

[236] «И слово мое и проповедь моя не в убедительных словах человеческой мудрости, но в явлении духа и силы» (1 Кор 2:4).

Речевая репрезентация кенозиса Христа неизбежно оказывается, однако, двойным посланием (*double-bind*): говорить приходится человеческому «Я», но ему не позволено говорить от своего имени, и тогда человек вынужден снижать свои речевые действия, чтобы 1) соглашаться на собственную онтическую неосведомленность относительно метафизических событий кенозиса воплощения (см. 3.5.6) и 2) осуществлять в собственной речевой стратегии механизм унижения[237].

### 3.5.5.5. Нарративные стратегии унижения

Редукция собственного *persuasio* занимает свое конвенциональное место в топосах скромности и в *captationes benevolentiae*. Указание на собственную несостоятельность как вестника Божественного или священного помещается в самом начале бесчисленных житий, проповедей, трактатов, исповедей[238]. Эту несостоятельность считают нужным культивировать как следование самоуничижению Христа в коммуникативной речевой среде.

Подобные *captationes* точно так же попадают в ситуацию двойного послания; ибо, с одной стороны, взывающий к снисхождению за свою несостоятельность выполняет христоподобный жест смирения, но, с другой стороны, подвергается опасности, что как раз через эту несостоятельность причинит вред тому высокому предмету, которому посвящено его сообщение. Наконец, это *captatio* в священных текстах служит не отмене реального содержания повествуемого, как это происходит в сказе целенаправленно ненадежного рассказчика[239]. Однако опосредованно нена-

---

[237] Диди-Юберман излагает это на примере живописи следующим образом: «В этой ситуации живописание некоей *istoria*, даже если она касается Христа, может всегда оказаться лишь актом смирения: я пишу сюжет, хорошо зная, что он *таковым не является* и что истинная связь кроется где-то в другом месте. Живописи приходится мириться с тем, что она всегда может породить только *эстетику следа*» [Didi-Huberman 1990: 54, выделено в ориг.].

[238] Ср., напр., Иоанна Дамаскина [*Imag.* I 1; рус. пер.: Иоанн 1913: 349].

[239] Парадигматически реализовано в гоголевском «Носе» и в его же «Шинели», см. [Эйхенбаум 1969a].

дежный рассказчик нарративного сказа в литературе модерна[240] причастен к кенозису персуасивности, в том виде, в каком его выработала христианская риторика[241].

Несостоятельность рассказчика — не единственный способ нарративного осуществления иллокутивного уничижения; более широко распространенной формой является лишь частичное информирование рассказчика, то есть информирование его только в ограниченной повествовательной перспективе[242], или *вненаходимость* рассказчика по отношению к своим героям, как ее описывает Бахтин. То, что такая повествовательная стратегия может мыслиться вместе с действиями отречения Христа, исследователи Бахтина, соответственно, наметили[243]. Заключительного слова (аукториального докладчика) для Бахтина быть не может, ср. [Emerson 1990: 122]. То, что Бахтин описывает в своем труде «Автор и герой в эстетической деятельности» [Бахтин 1979: 16], представляет собой в таком случае кенозис автора[244]. Достоевский, разговор о котором у Бахтина в связи с его теорией диалога ведется совершенно особенным образом, имитирует, по его мнению, самоуничижение Христа с помощью своего повествователя, который отказывается от аукториального знания и нисходит в полифоническую неразбериху голосов:

---

[240] В языковом плане это реализуется, кроме прочего, в диалектальных или иноязычных окрасках речи, у Гоголя — а также и у Николая Островского — путем отзвуков украинского (ср. 8.6.2).

[241] В качестве внехристианского увлечения, которое приводит к аналогичным результатам, можно назвать здесь также традицию философской школы киников.

[242] См. Соколов и Алешковский (9.1.1).

[243] Ср. [Clark/Holquist 1984: 84] (с отсылкой к тезису Федотова; см. 1.1.4); [Woźny 1993: 49 и сл.]; [Mihailovic 1997: 38]. От преувеличения познавательного потенциала этой модели также и для собственного габитуса Бахтина предостерегает Эмерсон [Emerson 1990: 110].

[244] Аналогичное этому этическое следование кенозису Христа описывает Бахтин в работе «Философия поступка» [Бахтин 1995: 31]; подобное же усматривает Михайлович в тексте Бахтина «Искусство и ответственность» [Mihailovic 1997: 75].

Бахтин описывает авторскую манеру Достоевского в... религиозных терминах. Деятельность Достоевского в тексте — это деятельность Бога по отношению к человеку. <...> Достоевский — ...Христос для своих героев... В лучших кенотических традициях Достоевский отказывается от привилегии отдельного и высшего существа, чтобы сойти в свой текст, чтобы быть среди своих творений. Отличительный образ Христа у Достоевского обусловливает центральную роль полифонии в его творчестве [Clark/Holquist 1984: 249][245].

### 3.5.5.6. Кенозис авторства

...В устах — мучительный упрек...
Что я — я раб, а не пророк![246]

В то время как описываемое Бахтиным, несмотря на его собственную терминологию, есть скорее самоограничение повествователя, нежели автора, в сакральной литературе, как раз в ранний период, обнаруживается своя стратегия кенозиса авторства. Она реализуется то в анонимности, то в конвенциональном комментарии, экзегезе, списывании и срисовывании — что было распространено именно в православии. Исходная легитимация заключается в том, что сказанное, написанное, проповеданное слово «вы приняли не как слово человеческое, но как слово Божие, — каково оно есть поистине...»[247]. Автором переданного через человека слова должен быть Бог:

> Καὶ οὔτε ὁ πάνυ δυνατὸς ἐν λόγῳ τῶν ἐν ταῖς ἐκκλησίαις προεστώτων ἕτερα τούτων ἐρεῖ — οὐδιὲς γὰρ ὑπὲρ τὸν διδάσκαλον — οὔτε ὁ ἀσθενὴς ἐν τῷ λόγῳ ἐλαττώσει τὴν παράδοσιν[248].

---

[245] Ср. также [Morson/Emerson 1990: 267]; [Murav 1992: 13]. Алейда Ассман описывает нарративное самоограничение, которое интересует Бахтина, в перевернутых кенотических понятиях — как «экскарнацию» автора посредством инкарнации «Я» писания [Assmann A. 1993: 133, 141 и сл.]. Ср. также 5.3.6.5.

[246] Надсон. Слово. 28 марта 1879 года [Надсон 2001: 71].

[247] «...ὅτι παραλαβόντες λόγον ἀκοῆς παρ' ἡμῶν τοῦ Θεοῦ, ἐδέξασθε οὐ λόγον ἀνθρώπων, ἀλλὰ καθώς ἐστιν ἀληθῶς, λόγον Θεοῦ...» (1 Фес 2:13).

[248] «И ни весьма сильный в слове из предстоятелей церковных не скажет иного в сравнении с этим учением, ибо никто не выше Учителя, ни слабый в слове не умалит предания» [Iren. haer. I 10, 2; рус. пер. Н. И. Сагарды: Ириней 2008: 54]; ср. «Ученик не выше учителя, и слуга не выше господина своего» (Мтф 10:24).

Как здесь речь не может идти об ораторском искусстве, так и не может идти речь об оригинальности, поскольку люди присваивать себе слова Господа не могут [Августин, *De doctr. christ.* IV 29]. Священный текст — будь то Писание, будь то труды Святых Отцов — только подготавливается, дописывается, притом что собственная заслуга дописывающего принижена. Смиренный писец видит свою задачу в том, чтобы оберегать и передавать то, что значимо и без его содействия. Иконописец должен воспроизвести данный ему сюжет (см. 3.4.3.1), в том числе и сюжет, взятый метонимически от земной природы Христа (см. 4.6.3.1).

К двум в корне различным трансформациям сакрального кенотического авторства приходят в XX веке разные авторы. Марина Цветаева развивает концепцию пассивного, послушно-прислушивающегося автора[249]. Михаил Булгаков создает в Мастере из романа «Мастер и Маргарита» образ кенотического автора. Наконец, политически ангажированные авторы соцреализма — по ту сторону от христианско-кенотического побуждения — воспроизводят образцы нормативной поэтики (ср. 8.7.1) и отодвигают в сторону собственную креативность, которая могла бы «отдрейфовать» и уклониться (что никогда до конца не удается; ср. [Uffelmann 2003в]). Кроме того, авторы, которые откровенно ассоциируют себя с постмодернизмом, выводят из исповедуемой Фуко и Бартом «смерти автора» невозможность авторства; в крайних случаях они представляют себя как медиум чужого дискурса (см. 10.7). Читательские практики постструктурализма исходят из того, что все когда-либо сказанное дописывается, даются комментарии к комментариям комментариев.

### 3.5.5.7. Кенозис интерпретации

Мысль о том, что под девизом запоздалости больше нельзя сказать ничего принципиально нового, становится в условиях точно таких же постструктуралистских предзнаменований,

---

[249] «Слушаюсь я чего-то постоянно... <...> Когда указующего — спорю, когда приказующего — повинуюсь. <...> Все мое писание — вслушивание. <...> А я только восстанавливаю. Отсюда эта постоянная настороженность: так ли? не уклоняюсь ли? не дозволяю ли себе — своеволия? / Верно услышать — вот моя забота» [Цветаева 1994–1995, 5: 285].

особенно с появлением *pensiero debole* Ваттимо [Vattimo/Rovatti 1992], добродетелью самоограничения в познании[250]. Кенозис авторства дополняется затем кенозисом интерпретации[251]. Татьяна Горичева допускает возможность некоего «кенозиса "ума"» [Горичева 1994: 86][252].

*3.5.5.8. Вредящая иллокуции экспликация*

> Речи о смирении полны гордыни у гордецов и смирения у смиренных.
>
> *[Паскаль 1994: 356]*

Проблематичным во всей этой метарефлексии постструктурализма является то, что она перформативно нарушает норму самоограничения; жест трезвого негативиста есть одновременно и жест триумфатора — поза непоколебимой отваги. Та же самая проблема возникает с сакральной деградацией собственной риторики. Там, где слишком откровенно говорится о собственном уничижении, эта последняя прибегает к бахвальству (см. критику Лютером монашеских обетов; 3.3.3.2). Когда дискурс высказывает кенозис, это его (кенозис) опровергает[253]; только молчаливое представление способно его достигнуть. Поэтому жанр автобиографии в тех случаях, когда заранее задана кенотическая модель поведения, всегда сомнителен, и в качестве компенсации предлагается немедленное отклонение в сторону от *ego-histoire*[254].

---

[250] Сколь часто фигура самоуничижения используется для того, чтобы сделать из несчастья добродетель см. 2.10.1.

[251] Хольт Майер усматривает такой кенозис интерпретации, напротив, скорее в структуралистском редукционизме, вроде рассмотрения креста в синтагматическом и парадигматическом ракурсах, что ставит крест на познании как таковом [Meyer 2002a: 289].

[252] В истории русской философии автор видит его в отсутствии больших систем [Горичева 1994: 86].

[253] Ср. апория Деррида «Как избежать разговора: денегации» (*Comment ne pas parler: dénégations*) [Derrida 1987].

[254] Ср. автобиографию Паисия Величковского [Leonid 1966: 60] и автобиографические моменты у Островского и Ерофеева (см. 8.8.1, 9.8.1).

### 3.5.6. Достижения апофатики

Там, где, во-первых, исповедуемая перлокуция зачастую не имеет резонанса и иллокутивное *mise-en-abîme* самоуничижения попадает в ситуацию двойного послания, как только она уточняет себя сама, — там в качестве надежной пристани остается только умолкание. Самой известной стратегией реагирования на апории перлокуции и иллокуции является стратегия негативная: она заключается в том, чтобы применить знание об этой пустоте, чтобы с помощью выдвинутой на всеобщее обозрение пропасти *ex negativo* представить более величественное, Божественное и его Слово творящее. Там, где само Божественное считается непостижимым, инсценировка непостижимости и однозначно негативная форма обозначения представляются единственными адекватными.

Исторически после опыта отцов-пустынников[255] первая заявленная *теория* негативного обозначения принадлежит Псевдо-Дионисию Ареопагиту (около 500 года[256]); у него впервые встречается также и словосочетание «ἀποφατικὴ θεολογία»[257]. Чтобы продемонстрировать неуместность человеческой речи о Божественном, Дионисий разражается каскадом отрицаний [PG 3,1045D–1048B; рус. пер.: Дионисий 2002: 759–763][258]. Он отрицает как А, так и не-А, напр., подобие и неподобие (см. 3.6.4). Решающим является, однако, то, что отрицание касается также и самого отрицания:

---

[255] См. [Hansen-Löve 2002: 183]; о предыстории подробно: [Hochstaffl 1976: 13–119].

[256] По вопросу датировки см. [Theill-Wunder 1970: 147 и сл.]. Хаусамман обращает внимание на то, что *Corpus Dionysiacum* тем самым возникает на базе неохалкидонства и может быть также понят на его фоне [Hausammann 2004: 108].

[257] «богословие… апофатическое» [PG 3,1032C; рус. пер.: Дионисий 2002: 751].

[258] Включая также столь конвенциональные атрибуты, как свет и вечность, ср. [Theill-Wunder 1970: 148–152].

## 3. Метонимия и метафора, или Воплощения кенозиса

...ἐπεὶ καὶ ὑπὲρ πᾶσαν θέσιν ἐστὶν ἡ παντελὴς καὶ ἑνιαία τῶν πάντων αἰτία καὶ ὑπὲρ πᾶσαν ἀφαίρεσιν ἡ ὑπεροχὴ τοῦ πάντων ἁπλῶς ἀπολελυμένου καὶ ἐπέκεινα τῶν ὅλων[259].

Здесь остается только молчать: «...καὶ μετὰ πᾶσαν ἄνοδον ὅλος ἄφωνος ἔσται, καὶ ὅλος ἑνωθήσεται τῷ ἀφθέγκτῳ»[260]. Ригоризм ветхозаветного запрета на изображения (см. 3.4.5) Дионисий Ареопагит, впрочем, перечеркивает неоплатонической космической ступенчатой иерархией, см. [Brons 1976]; поскольку Божественное стоит на вершине пирамиды бытия, оно в конце концов все же вновь становится выразимым, уловимым в катафатической речи Господа[261], как это делает рассуждение «Об именах Господних» («Περὶ θείων ὀνομάτων»)[262]. Тотальная невыразимость считается по этой причине ересью в православной традиции; размягчение апофатики через встречное движение катафатики формирует эту традицию. Одним из средств этого размягчения является учение об обретении Божественным формы через кенозис.

От первого интерпретатора Дионисия — Максима Исповедника [Дионисий 2002] — одного из самых авторитетных греческих отцов будущего православия, происходит также и вся русская рецепция Дионисия. Это Исайя Сербский, который в 1371 году переводит Дионисия Ареопагита на старославянский язык [Hannick 1983: 1205]; в XVI веке Дионисий был канонизирован митрополитом Макарием, и в XVII веке идеи Ареопагита были настолько широко распространены, что после 1656 года вокруг них

---

[259] «...выше всякого утверждения совершенная и единая Причина всего, и выше всякого отрицания превосходство Ее, как совершенно для всего запредельной» [PG 3,1048B; рус. пер.: Дионисий 2002: 763].

[260] «...и после полного восхождения будет вовсе беззвучным и полностью соединится с невыразимым» [PG 3,1033C; рус. пер.: Дионисий 2002: 753].

[261] «καταφατικὴ θεολογία» [PG 3,1032D].

[262] В качестве третьей разновидности добавляется символическое богословие с его невероятно разнообразными гранями «συμβολικὴ θεοτύπια» [символическая фигура Бога] [PG 3,1033B].

разгорается настоящая полемика [Uspenskij/Živov 1983: 26]. Русская религиозная философия XX века также отводит Дионисию и апофатике достойное место [Булгаков 1994:105–108; Аверинцев 2001: 264–266].

Другая ветвь ведет от апофатики Дионисия к негативной теологии Средних веков, в особенности к «docta ignorantia» («ученое неведение»), ср. [Theill-Wunder 1970: 180–185] Николая Кузанского, для которой действует правило: «Attingitur inattingibile inattingibilter»[263]. Постструктуралистские скептики познания подчеркивают в своей оценке Дионисия [Derrida 1992; Derrida 1993: 21 и 49; Marion 1991: 111–117] апофатическую составляющую[264]. Для Деррида стратегии несказанности приближаются даже к «провозвестию атеизма» [Derrida 1993: 16]. Дело в том, что апофатическая репрезентация склонна к самоуничтожению — и тут Деррида рисково прибегает к понятию кенозиса: «...утверждение негативной теологии опустошает себя по определению, по призванию, от всего интуитивного изобилия. Кеносис дискурса» [Derrida 1993: 46][265].

---

[263] «...непостижимое основание я различаю потому, что оно постижимым образом отражается в постижимом» [Николай Кузанский, ср. *De non aliud* 8; 17, 32; рус. пер. А. Ф. Лосева: Николай б. г.: гл. 9]. Павел Матвеевский пользуется трудами Николая Кузанского, когда представляет христологический обзор к своей компиляции высказываний из Библии и святоотеческой литературы: «...Тот, Кто... *во образе Божии сый* (Фил. 2:6)... сходит, т. е. неуничижаемую высоту Свою неуничижительно уничижает...» [Евангельская история 2008: 5].

[264] Ср.: «Философский проект Деррида характеризуется культивированием апофатического дискурса, который на Западе, наверное, со времен Мастера Экхарда никто не использовал с такой неизменной энергией» [Blechinger 1997: 95]. См. в обширной к настоящему времени научной литературе по деконструкции и негативной теологии также [Hart 1989: 173–206]; [Foshay 1992]; [Hoff 1999: 282–289]. Впрочем, мостик от Дионисия к Деррида, как справедливо напоминает Харт [Hart 1989: 188], составляют, скорее, «случайные заметки» последнего, а Капуто ясно дает понять, что пропасть между «"вооруженным нейтралитетом" дифферанса» и религиозной заинтересованностью со стороны негативной теологии не должна сбрасываться со счетов [Caputo 1989: 24, выделено в ориг.].

[265] О метафорике кенозиса у Деррида см. [Kate 2002: 297–304].

### 3.5.6.1. Фрагмент, намек и умолкание

> Если парадокс является единственной адекватной фигурой стиля для мышления, которое понимает истину всегда как соединение противоречий, тогда фрагмент — это единственная адекватная форма выражения для такого произведения, важнейшая идея которого заключается в том утверждении, что человек есть существо парадоксальное: одновременно великое и мелкое, сильное и слабое.
>
> *[Goldmann 1955: 220]*

В литературном плане апофатическое внушение более высокого посредством перечеркивания менее ценного выступает прежде всего в стратегиях пропуска, неясной обрисовки (см. 6.7.3) и умолчания. Великие молчальники у Достоевского именно благодаря недостаточной конкретизации обретают нимбы святых[266]. Обобщим наоборот: все чрезмерно позитивное с литературной точки зрения легче поддается выражению, если его не выражать. Та же суть наоборот: недостаток дискурса должен *ex negativo* порождать святость.

Так, апофатика может определить себя всегда практически только через зачеркивание *конкретной* характеризации, ср. [Hansen-Löve 1987: 44]; убирается одна деталь, чтобы она как «трамплин для фантазии» [Dällenbach 1984: 15] внушала необъятную величину предполагаемого целого. Однако, как только невозможность позитивной репрезентации (Божественного) эксплицитно постулируется, последовательной апофатики быть уже не может. Настаивание на несказанности само по себе еще не представляет собой негативного обозначения, а является позитивным обозначением негативного. Адекватное оформление придает отрицанию только одно средство — перформативное умолкание.

---

[266] Молчание применяется, чтобы *ex negativo* заявить о суверенитете, будь то Бог в «Великой импровизации» (*Wielka Improwizacja*) Мицкевича (1832) или Христос в «Легенде о Великом Инквизиторе» из романа Достоевского «Братья Карамазовы», см. [Мацейна 1999: 349–358].

### 3.5.7. Катафатика плохого и плохая катафатика

Несказанность может быть создана окольными путями и безо всякого уточнения: концентрация на низменном, на плохом, чудовищно расписанном средствами человеческого языка, «катафатика ничто» и «*негативная катафатика*» [Hansen-Löve 1997: 188, выделено в ориг.] могут нести убежденность в том, что там должно быть нечто другое. Самый яркий пример — это барочный топик *vanitas vanitatum* («все суета»). При этом речь идет о риторике диалектической апострофы — об обращении к низменному, которое одновременно становится отторжением от него (в прямом смысле слова «ἀπο-στροφή»).

Тем же эффектом отторжения от дурного земного *путем* обращения к нему может обладать форма изображения, которая — на уровне знаков — представляется намеренно неумелой, плохой и/или избитой. Это та самая эстетика, которая характеризует прежде всего неопримитивизм рубежа веков и в ходе утверждения которой заново открыто было эстетическое качество православных икон (см. 4.6.7.3). И они казались особенно ценными в том случае, даже могли казаться святыми, если отличались ветхим состоянием и их художественная ценность была сомнительной (см. 4.6.7.2). Аналогичным образом опыт социального падения, как, например, бездомность, обездоленность и алкоголизм, выступают в качестве внушения катафатически плохого в обратном смысле, как сверхположительного (9).

### 3.5.7.1. Тезисы об апофатике в русском модерне

В конце XX века — причем именно в русистике — апофатика мыслится неотделимой от кенозиса. Наиболее причудливым образом фигуры апофатики с фигурами кенозиса в историческом авангарде соединяет Эпштейн в своем определении элементов религиозной репрезентации:

> Авангард — это юродствующее искусство, сознательно идущее на унижение, на уродование своего эстетического лика... смысл авангарда как религиозного отрицания искус-

## 3. Метонимия и метафора, или Воплощения кенозиса

ства средствами самого искусства. <...> *Самоуничижение искусства* — это акт религиозный, придающий самому искусству новые, парадоксальные, свойства антиискусства [Эпштейн 1989: 223, выделено в ориг.].

Эпштейн отчетливо возводит все это к кенозису Христа в качестве праформы антиэстетического скандала:

По сути, скандалом... было поведение Христа: тот, кто объявлял себя Сыном Божьим, явился в облике нищего странника и водил дружбу с мытарями, рыбаками, блудницами. Сам феномен юродства основан на этом изначальном парадоксе христианской религиозности, и искусство авангарда вновь возрождает во всей остроте кризисное переживание эстетических, моральных ценностей, которые отбрасываются перед Сверхценностью чего-то нелепого, немыслимого [там же].

Здесь отсутствует необходимое отграничение супрематистской апофатики от футуристико-виталистического снижения, которое сам Эпштейн намечает, но не формулирует: «Авангард тяготеет подчас и к отрицательным формам выражения: косноязычию, зауми, а в пределе — к молчанию, к освобождению от знаковости» [там же: 224][267]. Молчание и запинки — это ни в коем случае не одно и то же. Однако Эпштейн прекрасно видит, что радикальная апофатика представляет собой пограничную ценность, которая постоянно требует компромисса; полностью негативное обозначение не работает: «Образ стирает в себе черты образа. Бесплотное должно явить себя во плоти — распятой и уязвленной» [Эпштейн 1989: 225]. Логический разрыв между двумя фразами не случаен. В первой Эпштейн описывает, как рушится апофатическая репрезентация, во второй пунктирно обозначает, как удается кенотическая репрезентация, опирающаяся на несходство, на обезображивание.

---

[267] В своем «учебнике» «Слово и молчание» Эпштейн еще раз расширяет простирающийся через эпохи этот жест объятия, доводя его до состояния, когда апофатика возводится вообще в ранг основного жеста русской культуры [Эпштейн 2006: 519].

Однако последнее есть сфера не радикального иконоборческого исторического авангарда, а сфера концептуализма, которую Эпштейн квалифицирует слишком глобально как «направление современного авангарда» [Эпштейн 1989: 227], подводя его под мнимое понятие «всеобщего авангарда»[268]. Концептуалистская автоматизация чужих приемов [Эпштейн 1989: 228] и банализация вещей [там же: 230] осуществляет амбивалентный жест сохранения и преодоления [Эпштейн 1989: 233][269]; он базируется на воспроизведении и глумлении, на повторении под эгидой несходства. «Белый квадрат» Малевича, напротив, — есть тотальное отрицание, апофатическая сигнификация через не-сигнификацию (см. 4.6.7.3). Нужно более точное разграничение, чем то, которого достиг Эпштейн.

В отличие от Эпштейна Ханзена-Лёве и Голлер меньше интересует дефиниция эпох в духе апофатики и в большей степени — типология различных видов невоплощенного говорения. Оге А. Ханзен-Лёве ведет дискуссию по поводу возможности переноса понятийной пары «апофатический»/«катафатический» на различные подвиды поэтики модерна, авангарда и постмодерна [Hansen-Löve 1991; Hansen-Löve 1993; Hansen-Löve 1994; Hansen-Löve 1997; Hansen-Löve 2002]. При этом он подробно останавливается на основополагающей проблеме метафорического скачка, который поневоле вынужден лишать апофатику как предикат — ее объекта, теологии [Hansen-Löve 1991: 168; Hansen-Löve 1994: 313 прим. 11], чтобы, как в случае с Малевичем, достигнуть «чистой формы воздействия» [Hansen-Löve 2002: 162]. Голлер говорит о «секуляризированной версии сакральных языковых отношений» [Goller 2003: 67].

---

[268] Каким бы метким ни было разграничение различных ступеней авангардного искусства и каким бы продуктивным ни было его замыкание на теологические концепции обозначения, все равно импорт ересиологического балласта был бы здесь ошибочным. Это созвучно мнению Эпштейна, когда он, ссылаясь на Аверинцева, утверждает, что апофатика поначалу несла на себе родимое пятно ереси монофизитства [Эпштейн 1999б: 350 и сл.] и находилась в непростых отношениях с теологией репрезентации [там же: 353], к которой, собственно, относится и кенозис.

[269] См. об этом далее в главе о Сорокине 10.9.1.

Ханзен-Лёве различает не только разные типы катафатики (см. 3.5.7), но и отличает конвенциональную, негативно-теологическую апофатику, которая оперирует «пустой речью» [Hansen-Löve 1991: 168], от «радикальной *апофатики* или *иконоклазма*» [там же: 171, выделено в ориг.]. Голлер, со своей стороны, подхватывает в своей работе — кружащей вокруг умолкания [Goller 2003: 44], «сродного» с апофатикой — ссылку, уточненную Ханзеном-Лёве, на отрицание и сдвиг в усвоении апофатики Деррида, и описывает спектр того, что может считаться апофатическим, с помощью триады «постоянно отодвигающего, перевертывающего, искажающего движения» [Goller 2003: 43] — за которым скрываются временна́я, логико-контрадикторная и логико-контрарная концепции. В то время как темпорализация и апозиопетическая апофатика принадлежат другому регистру, контрарное отрицание («искажение») должно и дальше представлять интерес, ведь после удаления отрицания все же остается несоизмеримый остаток.

### 3.5.8. Кенотическая сигнификация между апофатикой и катафатикой

Несказанность, инсценированная с помощью апозиопезиса, если ей доводится что-либо высказывать о Христе, в той же мере недостаточна, как и грубое испытание скудного земного «рабского начала». Христианская догма воплощения требует вдвое больше — *одновременно* апофатики возвышенного *и* катафатики ничтожного[270].

Лютеровское представление о кенозисе как об обозначении «Deus absconditus» [скрытого Бога] по отношению к этой реабилитации несхожести еще слишком близко к изображению через абсолютно несходное, через контрадикторную противополож-

---

[270] В смысле поссибилизма Эпштейна также есть нечто третье между банальной катафатикой и радикальной апофатикой [Эпштейн 2001: 263 и сл.]. Впрочем, это третье — для целей данной работы — в меньшей степени следует усматривать в возможном, нежели в несходном.

ность: «Necesse est enim opus Dei abscondi et non intelligi tunc, quando fit. Non autem absconditur aliter quam *sub contraria specie* nostri conceptus seu cogitationis»²⁷¹. Однако выделение «contraria species» — это метод апофатики, тогда как кенозис представляет собой логически менее радикальное, контрарное отрицание²⁷². А изображается не через ¬А, а через В, которое в равной мере причастно как к А, так и к ¬А.

Тот же упрек можно отнести и к тезису Эпштейна о «бедной» репрезентации в том его виде, в каком он видит его реализацию в постсоветской «минимальной религии» [Epstein 1999a: 164]. «Минимальная религия», по мнению Эпштейна, не обязательно должна осуществляться полностью негативно и может оборачиваться просто пустыми местами [Epstein 1999b: 385]. Так или иначе, Эпштейн смешивает с «минимальным» и «бедным» апофатико-негативную и несхожую репрезентацию, определяя исторический авангард и концептуалистский постовангард в равной степени через апофатический жест анти-искусства [Эпштейн 1989]. Если форма сигнификации «обращается к Богу в *бедности Его проявления*» [Epstein 1999a: 165, выделено в ориг.], то привязка к кенозису напрашивается в качестве образного становления Божественного. «Бедность» явления может парадоксальным

---

[271] «Деяния Господа именно и должны по необходимости быть скрыты и не познаваемы, когда они свершаются. Но они скрыты не иначе как *исходя из обратной перспективы* нашей способности восприятия и нашего мышления» [Luther WA 56,376,31–377,1, выделено Д. У.]. Ср. также связь кенозиса и креста у Лёвениха, согласно которой лютеровская «theologia crucis [означает] косвенное познание Бога; deus absconditus — это Бог, сущности и деяния которого могут быть постижимы только sub contraria specie» [Loewenich 1954: 25].

[272] Попытку дифференциации различных видов отрицания в типологии божественных речей Псевдо-Дионисия Ареопагита предпринимает Земмельрот [Semmelroth 1950: 224] в своем переводе *De Divinis Nominibus* VII, 1 [PG 3,865B]: «...σύνηθές ἐστι τοῖς θεολόγοις, ἀντιπεπονθότως ἐπὶ Θεοῦ τὰ τῆς στερήσεως ἀποφάσκειν». Земмельрот: «...Святым Отцам-писателям свойственно совершать высказывания лишения (=контрадикторные обороты, негативная теология) о Боге в противоположном смысле (=через контрарное противоречие)» [Semmelroth 1950: 224].

## 3. Метонимия и метафора, или Воплощения кенозиса

образом действовать в таком случае как свидетельство величия Божия. В христологии апофатика тем самым подходит к своим границам:

> Поскольку апофатическое богословие все еще остается христианским богословием, оно не может отрицать положительное проявление Бога в образе Его Сына, посланного во плоти и крови для искупления грехов человеческих [Epstein 1999б: 353].

Таким образом, граница апофатики именуется кенозисом. Апофатическая сигнификация граничит с некоей кенотической формой изображения, которую еще предстоит описать[273].

Семантика сигнификации *per negationem* в каждом случае сама по себе парадоксальна; она образует — по словам Эпштейна — «апофатический парадокс познания Бога через отсутствие познания Его» [Epstein 1999б: 350]. Однако парадокс, порождающий негативную сигнификацию, — другой, чем христологические парадоксы. Если, например, Григорий Нисский прибегает к речи о тайне и «несказанном» («ἄφραστον» [PG 45,1164C]), то эти священные стенания замещают для него христологический парадокс, см. [Henry P. 1957: 82]. Таким образом, апофатика вступает здесь в конкуренцию с породнившимся с кенозисом парадоксом (ср. 9.7.9). В пользу конкурентных отношений кенозиса и апофатики говорят также монофизитские корни апофатики, поскольку монофизитство пытается снимать христологические парадоксы, делая главный акцент на божественной природе[274].

---

[273] При этом кенозис и апофатика далеко не всегда идут рука об руку (как показано в 9.7.9).

[274] См. 2.7.4.2. В этом отношении Эпштейн [Эпштейн 1999б: 350] ссылается на Аверинцева. Опираясь на функцию подтверждения правильности апофатика действует по аналогии с парадоксом: она перечеркивает земные компетенции — речь, познание, — чтобы противоходом воздвигнуть другое, высшее. Религия — это столь же (среди прочего) эффект установки на несказанность, сколько она стабилизируется и габитуализируется негативными практиками репрезентации.

Ни апофатическая, ни катафатическая, ни даже символическая речь Дионисия Ареопагита о не-воплощенном, сокровенном, потустороннем божественном не являются к христологии полностью применимыми; воплощение божественного Слова в образе раба не представляет собой ни позитивного наименования Божьего, ни умолкания и не понимается как просто символический «образ Господа». Поскольку кенотическая христология исходит из Слова и прогрессирует до «образа раба», ей еще, скорее всего, по пути с катафатикой в ее следовании дорогой дедуктивного познания[275], но не с позитивным именем Господа, а с несхожим образом Господним.

Кенотической сигнификации необходимо сделать еще один шаг вперед и выдержать несоизмеримость, которую хочет преодолеть определенная разновидность апофатики, — с помощью умолкания[276]. Намеренное применение несообразности (будь то в качестве катафатики плохого, или же плохой катафатики), является, таким образом, — и здесь нам Эпштейну есть что возразить [Epstein 1999b: 368] — не апофатической, а кенотической сигнификацией. Имеет смысл обозначить христологический кенозис и риторический тапейнозис с точки зрения теории литературы как наброски запрограммированно нечистого и косвенно-несходного, ср. [Onasch 1976: 195 и сл.], произнесения несказанного (несказанного, которое апофатика хочет сохранить в чистом виде, чего она может добиться только умолканием).

---

[275] Ср. [Theill-Wunder 1970: 162]. Семантическая связь, идущая от кенозиса к катафасису (нисхождение; см. [Hart 1989: 175]), является для этого, впрочем, скорее слабым, второстепенным аргументом.

[276] Эпштейн превращает разграничение между апофатикой и кенозисом в одном пункте даже во взаимоисключающие отношения: «Формулировки Псевдо-Дионисия... растворяют самое ядро [ядро позитивной религии, христианства], человечность Христа, его "сыновство", его существование во времени и обладание речью. Потенциально они граничат с атеизмом. <...> *Отрицание положительных атрибутов Бога, явившегося во плоти и продолжающего питать верующих своей плотью, уже является атеизмом*» [Эпштейн 1999б: 354 и сл., выделено в ориг.].

Тем самым кенозис находится в более близком родстве с «искажающей» (Голлер) апофатикой, нежели с апозиопетической. Знаменательно, что Дионисий Ареопагит сам заносит вопрос о кенозисе Христа — «πῶς ὁ ὑπερούσιος Ἰησοῦς ἀνθρωποφυϊκαῖς ἀληθείαις οὐσίωται»[277] — в список явлений катафатики[278]. Тем самым кенотическая сигнификация являет собой сначала катафатическую операцию, за которой в обязательном порядке последует апофатическая корректура. «Но эти черты [указывающие на Бога] всегда несут на себе отпечаток несходства символа и поэтому должны быть исправлены отрицанием» [Semmelroth 1950: 222 и сл.]. Это происходит с помощью того, что говорящий катафатико-кенотическим образом по-прежнему осознает несказанность как несоразмерность и выставляет эту несоизмеримость напоказ[279].

### 3.5.9. Via humiliationis

Такая саморефлексирующая несоразмерность находится, таким образом, между *via negationis* (через отрицание) негативной и *via affirmationis* (через утверждение) позитивной теологии; в то время как мышление, скажем, с помощью *analogia entis* (бытийная аналогия)[280] тяготеет к преодолению пропасти между земным

---

[277] «...почему пресущественный Иисус восуществляется естественными для человека истинами» [PG 3,1033A; рус. пер.: Дионисий 2002: 751].

[278] Ср. [Hochstaffl 1976: 133 и сл.]; о христологии Псевдо-Дионисия см. [Hausammann 2004: 111–117].

[279] С этим выводом эстетики несхожести из фигуры кенозиса не должны утверждаться никакие взаимно-однозначные отношения; хотя инкарнационная логика кенозиса генерирует несхожие отношения отображения или ведет к их обоснованию, тем не менее существуют также и эстетики несхожести, которые обходятся без кенозиса; но это — например, исламская эстетика несхожести — не является темой данной работы.

[280] Фигура *analogia entis* находится в конкурентных отношениях с христологическими парадоксами, которые как раз-таки подчеркивают пропасть между человеком и Богом, а связь между ними передает конкретизации реципиента парадоксов, или *communicatio idiomatum* [взаимное сообщение свойств], в то время как онтологическое представление аналогии — при всей полноте признания заключенного в ней несходства [Stertenbrink 1971: 79] — выдвигает сходство на передний план.

Внизу и божественным Наверху к возвышающимся сравнениям («ὑπεροχή» соотв. *via eminentiae* или *excellentiae*[281]), кенозис представляет собой сравнение, *влекущее вниз*. Скоплению «ὑπέρ» в речи о Боге [Semmelroth 1950: 217 и сл.] кенотический тип изображения противопоставляет массированное употребление предлога и префикса «ὑπό-» (ср., напр., 2.6.1.1 и 2.9.4.4). Божественное парадоксальным образом делается неуловимо-уловимым, путем снижения его статуса: *via degradationis* или *via humiliationis*. Отношения между земным означающим и божественным означаемым в таком случае могут быть задуманы как целенаправленно хромающая метафора или как бледный след (метонимия), как это предпочитает Левинас[282]. Однако альтернатива не является дизъюнктивной, потому что между метафорой и метонимией имеется *tertium* — несхожесть.

### 3.6. Эскиз эстетики несхожести

> ...Человеком было осознано и стало достоверностью единство божественной и человеческой природы, было осознано, что инобытие, или, как это еще называют, конечность, слабость, ветхость человеческой природы не является несовместимой с этим единством, подобно тому как в вечной идее инобытие не наносит никакого ущерба единству, каковое есть Бог.
>
> [Гегель 1975–1977, 2: 279]

Иисус Христос в строках апостола Павла в (Флп 2:6 и 7) описан в двух схожестях, которые исключают одна другую, однако эндоксализированы в качестве парадокса (см. 2.10.4): Христос должен быть сущностно подобен Богу Отцу (*A ~ B*), его человеческий

---

[281] См. Дионисий Ареопагит [PG 3,589BC и 646B] и Фома Аквинский [*S.th.* I q. 13 art. 1]; ср. [Semmelroth 1950: 222 и сл.].

[282] Впрочем, без кенотико-христологической увязки: «Бог, который ушел, не является прообразом, отображением которого был бы образ. Быть по образу Божьему не означает быть иконой Господа, но — находиться в его следе» [Lévinas 1963: 623].

облик — опять-таки подобен человеку (A ~ C), притом что человек и Бог Отец между собой принципиально несхожи (A ≠ C). Но если эти две схожести, приписываемые A, противоречат одна другой, то несхожесть поневоле должна занять свое место в самом Иисусе Христе, мыслимом как парадокс.

### 3.6.1. Вынужденная схожесть?

Но могут ли при такой несхожести между природами вообще существовать отношения отображения? Не связаны ли схожесть и образ между собою так тесно, что задача уз схожести подрывает референциальность образа? Намек на это содержится уже в этимологии греческих корней, точнее: в спектре значений встречающихся в патристике слов: «ὁμοιότη» — от «образ, слепок» до «подобие, схожесть» [Lampe 1961: 955] и «ὁμοίωμα», ср. (Флп 2:7), как «подобие, образ» [там же: 956]. Схожесть как *sine qua non* отношений изображенности отчетливо отстаивает Ириней Лионский, а именно со ссылкой на «imago» [образ] «Unigenitus» [Единородного], под которым Ириней в отличие от оппонирующих ему гностиков, говорящих о демиурге, понимает Воплотившегося:

> Non enim possibile est, cum sint utrique spiritualiter, neque plasmati neque compositi, in quibusdam quidem similitudinem servasse, in quibusdam vero depravasse imaginem similitudinis, quae in hoc sit emissa ut sit secundum similitudinem eius quae sursum est emissio. Quod si non est similis, Salvatoris erit incusatio, qui dissimilem emisit imaginem, quasi reprobabilis artifex. <...> Si igitur dissimilis est imago, malus est Artifex...[283]

---

[283] «Ибо невозможно, чтобы когда они оба [Единородный и Демиург] были произведены духовным образом, а не образованы или составлены, в одном удержалось подобие, а в другом утратился образ подобия, который для того и был произведен, чтобы быть сходным с образом горнего произведения. И если он не сходен, то вина падет на Спасителя, Который произвел, подобно негодному художнику, несхожий образ... Если же поэтому образ несходен, то плох художник...» [*Adv. haer.* II 7, 2; рус. пер. Н. И. Сагарды: Ириней 2008: 128 и сл.].

Постулат схожести действует, следовательно, и за пределами онтологической пропасти, каковой является пропасть между Богом и человеком:

> Typus enim et imago secundum materiam et secundum substantiam aliquotiens a veritate diversus est; secundum autem habitum et liniamentum debet servare similitudinem, et similiter ostendere per praesentia illa quae non sunt praesentia[284].

Бычков показывает, что — начиная с Иринея — постулат схожести остается основополагающим для дальнейшей византийской и русской концепции образа [Byčkov 2001: 106–117] — скажем, для Никифора Константинопольского [там же: 231–234], а также и для Зиновия Отенского [там же: 289 и сл.]. Исторические свидетельства допускают то, на чем делает акцент Диди-Юберман: «На первый взгляд, у несхожего скорее оттенок чего-то дьявольского» [Didi-Huberman 1990: 51].

Так что онтологическая пропасть — это латентная проблема, но поборники христологии *forma Dei* (см. 3.1.3) чувствовали себя тем самым, скорее, дополнительно побужденными аргументировать категориями образа. К тому же для христологической выразительной формы парадокса и в еще большей степени для *communicatio idiomatum* (общение свойств), в том виде, в каком ее основательно применяет новохалкидонская, а позднее также и лютеранская христология (см. 2.8.5), знание о несхожести свойств божественной и человеческой природы Христа является основополагающим; ведь вся привлекательность этой фигуры как раз и состоит в том, чтобы одной из этих природ приписать нечто ей не свойственное (как Богу — смертность), нечто такое, что не схоже с нею, исходя из внешнего «оформления» (как Богу — жалкий облик «раба», младенца или

---

[284] «Ибо образ и тип могут быть не сходны с истиною (ими знаменуемой) относительно материи и субстанции, но по форме и виду должны иметь сходство с нею и посредством настоящего представлять то, чего нет на виду...» [*Adv. haer.* II 23, 1; рус. пер. Н. И. Сагарды: Ириней 2008: 179].

же истязаемого распятого). Следовательно, эстетика схожести не обладает ни панхронией, ни всеобщей увязанностью с конкретной эпохой[285].

### 3.6.1.1. Неизбежно ли несхожее является комическим?

Если в духе *genus majestaticum* (см. 2.8.5.4) Хемница человеческой природе Христа приписывать свойства божественной природы (такие, как всесилие) — не порождает ли это неизбежным образом комический эффект, потому что в понимании классической теории комического речь может идти о случае снижающего комизма [Greiner 1992: 97 и сл.]? Не вторгаются ли комическое и карнавал в серьезный религиозный мир, от которого они отталкиваются с помощью механизма унижения? Не становится ли тем самым карнавал — всесильным? И не напоминает ли сведение божественного Слова к истечениям из бедра Иисуса после тычка копьем (см. 2.7.1.2) прорыва всего антропологического в карнавале вниз, до живота, половых органов и т. п.[286]? Почему все христианство в целом не производит впечатления пародии, как цитаты из габитусных моделей у Ивана Грозного (см. 5.4.1.4 и 5.5.3.4) или шутовские ритуалы Петра Первого[287]?

---

[285] Против панхронии нормы схожести говорит то, что, согласно труду Фуко «Слова и вещи» (*Les mots et les choses*), эпистема схожести действует начиная с эпохи Ренессанса [Foucault 1966: 81 и сл.], а против увязанности с конкретной эпохой — сформулированная у Лютера в его *communicationes idiomatum* «эстетика несхожести» (см. 2.10.2). А может быть, дело обстоит и ровно наоборот: христологическая эстетика несхожести функционирует в европейской религиозной истории стабильнее, чем эпистема схожести, и оказывается долговечнее, чем смена эстетических парадигм, как та, которую утверждает Лотман, говоря об «эстетике тождества» и «эстетике противопоставления» между средневековым искусством, фольклором и классицизмом, с одной стороны, и барокко, романтизмом и реализмом, с другой [Лотман 1968: 197].

[286] Ср., напр., [Бахтин 1972: 28 и сл.]; см. также 9.3.2.2. Возможно, эту контаминацию скорее следует расположить противоположным образом, поскольку и для Бахтина в карнавале возвышение = унижению, ср. [Lock 1991: 74 и сл.], а через принижение возвышенного оценивается низменное — что по структуре сродни обожению человека и его физической природы [Ugolnik 1984: 289]; [Lock 1991: 72].

[287] В особенности — учрежденное в начале его царствования питейное собрание «Всешутейший, всепьянейший и сумасброднейший собор».

Все дело прежде всего в дозировании и инструментализации потенциального комического эффекта. Как отчетливо показывает Анзельм Штайгер [Steiger 1996: 27], в увлечении Лютера *communicatio idiomatum* присутствует доля юмора (см. 2.10.2), которая в отношении Христа оказывается утверждающей, а не ниспровергающей. Онаш в своих книгах утверждает, что даже в русских православных иконах может содержаться нечто юмористическое (см. 4.6.3.1). Ответ на вопрос о вероятности комического и не-комического восприятия следует тем самым искать в прагматике: конечно, инкарнационное нисхождение Слова до «образа раба» может быть истолковано как комизм (так поступает Цельс; см. 2.7.2.5); из-за канонизации этой фигуры и ее усиления с помощью репрессивных мер, таких как наложение социального запрета через отлучение от Церкви или казнь после суда инквизиции, христианское ниспровержение — в отличие от представляемого как противоположный мир ниспровержения во время карнавала — в культурной истории христианства в подавляющем большинстве случаев рассматривалось не как комизм и разрушение, а как возможность спасения и как высшее (парадоксальное) утверждение божественного.

### 3.6.2. Тезис: необходимая несхожесть

> ...нет таких образов, которые во всем сходны с тем, что они представляют.
>
> [Descartes 1897–1913: VI 113]

Хотя в древней Церкви в качестве ереси рассматривалось как то, что воплощенный Христос несхож с человеком (докетизм), так и то, что он несхож со Словом Бога Отца[288], — осталось противоречие, что Иисус Христос должен быть подобен двум величинам, которые между собой очевидно несхожи: Богу и человеку. Между обоими санкционированными в православии подобиями существует несхожесть. Однако это качество до сих пор признавалось разве что на периферии.

---

[288] Поздних ариан называют аномеи (см. 2.7.2.1); в полемике продвигается термин «ἀνόμοιος» [неподобный] и производное «ἀνομοιητής» [Lampe 1961: 147 и сл.] в качестве синонима для обозначения (арианского) еретика.

Например, Леонид Успенский, скорее попутно, в конце вводного текста «Техника иконописи» к написанному и изданному совместно с Владимиром Лосским тому «Смысл иконы», подходит к определению кенотической связи между природами Христа как «кенотического неподобия»:

> Если Христос, последний Адам (1 Кор 15:45), являет собой Первообраз первого человека, то, с другой стороны, будучи Осуществителем домостроительства спасения, Он воспринимает подобие падшей человеческой природы, то, что является «неподобием», свойственным «образу раба» (ср.: Флп 2:7), «человеку в язве» (ср.: Ис 53:3). Так, в течение Своей земной жизни Христос, не переставая быть «подлинным образом», соединяет в Себе два аспекта: славного подобия Отца и *кенотического неподобия* — образ Божий и «рабий зрак» (ср.: Флп 2:6–7), причем для внешнего взгляда первый заслоняется вторым [Лосский/Успенский 2014: 117, выделено Д. У.].

То, что у Успенского подано догматически, должно стать плодотворным в культурной историографии, что касается вопросов подражания Христу и связи с Христом: *культурно-историческая успешность христианства содействует продвижению эстетики несхожести*.

### 3.6.3. Конъюнкция и дизъюнкция подобия и несхожести

Изображение внешней несхожести не должно с необходимостью становиться проблемой для богословской концептуализации — и как раз тогда, когда она 1) становится конвенцией[289] и 2) проводится различие между внешней несхожестью и внутренним подобием — которое необходимо разглядеть внутренним взором, — как это предусматривает определение аллегорического сочинения,

---

[289] Как и при восприятии несхожего как потенциально комического, при несхожих отношениях сигнификат и референт также являются вопросом конвенции: никакая репрезентация не должна в обязательном порядке опираться на подобие (как устанавливает Зутроп [Sutrop 1998: 46 и сл.]); конвенциализации отношений обозначения вполне достаточно [там же: 54].

принадлежащее Кольриджу: «...так что различие везде представляется глазу или воображению, в то время как сходство предлагается уму» [Coleridge 1936: 30]. За несхожим с Богом образом раба у Христа — согласно широкому христологическому консенсусу — должно стоять Богоподобное свойство безгрешности — вслед за Греймасом мы можем назвать его «конъюнкцией и дизъюнкцией» [Greimas 1966: 19] подобия и несхожести, в которой «различность и идентичность» должны неизбежно сходиться воедино, чтобы достигнуть репрезентации [Werber 2003: 279].

В догматико-исторической корректуре «ὅμοιος» («подобный») до «ὁμοούσιος» («единосущный»; см. 2.7.2.1) также заложено ограничение предположения о подобии для случаев одновременного подобия-несхожести. Даже иконопочитатели в споре об иконопочитании принимают во внимание при защите изображений только указание на то, что отсутствует, и по этой причине признают, что изображение достойно почитания, но не преклонения перед ним. Это разграничение стабилизирует онтологическую пропасть между Богом и человеком и выводимую из этого неравенства несхожесть исконного образа и его отображения.

### 3.6.4. От неоплатонического к мариологическому обоснованию несхожести

Важнейшая христианская теория несхожести зародилась в окружении апофатики Псевдо-Дионисия Ареопагита (см. 3.5.6); Господу, если судить с человеческой точки зрения, подобает «οὔτε ὁμοιότης ἢ ἀνομοιότης»[290]:

> Неподобным образам присуща [у Псевдо-Дионисия] семантико-символическая природа особого рода. Ее задача в том, чтобы, несмотря на подражание «низменным» предметам материального мира, в этой «недостойной» форме предоставить информацию, которая с этими предметами не имеет абсолютно ничего общего [Byčkov 2001: 165].

---

[290] «не подобие и не отличие» [PG 3,1048A; рус. пер.: Дионисий 2002: 759].

## 3. Метонимия и метафора, или Воплощения кенозиса | 347

Также Иоанн Дамаскин считает, что изображение через другое (см. 3.4.4.2) неизбежно должно вносить различие в отображение: «Εἰκὼν μὲν οὖν ἐστιν ὁμοίωμα χαρακτηρίζον τὸ πρωτότυπον μετὰ τοῦ καί τινα διαφορὰν ἔχειν πρὸς αὐτό· οὐ γὰρ κατὰ πάντα ἡ εἰκὼν ὁμοιοῦται πρὸς τὸ ἀρχέτυπον»[291]. Согласно изложению Зольдат, у Иоанна Дамаскина

> ...вещи, сделанные человеком, такие, как крест, реликвии и иконы... обладают предполагаемой связью между прообразом и отображением, то есть тем, что Псевдо-Дионисий Ареопагит обозначает как «неподобное подобие»... [Soldat 2001: 53].

Представляемая Дионисием Ареопагитом и — с меньшей программностью, но с большей каноничностью — Иоанном Дамаскином теория отношений несхожести прообраза и отображения питает русское имплицитное учение о прообразе и отображении [там же: 19 и 41], и обнаруживается, например, в эксплицитном цитировании в русском XVI веке, у старца Артемия [Byčkov 2001: 299].

Собственно, теорию неподобия, впервые со времен Дионисия, формулирует Диди-Юберман в своем труде «Фра Анджелико. Неподобие и изображение» (*Fra Angelico. Dissemblance et figuration*) [Didi-Huberman 1990: 10, 56 и 65]. Вопреки своему же индуктивному описанию определенных «пятен» на полотнах Фра Анджелико, которые «ни на что не похожи» [там же: 8], Диди-Юберман разворачивает в своей книге «главу микроистории» центрального — как и здесь — вопроса о том, «...как мистерия воплощения придала христианскому миру образов свою, уникальную форму...» [там же: 9]. «Основополагающая гипотеза этой книги говорит о том, что *неподобие* есть предпочтительное средство, чтобы сделать тело "таинственным"...» [там же: 10], поскольку оно

---

[291] «Итак, образ есть подобие, описывающее первообраз, с которым он имеет и некоторое различие, ибо не во всем образ подобен первообразу» [*Imag.* I 9; рус. пер.: Иоанн 1913: 351].

«анагогически» способно указывать на отдаленное возвышенное [там же: 14]. При этом Диди-Юберман играет различными связующими величинами «неподобного»: тем, что «не подобно» ничему известному [там же: 24], и тем, что не подобно чему-то определенному — как гостия — «телу Христову» [там же: 43]; последний случай относится к разряду того, что Диди-Юберман следом за Дионисием Ареопагитом считает «*неподобными подобиями*» [там же: 68, выделено в ориг.].

Если речь идет об этом определенном, Диди-Юберман всегда сразу уворачивается в сторону; ядро теории христианского неподобия, однако, следует искать именно в христологии. Сам Диди-Юберман дает дедуктивный ответ относительно того, откуда берутся такие анагогичные неподобия — от Богоматери: «Дева Мария есть та самая *causa materialis, материальная причина воплощения Слова*» [там же: 42, выделено в ориг.]. Христологические парадоксы, которые Диди-Юберман здесь наверняка видит [там же], переносятся на их метонимию — на Марию[292].

### 3.6.5. Кенотическое обоснование неподобия

То, для чего вообще используется Мария, а именно для придания «бессодержательному образу» Божественного образа — «образа раба», фактически заложено в аргументации Диди-Юбермана, но не доводится до окончательного уточнения [Didi-Huberman 1990: 56–63 и 117]: неподобие между природами Христа — вот о чем должна была изначально идти речь. Если однажды между этими двумя природами появляется вектор нисхождения (см. 2.6), то есть кенозис и воплощение, то, наоборот, анагогичный указатель ведет в направлении от неподобия изображения, «образа раба» и его вторичных проявлений — к Богу. То, чего остается достигнуть, — это, таким образом, возведение сигнификативной

---

[292] [Didi-Huberman 1990: 228–233]. Сколь метким оказывается прослеживание Диди-Юберманом индексикально-метонимических, «оставляющих след» репрезентаций, неподобие которых никак не сужает их указующего характера [там же: 43, 53 и сл.], столь же сильно сам он попадает в ловушку мариологического следа.

теории Псевдо-Дионисия Ареопагита к павлинианской христологии, разворот от Богоматери Марии — к самому Воплощенному. При этом необходимо еще большее мужество для неподобия, поскольку в отличие от доминиканца Фра Анджелико, который читал своего Фому Аквинского [там же: 124], относительно героев частей II и III, исследуемых далее в этой книге, не всегда предполагается высокий уровень христологической информированности. Границу с секулярным и осознанно не-христианским здесь придется преступить; при этом, бесспорно, неподобие усиливается и далее — но новым оно уже не окажется.

### 3.6.6. Христологическое опережение деконструкции

> Христианство характеризуется прежде всего своей деконструкцией. Оно всегда наготове и безусловно автодеконструктивно. <...> *Кенозис* означает, что Бог освобождается от Своей собственной божественности, чтобы войти в человека... Все теологические дискуссии об огромном объеме, которые привели к формулированию христологических постулатов, восходят к тому, что Бог, если уточнить, не просто вошел в человека и что столь же мало Бог становится человеком (в конце концов, нет такого превращения, когда человек становится Богом), а что божественное в человеке обретает параметры отнятия, лишения и даже смерти.
>
> [Nancy 2002: 78]

Сигнификация путем неподобия — это более чем ничто, в любом случае гораздо больше, чем замешательство человека перед онтологической пропастью, которая отделяет его от предполагаемого Божественного, и чем смирение перед несказанностью того, что должно находиться по ту сторону от имманентного. Кенотическая сигнификация отдает дань пропасти, инсценируя ее внутри себя, когда репрезентанты выставляют самих себя как несоизмеримых.

Активное применение неподобия, которое можно наблюдать в христологическом контексте, предвосхищает упрек в том, что производимые при этом фигуры и образы неуместны. Такое предвосхищение упрека в неуместности не спасает от деконструкции, но препятствует триумфальному жесту повторения деконструктивных истин (что все тем или иным образом является отсутствующим, отсроченным, запоздалым и неуместным). То, что кенотический репрезентант представляет собой «неверное прочтение» [Bloom 1975], заведомо предусмотрено эстетикой неподобия. Поэтому следует считывать как отсылку к разработанным кенотической христологией способам изображения также и то, когда в *Map of Misreading* Харольда Блума свое законное место получает и «кенозис», во всяком случае — как «пересмотр соотношения» среди прочих относящихся сюда тропов [Bloom 1995: 99]. Все, что выделяет деконструктивную неориторику, прежде всего — что касается понятия аллегории[293] — было предварительно сформировано кенотической сигнификацией, с присущим ей смирением, т. е. незаметно:

> В метафоре замена словесного обозначения на фигуративное порождает посредством синтеза собственное значение, которое может остаться имплицитным, поскольку выстраивается с помощью самой фигуры. А вот в случае с аллегорией... кажется, что автор утратил свое доверие к эффективности заменяющей силы, вызванной подобиями: он утверждает собственное значение, непосредственно или с помощью внутритекстового кода или некоей традиции, употребляя словесный знак, который не обнаруживает никакого подобия тому значению и, в свою очередь, передает значение, которое ему подходит, но которое не полностью покрывается исконным значением аллегории [Man 1979: 74].

Кенозис Христа запускает механизм несхожести. Поскольку тем самым уже принятая, первичная форма представления (Воплощенный) несходна с тем, что она должна материализовать (Божественное), всякая дальнейшая репрезентация подвержена

---

[293] Дальнейшее углубление в проблематику аллегории, в отличие аллегории от символа и т. п., ср. [Haverkamp/Menke 2000], — каким бы благодатным ни было сопоставительное рассмотрение кенозиса и аллегории — разрушило бы рамки этого исследования.

несхожести. Так, всякая речь о кенозисе Христа является неисконным, неуместным тропом: «...Христианский язык и христианская риторика будут по самой своей сути фигуральными» [Cameron 1991: 159]. Эта неизбежная фигуральность и несхожесть ни в коей мере не отнимают у христианской риторики ее взрывную силу. Ибо неподобная, кенотическая речь о Божественном и о его кенозисе предваряет упрек в этом неподобии, преображает мучение неподобия парадоксальным образом в его же удостоверение.

### 3.7. Продуктивность неподобия

> С психологической точки зрения *кенозис* не является возвратом к каким-либо истокам, он представляет собой чувство, что разъединение с истоками неизбежно, все вновь и вновь, будет повторяться.
> 
> *[Bloom 1975: 99, выделено в ориг.]*

Но что это означает для культурной истории христианства и ее описания, когда в ее (теологически предполагаемом) начале стоит неподобие? Это не может означать ничего иного, кроме того, что далее продолжается однажды приведенное в движение «расподобление» (*Entähnlichung*) и «операция неподобия» [Lachmann 2002: 113] (ср. 1.4.6). И что должно быть продуктивнее, нежели неподобие — стоит хотя бы однажды установить связь между тем, как мало есть подобий прообразу А (А1, А2) и как много неподобий (B, C, D... *ad infinitum*; см. схему в 1.4.7): «...эта традиция необъятна» [Didi-Huberman 1990: 56]. Прогрессивное «расподобление» могло бы рассматриваться прямо-таки как один из немногих принципов культурной истории, которого не могут умалять никакие *translationes*, переводы, смены канала коммуникации[294], смены гендера, суперстраты и всяческие другие аспекты

---

[294] Ср. предлагаемую Гюнтером Бадером фигуру сигнификации *через* интермедиальное «расподобление», когда он говорит о «сигнификативном усилии музыки через ее несходство с языком» [Bader 1996: 239].

влияния, перемен, трансформации и транспозиции[295]. В то время как в историографии, которая базируется на репликации и сохранении, «расподобление» представляется повсеместной проблемой доказательства существования традиции, — для истории культуры, которая отталкивается от кенозиса (то есть — от пра-неподобия), это — козырь: изменение оказывается доказательством преемственности; изменение происходит в традиции, и традиция обязана изменению своим появлением.

Также и по поводу упрощающей теории выживания религиозных форм можно тем самым установить следующее: религия воплощения, делающая установку на неподобие, такая, как христианство, обладает потенциалом устойчивости не только благодаря своим консервативным аспектам и посредством техник репликации, но и в параллель к этому — также и благодаря своим инновациям. Путем кенозиса христианство преодолевает еще и свойственный кенозису кризис репрезентации и вживляет себе кризис репрезентации как добродетель учения о Боге путем неподобия как такового.

### 3.7.1. Джокер по имени Неподобие

> ...неподобие, омрачая внешний вид и более не допуская однозначных изображений, *открыло* игре ассоциаций свободную дорогу к *образу*: тем самым он сделался привилегированным местом всех экзегетических сетей, всех сдвигов фигуры.
>
> [Didi-Huberman 1990: 14, выделено в ориг.]

В равной мере, насколько неподобие продуктивно с культурно-исторической точки зрения, настолько же оно представляет искушение на методическом уровне — ведь оно почти безгранично

---

[295] Расхожие модели нестабильности посредством вербальности или культурного посредничества (такие, как *mouvance* («подвижность») Цумтора [Zumthor 1983: 252] или диагноз А. Ассман и Й. Ассмана относительно «господствующей повсюду тенденции забвения или покрытия пылью», который представляется им «закономерностью для явлений культуры» [Assmann/Assmann 1987: 8]), затмеваются такой автодинамикой неподобия.

## 3. Метонимия и метафора, или Воплощения кенозиса

применимо как джокер; если что-то с чем-то совсем не соотносится, связь возможна по крайней мере с помощью предиката «неподобие». Там, где неподобие само по себе возводится до стратегии указания, практически все неподобное (а этого, как известно, необозримо много) может стать знаком. Для культурно-исторической работы из этого следует опасность того, что эта историческая джокерная структура будет не только воспроизведена, но и сделается собственным универсальным джокером.

### 3.7.2. Переменчивая tertia

Таким образом — в духе «дизъюнкции и конъюнкции» Греймаса всегда требуется также комплементарное подобие в неподобии, чтобы трансформационная ступень B, C или D коррелировала еще и с прообразом (здесь: (Флп 2:5–11))[296]. Контекст, сосредоточенный на христианской теме, в котором культурная память попадает в брешь между референтом и его неподобными знаками и примысливает отношения отображения, как указывает на это Диди-Юберман [Didi-Huberman 1990: 7], сам по себе не может быть достаточным. То, что для культурной историографии, собственно говоря, обладает важностью, так это комбинация частичного *tertium*, которое гарантирует подобие, с отличиями, и делающими его проблематичным. Как и в самом кенозисе, в его культурной истории речь идет о *неподобии в подобии*.

Если же и деконструктивная эпистема расположена в большей мере к неподобию, и в меньшей — к подобию, сколько тогда необходимо *tertium* в культурной историографии? Поддается ли это подсчету? И может ли это быть единым *tertium* (как появление имени Христа или критерий исключения, например, позиция жертвы (см. 5.5), добровольность (см. 1.1.3) или парадоксальность (см. 2.)). Для описания намеренно подобных связей с Христом

---

[296] Диди-Юберман не останавливается на этой проблеме в своей теории неподобия, впрочем, устанавливает *tertia* как «красную стигму», чтобы дать понять, что у Фра Анджелико рассыпанные всюду красные цветы напоминают о «ране Христовой» [Didi-Huberman 1995: 28].

в догматической истории кенозиса в любом случае должно произойти ответное, зачастую не менее намеренное отображение *неподобных поэтик кенозиса*. Ибо с расширением кенозиса за пределы христологических догм происходит ровно то, что с отвращением отвергал Ириней (см. 3.6.1): частичное подобие при частичном неподобии. Так, сосредоточенная на кенозисе культурная историография может функционировать только как сеть меняющихся *tertia comparationis*, как ее сетеподобное сплетение (см. 1.4.7).

Хотя бы один узелок среди сплетений этой сети должна ухватить предпринятая здесь попытка прочтения подобно-неподобных отношений в аспекте кенозиса Христа в истории русской культуры и литературы. Обладает ли кенотический узор русской культурной истории и, возможно, истории христианства вообще, такой отчетливостью, что эта интер-«текст»-уальная отсылка не нуждается ни в каком референциальном сигнале? Является ли сеть связей с Христом внутри русской истории трансформаций столь плотной вязкой, что отдельные доказательства и не нужны?

# Библиография

Абрамович 1916 — Абрамович Д. И. (ред.). Жития святых мучеников Бориса и Глеба и службы им. Петроград: Изд-во Отд. Русскаго Языка и Словесности Импер. Академии наук, 1916.

Августин 2005 — Августин А. Бл. Исповедь: пер. с лат. М.: Даръ, 2005.

Августин 2006 — Августин Бл. Христианская наука, или Основания Священной Герменевтики и Церковного Красноречия: пер. с лат. СПб.: Библиополис, 2006.

Аверинцев 1994 — Аверинцев С. С. Христианская мифология. Мифы народов мира. Т. 1 / под ред. С. А. Токарева. М.: Советская энциклопедия, 1994. С. 598–604.

Аверинцев 2001 — Аверинцев С. С. София-Логос. Словарь. Киев: Дух и Литера, 2001.

Антоний 1963 — Антоний (Храповицкий). Нравственные идеи важнейших христианских православных догматов. Нью-Йорк: Издание Северо-Американской и Канадской Епархии, 1963.

Бахтин 1972 — Бахтин М. М. Проблемы поэтики Достоевского. 3-е изд. М.: Художественная литература, 1972.

Бахтин 1975 — Бахтин М. М. Вопросы литературы и эстетики. Исследования разных лет. М.: Художественная литература, 1975.

Бахтин 1979 — Бахтин М. М. Эстетика словесного творчества. М.: Искусство, 1979.

Бонецкая 2001 — Бонецкая Н. К. Царь-мученик. М.: Изд-во Сретенского монастыря, 2001.

Бугославский 2007 — Бугославский С. А. Текстология Древней Руси. Т. 2. Древнерусские литературные произведения о Борисе и Глебе. М.: Языки Славянских Культур, 2007.

Буйда 1997 — Буйда Ю. В. Борис и Глеб. Роман // Знамя. 1997. № 1. С. 8–49; № 2. С. 106–157.

Булгаков 1933 — Булгаков С. Н., прот. Агнец Божий. Париж: YMCA-Press, 1933.

Булгаков 1999 — Булгаков С. Н., прот. Икона и иконопочитание: Догматический очерк // Философия имени. Икона и иконопочитание. М.: Искусство, 1999. С. 243–310.

Виноградов/Воропаев 1998 — Виноградов И. А., Воропаев В. А. Карандашные пометы и записи Н. В Гоголя в славянской Библии 1820 года издания // Евангельский текст в русской литературе XVIII–XX веков. Цитата, реминисценция, мотив, сюжет, жанр. Вып. 2 / под ред. В. Н. Захарова. Петрозаводск: Изд-во Петрозаводского университета, 1998. С. 234–253.

Гегель 1975–1977 — Гегель Г. В. Ф. Философия религии: в 2 т. Т. 1: пер. с нем. М. И. Левиной. Т. 2: пер. с нем. П. П. Гайденко. М.: Мысль, 1975–1977.

Герберштейн 1988 — Герберштейн С. Записки о Московии: пер. с нем. А. И. Малеина и А. В. Назаренко. М.: Изд-во МГУ, 1988.

Гильтебрандт 1989 — Гильтебрандт П. А. Справочный и объяснительный словарь к Новому Завету: в 6 т. Мюнхен: Sagner, 1989.

Горелов 1997 — Оптина пустынь. Русская православная духовность / сост. и послесл. А. Горелова. М.: Канон+, 1997.

Горичева 1994 — Горичева Т. О кенозисе русской культуры // Христианство и русская литература. Т. 1. СПб.: Наука, 1994. С. 50–88.

Горський 2003 — Горський В.С. та ін. Образ Христа в українській культурі. 2-е вид. Київ: КМ Академія, 2003.

Григорий 1912 — Григорий (Богослов). Творения. Т. 2. СПб.: Изд-во П. П. Сойкина, 1912.

Гройс 2006 — Гройс Б. Под подозрением. Феноменология медиа: пер. с нем. А. Фоменко. М.: Художественный журнал, 2006.

Губанов 2004 — Святой царь Николай II и новые мученики российские. Пророчества, чудеса, открытия и молитвы: документы / под. ред. В. Губанова. М.: Ставрос, 2004.

Делёз 1998 — Делёз Ж. Различие и повторение. СПб.: Петрополис, 1998.

Деррида 1993 — Философия и литература. Беседа с Жаком Деррида (Москва, февраль 1990 г.) // Жак Деррида в Москве: деконструкция путешествия: пер. с фр. и англ., предисл. М. К. Рыклина. М.: РИК «Культура», 1993. С. 151–186.

Деяние 2000 — Деяние Освященного Юбилейного Архиерейского собора Русской Православной Церкви о соборном прославлении новомучеников и исповедников Российских XX века // Журнал Московской Патриархии. 2000. № 9. С. 56–71.

Деяния 1908а — Деяния Вселенских соборов, изданные в русском переводе. Т. 3. Казань: Центральная типография, 1908.

Деяния 1908б — Деяния Вселенских соборов, изданные в русском переводе. Т. 4. Казань: Центральная типография, 1908.

Деяния 1908в — Деяния Вселенских соборов, изданные в русском переводе. Т. 6. 3-е изд. Казань: Центральная типография, 1908.

Деяния 1909 — Деяния Вселенских соборов, изданные в русском переводе. Т. 7. 3-е изд. Казань: Центральная типография, 1909

Деяния 1910 — Деяния Вселенских соборов, изданные в русском переводе. Т. 1. 3-е изд. Казань: Центральная типография, 1910.

Деяния 1913 — Деяния Вселенских соборов, изданные в русском переводе. Т. 5. 4-е изд. Казань: Центральная типография, 1913.

Дионисий 2002 — Дионисий Ареопагит. Сочинения: пер с греч. Г. М. Прохорова. СПб.: Алетейя, 2002.

Докинз 2013 — Докинз Р. Эгоистичный ген: пер. с англ. Н. О. Фоминой. М.: Corpus (АСТ), 2013.

Достоевский 1956–1958 — Достоевский Ф. М. Собрание сочинений: в 10 т. М.: Художественная литература, 1956–1958.

Дунаев 2001–2003 — Дунаев М. М. Православие и русская литература: в 6 ч. 2-е изд. М.: Христианская литература, 2001–2003.

Евангельская история 2008 — Евангельская история. М.: Сподвижник, 2008.

Евсевий 2013 — Евсевий (Кесарийский). Церковная история: пер. с лат. СПб.: Изд-во Олега Абышко, 2013.

Ефрем Сирин 1907 — Ефрем Сирин. Творения: в 8 т. Сергиев Посад: Типография Св.-Тр. Сергиевой лавры, 1907.

Зассе 2012 — Зассе С. Яд в ухо. Исповедь и признание в русской литературе. Москва: РГГУ, 2012.

Иванов 1989 — Иванов В. И. Эллинская религия страдающего бога // Эсхил: Трагедии. М.: Наука, 1989. С. 307–350.

Игнатий 2017 — Игнатий (Лойола). Духовные упражнения. URL: http://рускатолик.рф/duhovnyie-uprazhneniya-loyolyi/ (дата обращения: 14.05.2021).

Иоанн 1902 — Иоанн (Златоуст). Творения: пер. с. греч. Т. 8. Кн. 1. СПб.: Изд-во С.-Петербургской духовной академии, 1902.

Иоанн 1913 — Иоанн (Дамаскин). Полное собрание творений. Т. 1: пер. с. греч. А. А. Брознова и др. СПб.: Изд-во Императорской С.-Петербургской духовной академии, 1913.

Ириней 2008 — Ириней (Лионский). Против ересей. Доказательство апостольской проповеди: пер. с лат. В. П. Преображенского и Н. И. Сагарды. СПб.: Изд-во Олега Абышко, 2008.

Канонизация 1999 — Канонизация святых в XX веке. М.: Изд-во Сретенского монастыря, 1999.

Карташев 1996 — Карташев А. В. Церковь, история, Россия. Статья и выступления. М.: Пробел, 1996.

Квинтилиан 1834 — Квинтилиан М. Ф. Риторические наставления. Ч. 1: пер. с лат. А. С. Никольского. СПб.: Императорская Российская академия, 1834. URL: http://ancientrome.ru/antlitr/quintilianus/index.htm (дата обращения: 01.08.2021).

Книга 2010 — Книга согласия. Вероисповедание и учение лютеранской церкви. Изд. электр., испр: пер. с нем. К. Комарова. Macomb (MI): Lutheran Heritage Foundation, 2010.

Куссе 2000 — Куссе Х. Парадоксы оправдания в религиозном дискурсе // Языки этики / Под ред. Н.Д. Арутюновой и др. М.: Языки Русской Культуры, 2000. С. 271–280.

Лахманн 2001 — Лахманн Р. Демонтаж красноречия: пер. с нем. Е. Аккерман. СПб.: Академический проект, 2001.

Лихачев 1967 — Лихачев Д. С. Поэтика древнерусской литературы. Л.: Наука, 1967.

Лидов 2006 — Реликвии в Византии и Древней Руси. Письменные источники / ред.-сост. А. М. Лидов. М.: Прогресс-Традиция, 2006.

Лосский 1989 — Лосский В. Н. Очерк мистического богословия Восточной Церкви. Догматическое богословие. М.: Центр СЭИ, 1989.

Лосский/Успенский 2014 — Лосский В. Н., Успенский Л. А. Смысл икон: пер. с фр. В. А. Рещиковой, Л. А. Успенской. М.: Эксмо; Православный Свято-Тихоновский гуманитарный университет, 2014.

Лотман 1968 — Лотман Ю. М. Лекции по структуральной поэтике. Введение, теория стиха. Providence (RI): Brown University Press, 1968.

Лютер 1996 — Лютер М. 95 тезисов. Диспут о прояснении действенности индульгенции: пер. с лат. А. И. Рубана / под ред. Ю. А. Голубца. СПб.: Герменевт, 1996. URL: http://krotov.info/library/12_1/l/ut/er_03.html (дата обращения: 01.08.2021).

Макарий 1895 — Макарий (Булгаков). Православно-догматическое богословие: в 2 т. 5-е изд. СПб.: Голике, 1895.

Маклюэн 2003 — Маклюэн М. Понимание медиа. Внешние расширения человека: пер. с англ. В. Г. Николаева. М.; Жуковский: Канон-пресс-Ц, Кучково поле, 2003.

Мацейна 1999 — Мацейна А. Великий инквизитор: пер. с лит. Т. Ф. Корнеевой-Мацейнене. СПб.: Алетейя, 1999.

Мацейна 2002 — Мацейна А. Агнец Божий: пер. с лит. Т. Ф. Корнеевой-Мацейнене. СПб.: Алетейя, 2002.

Мефодий 1996 — Мефодий св. Творения: пер. с греч. Е. И. Ловягина. М.: Православный паломник, 1996.

Милютенко 2006 — Милютенко Н. И. Святые князя-мученики Борис и Глеб. СПб.: Изд-во Олега Абышко, 2006.

Муранова 1995 — Муранова О. С. Как воспитывали русского дворянина. М.: Линка-Пресс, 1995.

Надсон 2001 — Надсон С. Я. Полное собрание стихотворений. 2-е изд. СПб.: Академический проект, 2001.

Ненароков 2001 — Ненароков Н. (ред.). Преподобные Старцы Оптинские. Жития и наставления. 2-е изд. Козельск: Свято-Введенская Оптина Пустынь, 2001.

Николай б. г. — Николай Кузанский. О неином: пер. с лат. А. Лосева. URL: https://royallib.com/book/kuzanskiy_nikolay/o_neinom.html (дата обращения: 01.08.2021).

Определение 2000 — Определение Освященного Архиерейского собора Русской Православной Церкви по докладу Синодальной комиссии по канонизации святых. URL: http://www.russian-orthodox-church.org.ru/s2000r05.htm (дата обращения: 16.08.2000).

Ориген 1897 — Ориген. О молитве и Увещания к мученичеству: пер. с греч. с примеч. Н. Корсунского. 2-е изд. СПб.: Тузов, 1897.

Ориген 1899 — Ориген. Творения. Вып. 1. О началах: пер. с. лат. Руфина. Казань: Типо-литография Императорского университета, 1899.

Памятники 1927 — Памятники истории старообрядчества XVII в. Кн. I. Вып. 1. Л.: Изд-во Акад. Наук СССР, 1927.

Панченко 1984 — Панченко А. М. Смех как зрелище // Д. С. Лихачев, А. М. Панченко, Н. В. Понырко. Смех в Древней Руси. Л.: Наука, 1984. С. 72–153.

Паперно 1992 — Паперно И. Пушкин в жизни человека Серебряного века // Cultural Mythologies of Russian Modernism: From the Golden Age to the Silver Age / Ed. by Boris Gasparov, Robert P. Hughes, and Irina Paperno. Berkeley (CA) — Oxford: Univ. of California Press, 1992. P. 19–51.

Паперно 1996 — Паперно И. Семиотика поведения. Николай Чернышевский — человек эпохи реализма: пер. с англ. Т. Я. Казавчинской. М.: Новое литературное обозрение, 1996.

Паперно 1999 — Паперно И. Самоубийство как культурный институт. М.: Новое литературное обозрение, 1999.

Паскаль 1994 — Паскаль Б. Мысли: пер. с фр. О. Хомы: М.: REFL-book, 1994.

Петр б. г. — Петр Александрийский. Канонические правила Православной Церкви с толкованиями. URL: https://azbyka.ru/otechnik/Petr_Aleksandrijskij/pravila-i-sobory-pravoslavnoj-cerkvi-pravila-svjatogo-petra-aleksandrijskogo/ (дата обращения: 01.08.2021).

Пирс 2000 — Пирс Ч. С. Пролегомены к апологии прагматизма. Т. 2 // Начала прагматизма: пер. с англ. В. В. Кирющенко, М. В. Колопотина. СПб.: Алетейя, 2000.

Писания 2008 — Писания мужей апостольских. М.: Издательский Совет Русской Православной Церкви, 2008.

Портянников 2001 — Портянников В. А. Немецко-русский и русско-немецкий словарь христианской лексики. Нижний Новгород: Изд-во Братства Св. Александра Невского, 2001.

Пропп 1998 — Пропп В. Я. Собрание трудов. Морфология сказки. Исторические корни волшебной сказки. М.: Лабиринт, 1998.

Прославление 2000 — Прославление святых на Юбилейном Архиерейском соборе. URL: http://www.russian-orthodox-church.org.ru/s2000 r07.htm (дата обращения: 16.08.2000).

Пушкин 1937–1959 — Пушкин А. С. Полное собрание сочинений. М.; Л.: Изд-во Акад. наук СССР, 1937–1959.

Розыск 1858 — Розыск или список о богохульных строках и о сумнении святых икон Диака Ивана Михайлова сына Висковатаго, в лето 7062 / под ред. О. М. Бодянского // Чтения в Имп. обществе истории и древностей Российских при Московском университете. Кн. 2. Материалы славянские. Отд. III. М.: Университетская типография, 1858. С. 1–42.

Руди 2003 — Руди Т. Imitatio Christi // Die Welt der Slaven. Bd. 48. № 1. S. 123–134.

Седакова 2008 — Седакова О. А. Словарь трудных слов из богослужения. Церковнославянско-русские паронимы. М.: Греко-латинский кабинет Ю. А. Шичалина, 2008.

Смирнов 1987 — Смирнов И. П. Scriptum sub specie sovietica // Russian Language Journal. 1987. № 41 (138/139). С. 115–138.

Смирнов 1994а — Смирнов И. П. Психодиахронологика. Психоистория русской литературы от романтизма до наших дней. М.: Новое литературное обозрение, 1994.

Смирнов 1996 — Смирнов И. П. Die Misswiedergeburt des Autors nach seinem postmodernen Tod // Канун. 1992. № 2. С. 405–416.

Смолич 1999 — Смолич И. К. Русское монашество. 988–1917. Жизнь и учение старцев. М.: Православная энциклопедия, 1999.

Тертуллиан 1994 — Тертуллиан К. С. Ф. Избранные сочинения: пер. с лат. А. А. Столярова. М.: Прогресс, Культура, 1994.

Тихонравов 1863 — Тихонравов Н. С. Памятники отреченной русской литературы: в 2 т. СПб.: Общественная польза, 1863.

Толстой 1928–1964 — Толстой Л. Н. Полное собрание сочинений. М.: Художественная литература, 1928–1964.

Успенский 1994 — Успенский Б. А. Мифологический аспект русской экспрессивной фразеологии // Избранные труды. Т. 2. Язык и культура. М.: Гнозис, 1994. С. 53–128.

Успенский 2000 — Успенский Б. А. Борис и Глеб. Восприятие истории в Древней Руси. М.: Языки русской культуры, 2000.

Успенский 2004 — Успенский Б. А. Крестное знамение и сакральное пространство. М.: Языки русской культуры, 2004.

Уффельманн 2004 — Уффельманн Д. Изображение христологии и христология изображения. Крест и хиазм у Ремизова // Die Welt der Slaven. 2004. Jg. 49. № 2. S. 211–228.

Уффельманн 2005 — Уффельманн Д. «Одну норму за себя, одну — за Павку!». Литература и литературная критика эпохи соцреализма как инструмент социального контроля: пер. с нем. Е. Уффельманн // Советская власть и медиа: Сборник статей / под ред. Х. Гюнтера и С. Хэнсген. СПб.: Акад. проект, 2005. С. 262–280.

Федотов 1992 — Федотов Г. П. Судьба и грехи России. Избранные статьи по философии русской истории и культуры. Т. 2. СПб.: София, 1992.

Федотов 1996–2013 — Федотов Г. П. Собрание сочинений: в 12 т. М.: Мартис, 1996–2013.

Фейербах 1965 — Фейербах Л. Сущность христианства. М.: Мысль, 1965.

Феодорит 2003 — Феодорит (Кирский). Творения: пер. с греч. М.: Паломникъ, 2003.

Феофан Затворник/Рудинский 2002 — Феофан Затворник, Рудинский Н. С. Толкование Посланий св. Апостола Павла. М.: Русский хронографъ, 2002.

Филарет 2000 — Жития святых, чтимых Православной Церковью: в 6 т. / Сост. свят. Филарет, архиепископ Черниговский. — Изд. Сретенского монастыря, 2000. М.: Изд-во Сретенского монастыря, 2000.

Филарет 2002 — Филарет (Дроздов). Православный Катехизис. М.: Изд-во Сретенского монастыря, 2002.

Флоренский 1914 — Флоренский П. А. Столп и утверждение истины. Опыт феодицеи в двенадцати письмах. М.: Путь, 1914.

Флоренский 1967 — Флоренский П. А. Обратная перспектива // Труды по знаковым системам. 1967. № 3. С. 381–416.

Фома 2007 — Фома (Кемпийский). О подражании Христу: пер. с. лат. К. П. Победоносцева. Одесса: Философско-эзотерическая школа, 2007.

Франк 1964 — Франк С. Л. С нами Бог. Три размышления. Париж: YMCA-Press, 1964.

Ханзен-Лёве 2001 — Ханзен-Лёве О. А. Русский формализм. М.: Языки русской культуры, 2001.

Хорошев 1986 — Хорошев А. С. Политическая история русской канонизации (XI–XVI вв.). М.: Изд-во Московского университета, 1986.

Цветаева 1994–1995 — Цветаева М. Собрание сочинений: в 7 т. М.: Эллис Лак, 1994–1995.

Чулаки 2004 — Чулаки М. М. БорисоГлеб. Повести. СПб.: Продолжение жизни, 2004.

Шаламов 2004 — Шаламов В. Т. Колымские рассказы. Екатеринбург: У-Фактория, 2004.

Шалина 2005 — Шалина И. А. Реликвии в восточнохристианской иконографии. М.: Индрик, 2005.

Шкловский 1969 — Шкловский В. Б. Искусство как прием // Russischer Formalismus. Texte zur allgemeinen Literaturtheorie und zur Theorie der Prosa / Hg. v. Jurij Striedter. München: Fink, 1969. P. 2–34.

Шульц 1998 — Шульц О. фон. Русский Христос // Евангельский текст в русской литературе XVIII–XX веков. Цитата, реминисценция, мотив, сюжет, жанр. Вып. 2 / под ред. В. Н. Захарова. Петрозаводск: Изд-во Петрозаводского университета, 1998. С. 31–41.

Эйхенбаум 1969а — Эйхенбаум Б. Как сделана «Шинель» Гоголя // Russischer Formalismus. Texte zur allgemeinen Literaturtheorie und zur Theorie der Prosa / Hg. v. Jurij Striedter. München: Fink, 1969. P. 122–158.

Эпштейн 1989 — Эпштейн М. Н. Искусство авангарда и религиозное сознание // Новый мир. 1989. № 12. С. 222–235.

Эпштейн 2001 — Эпштейн М. Н. Философия возможного. СПб.: Алетейя, 2001.

Эпштейн 2006 — Эпштейн М. Н. Слово и молчание. Метафизика русской литературы. Учебное пособие для вузов. М.: Высшая школа, 2006.

Ювеналий 2000 — Ювеналий (Поярков). Доклад Митрополита Крутицкого и Коломенского Ювеналия, председателя Синодальной

Комиссии по канонизации святых, на Архиерейском Юбилейном соборе. 2000. URL: http://www.russian-orthodox-church.org.ru/s2000r05.htm (дата обращения: 16.08.2000).

Abe 1995 — Abe M. Divine Emptiness and Historical Fullness: A Buddhist-Jewish-Christian Conversation with Masao Abe // Ed. Ch. Ives. Valley Forge (PA): Trinity Press International, 1995.

Abermann 2003 — Abermann G. Trope // Dictionnaire International des Termes Littéraires. URL: http://www.ditl.info/art/definition.php?term=4480 (дата обращения: 24.06.2004).

Agamben 1995 — Agamben G. Homo sacer. Il potere sovrano e la nuda vita. Torino: Einaudi, 1995.

Ahrens 1969 — Ahrens T. Die ökumenische Diskussion kosmischer Christologie seit 1961. Darstellung und Kritik. Dissertation Universität Hamburg, 1969.

Allen 1994 — Allen P. Monophysitismus // Theologische Realenzyklopädie / Hg. G. Müller et al. Bd. 23. Berlin; New York: de Gruyter, 1994. S. 219–233.

Altizer 1966 — Altizer T. J. J. The Gospel of Christian Atheism. Philadelphia (PA): The Westminster Press, 1966.

Altizer/Hamilton 1966 — Altizer T. J. J., Hamilton W. Radical Theology and the Death of God. Indianapolis (IN) et al.: Bobbs-Merrill Comp., 1966.

Anderson 1999 — Anderson R. D. Jr. Ancient Rhetorical Theory and Paul. Leuven: Peeters, 1999.

Arno von Reichersberg 1888 — Arno von Reichersberg. Apologeticus contra Folmarum / Ed. C. Weichert. Lipsiae: Wolf, 1888.

Assmann A. 1993 — Assmann A. Exkarnation. Gedanken zur Grenze zwischen Körper und Schrift // Raum und Verfahren. Interventionen / Hg. J. Huber u. A. M. Müller. Basel; Frankfurt a. M.: Stroemfeld; Roter Stern, 1993. S. 133–155.

Assmann J. 2001 — Assmann J. Moses der Ägypter. Entzifferung einer Gedächtnisspur. München: Hanser 2001.

Assmann/Assmann 1987 — Assmann A., Assmann J. Kanon und Zensur // Kanon und Zensur. München: Fink, 1987. S. 7–27.

Assmann/Harth 1991 — Assmann A., Harth D. (Hg.). Mnemosyne. Formen und Funktionen der kulturellen Erinnerung. Frankfurt a. M.: Fischer, 1991.

Auerbach 1946 — Auerbach E. Mimesis. Dargestellte Wirklichkeit in der abendländischen Literatur. Bern; München: Francke, 1946.

Austin 1962 — Austin J. L. How to Do Things with Words: The William James Lectures Delivered at Harvard University in 1955. Cambridge (MA): Harvard University Press, 1962.

Bach 1873–1875 — Bach J. von. Die Dogmengeschichte des Mittelalters vom christologischen Standpunkte oder Die mittelalterliche Christologie vom achten bis sechzehnten Jahrhundert. 2 Bde. Wien: Braumüller, 1873–1875.

Bader 1996 — Bader G. Psalterium affectuum palaestra. Prolegomena zu einer Theologie des Psalters. Tübingen: Mohr, 1996.

Badiou 1997 — Badiou A. Saint Paul. La fondation de l'universalisme. Paris: Presses Universitaires de France, 1997.

Bahr 1999 — Bahr H.-D. Medien-Nachbarwissenschaften I: Philosophie // Medienwissenschaft. Ein Handbuch zur Entwicklung der Medien und Kommunikationsformen / Hg. J.-F. Leonhard et al. Berlin; New York: de Gruyter, 1999. S. 273–281.

Balz 1996 — Balz H. Philipperbrief // Theologische Realenzyklopädie / Hg. G. Müller et al. Bd. 26. Berlin; New York: de Gruyter, 1996. S. 504–513.

Barth 1928 — Barth K. Erklärung des Philipperbriefes. München: Kaiser, 1928.

Barth 1947 — Barth K. Die kirchliche Dogmatik. 5 Aufl. // Die Lehre vom Wort Gottes. Prolegomena zur kirchlichen Dogmatik. Bd. I, 1. Zürich: Theologischer Verlag, 1947.

Barth 1985 — Barth K. Der Römerbrief (Erste Fassung) 1919. Zürich: Theologischer Verlag, 1985.

Barth/Tillich/Gogarten 1962 — Barth K., Tillich P., Gogarten F. [Über den Begriff des Paradoxes] // Anfänge der dialektischen Theologie. Teil 1. Karl Barth — Heinrich Barth — Emil Brunner / Hg. J. Moltmann. München: Kaiser, 1962. S. 165–197.

Barthes 1970 — Barthes R. L'ancienne rhétorique. Aide-mémoire // Communications. 1970. N 16. Recherches rhétoriques. P. 172–223.

Barthes 1971 — Barthes R. Sade, Fourier, Loyola. Paris: Seuil, 1971.

Bataille 1979 — Bataille G. La notion de dépense // Œuvres complètes. T. I. Paris: Gallimard, 1988. P. 302–320.

Baudrillard 1976 — Baudrillard J. L'échange symbolique et la mort. Paris: Gallimard, 1976.

Baur 1977 — Baur J. Auf dem Wege zur klassischen Tübinger Christologie. Einführende Überlegungen zum sogenannten Kenosis-Krypsis-Streit // Theologen und Theologie an der Universität Tübingen. Beiträge zur Geschichte der Evangelisch-Theologischen Fakultät / Hg. M. Brecht. Tübingen: Franz Steiner, 1977. S. 195–269.

Bell 1993 — Bell T. Divus Bernhardus. Bernhard von Clairvaux in Martin Luthers Schriften. Mainz: von Zabern, 1993.

Belting 1990 — Belting H. Bild und Kult. Eine Geschichte des Bildes vor dem Zeitalter der Kunst. München: C. H. Beck, 1990.

Bensow 1903 — Bensow O. Die Lehre von der Kenose. Leipzig: Deichert, 1903.

Benz 1932 — Benz E. Marius Victorinus und die Entwicklung der abendländischen Willensmetaphysik. Stuttgart: Kohlhammer, 1932.

Berger 1994 — Berger K. Theologiegeschichte des Urchristentums. Theologie des Neuen Testaments. Tübingen et al.: Francke, 1994.

Bergfleth 1991 — Bergfleth G. Baudrillard und die Todesrevolte // Jean Baudrillard: Der symbolische Tausch und der Tod. München: Matthes & Seitz, 1991. S. 363–430.

Berkhofer 1969 — Berghofer R. F. Jr. A Behavioral Approach to Historical Analysis. New York; London: Free Press, 1969.

Besançon 2000 — Besançon A. The Forbidden Image: An Intellectual History of Iconoclasm. Chicago (IL); London: University of Chicago Press, 2000.

Betz 1967 — Betz H. D. Nachfolge und Nachahmung Jesu Christi im Neuen Testament. Tübingen: Mohr, 1967.

Beuscher 1993 — Beuscher B. Positives Paradox. Entwurf einer neostrukturalistischen Religionspädagogik. Wien: Passagen, 1993.

Blackmore 1999 — Blackmore S. The Meme Machine. Oxford: Oxford University Press.

Blechinger 1997 — Blechinger G. Apophatik und Politik. Zu einer Dekonstruktion des Rhetorischen bei Jacques Derrida. Wien: Passagen, 1997.

Bloom 1975 — Bloom H. A Map of Misreading. New York: Oxford University Press, 1975.

Blumenberg 1974 — Blumenberg H. Säkularisierung und Selbstbehauptung, Frankfurt a. M.: Suhrkamp, 1974.

Blumenberg 1993 — Blumenberg H. Schiffbruch mit Zuschauer. Paradigma einer Daseinsmetapher. 4. Aufl. Frankfurt a. M.: Suhrkamp, 1993.

Bode 1992 — Bode C. Das Paradox in post-mimetischer Literatur und post-strukturalistischer Literaturtheorie // Das Paradox. Eine Herausforderung des abendländischen Denkens / Hg. P. Geyer u. R. Hagenbüchle. Tübingen: Stauffenburg, 1992. S. 619–657.

Bodin 2007 — Bodin P.-A. Eternity and Time: Studies in Russian Literature and the Orthodox Tradition. Stockholm: Almquist & Wiksell, 2007.

Boff 1986 — Boff L. Jesus Christus, der Befreier. Freiburg i. Br. et al.: Herder, 1986.

Bogdanov 2005 — Bogdanov A. Ostranenie, Kenosis, and Dialogue: The Metaphysics of Formalism according to Shklovsky // Slavic and East European Journal 2005. Vol. 49. N. 1. P. 48–62.

Bogun 1998 — Bogun U. Darstellendes und wirksames Handeln bei Schleiermacher. Zur Rezeption seines Predigtverständnisses bei F. Niebergall und W. Jetter. Tübingen et al.: Francke, 1998.

Böhlig 1975 — Böhlig A. Christologie // Kleines Wörterbuch des christlichen Orients / Hg. J. Aßfalg. Wiesbaden: Harrassowitz, 1975. S. 89–97.

Bonhoeffer 1964 — Bonhoeffer D. Auswahl. München: Kaiser, 1964.

Borch-Jacobsen 1990 — Borch-Jacobsen M. Lacan. Le maître absolu. Paris: Flammarion, 1990.

Borné 1979 — Borné G. F. Christlicher Atheismus und radikales Christentum. Studien zur Theologie von Thomas Altizer im Zusammenhang mit Ketzereien der Kirchengeschichte, der Dichtung von William Blake und der Philosophie von Georg Friedrich Wilhelm Hegel [sic]. München: Kaiser, 1979.

Bourdieu 1980 — Bourdieu P. Le sens pratique. Paris: Minuit, 1980.

Bourdieu 1997 — Bourdieu P. Méditations pascaliennes. Paris: Seuil, 1997.

Bourdieu 1999 — Bourdieu P. Sozialer Sinn. Kritik der theoretischen Vernunft: Frankfurt a. M.: A. d. Frz. v. Günter Seib, 1999.

Bousset 1965 — Bousset W. Kyrios Christos. Geschichte des Christusglaubens von den Anfängen bis Irenaeus. 5. Aufl. Göttingen: Vandenhoeck & Ruprecht, 1965.

Boyd/Richerson 1985 — Boyd R., Richerson P. J. Culture and the Evolutionary Process. Chicago (IL); London: University of Chicago Press, 1985.

Boyer 1990 — Boyer P. Tradition as Truth and Communication: A Cognitive Description of Traditional Discourse. Cambridge et al.: Cambridge University Press, 1990.

Brandt 2000 — Brandt S. Hat es sachlich und theologisch Sinn, von «Opfer» zu reden? // Opfer. Theologische und kulturelle Kontexte / Hg. B. Janowski u. M. Welker. Frankfurt a. M.: Suhrkamp, 2000. S. 247–281.

Breidert 1977 — Breidert M. Die kenotische Christologie des 19. Jahrhunderts. Gütersloh: Mohn, 1977.

Brenz 1981 — Brenz J. Die christologischen Schriften. Teil 1. Tübingen: Mohr, 1981.

Bröckling 2003 — Bröckling U. Das demokratisierte Panopticon. Subjektivierung und Kontrolle im 360-Feedback // Michel Foucault. Zwischenbilanz einer Rezeption. Frankfurter Foucault-Konferenz 2001 / Hg. A. Honneth u. M. Saar. Frankfurt a. M.: Suhrkamp, 2003. S. 77–93.

Brons 1976 — Brons B. Gott und die Seienden. Untersuchungen zum Verhältnis von neuplatonischer Metaphysik und christlicher Tradition bei Dionysius Areopagita. Göttingen: Vandenhoeck & Ruprecht, 1976.

Bruce 1980 — Bruce F. F. St. Paul in Macedonia 3: The Philippian Correspondence // Bulletin of the John Rylands University Library of Manchester. 1980. Vol. 63. S. 260–284.

Buchwald 2001 — Buchwald D. Gestalt // Ästhetische Grundbegriffe. Bd. 2 / Hg. K. Barck et al. Stuttgart; Weimar: Metzler, 2001. S. 820–862.

Buettner 1905 — Buettner M. Luther und Tetzel. Leipzig: C. Braun, 1905.

Bühler 1934 — Bühler K. Sprachtheorie. Die Darstellungsfunktion der Sprache. Jena: Gustav Fischer, 1934.

Bullinger 1898 — Bullinger E. W. Figures of Speech Used in the Bible. London: Eyre & Spottiswoode, 1898.

Bultmann 1960 — Bultmann R. Neues Testament und Mythologie. 4. Aufl. // Kerygma und Mythos. Ein theologisches Gespräch. Hamburg; Bergstedt: Reich, 1960. S. 15–48.

Butler 2003 — Butler J. 2003. Kritik der ethischen Gewalt: übers. Reiner Ansén. Frankfurt a. M.: Suhrkamp.

Byčkov 2001 — Byčkov V. 2000 Jahre Philosophie der Kunst im christlichen Osten. Alte Kirche, Byzanz, Rußland. Würzburg: Augustinus, 2001.

Cameron 1991 — Cameron A. Christianity and the Rhetoric of Empire: The Development of Christian Discourse. Berkeley (CA); London: University of California Press, 1991.

Canetti 1982 — Canetti E. Masse und Macht. Frankfurt a. M.; Wien: Büchergilde Gutenberg, 1982.

Caputo 1989 — Caputo J. D. Mysticism and Transgression. Derrida and Meister Eckhart // Derrida and Deconstruction / Ed. H. J. Silverman. New York; London: Routledge, 1989. P. 24–39.

Cassedy 1987 — Cassedy S. Bely's Theory of Symbolism as a Formal Iconics of Meaning // A. Bely: Spirit of Symbolism / Ed. J. E. Malmstad. Ithaca (NY); London: Cornell University Press, 1987. P. 285–312.

Cassedy 1990 — Cassedy S. Flight from Eden: The Origins of Modern Literary Criticism and Theory. Berkeley (CA) et al.: University of California Press, 1990.

Cassirer 1994 — Cassirer E. Philosophie der symbolischen Formen 3 Bde. 9. Aufl. Darmstadt: Wissenschaftliche Buchgesellschaft, 1994.

Chemnitz 1690 — Chemnitz M. De duabus naturis in Christo. De hypostatica earum unione. De communicatione idiomatum, et aliis quaestionibus inde dependentibus libellus. Francofurti/Wittebergae: Wustius, 1690.

Chemnitz 1865 — Chemnitz M. De incarnatione filii Dei. De officio et maiestate Christi tractatus. Berolini: Schlawitz, 1865.

Chibarin 1966 — Chibarin I. Die literarische Übersetzertätigkeit des Starzen Paissi Welitschkowski // Hierarchen und Starzen der Russischen

Orthodoxen Kirche. Hg. Fairy von Lilienfeld. Berlin: Evangelische Verlagsanstalt, 1966. S. 72–82.

Christen 1992 — Christen E. Martyrium III. 2. Systematisch-theologisch // Theologische Realenzyklopädie / Hg. G. Müller et al. Bd. 22. Berlin; New York: de Gruyter, 1992. S. 212–220.

Clark/Holquist 1984 — Clark K., Holquist M. Mikhail Bakhtin. Cambridge (MA); London: The Belknap Press of Harvard University Press, 1984.

Clasen 1970 — Clasen S. OFM. Das Heiligkeitsideal im Wandel der Zeiten. Ein Literaturbericht über Heiligenleben des Altertums und Mittelalters // Wissenschaft und Weisheit. 1970. N. 33. S. 46–64, 132–165.

Coleridge 1936 — Coleridge S.T. 1936. Miscellaneous Criticism. London: Constable, 1936.

Colie 1976 — Colie R. L. Paradoxia Epidemica: The Renaissance Tradition of Paradox. Princeton (NJ): Princeton University Press, 1976.

Colpe 1969 — Colpe C. ὁ υἱὸς τοῦ ἀνθρώπου // Theologisches Wörterbuch zum Neuen Testament. Bd. 8 / Hg. G. Friedrich. Stuttgart et al.: Kohlhammer, 1969. S. 403–481.

Cremer 1901 — Cremer H. Das Wesen des Christentums. Vorlesungen im Sommersemester 1901 vor Studierenden aller Fakultäten an der Universität Greifswald. 2. Aufl. Gütersloh: Bertelsmann, 1901.

Cross 1996 — Cross R. Alloiosis in the Christology of Zwingli // The Journal of Theological Studies. 1996. Vol. 1. P. 105–122.

Corpus Reformatorum 1934 — Corpus Reformatorum. Huldreich Zwinglis sämtliche Werke / Bd. 5. Leipzig: Heinsius, 1934.

Cross 1996 — Cross R. Alloiosis in the Christology of Zwingli // The Journal of Theological Studies. 1996. Vol. 1. P. 105–122.

Dahlerup 1998 — Dahlerup P. Dekonstruktion. Die Literaturtheorie der 1990er: übers. B. Sabel. Berlin; New York: de Gruyter.

Dällenbach 1984 — Dällenbach L., Hart Nibbrig C. L. Fragmentarisches Vorwort // Fragment und Totalität / Hg. L. Dällenbach u. C. L. Hart Nibbrig. Frankfurt a. M.: Suhrkamp, 1984. S. 7–17.

Dalferth 1995 — Dalferth I.U. Opfer VI. Dogmatik // Theologische Realenzyklopädie / Hg. G. Müller et al. Bd. 25. Berlin; New York: de Gruyter, 1995. S. 286–293.

Darnton 1982 — Darnton R. The Literary Underground of the Old Regime. Cambride (MA): Harvard University Press, 1982.

Davis 2006 — Davis S. T. Is Kenosis Orthodox? // Exploring Kenotic Christology: The Self-Emptying of God / Ed. C. S. Evans. Oxford: Oxford University Press, 2006. P. 112–138.

Dawe 1963 — Dawe D. G. The Form of a Servant: A Historical Analysis of the Kenotic Motif. Philadelphia (PA): Westminster, 1963.

Dekrete 1999 — Dekrete der Ökumenischen Konzilien / Conciliorum Oecumenicorum Decreta (COD). Bd. 1. Konzilien des ersten Jahrtausends. Vom Konzil von Nizäa (325) bis zum Vierten Konzil von Konstantinopel (869/70) / Hg. Josef Wohlmuth. 2. Aufl. Paderborn et al.: Schöningh, 1998.

Deleuze 1969 — Deleuze G. Logique du sens. Paris: Minuit, 1969.

Denzinger 1991 — Denzinger H. Kompendium der Glaubensbekenntnisse und kirchlichen Lehrentscheidungen. 37. Aufl. Freiburg i. Br. et al.: Herder, 1991.

Derrida 1967 — Derrida J. De la grammatologie. Paris: Minuit, 1967.

Derrida 1971 — Derrida J. Signature, événement, contexte. Communication au Congrès international des Sociétés de philosophie de langue française (Montréal, août 1971). URL: http://laboratoirefig.fr/wp-content/uploads/2016/04/SIGNATURE.pdf (дата обращения: 13.04.2021).

Derrida 1974 — Derrida J. Glas. Paris: Galilée, 1974.

Derrida 1983 — Derrida J. D'un ton apocalyptique adopté naguère en philosophie. Paris: Galilée, 1983.

Derrida 1987 — Derrida J. Comment ne pas parler. Dénégations // Psyché: inventions de l'autre. Paris: Galilée, 1987. P. 535–596.

Derrida 1990 — Derrida J. Limited Inc.: trad. E. Weber. Paris: Galilée, 1990.

Derrida 1991 — Derrida J. Donner le temps 1. La fausse monnaie. Paris: Galilée, 1991.

Derrida 1993 — Derrida J. Sauf le nom. Paris: Galilée, 1993.

Derrida 1996 — Derrida J. Foi et savoir. Les deux sources de la «religion» aux limites de la simple raison // La religion / Éd. J. Derrida et G. Vattimo. Paris: Seuil, 1996. P. 9–86.

Descartes 1897–1913 — Descartes R. Œuvres. Paris: Cerf, 1897–1913.

Deutschmann 1998 — Deutschmann P. Dialog der Texte und Folter. Vladimir Sorokins «Mesjac v Dachau» // Romantik — Moderne — Postmoderne. Beiträge zum ersten Kolloquium des Jungen Forums Slavistische Literaturwissenschaft, Hamburg 1996 / Hg. C. Gölz, A. Otto u. R. Vogt. Frankfurt a. M. et al.: Lang, 1998. S. 324–351.

Didi-Huberman 1990 — Didi-Huberman G. Fra Angelico. Dissemblance et figuration. Paris: Flammarion, 1990.

Durkheim 1897 — Durkheim E. Le suicide: Etude de sociologie. Paris: Alcan, 1897.

Ebert 2002 — Ebert C. Vorwort // Individualitätskonzepte in der russischen Kultur / Hg. C. Ebert. Berlin: Spitz, 2002. S. 7–14.

Elert 1931 — Elert W. Morphologie des Luthertums. Bd. 1. Theologie und Weltanschauung des Luthertums, hauptsächlich im 16. und 17. Jahrhundert. München: C. H. Beck, 1931.

Elias 1997 — Elias, N. Über den Prozeß der Zivilisation. Soziogenetische und psychogenetische Untersuchungen. 2 Bde. 2. Aufl. Frankfurt a.M.: Suhrkamp, 1997.

Emerson 1990 — Emerson C. Russian Orthodoxy and the Early Bakhtin // Religion and Literature. 1990. Vol. 22. N. 2–3. P. 109–131.

Epstein 1999a — Epstein M. N. Minimal Religion // Russian Postmodernism: New Perspectives on Post-Soviet Culture / Ed. M. Epstein, A. Genis, and S. Vladiv-Glover. Oxford; New York: Berghahn, 1999. P. 163–171.

Epstein 1999b — Epstein M. N. Post-Atheism: From Apophatic Theology to «Minimal Religion» // Russian Postmodernism: New Perspectives on Post-Soviet Culture / Ed. M. Epstein, A. Genis, and S. Vladiv-Glover. Oxford; New York: Berghahn, 1999. P. 345–393.

Erasmus von Rotterdam 1968–1980 — Erasmus von Roterdam. Ausgewählte Schriften. Ausgabe in 8 Bdn., lateinisch und deutsch. Darmstadt: Wissenschaftliche Buchgesellschaft, 1968–1980.

Ernst 1990 — Ernst P. Umarmung der Gegensätze. Geschichtlicher Aufriß einer Philosophie «Complexio Oppositorum». Stuttgart: Württembergische Landesbibliothek, 1990.

Estienne 1831–1865 — Estienne H. Thēsauros tēs hellēnikēs glōssēs. Thesaurus graecae linguae. 8 tt. Parisiis: Didot, 1831–1865.

Evdokimov 1970 — Evdokimov P. Le Christ dans la pensée russe. Paris: Cerf., 1970.

Fedotov 1969 — Fedotov G. P. (Ed.) A Treasury of Russian Spirituality. Gloucester (MA): Smith, 1969.

Fendt 1910 — Fendt L. Die Christologie des Nestorius. Kempten: Kösel, 1910.

Finlay 1988 — Finlay M. The Romantic Irony of Semiotics: Friedrich Schlegel and the Crisis of Representation. Berlin et al.: Mouton de Gruyter, 1988.

Fischer 1996 — Fischer H. Die Welt der Ikonen. Das religiöse Bild in der Ostkirche und in der Bildkunst des Westens. Frankfurt a. M.: Insel, 1996.

Fisk 2006 — Fisk B. N. The Odyssey of Christ: A Novel Context for Philippians 2:6–11 // Exploring Kenotic Christology: The Self-Emptying of God / Ed. C. S. Evans. Oxford: Oxford University Press, 2006. P. 45–73.

Flogaus 1999 — Flogaus R. Christologie II 3 // Religion in Geschichte und Gegenwart. 4. Aufl. / Hg. H. D. Betz et al. Bd. 2. Tübingen: Mohr, 1999. S. 297–310.

Forsyth 1909 — Forsyth P.T. The Person and Place of Jesus Christ. London: Hodder & Stoughton, 1909.

Foshay 1992 — Foshay T. Introduction: Denegation and Resentment // Derrida and Negative Theology / Ed. H. Coward and T. Foshay. Albany (NY): State University of New York Press, 1992. P. 1–24.

Foucault 1966 — Foucault M. Les mots et les choses. Paris: Gallimard, 1966.

Foucault 1971 — Foucault M. L'ordre du discours. Lecon inaugurale au Collège de France prononcée le 2 décembre 1970. Paris: Gallimard, 1971.

Foucault 1976 — Foucault M. Histoire de la sexualité. T. 1. La volonté de savoir. Paris: Gallimard, 1976.

Foucault 1992 — Foucault M. Un parcours philosophique. Au-delà de l'objectivité et de la subjectivité / Ed. H. Dreyfus, P. Rabinow. Paris: Gallimard, 1992.

Foucault 1994 — Foucault M. «Warum ich Macht untersuche. Die Frage des Subjekts». Michel Foucault. Jenseits von Strukturalismus und Hermeneutik. Hg. v. Hubert L. Dreyfus u. Paul Rabinow. Weinheim, 243–250.

Franck 1966 — Franck S. Paradoxa. Berlin: Akademie-Verlag, 1966.

Frank 1994 — Frank K. S. Nachfolge Jesu II. Alte Kirche und Mittelalter // Theologische Realenzyklopädie / Hg. G. Müller et al. Bd. 23. Berlin; New York: de Gruyter, 1994. S. 686–691.

Freud 1991 — Freud S. Totem und Tabu. Einige Übereinstimmungen im Seelenleben der Wilden und der Neurotiker. Frankfurt a.M.: Fischer, 1991.

Freyer 1991 — Freyer J.-B. Der demütige und geduldige Gott. Franziskus und sein Gottesbild. Ein Vergleich mit der Tradition. Mönchengladbach: Johannes-Duns-Skotus-Akademie, 1991.

Friedrich 1936 — Friedrich H. Pascals Paradox // Zeitschrift für Romanische Philologie, 1936. Bd. 56. S. 322–370.

Früchtel 1968 — Früchtel U. Die kosmologischen Vorstellungen bei Philo von Alexandrien. Ein Beitrag zur Geschichte der Genesisexegese. Leiden: Brill, 1968.

Frugoni 2004 — Frugoni C. «Ad imaginem et similitudinem nostram». Der Heilige Franziskus und die Erfindung der Stigmata // Stigmata. Poetiken der Körperinschrift / Hg. B. Menke u. B. Vinken. Paderborn: Fink, 2004. S. 77–112.

Fuchs 1968 — Fuchs E. Marburger Hermeneutik. Tübingen: Mohr, 1968.

Gallaher 1997 — Gallaher L. The Place of the Stigmata in Christological Poetics // Religion and Culture in Renaissance England / Ed. C. MacEachern and D. Shuger. Cambridge: Cambridge University Press, 1997. P. 93–115.

Garvie 1906 — Garvie A. E. Kenosis // A Dictionary of Christ and the Gospels. Vol. 1. Edinburgh: T. & T. Clark, 1906. P. 927–928.

Gaudel 1925 — Gaudel A. Kénose // Dictionnaire de théologie catholique. Contenant l'exposé des doctrines de la théologie catholique, leur preuves et leur histoire / Ed. A. Vacant et al. T. 8, 2. Paris: Letouzey et Ané, 1925. P. 2339–2349.

Geertz 1999 — Geertz C. Thick Description: Toward an Interpretive Theory of Culture.

Gennep 1981 — Gennep A. van. Les rites de passage. Etude systématique des rites. Paris: Picard, 1981.

Gerdes 1962 — Gerdes H. Das Christusverständnis des jungen Kierkegaard. Ein Beitrag zur Erläuterung des Paradox-Gedankens. Itzehoe: Dorbrandt, 1962.

Gerhard 1885 — Gerhard J. Loci theologici. T. 1. Lipsiae: J. C. Hinrichs, 1885.

Geß 1856 — Geß W. F. Die Lehre von der Person Christi entwickelt aus dem Selbstbewußtsein Christi und aus dem Zeugnisse der Apostel. Basel: Bahnmaier, 1856.

Girard 1999 — Girard R. Je vois Satan tomber comme l'éclair. Paris: Grasset, 1999.

Gladigow 1995 — Gladigow B. Europäische Religionsgeschichte // Lokale Religionsgeschichte / Hg. H. G. Kippenberg u. B. Luchesi. Marburg: diagonal, 1995. S. 21–42.

Goclenius 1613 — Goclenius R. Lexicon philosophicum quo tanquam clave philosophiae fores aperiuntur. Francofurti: Musculus et al., 1613.

Goerdt 1995 — Goerdt W. Russische Philosophie. Grundlagen. 2. Aufl. Freiburg i. Br.; München: Alber, 1995.

Gogarten 1958 — Gogarten F. Verhängnis und Hoffnung der Neuzeit. Die Säkularisierung als theologisches Problem. 2. Aufl. Stuttgart: Vorwerk, 1958.

Goldmann 1955 — Goldmann L. Le dieu caché. Etude sur la vision tragique dans les «Pensées» de Pascal et dans le théâtre de Racine. Paris: Gallimard, 1955.

Goller 2003 — Goller M. Gestaltetes Verstummen. Nicht-Sprechen als narrative Konstituente in der russischen Prosa der frühen Moderne. Frankfurt a. M. et al.: Lang, 2003.

Gorman 2009 — Gorman M. J. Inhabiting the Cruciform God: Kenosis, Justification, and Theosis in Paul's Narrative Soteriology. Grand Rapids (MI); Cambridge: Eerdmans, 2009.

Gorodetzky 1938 — Gorodetzky N. The Humiliated Christ in Modern Russian Thought. London: Society for Promoting Christian Knowledge, 1938.

Grayling 2006 — Grayling A. C. Dawkins and the Virus of Faith // Richard Dawkins: How a Scientist Changed the Way We Think: Reflections by Scientists, Writers, and Philosophers / Ed. A. Grafen and M. Ridley. Oxford: Oxford University Press, 2006. P. 243–247.

Greenblatt 1995 — Greenblatt S. Culture // Critical Terms for Literary Studies / Ed. F. Lentricchia and T. McLaughlin. 2nd ed. Chicago (IL); London: The University of Chicago Press, 1995. P. 225-232.

Greimas 1966 — Greimas A. J. Sémantique structurale. Recherche de méthode. Paris: Larousse, 1966.

Greimas 1967 — Greimas A. J. La structure des actants du récit. Essai d'approche générative // Word, 1967. T. 23. N. 1/3. P. 221–238.

Greiner 1992 — Greiner B. Die Komödie. Eine theatralische Sendung. Grundlagen und Interpretationen. Tübingen: Francke, 1992.

Gribomont 1979 — Gribomont J. Askese IV. Neues Testament und Alte Kirche // Theologische Realenzyklopädie / Hg. G. Müller et al. Bd. 4. Berlin; New York: de Gruyter, 1979. S. 204–225.

Grillmeier 1990 — Grillmeier A. SJ. Jesus der Christus im Glauben der Kirche. 2 Bde. 3. Aufl. Freiburg i. Br. et al.: Herder, 1990.

Grözinger/Rüpke 1999 — Grözinger K. E., Rüpke J. Zur Einführung // Literatur als religiöses Handeln? / Hg. K. E. Grözinger u. J. Rüpke. Berlin: Spitz, 1999. S. 9–15.

Grübel 1998 — Grübel R. G. Gabe, Aufgabe, Selbstaufgabe. Dichter-Tod als Opferhabitus // Welt hinter dem Spiegel. Zum Status des Autors in der russischen Literatur der 1920er bis 1950er Jahre / Hg. K. Städtke. Berlin: Akademie-Verlag, 1998. S. 139–204.

Gründer 1958 — Gründer K. Figur und Geschichte. Johann Georg Hamanns «Biblische Betrachtungen» als Ansatz einer Geschichtsphilosophie. Freiburg i. Br.; München: Alber, 1958.

Gumbrecht 1991 — Gumbrecht H. U. Inszenierte Zusammenbrüche oder: Tragödie und Paradox // Paradoxien, Dissonanzen, Zusammenbrüche. Situationen offener Epistemologie / Hg. H. U. Gumbrecht u. K. L. Pfeiffer. Frankfurt a. M.: Suhrkamp, 1991. S. 471–494.

Haag 1985 — Haag H. Der Gottesknecht bei Deuterojesaja. Darmstadt: Wissenschaftliche Buchgesellschaft, 1985.

Habermas 2001 — Habermas J. Glauben und Wissen // Frankfurter Allgemeine Zeitung. 15. Oktober, 2001. S. 9.

Haderer 2002 — Haderer G. Das Leben des Jesus. Wien: Ueberreuter, 2002.

Halbwachs 2008 — Halbwachs M. La topographie légendaire des évangiles en Terre sainte. Etude de mémoire collective. Paris: Quadrige, 2008.

Haller 1992 — Haller B. Repräsentation. II. R.[epräsentation] in Politik und Recht // Historisches Wörterbuch der Philosophie. Bd. 8 / Hg. J. Ritter, K. Gründer et al. Basel: Schwabe & Co., 1992. S. 812–826.

Hallman 1991 — Hallmann J. M. The Descent of God: Divine Suffering in History and Theology. Minneapolis (MN): Fortress Press, 1991.

Hamann 1949–1957 — Hamann J. G. Sämtliche Werke. 6 Bde. Wien: Herder, 1949–1957.

Hamann 1963 — Hamann J. G. Entkleidung und Verklärung. Eine Auswahl aus Schriften und Briefen des «Magus im Norden». Berlin: Eckart, 1963.

Hamann 1998 — Hamann J. G. Aesthetica. In nuce. Eine Rhapsodie in Kabbalistischer Prose // Sokratische Denkwürdigkeiten. Aesthetica in nuce. Stuttgart: Reclam, 1998. S. 77–147.

Hammerich 1976 — Hammerich L. L Phil 2:6 and P. A. Florenskij. Copenhagen: Munksgaard, 1976.

Hannick 1983 — Hannick C. Rezeption der byzantinischen Literatur bei den Slaven // Lexikon des Mittelalters. Band 2. / Hg. R.-H. Bautier et al. München et al.: Artemis, 1983. S. 1204–1208.

Hannick 1985 — Hannick C. Heilige / Heiligenverehrung VI. Die orthodoxe Kirche // Theologische Realenzyklopädie / Hg. G. Müller et al. Bd. 14. Berlin; New York: de Gruyter, 1985. S. 660–664.

Hansen-Löve 1987 — Hansen-Löve A. A. Thesen zur Typologie der russischen Moderne // Europäische Avantgarde / Hg. P. V. Zima u. J. Strutz. Frankfurt a. M. et al.: Lang, 1987. S. 37–59.

Hansen-Löve 1991 — Hansen-Löve A. A. Zur Typologie des Erhabenen in der russischen Moderne // Poetica. 1991. № 23. S. 166–216.

Hansen-Löve 1993 — Hansen-Löve A. A. Apokalyptik und Adventismus im russischen Symbolismus der Jahrhundertwende // Russische Literatur an der Wende vom 19. Zum 20. Jahrhundert / Hg. R. G. Grübel. Amsterdam; Atlanta (GA): Rodopi, 1993. S. 231–325.

Hansen-Löve 1994 — Hansen-Löve A. A. Konzepte des Nichts im Kunstdenken der russischen Dichter des Absurden (OBĖRIU) // Poetica. 1994. № 26. S. 308–373.

Hansen-Löve 1997 — Hansen-Löve A. A. Gøgøl. Zur Poetik der Null-und Leerstelle // Wiener Slawistischer Almanach. 1997. № 39. S. 183–303.

Hansen-Löve 2002 — Hansen-Löve A. A. Gott ist nicht gestürzt! Mensch und/als Gott bei Kazimir Malevič // Wiener Slawistischer Almanach. 2002. № 50. S. 153–216.

Harnack 1924 — Harnack A. von. Marcion. Das Evangelium vom fremden Gott. Eine Monographie zur Geschichte der Grundlegung der katholischen Kirche. 2. Aufl. Leipzig: Hinrichs, 1924.

Harnack 1931 — Harnack A. von. Lehrbuch der Dogmengeschichte. Bd. 1. Die Entstehung des kirchlichen Dogmas. 5. Aufl. Tübingen: Mohr, 1931.

Hart 1989 — Hart K. The Trespass of the Sign: Deconstruction, Theology and Philosophy. Cambridge et al.: Cambridge University Press, 1989.

Hausammann 2004 — Hausammann S. Alte Kirche. Bd. 4. Das Christusbekenntnis in Ost und West. Zur Geschichte und Theologie im 4/5. Jahrhundert. Chalkedon — Trullanum II, Germanenmission, Bilderstreit. Neukirchen-Vluyn: Neukirchener Verlag, 2004.

Haverkamp 2004 — Haverkamp A. Christ's Case: The Stigma of Representation, Christian Masochism // Stigmata. Poetiken der Körperinschrift / Hg. B. Menke u. B. Vinken. Paderborn: Fink, 2004. S. 70–74.

Haverkamp/Menke 2000 — Haverkamp A., Menke B. Allegorie // Ästhetische Grundbegriffe. Bd. 1 / Hg. K. Barck et al. Stuttgart; Weimar: Metzler, 2000. S. 49–104.

Henry M. 2000 — Henry M. Incarnation: Une philosophie de la chair. Paris: Seuil, 2000.

Henry P. 1957 — Henry P. Kénose // Supplément au Dictionnaire de la Bible. T. 5. Paris: Letouzey & Ané, 1957. P. 7–161.

Hilberath 1995 — Hilberath B. J. Eucharistie II. Historisch-theologisch; III. Systematisch-theologisch // Lexikon für Theologie und Kirche. 3. Aufl. / Hg. W. Kasper et al. Bd. 3. Freiburg et al.: Herder, 1995. S. 946–951.

Hillis Miller 1963 — Hillis Miller J. The Disappearance of God: Five Nineteenth-Century Writers. Cambridge (MA): The Belknap Press of Harvard University Press, 1963.

Hinz 1973–1981 — Hinz P. Deus homo. Das Christusbild von seinen Ursprüngen bis zur Gegenwart. 2 Bde. Berlin: Evangelische Verlags-Anstalt, 1973–1981.

Hirsch 1964 — Hirsch E. Hilfsbuch zum Studium der Dogmatik. Die Dogmatik der Reformatoren und der altevangelischen Lehrer quellenmäßig belegt und verdeutscht. 4. Aufl. Berlin: de Gruyter, 1964.

Hobsbawm 1983 — Eric J. Introduction: Inventing Traditions // The Invention of Tradition / Ed. Eric Hobsbawm and Terence Ranger. Cambridge: Cambridge University Press. P. 1–14.

Hochstaffl 1976 — Hochstaffl J. Negative Theologie. Ein Versuch zur Vermittlung des patristischen Begriffs. München: Kösel, 1976.

Hocke 1959 — Hocke G. R. Manierismus in der Literatur. Sprach-Alchemie und Esoterische Kombinationskunst. Hamburg: Rowohlt, 1959.

Hoff 1999 — Hoff J. Spiritualität und Sprachverlust. Theologie nach Foucault und Derrida. Paderborn et al.: Schöningh, 1999.

Hoffmann A. 2008 — Hoffmann A. Kenosis im Werk Hans Urs von Balthasars und in der japanischen Kyoto-Schule. Ein Beitrag zum Dialog der Religionen. Bonn: Borengässer, 2008.

Hoffmann S. 2002 — Hoffmann S. Geschichte des Medienbegriffs. Hamburg: Meiner, 2002.

Hofmann H. 1990 — Hoffmann H. Repräsentation. Studien zur Wort- und Begriffsgeschichte von der Antike bis ins 19. Jahrhundert. 2. Aufl. Berlin: Duncker & Humblot, 1990.

Holm 2003 — Holm K. Das korrupte Imperium. Ein russisches Panorama. München: Hanser, 2003.

Holquist 1977 — Holquist M. Dostoevsky and the Novel. Princeton (NJ): Princeton University Press, 1977.

Hoping 2004 — Hoping H. Einführung in die Christologie. Darmstadt: Wissenschaftliche Buchgesellschaft, 2004.

Hörisch 1992 — Hörisch J. Brot und Wein. Die Poesie des Abendmahls. Frankfurt a. M.: Suhrkamp, 1992.

Hörisch 1994 — Hörisch J. Die Medien der Natur und die Natur der Medien // Zum Naturbegriff der Gegenwart. Kongreßdokumentation zum Projekt «Natur im Kopf». Stuttgart, 21–26. Juni 1993. Bd. 2. Stuttgart-Cannstatt: Frommann-Holzboog, 1994. S. 121–137.

Hornig 1984 — Hornig G. Lehre und Bekenntnis im Protestantismus // Handbuch der Dogmen- und Theologiegeschichte. Bd. 3. Die Lehrentwicklung im Rahmen der Ökumenizität / Hg. C. Andresen. Göttingen: Vandenhoeck & Ruprecht, 1984. S. 71–287.

Hotze 1997 — Hotze G. Paradoxien bei Paulus. Untersuchungen zu einer elementaren Denkform in seiner Theologie. Münster: Aschendorff, 1997.

Huizing 2000–2004 — Huizing K. Ästhetische Theologie. 3 Bde. Stuttgart; Zürich: Kreuz, 2000–2004.

Hull 1988 — Hull D. L. Interactors versus Vehicles // The Role of Behaviour in Evolution / Ed. H. C. Plotkin. Cambridge (MA); London: MIT-Press, 1988. S. 19–50.

Ignacio 1548 — Ignacio de Loyola. Exercitia spiritualia. Romae: Bladus, 1548.

Ingham 1983 — Ingham N. W. Genre Characteristics of the Kievan Lives of Princes: In Slavic and European Perspective // American Contributions to the Ninth International Congress of Slavists. Kiev, September 1983. Vol. 2. Literature, Poetics, History / Ed. P. Debreczeny. Columbus (OH): Slavica, 1983. P. 223–237.

Jaeschke 1999 — Jaeschke W. Christologie IV 1 // Religion in Geschichte und Gegenwart. 4. Aufl. / Hg. H. D. Betz et al. Bd. 3. Tübingen: Mohr, 1999. S. 319–320.

Jakobson 1983 — Jakobson R. Der Doppelcharakter der Sprache und die Polarität zwischen Metaphorik und Metonymik // Theorie der Metapher / Hg. A. Haverkamp. Darmstadt: Wissenschaftliche Buchgesellschaft, 1983. S. 163-174.

Janowski/Welker 2000 — Janowski B., Welker M. (Hg.). Opfer. Theologische und kulturelle Kontexte. Frankfurt a. M.: Suhrkamp, 2000.

Jauß 1991 — Jauß H. R. Über religiöse und ästhetische Erfahrung. Zur Debatte um Hans Beltings «Bild und Kultur» und George Steiners «Von realer Gegenwart» // Merkur. 1991. N. 45. S. 934-946.

Johannes 1975 — J. von Damaskus. Die Schriften. Bd. III. Contra imaginum calumniatores orationes tres // Hg. B. Kotter OSB. Berlin; New York: de Gruyter, 1975.

Johannes 1998 — Johannes (von Shanghai und San Francisco). Die Sünde des Zarenmordes // Bote der Deutschen Diözese der Russischen Orthodoxen Kirche im Ausland 5 (1998), S. 1-2.

Kähler 1958 — Kähler E. Te Deum laudamus. Studien zum «Te Deum» und zur Geschichte des 24. Psalms in der Alten Kirche. Berlin: Evangelische Verlagsanstalt, 1958.

Kallis 1989 — Kallis A. (Hg.). Liturgie. Die Göttliche Liturgie der Orthodoxen Kirche. Deutsch — Griechisch — Kirchenslawisch. Mainz: Grünewald, 1989.

Kamlah 1963 — Kamlah E. Wie beurteilt Paulus sein Leiden? Ein Beitrag zur Untersuchung seiner Denkstruktur // Zeitschrift für die neutestamentliche Wissenschaft und die Kunde der älteren Kirche. 1963. № 54. S. 217-232.

Karrer 1999 — Karrer M. Christologie I // Religion in Geschichte und Gegenwart. 4. Aufl. / Hg. H. D. Betz et al. Bd. 2. Tübingen: Mohr, 1999. S. 273-288.

Kasack 2000 — Kasack W. Christus in der russischen Literatur. Ein Gang durch ihre Geschichte von den Anfängen bis zum Ende des 20. Jahrhunderts. Stuttgart: Urachhaus, 2000.

Käsemann 1950 — Käsemann E. Kritische Analyse von Phil 2:5-11 // Zeitschrift für Theologie und Kirche. 1950. N. 47. S. 313-360.

Kasper W. 1984 — Kasper W. Jesus der Christus. 9. Aufl. Mainz: Grünewald, 1984.

Kate 2002 — Kate L. ten. Econokenosis. The Meanings of Kenosis in «Post-Modern» Thought: On Derrida, with References to Vattimo and Barth // Letting Go: Rethinking Kenosis / Ed. O. Zijlstra. Bern et al.: Lang, 2002. P. 285-310.

Keil 1995 — Keil G. Das anthropologische und das christologische Paradox // The Theological Paradox: Interdisciplinary Reflexions on the Centre of Paul Tillich's Thought. Das theologische Paradox. Interdisziplinäre Reflexionen zur Mitte von Paul Tillichs Denken / Hg. G. Hummel. Berlin; New York: de Gruyter, 1995. S. 152–161.

Kelly et al. 1998 — Kelly C. et al. Introduction: Why Cultural Studies? // Russian Cultural Studies: An Introduction / Ed. C. Kelly and D. Shepherd. Oxford et al.: Oxford University Press, 1998. P. 1–17.

Kelly/Shepherd 1998 — Kelly C., Shepherd D. Introduction: Literature, History, Culture // Constructing Russian Culture in the Age of Revolution: 1881–1940 / Ed. C. Kelly and D. Shepherd. Oxford et al.: Oxford University Press, 1998. P. 1–9.

Kennedy 1999 — Kennedy G. A. Classical Rhetoric: Its Christian and Secular Tradition from Ancient to Modern Times. Chapel Hill (NC); London: University of North Carolina Press, 1999.

Kessler 2000 — Kessler H. L. Il mandylion // Il volto di Cristo. Roma, Palazzo delle Esposizioni, 9 dicembre 2000 — 16 aprile 2001 / A cura di G. Morello e G. Wolf. Milano: Electa, 2000. P. 67–76.

Kharkhordin 1999 — Kharkhordin O. The Collective and the Individual in Russia: A Study in Practices. Berkeley (CA) et al.: University of California Press, 1999.

Kierkegaard 1952 — Kierkegaard S. Philosophische Brocken. De omnibus dubitandum est. Düsseldorf; Köln: Diederichs, 1952.

Kierkegaard 1957 — Kierkegaard S. Abschließende unwissenschaftliche Nachschrift zu den Philosophischen Brocken. 1. Teil. Düsseldorf; Köln: Diederichs, 1957.

Kierkegaard 1968–1978 — Kierkegaard S. Papirer. 16 Bind. København: Gyldendal, 1968–1978.

Kierkegaard 1979 — Kierkegaard S. Entgegnungen auf Eiríkssons Kritik // Materialien zur Philosophie Søren Kierkegaards / Hg. M. Theunissen u. W. Greve. Frankfurt a. M.: Suhrkamp, 1079. S. 161–174.

Kissel 2004а — Kissel W. S. Der Kult des toten Dichters und die russische Moderne. Puškin — Blok — Majakovskij. Köln: Böhlau, 2004.

Kissel 2004б — Kissel W. S. Selbstbehauptung im Exil. Epiphanien in Vladimir Nabokovs Autobiographie «Erinnerung, sprich» // «Für viele stehen, indem man für sich steht». Formen literarischer Selbstbehauptung in der Moderne / Hg. E. Goebel u. E. Lämmert. Berlin: Akademie-Verlag, 2004. S. 214–241.

Kissel 2004в — Kissel W. S. Habitusmodell und Kunstmanifest. Zur russischen Übersetzung von Jules Amédée Barbey d'Aurevillys «Du dandysme et de George Brummell» // Russische Moderne Interkulturell. Von der

Blauen Blume zum Schwarzen Quadrat / Hg. B. Aufschnaiter u. D. Brötz. Innsbruck et al.: StudienVerlag, 2004. S. 30–52.

Kleineidam 1950 — Kleineidam E. Die Nachfolge Christi nach Bernhard von Clairvaux // Amt und Sendung. Beiträge zu seelsorglichen und religiösen Fragen / Hg. E. Kleineidam, O. Kuss u. E. Puzik. Freiburg i. Br.: Herder, 1950. S. 432–460.

Klemm 2002 — Klemm D. Nacktheit im Kirchenraum // Nackt. Die Ästhetik der Blöße / Hg. W. Hornbostel u. N. Jockel. München et al.: Prestel, 2002. S. 25–34.

Kluge 2002 — Kluge R.-D. Wolfgang Kasack: Christus in der russischen Literatur, München 1999 // Osteuropa. 2002. № 2. S. 242–243.

Koepp 1955 — Koepp W. Die antithetische Paradoxtheologie des späten A. H. Cremer // Zeitschrift für systematische Theologie. 1955. № 24. S. 291–341.

Kohlenberger 1974 — Kohlenberger H. K. Geist. III. Der jüdische und christliche G.[eist]-Begriff — V. Der lateinische G.[eist]-Begriff von der Hochscholastik bis zur Schulphilosophie des 18. Jh. // Historisches Wörterbuch der Philosophie. Bd. 3 / Hg. J. Ritter, K. Gründer et al. Basel: Schwabe, 1974. S. 162–180.

Köpf 1980 — Köpf U. Religiöse Erfahrung in der Theologie Bernhards von Clairvaux. Tübingen: Mohr, 1980.

Koschorke 2001 — Koschorke A. Die Heilige Familie und ihre Folgen. Ein Versuch. 3. Aufl. Frankfurt a. M.: Fischer, 2001.

Koslowski/Hermanni 2001 — Koslowski P., Hermanni F. (Hg.). Der leidende Gott. Eine philosophische und theologische Kritik. München: Fink, 2001.

Kotelnikow 1999 — Kotelnikow W. A. Askese als treibende Kraft in der Entwicklung der russischen Kultur // Religionspolitik zwischen Cäsaropapismus und Atheismus. Staat und Kirche in Rußland von 1825 bis zum Ende der Sowjetunion / Hg. P. Koslowski u. W. F. Fjodorow. München: Fink, 1999. S. 131–148.

Kraft 1991 — Kraft H. Einführung in die Patrologie. Darmstadt: Wissenschaftliche Buchgesellschaft, 1991.

Kraft 1992 — Kraft H. Die Paradoxie in der Bibel und bei den Griechen als Voraussetzung für die Entfaltung der Glaubenslehren // Das Paradox. Eine Herausforderung des abendländischen Denkens / Hg. P. Geyer u. R. Hagenbüchle. Tübingen: Stauffenburg, 1992. S. 247–272.

Kreiner 1998 — Kreiner A. Gott im Leid. Zur Stichhaltigkeit der Theodizee-Argumente. 2. Aufl. Freiburg i. Br. et al.: Herder, 1998.

Kremendahl 2000 — Kremendahl D. Die Botschaft der Form. Zum Verhältnis von antiker Epistolographie und Rhetorik im Galaterbrief. Göttingen: Vandenhoeck & Ruprecht, 2000.

Krischel/Morello/Nagel 2005 — Krischel R., Morello G., Nagel T. (Hg.). Ansichten Christi. Christusbilder von der Antike bis zum 20. Jahrhundert. Köln: DuMont, 2005.

Kristeva 1970 — Kristeva J. Le texte du roman. Approche sémiologique d'une structure discursive transformationelle. Den Haag et al.: Mouton, 1970.

Krivulin 2000 — Krivulin V. B. «Die Heiligsprechung von Zar Nikolaus II». Frankfurter Allgemeine Zeitung 07.09.2000. S. 53.

Kuhn 1968 — Kuhn P. Gottes Selbsterniedrigung in der Theologie der Rabbinen. München: Kösel, 1968.

Künkel 1991 — Künkel C. Totus Christus. Die Theologie Georges V. Florovskys. Göttingen: Vandenhoeck & Ruprecht, 1991.

Kuschel 1997 — Kuschel K.-J. Im Spiegel der Dichter. Mensch, Gott und Jesus in der Literatur des 20. Jahrhunderts. Düsseldorf: Patmos, 1997.

Kuschel 1999 — Kuschel K.-J. Jesus im Spiegel der Weltliteratur. Eine Jahrhundertbilanz in Texten und Einführungen. Düsseldorf: Patmos, 1999.

Lacan 1966 — Lacan J. Ecrits. T. 1. Paris: Seuil, 1966.

Lachmann 2002 — Lachmann R. Erzählte Phantastik. Zu Phantasiegeschichte und Semantik phantastischer Texte. Frankfurt a. M.: Suhrkamp, 2002.

Lampe 1961 — Lampe G. W. H. A Patristic Greek Lexicon. Oxford: Clarendon Press, 1961.

Lanczkowski 1992 — Lanczkowski G. Einführung in die Religionsphänomenologie. 3. Aufl. Darmstadt: Wissenschaftliche Buchgesellschaft, 1992.

Lang 2000 — Lang U. M. The Christological Controversy at the Synod of Antioch in 268/9 // Journal of Theological Studies. New Series. 2000. Vol. 51. N. 1. P. 54–80.

Lausberg 1973 — Lausberg H. Handbuch der literarischen Rhetorik. Eine Grundlegung der Literaturwissenschaft. 2. Aufl. München: Hueber, 1973.

Lausberg 1990 — Lausberg H. Elemente der literarischen Rhetorik. 10. Aufl. Ismaning: Hueber, 1990.

Lease 1991 — Lease G. «Religiöses» Bewußtsein und Kultur. Eine vergleichende Untersuchung von Überlebens-Strategien // Paradoxien, Dissonanzen, Zusammenbrüche. Situationen offener Epistemologie / Hg. H. U. Gumbrecht u. K. L. Pfeiffer. Frankfurt a. M.: Suhrkamp, 1991. S. 457–470.

Lebeau 1982 — Lebeau J. Le paradoxe chez Erasme, Luther et Sebastian Franck // Le paradoxe au temps de la Renaissance / Ed. M.-T. Jones-Davies. Paris: Touzot, 1982. P. 143–154.

Lenhoff 1989 — Lenhoff G. The Martyred Princes Boris and Gleb: A Socio-Cultural Study of the Cult and the Texts. Columbus (OH): Slavica, 1989.

Leonid 1966 — Leonid (Priestermönch). Das literarische Erbe des Paissi Welitschkowski // Hierarchen und Starzen der Russischen Orthodoxen Kirche / Hg. F. von Lilienfeld. Berlin: Evangelische Verlagsanstalt, 1966. S. 59–72.

Lévinas 1963 — Lévinas E. La trace de l'autre // Tijdschrift voor Filosofie. 1963. Vol. 25. N 3. P. 605–623.

Link-Wieczorek 1999 — Link-Wieczorek U. Christologie IV 2 // Religion in Geschichte und Gegenwart. 4. Aufl. / Hg. H. D. Betz et al. Bd. 2. Tübingen: Mohr, 1999. S. 320–321.

Lock 1991 — Lock C. Carnival and Incarnation: Bakhtin and Orthodox Theology // Journal of Literature and Theology. 1991. Vol. 5. N. 1. P. 68–82.

Loewenich 1954 — Loewenich W. von. Luthers Theologia crucis. 4. Aufl. München: Kaiser, 1954.

Lohmeyer 1928 — Lohmeyer E. Kyrios Jesus. Eine Untersuchung zu Phil 2:5–11. Heidelberg: Winter, 1928.

Lohse 1969 — Lohse B. Askese und Mönchtum in der Antike und in der alten Kirche. München; Wien: Oldenbourg, 1969.

Loofs 1901 — Loofs F. Kenosis // Realenzyklopädie für protestantische Theologie und Kirche. Bd. 10. Leipzig: Hinrichs, 1901. S. 246–263.

Loofs 1910 — Loofs F. Kenosis // The New Schaff-Herzog Encyclopedia of Religious Knowledge: Embracing Biblical, Historical, Doctrinal, and Practical Theology and Biblical, Theological, and Ecclesiastical Biography from the Earliest Times to the Present Day / Ed. S. M. Jackson. Vol. 6. New York; London: Funk & Wagnalls, 1910. P. 315–319.

Lossky 1989 — Lossky V. N. Orthodox Theology: An Introduction. 2nd ed. Crestwood (NY): St. Vladimir's Seminary Press, 1989.

Lounibos 2000 — Lounibos J. B. Self-Emptying in Christian and Buddhist Spirituality // Journal of Pastoral Counseling. 2000. Vol. 35. P. 49–66.

Luhmann 1984 — Luhmann N. Soziale Systeme. Grundriß einer allgemeinen Theorie. Frankfurt a. M.: Suhrkamp, 1984.

Luhmann 2000 — Luhmann N. Die Religion der Gesellschaft. Frankfurt a. M.: Suhrkamp, 2000.

Lukács 1971 — Lukács G. Die Theorie des Romans. Ein geschichtsphilosophischer Versuch über die Formen der großen Epik. Neuwied; Berlin: Luchterhand, 1971.

Luther 1983 — Luther M. Freiheit und Lebensgestaltung. Ausgewählte Texte // Hg. K.-H. zur Mühlen. Göttingen: Vandenhoeck & Ruprecht, 1983.

Luz 1994 — Luz U. Nachfolge Jesu I. Neues Testament // Theologische Realenzyklopädie / Hg. G. Müller et al. Bd. 23. Berlin; New York: de Gruyter, 1994. S. 678–686.

Lyotard 1973 — Lyotard J.-F. Notes sur le retour et le Kapital // Nietzsche aujourd'hui? T. 1. Intensités. Paris: Union générale d'éditions, 1973. P. 141–157.

Maczko 1975 — Maczko S. Boris and Gleb: Saintly Princes or Princely Saints // Russian History. 1975. Vol. 2. N. 1. P. 68–80.

Magaß 1986 — Magaß W. Der Prediger und die Rhetorik // Rhetorik und Theologie / Hg. W. Jens. Tübingen: Niemeyer, 1975. S. 13–26.

Mainberger 1987 — Mainberger G. K. Rhetorica. Bd. 1. Reden mit Vernunft. Aristoteles, Cicero, Augustinus. Stuttgart et al.: Frommann-Holzboog, 1987.

Man 1979 — Man P. de. Allegories of Reading: Figural Language in Rousseau, Nietzsche, Rilke, and Proust. New Haven (CT); London: Yale University Press, 1979.

Man 1984 — Man P. de. The Rhetoric of Romanticism. New York: Columbia University Press, 1984.

Manz 1990 — Manz U. Das Wesen der Gestalt. Eine theologische Systematik zur Analogie der dialogischen Inexistenz. München: Selbstverlag, 1990.

Marion 1991 — Marion J.-L. Dieu sans l'être. Paris: Presses Universitaires de France, 1991.

Maron 2001 — Maron G. Ignatius von Loyola. Mystik — Theologie — Kirche. Darmstadt: WBG, 2001.

Martin/Dodd 1998 — Martin R. P., Dodd B. J. (Ed.). Where Christology Began: Essays on Philippians 2. Louisville (KY): Westminster John Knox Press, 1998.

Martini-Wonde 1988 — Martini-Wonde A. (Hg.). Der versiegelte Engel. Erzählungen zu Ikonen. Frankfurt a. M.: Insel, 1988.

Matheson 1998 — Matheson P. The Rhetoric of the Reformation. Edinburgh: T&T Clark, 1998.

McKinnon 1994 — McKinnon J. Musik und Religion III. Alte Kirche und Mittelalter // Theologische Realenzyklopädie / Hg. G. Müller et al. Bd. 23. Berlin; New York: de Gruyter, 1994. S. 452–457.

Menke 2004 — Menke B. Nachträglichkeiten und Beglaubigungen // Stigmata. Poetiken der Körperinschrift / Hg. B. Menke u. B. Vinken. Paderborn: Fink, 2004. S. 25–43.

Menke/Vinken 2004 — Menke B., Vinken B. (Hg.). Stigmata. Poetiken der Körperinschrift. Paderborn: Fink, 2004.

Menninghaus 1999 — Menninghaus W. Ekel. Theorie und Geschichte einer starken Empfindung. Frankfurt a. M.: Suhrkamp, 1999.

Mesnard 1964 — Mesnard P. La conception de l'humilité dans l'imitation de Jésus-Christ // L'homme devant dieu. Mélanges offerts au Père Henri de Lubac. T. 2. Du moyen âge au siècle des lumières. Paris: Aubier, 1964. P. 199–222.

Metzger/Strube 1974 — Metzger W., Strube W. Gestalt II // Historisches Wörterbuch der Philosophie. Bd. 3 / Hg. J. Ritter, K. Gründer et al. Basel: Schwabe, 1974. S. 540–548.

Meyendorff 1981 — Meyendorff J. Byzanz // Theologische Realenzyklopädie / Hg. G. Müller et al. Bd. 7. Berlin; New York: de Gruyter, 1981. S. 500–531.

Meyer 2001 — Meyer H. Ecce attentatum. Heimsuchungen von «Text» und «Bild» in zwei Gedichten des polnischen Frühbarock // Behext von Bildern? Ursachen, Funktionen und Perspektiven der textuellen Faszination durch Bilder / Hg. H. J. Drügh u. M. Moog-Grünewald. Heidelberg: Winter, 2001. S. 37–56.

Meyer 2002a — Meyer H. Das Kreuz als Metapher und Grenzfall der «poetischen Funktion der Sprache» Sakrale Figuren des Formalismus // Wiener Slawistischer Almanach. 2002. № 50. S. 261–290.

Meyer 2002б — Meyer H. дополненная версия статьи Meyer 2002a, н.о.

Meyer 2004 — Meyer H. «...weinen wir bitterlich». Von heidnischen und häretischen Subversionen des Katholizismus zum rhetorischen Hyperkatholizismus der polnischen Romantik // Subversive Romantik / Hg. V. Kapp et al. Berlin: Duncker & Humblot, 2004. S. 479–498.

Meyer/Uffelmann 2007 — Meyer H., Uffelmann D. Religion und Rhetorik in Ost- und Westkirche // Religion und Rhetorik / Hg. H. Meyer u. D. Uffelmann. Stuttgart: Kohlhammer, 2007. S. 7–20.

Michel 1954 — Michel O. Zur Exegese von Phil 2:5–11 // Theologie als Glaubenswagnis. Festschrift für Karl Heim zum 80. Geburtstag. Hamburg: Furche, 1954. S. 79–95.

Mihailovic 1997 — Mihailovic A. Corporeal Words: Mikhail Bakhtin's Theology of Discourse. Evanston (IL): Northwestern University Press, 1997.

Moehsen 1781 — Moehsen J. K. W. Geschichte der Wissenschaften in der Mark Brandenburg, besonders der Arzneiwissenschaft. Berlin-Leipzig: Decker.

Moll 1975 — Moll H. Die Lehre von der Eucharistie als Opfer. Eine dogmengeschichtliche Untersuchung vom Neuen Testament bis Irenäus von Lyon. Köln; Bonn: Hanstein, 1975.

Möller 1896 — Möller. Adoptianismus // Realencyklopädie für protestantische Theologie und Kirche / Hg. A. Hauck Bd. 1. 3. Aufl. Leipzig: Hinrichs, 1896. S. 180–186.

Moltmann 1972 — Moltmann J. Der gekreuzigte Gott. Das Kreuz Christi als Grund und Kritik christlicher Theologie. München: Kaiser, 1972.

Morris 1993 — Morris M. A. Saints and Revolutionaries: The Ascetic Hero in Russian Literature. Albany (NY): State University of New York Press, 1993.

Morson/Emerson 1990 — Morson G. S., Emerson C. Mikhail Bakhtin: Creation of a Prosaics. Stanford (CA): Stanford University Press, 1990.

Mühlenberg 1969 — Mühlenberg E. Apollinaris von Laodicea. Göttingen: Vandenhoeck & Ruprecht, 1969.

Müller H. 1985 — Müller H. M. Predigt als Charisma // Charisma und Institution / Hg. T. Rendtorff. Gütersloh: Mohn, 1985. S. 439–451.

Müller K. 1996 — Müller H. M. Homiletik // Historisches Wörterbuch der Rhetorik / Hg. G. Ueding. Darmstadt: Wissenschaftliche Buchgesellschaft, 1996.

Münch 1998 — Münch A. Dimensionen der Leere. Gott als Nichts und Nichts als Gott im christlich-buddhistischen Dialog. Münster: Lit, 1998.

Munier 1995 — Munier C. (éd.). Saint Justin: Apologie pour les chrétiens. Fribourg: Éditions universitaires, 1995.

Murav 1992 — Murav H. Holy Foolishness: Dostoevsky's Novels & The Poetics of Cultural Critique. Stanford (CA): Stanford University Press, 1992.

Nancy 2006 — Nancy J.-L. Corpus. Paris: Métailié, 2006.

Natorp 1912 — Natorp P. Allgemeine Psychologie nach kritischer Methode. 1. Buch. Objekt und Methode der Psychologie. Tübingen: Mohr, 1912.

Nembach 1972 — Nembach U. Predigt des Evangeliums. Luther als Prediger, Pädagoge und Rhetor. Neukirchen-Vluyn: Neukirchener Verlag, 1972.

Newberg 2001 — Newberg B. B. Why God Won't Go away: Brain Science and the Biology of Belief. New York: Ballantine Books, 2001.

Nnamani 1995 — Nnamani A. G. The Paradox of a Suffering God: On the Classical, Modern-Western and Third World Struggles to Harmonise the Incompatible Attributes of the Trinitarian God. Frankfurt a. M.: Lang, 1985.

Nietzsche 1988 — Nietzsche. Sämtliche Werke. Kritische Studienausgabe in 15 Einzelbdn. München, Berlin: Deutscher Taschenbuch-Verlag.

Noth 1930 — Noth G. Grundzüge der Theologie des Martin Chemnitz. Dissertation Universität Erlangen, 1930.

Nygren 1972 — Nygren A. Meaning and Method: Prolegomena to a Scientific Philosophy of Religion and a Scientific Theology: trans. P. S. Watson. London: Epworth Press, 1972.

Obolensky 1974 — Obolensky D. The Byzantine Commonwealth: Eastern Europe, 500–1453. London: Cardinal, 1974.

O'Brien 1994 — O'Brian P. T. The Epistle to the Philippians: A Commentary on the Greek Text. Grand Rapids (MI): Eerdmans, 1994.

O'Keefe 1997 — O'Keefe J. J. Kenosis or Impassibility: Cyril of Alexandria and Theodoret of Cyrus on the Problem of Divine Pathos // Papers Presented at the Twelfth International Conference on Patristic Studies: Held in Oxford 1995. Vol. 4. Athanasios and His Opponents, Cappadocian Fathers, Other Greek Writers after Nicaea / Ed. E. A. Livingstone. Leuven: Peeters, 1997. P. 358–365.

Oepke 1990 — Oepke A. κενός... // Theologisches Wörterbuch zum Neuen Testament. Bd. 8 / Hg. G. Friedrich. Stuttgart et al.: Kohlhammer, 1990. S. 659–662.

Onasch 1968 — Onasch K. Die Ikonenmalerei. Grundzüge einer systematischen Darstellung. Leipzig: Koehler & Amelang, 1968.

Onasch 1976 — Onasch K. Der verschwiegene Christus. Versuch über die Poetisierung des Christentums in der Dichtung F. M. Dostojewskis. Berlin: Union, 1976.

Onasch 1981 — Onasch K. Liturgie und Kunst der Ostkirchen in Stichworten. Unter Berücksichtigung der Alten Kirche. Leipzig: Koehler & Amelang, 1981.

Onasch/Schnieper 2001 — Onasch K., Schnieper A. Ikonen. Faszination und Wirklichkeit. München: Orbis, 2001.

Ong 1986 — Ong W. J. Hopkins, the Self, and God. Toronto et al.: University of Toronto Press, 1986.

Origenes 2011 — Origenes. Contra Celsum. Gegen Celsus: übers. C. Barthold. 3. Teilband. Freiburg i. Br.; Basel; Wien: Herder, 2011.

Osipov 1999 — Osipov A. I. Heiligsprechung der Zarenfamilie. PRO und CONTRA // Stimme der Orthodoxie. 1999. № 4. S. 19–22.

Otto 1958 — Otto R. Das Heilige. Über das Irrationale in der Idee des Göttlichen und sein Verhältnis zum Rationalen. 29–30. Aufl. München: C. H. Beck, 1958.

Ottovordemgentschenfelde 2004 — Ottovordemgentschenfelde N. Jurodstvo. Eine Studie zur Phänomenologie und Typologie des «Narren in Christo». Jurodivyj in der postmodernen russischen Kunst. Venedikt Erofeev «Die Reise nach Petuški», Aktionismus Aleksandr Breners und Oleg Kuliks. Frankfurt a. M.: Lang, 2004.

Pagel 1989 — Pagel G. Lacan zur Einführung. Hamburg: Junius, 1989.

Palmer 1978 — Palmer S. E. Fundamental Aspects of Cognitive Representation // Cognition and Categorization / Ed. E. Rosch and B. B. Lloyd. Hillsdale (NJ): Erlbaum, 1978. P. 259–303.

Pape 1954 — Pape W. Griechisch-deutsches Handwörterbuch. 2 Bde. 3. Aufl. Graz: Akademische Druck- und Verlagsanstalt, 1954.

Paperno/Grossman 1994 — Paperno I., Grossman J. D. Creating Life: The Aesthetic Utopia of Russian Modernism. Stanford (CA): Stanford University Press, 1994.

Pelikan 1971–1989 — Pelikan J.J. The Christian Tradition: A History of the Development of Doctrine. 5 vols. Chicago (IL); London: University of Chicago Press, 1971–1989.

Plasger 1993 — Plasger G. Die Not-Wendigkeit der Gerechtigkeit. Eine Interpretation zu «Cur deus homo» von Anselm von Canterbury. Münster: Aschendorff, 1993.

Plessner 1965 — Plessner H. Die Einheit der Sinne. Grundlinien einer Aesthesiologie des Geistes. Bonn: Bouvier, 1965.

Plett 1992 — Plett H. F. Das Paradoxon als rhetorische Kategorie // Das Paradox. Eine Herausforderung des abendländischen Denkens / Hg. P. Geyer u. R. Hagenbüchle. Tübingen: Stauffenburg, 1992. S. 89–104.

Poppenberg 2003 — Poppenberg G. Psyche und Allegorie. Studien zum spanischen «auto sacramental» von den Anfängen bis zu Calderón. München: Fink, 2003.

Pospielovsky 1997 — Pospielovsky D. Kanonisierung — politisch motiviert // Glaube in der 2. Welt. 1997. № 5. S. 28–29.

Post P. 2001 — Post P. The Creation of Tradition: Rereading and Reading beyond Hobsbawm // Religious Identity and the Invention of Tradition: Papers Read at a Noster Conference in Soesterberg, January 4–6, 1999 / Ed. J. W. van Henten and A. Houtepen. Assen: Royal van Gorcum, 2001. S. 41–59.

Post R. 1968 — Post R. R. The Modern Devotion: Confrontation with Reformation and Humanism. Leiden: Brill, 1968.

Puttenham 1589 — Puttenham G. The Arte of English Poetry: Contriued into Three Bookes: The First of Poets and Poesie, the Second of Proportion, the Third of Ornament. London: Field, 1589.

Pyper 1998 — Pyper H. S. The Selfish Text: The Bible and Memetics // Biblical Studies, Cultural Studies: The Third Sheffield Colloquium / Ed. J. C. Exum and S. D. Moore. Sheffield: Academic Press, 1998. P. 70–90.

Rancour-Laferriere 1995 — Rancour-Laferriere D. The Slave Soul of Russia: Moral Masochism and the Cult of Suffering. New York; London: New York University Press, 1995.

Rappaport 1999 — Rappaport R. A. Ritual and Religion in the Making of Humanity. Cambridge: Cambridge University Press, 1999.

Reckwitz 2000 — Reckwitz A. Die Transformation der Kulturtheorien. Zur Entwicklung eines Theorieprogramms. Weilerswist: Velbrück Wissenschaft, 2000.

Reimarus 1895 — Reimarus H. S. Fragmente des Wolfenbüttelschen Ungenannten. 5. Aufl. Berlin: Reimer, 1895.

Reimer 1995 — Reimer A. J. Tillich's Christology in Light of Chalcedon // The Theological Paradox: Interdisciplinary Reflexions on the Centre of Paul Tillich's Thought. Das theologische Paradox. Interdisziplinäre Reflexionen zur Mitte von Paul Tillichs Denken / Hg. G. Hummel. Berlin; New York: de Gruyter, 1995. S. 122–140.

Rengstorf 1990 — Rengstorf K.H. δοῦλος... // Theologisches Wörterbuch zum Neuen Testament. Bd. 2 / Hg. G. Friedrich. Stuttgart et al.: Kohlhammer, 1990. S. 264–283.

Riches 1994 — Riches J. K. Nachfolge Jesu III. Von der Reformation bis zur Gegenwart // Theologische Realenzyklopädie / Hg. G. Müller et al. Bd. 23. Berlin; New York: de Gruyter, 1994. S. 691–701.

Ritschl 1874 — Ritschl A. Die christliche Lehre von der Rechtfertigung und Versöhnung. Bd. 3. Die positive Entwickelung der Lehre. Bonn: Marcus, 1874.

Ritschl 1881 — Ritschl A. Theologie und Metaphysik. Zur Verständigung und Abwehr. Bonn: Marcus, 1881.

Röhrig F. 2005 — Röhrig F. Vom Siegeskreuz zum Schmerzensmann. Der Wandel der Kruzifixdarstellung im 13. Jahrhundert // Kreuz und Kruzifix. Zeichen und Bild / Hg. P. Steiner. Lindenberg: Kunstverlag Fink, 2005. S. 66–68.

Röhrig H.-J. 1997 — Röhrig H.-J. Die Bewahrung und Entfaltung des Kenosisgedankens in der russischen Orthodoxie // Unterwegs zum einen Glauben. Festschrift für Lothar Ullrich zum 65. Geburtstag / Hg. W. Beinert. Leipzig: Benno, 1997. S. 489–500.

Röhrig H.-J. 2000a — Röhrig H.-J. Kenosis. Die Versuchungen Jesu Christi im Denken von Michail M. Tareev. Leipzig: Benno, 2000.

Röhrig H.-J. 2006 — Röhrig H.-J. Zum Begriff «Kenosis» in der russischen Theologie // Russische Begriffsgeschichte der Neuzeit. Beiträge zu einem Forschungsdesiderat / Hg. P. Thiergen. Köln et al.: Böhlau, 2006. S. 319–332.

Rosenkranz 1853 — Rosenkranz K. Aesthetik des Häßlichen. Königsberg: Bornträger, 1853.

Rothacker 1955 — Rothacker E. Geleitwort // Archiv für Begriffsgeschichte. Bd. 1. Bonn: Bouvier, 1955. S. 5–9.

Rothe 2000 — Rothe H. Was ist «altrussische Literatur»? Wiesbaden: Westdeutscher Verlag, 2000.

Rupp 1974 — Rupp G. Christologies and Cultures: Toward a Typology of Religious Worldviews. The Hague; Paris: Mouton, 1974.

Rusch 1987 — Rusch G. Erkenntnis, Wissenschaft, Geschichte. Von einem konstruktivistischen Standpunkt. Frankfurt a. M.: Suhrkamp, 1987.

Sasse 2001 — Sasse S. Fiktive Geständnisse. Danilo Kiš konspirative Poetik und die Verhöre der Moskauer Schauprozesse // Poetica. 2001. Bd. 33. № 1/2. S. 215–252.

Schaff/Schaff 1909 — Schaff D. S., Schaff P. Christology // The New Schaff-Herzog Encyclopedia. Vol. 3. New York et al.: Funk & Wagnalls, 1909. P. 49–63.

Schaffner 1959 — Schaffner O. Christliche Demut. Des Hl. Augustinus Lehre von der Humilitas. Würzburg: Augustinus, 1959.

Schahadat 1998 — Schahadat S. (Hg.). Lebenskunst — Kunstleben. Жизнетворчество в русской культуре XVIII–XX вв. München: Sagner, 1998.

Schilson 1996 — Schilson A. Jesus Christus II. Theologie- u. dogmengeschichtlich — III. Systematisch-theologisch // Lexikon für Theologie und Kirche. 3. Aufl. / Hg. W. Kasper et al. Bd. 5. Freiburg et al.: Herder, 1996. S. 815–834.

Schlie 2002 — Schlie H. Bilder des Corpus Christi. Sakramentaler Realismus von Jan van Eyck bis Hieronymus Bosch. Berlin: Gebr. Mann, 2002.

Schlieben-Lange 1975 — Schlieben-Lange B. Linguistische Pragmatik. Stuttgart et al.: Kohlhammer, 1975.

Schmid U. 2000 — Schmid U. Ichentwürfe. Die russische Autobiographie zwischen Avvakum und Gercen. Zürich: Pano, 2000.

Schmid W. 1998 — Schmid W. Das Leben als Kunstwerk. Versuch über Kunst und Lebenskunst // Kunstforum international. Okt.–Dez. 1998. № 142. S. 72–79.

Schmidt 2009 — Schmidt C. Gemalt für die Ewigkeit. Geschichte der Ikonen in Russland. Köln et al.: Böhlau, 2009.

Schmitz 1995 — Schmitz B. Das christologische Paradox und seine Transformation in die Sprache der Symbole // The Theological Paradox: Interdisciplinary Reflexions on the Centre of Paul Tillich's Thought. Das theologische Paradox. Interdisziplinäre Reflexionen zur Mitte von Paul Tillichs Denken / Hg. G. Hummel. Berlin; New York: de Gruyter, 1995. S. 162–172.

Schönborn 1984 — Schönborn C. OP. Die Christus-Ikone. Eine theologische Hinführung. Schaffhausen: Novalis, 1984.

Schoonenberg 1966a — Schoonenberg P. J. A. M. SJ. Christus zonder tweeheid? // Tijdschrift voor theologie. 1966. № 6. P. 289–306.

Schoonenberg 1966б — Schoonenberg P. J. A. M. SJ. Kenosis // Concilium. 1966. № 2. P. 24–33.

Schrage 1961 — Schrage W. Die konkreten Einzelgebote in der paulinischen Paränese. Ein Beitrag zur neutestamentlichen Ethik. Gütersloh: Mohn, 1961.

Schröer 1960 — Schröer H. Die Denkform der Paradoxalität als theologisches Problem. Eine Untersuchung zu Kierkegaard und der neueren Theologie als Beitrag zur theologischen Logik. Göttingen: Vandenhoeck & Ruprecht, 1960.

Schröer 1989 — Schröer H. Kierkegaard // Theologische Realenzyklopädie / Hg. G. Müller et al. Bd. 18. Berlin; New York: de Gruyter, 1989. S. 138–155.

Schröer 1992 — Schröer H. Das Paradox als Kategorie systematischer Theologie // Das Paradox. Eine Herausforderung des abendländischen Denkens / Hg. P. Geyer u. R. Hagenbüchle. Tübingen: Stauffenburg, 1992. S. 61–70.

Schröer 1995 — Schröer H. Paradox II. Theologisch // Theologische Realenzyklopädie / Hg. G. Müller et al. Bd. 25. Berlin; New York: de Gruyter, 1995. S. 731–737.

Schulz A. 1962 — Schulz A. Nachfolgen und Nachahmen. Studien über das Verhältnis der neutestamentlichen Jüngerschaft zur urchristlichen Vorbildethik. München: Kösel, 1962.

Schulz C. 2006 — Schulz C. Zur Sprache einer Ethik der Entsagung // Russische Begriffsgeschichte der Neuzeit. Beiträge zu einem Forschungsdesiderat / Hg. P. Thiergen. Köln et al.: Böhlau, 2006. S. 411–434.

Schumacher 1914–1921 — Schumacher H. Christus in seiner Präexistenz und Kenose nach Phil 2:5–8. 2 Bde. Rom: Päpstliches Bibelinstitut, 1914–1921.

Schweizer 1987 — Schweizer E. Jesus Christus I // Theologische Realenzyklopädie / Hg. G. Müller et al. Bd. 16. Berlin; New York: de Gruyter, 1987. S. 671–726.

Searle 1969 — Searle J. R. Speech Acts: An Essay in the Philosophy of Language. Cambridge: Cambridge University Press, 1969.

Seide 1983 — Seide G. Geschichte der Russischen Orthodoxen Kirche im Ausland von der Gründung bis in die Gegenwart. Wiesbaden: Harrassowitz, 1983.

Seide 2000 — Seide G. Predigt. Zum Gedenken an die Kaiserlichen Neumärtyrer Röm 8:28–39 // Bote der Deutschen Diözese der Russischen Orthodoxen Kirche im Ausland. 2000. № 4. S. 25.

Seils 1976 — Seils M. Kenose // Historisches Wörterbuch der Philosophie. Bd. 4 / Hg. J. Ritter, K. Gründer et al. Basel: Schwabe, 1976. S. 813–815.

Semmelroth 1950 — Semmelroth O. SJ. Gottes überwesentliche Einheit. Zur Gotteslehre des Pseudo-Dionysius Areopagita // Scholastik. 1950. № 25. S. 209–234.

Serežnikov 1939 — Serežnikov K. Die Kenosis-Lehre Sergej Bulgakovs // Kyrios. 1939. Nr. 4. S. 142–150

Sevenster 1957 — Sevenster G. Christologie I. Christologie des Urchristentums // Religion in Geschichte und Gegenwart. 3. Aufl. / Hg. K. Galling et al. Bd. 1. Tübingen: Mohr, 1957. S. 1745–1762.

Slenczka N. 1999 — Slenczka N. Erniedrigung // Religion in Geschichte und Gegenwart. 4. Aufl. / Hg. H.D. Betz et al. Bd. 2. Tübingen: Mohr, 1999. S. 1462–1463.

Slenczka R. 1980 — Slenczka R. Lehre und Bekenntnis der Orthodoxen Kirche. Vom 16. Jahrhundert bis zur Gegenwart // Handbuch der Dogmen- und Theologiegeschichte. Bd. 2. Die Lehrentwicklung im Rahmen der Konfessionalität / Hg. C. Andresen. Göttingen: Vandenhoeck u. Ruprecht, 1980. S. 499–559.

Smirnov 1999 — Smirnov I. Der der Welt sichtbare und unsichtbare Humor Sorokins. Poetik der Metadiskursivität. Zum postmodernen Prosa-, Film- und Dramenwerk von Vladimir Sorokin. Hg. Dagmar Burkhart. München: Sagner, 1999. S. 65-73.

Smith 2001 — Smith D. Norbert Elias and Modern Social Theory. London et al.: Sage, 2001.

Soldat 2001 — Soldat C. Urbild und Abbild. Untersuchungen zu Herrschaft und Weltbild in Altrußland. 11–16. Jahrhundert. München: Sagner, 2001.

Söll 1984 — Söll G. Maria in der Geschichte von Theologie und Frömmigkeit // Handbuch der Marienkunde / Hg. W. Beinert u. H. Petri. Regensburg: Pustet, 1984. S. 93–231.

Stegemann 2000 — Stegemann W. Zur Metaphorik des Opfers // Opfer. Theologische und kulturelle Kontexte / Hg. B. Janowski u. M. Welker. Frankfurt a. M.: Suhrkamp, 2000. S. 191–216.

Steiger 1996 — Steiger J. A. Die «communicatio idiomatum» als Achse und Motor der Theologie Luthers // Neue Zeitschrift für Systematische Theologie und Religionsphilosophie. 1996. № 38. S. 1–28.

Stein 2003 — Stein E. Gesamtausgabe. Bd. 17. Wege der Gotterkenntnis. Studie zu Dionysius Areopagita und Übersetzung seiner Werke. Freiburg i. Br. et al.: Herder, 2003.

Steindorff 1994 — Steindorff L. Memoria in Altrußland. Untersuchungen zu den Formen christlicher Totensorge. Stuttgart: Steiner, 1994.

Stertenbrink 1971 — Stertenbrink R. Ein Weg zum Denken. Die Analogia entis bei Erich Przywara. Salzburg; München: Pustet, 1971.

Stock 1995–2001 — Stock A. Poetische Dogmatik. Christologie. 4 Bde. Paderborn et al.: Schöningh, 1995–2001.

Strauß 1920 — Strauß D. F. Das Leben Jesu, für das deutsche Volk bearbeitet. 2 Bde. Leipzig: Kröner, ca. 1920.

Strenski 1993 — Strenski I. At Home with René Girard: Eucharistic Sacrifice, the «French School» and Joseph De Maistre // Religion in Relation: Method, Application and Moral Location. Columbia (SC): Macmillan, 1993. P. 202–216.

Stricker 1983 — Stricker G. Die Kanonisierung der Neomärtyrer in der Russisch-Orthodoxen Auslandskirche // Jahrbuch Kirche im Osten. 1983. № 26. S. 95–136.

Stricker 2000 — Stricker G. Zar Nikolaj II. — ein «Neu-Heiliger». Zu einer umstrittenen Entscheidung der Russischen Orthodoxen Kirche // Osteuropa. 2000. Bd. 50. № 11. S. 1187–1196.

Stubenrauch 1995 — Stubenrauch B. Dialogisches Dogma. Der christliche Auftrag zur interreligiösen Begegnung. Freiburg i.Br. et al.: Herder, 1995.

Sutrop 1998 — Sutrop M. Prescribing Imaginings: Representation as Fiction // Mimesis. Studien zur literarischen Repräsentation. Studies on Literary Representation / Ed. B. F. Scholz. Tübingen; Basel: Francke, 1998. S. 45–62.

Tarkatellis 1976 — Tarkatellis D. C. The Pre-existence of Christ in the Writings of Justin Martyr. Missoula (MT): Scholars Press, 1976.

Taylor 1987 — Taylor M. C. Erring: A Postmodern A/theology. Chicago (IL); London: University of Chicago Press, 1987.

Tertullien 1990–2001 — Tertullien. Contre Marcion. 4 tt. Paris: Cerf, 1990–2001.

Theill-Wunder 1970 — Theill-Wunder H. Die archaische Verborgenheit. Die philosophischen Wurzeln der negativen Theologie. München: Fink, 1970.

Theodoret of Cyrus 1975 — Theodoret of Cyrus. Eranistes: Critical Text and Prolegomena // Ed. G. H. Ettlinger. Oxford: Clarendon Press, 1975.

Thomas 1982 — [Thomas a Kempis]. De imitatione Christi libri quatuor // Ed. T. Lupo SBD. Città del Vaticano: Libreria editrice vaticana, 1982.

Thomasius 1846 — Thomasius G. Erwiederung // Zeitschrift für Protestantismus und Kirche. 1846. № 11. S. 284–293.

Thompson D. 1991 — Thompson D. O. «The Brothers Karamazov» and the Poetics of Memory. Cambridge et al.: Cambridge University Press, 1991.

Thompson T. 2006 — Thompson T. R. Nineteenth-Century Kenotic Christology: The Waxing, Waning, and Weighing of a Quest for a Coherent Orthodoxy // Exploring Kenotic Christology: The Self-Emptying of God / Ed. C. S. Evans. Oxford: Oxford University Press, 2006. P. 74–111.

Thon 2000 — Thon N. Nationale Glaubenshelden. Zur Bedeutung der Kanonisierung russischer Neumartyrer // Ökumenische Informationen. 03.10.2000. S. 9–15.

Thümmel 1992 — Thümmel H. G. Die Frühgeschichte der ostkirchlichen Bilderlehre. Texte und Untersuchungen zur Zeit vor dem Bilderstreit. Berlin: Akademie-Verlag, 1992.

Thun-Hohenstein 2002 — Thun-Hohenstein F. Ich-Konstruktionen und verordnete Identitätsmuster. Selbstbilder russischer Schriftsteller in der Sowjetunion der dreißiger Jahre // Individualitätskonzepte in der russischen Kultur / Hg. C. Ebert. Berlin: Spitz, 2002. S. 97–111.

Tillich 1958 — Tillich P. Systematische Theologie. Bd. 2. 2. Aufl. Stuttgart: Evangelisches Verlagswerk, 1958.

Toland 1696 — Toland J. Christianity not Mysterious. London: 6. изд., 1696.

Traditio 1991 — Traditio apostolica. Apostolische Überlieferung // Didache. Zwölf-Apostel-Lehre. Traditio Apostolica. Apostolische Überlieferung / Hg. G. Schöllgen u. W. Geerlings. Freiburg i. Br. et al.: Herder, 1991. S. 212–313.

Turner 2001 — Turner D. Iconoclasm // The Blackwell Dictionary of Eastern Christianity / Hg. K. Parry et al. Oxford: Blackwell, 2001. P. 239–242.

Tyciak 1971 — Tyciak J. Theologische Denkstile im Morgenland und Abendland Handbuch der Ostkirchenkunde / Hg. E. von Ivánka, J. Tyciak u. P. Wiertz. Düsseldorf: Patmos, 1971. S. 239–331.

Ueding/Steinbrink 1994 — Ueding G., Steinbrink B. Grundriß der Rhetorik. Geschichte — Technik — Methode. 3. Aufl. Stuttgart; Weimar: Metzler, 1994.

Uffelmann 1999 — Uffelmann D. Die russische Kulturosophie. Logik und Axiologie der Argumentation. Frankfurt a. M. et al.: Lang, 1999.

Uffelmann 2002a — Uffelmann D. *Exinanitio alcoholica*. Venedikt Erofeevs «Moskva — Petuški» // Wiener Slawistischer Almanach. 2002. № 50. S. 331–372.

Uffelmann 2003a — Uffelmann D. Černyševskijs Opfer-Hysterie. Symptomatologische Lektüre des sozialistischen Traditionbruchs im Thesenroman «Čto delat'?» (1863) // Poetica. 2003. Bd. 35. № 3/4. S. 355–388.

Uffelmann 20036 — Uffelmann D. Marinä Himmelfahrt und Liquidierung. Erniedrigung und Erhöhung in Sorokins Roman «Tridcataja ljubov' Mariny» // Wiener Slawistischer Almanach. 2003. № 51. S. 289–333.

Uffelmann 2003в — Uffelmann D. Gor'kijs Maria // Wiener Slavistisches Jahrbuch. 2003. № 49. S. 179–202.

Uffelmann 2007a — Uffelmann D. Inkarnation vs. Allegorie. Der ikonographische Viskovatyj-Prozess 1553/54 und dessen neopatristische Aneignungen // Religion und Rhetorik / Hg. H. Meyer u. D. Uffelmann. Stuttgart: Kohlhammer, 2007. S. 185–205.

Uffelmann 2008а — Uffelmann D. Eine «Arbeitsnorm für sich, eine für Pavka!» Sozialdisziplinierung im Stalinismus mittels Literatur und Literaturkritik sowie antidisziplinäre Lektüren // Zeitschrift für Slawistik. 2008. Bd. 53. № 2. S. 219–237.

Uffelmann 2008б — Uffelmann D. «Duch gordosti». Das Böse in Gogol's «Portret» und die Umkehrung der Tugenden des Ikonenmalers // Das Böse in der russischen Kultur / Hg. B. Zelinsky. Köln et al.: Böhlau, 2008. S. 102–118.

Uffelmann 2008в — Uffelmann D. Von der Rhetorik der «tapeinosis» bzw. «humilitas» über den Habitus des altrussischen Gottesnarren zu Dostoevskijs Christopoetik («Der Idiot») // Rhetorik als kulturelle Praxis / Hg. R. Lachmann, R. Nicolosi u. S. Strätling. München: Fink, 2008. S. 151–163.

Ugolnik 1984 — Ugolnik A. Tradition as Freedom from the Past: Eastern Orthodoxy and the Western Mind // Journal of Ecumenical Studies. 1984. Vol. 21. N. 2. P. 278–294.

Ugolnik 1990 — Ugolnik A. Textual Liturgics: Russian Orthodoxy and Recent Literary Criticism // Religion and Literature. 1990. Vol. 22. N. 2–3. P. 133–154.

Uspenskij 1976 — Uspenskij B. A. The Semiotics of the Russian Icon. Lisse: Peter de Ridder Press, 1976.

Uspenskij/Živov 1983 — Uspenskij B. A., Živov V. M. Zur Spezifik des Barock in Rußland. Das Verfahren der Äquivokation in der russischen Poesie des 18. Jahrhunderts // Slavische Barockliteratur II. Gedenkschrift für Dmitrij Tschižewskij (1894–1977) / Hg. R. Lachmann. München: Fink, 1983. S. 25–56.

Valliere 2000 — Valliere P. Modern Russian Theology: Bukharev — Soloviev — Bulgakov. Edinburgh: Clark, 2000.

Vattimo/Rovatti 1992 — Vattimo G., Rovatti P.A. (ed.). Il pensiero debole. 9° ed. Milano: Feltrinelli, 1992.

Veeser 1989 — Veeser H. A. Introduction // The New Historicism / Ed. H. A. Veeser. New York; London: Routledge, 1989. P. IX–XVI.

Vinken 2004 — Vinken B. Via crucis, via amoris // Stigmata. Poetiken der Körperinschrift / Hg. B. Menke u. B. Vinken. Paderborn: Fink, 2004. S 11–23.

Vos J. S. 2002 — Vos J. S. Die Kunst der Argumentation bei Paulus. Studien zur antiken Rhetorik. Tübingen: Mohr, 2002.

Vos P. H. 2002 — Vos P. H. Working against Oneself: The Kenotic Character of Kierkegaard's Thought // Letting Go: Rethinking Kenosis / Ed. O. Zijlstra. Bern et al.: Lang, 2002. P. 109–139.

Walter/Reinmuth/Lampe 1998 — Walter N., Reinmuth E., Lampe P. Die Briefe an die Philipper, Thessalonicher und an Philemon. 18. Aufl. Göttingen: Vandenhoeck & Ruprecht, 1998.

Warburg 2000 — Warburg A. Der Bilderatlas Mnemosyne. Berlin: Akademie-Verlag, 2000.

Weber 1976 — Weber M. Wirtschaft und Gesellschaft. Grundriß der verstehenden Soziologie. 5. Aufl. Tübingen: Mohr, 1976.

Weimann 1997 — Weimann R. Einleitung. Repräsentation und Alterität diesseits/jenseits der Moderne // Ränder der Moderne. Repräsentation und Alterität im (post)kolonialen Diskurs / Hg. R. Weimann. Frankfurt a. M.: Suhrkamp, 1997. S. 7–43.

Werber 2003 — Werber N. Repräsentation/repräsentativ // Ästhetische Grundbegriffe. Bd. 5 / Hg. K. Barck et al. Stuttgart; Weimar: Metzler, 2003. S. 264–290.

Wessel 1966 — Wessel K. Christusmonogramm // Reallexikon zur byzantinischen Kunst / Hg. K. Wessel u. M. Restle. Bd. 1. Stuttgart: Hiersemann, 1966. S. 1047–1050.

White 1973 — White H. Metahistory: The Historical Imagination in Nineteenth-Century Europe. Baltimore (MD), London: Johns Hopkins University Press, 1973.

Williams 1999 — Williams R. D. Christologie II 1 // Religion in Geschichte und Gegenwart. 4. Aufl. / Hg. H. D. Betz et al. Bd. 2. Tübingen: Mohr, 1999. S. 289–299.

Willis 1966 — Willis E. D. Calvin's Catholic Christology: The Function of the So-called Extra Calvinisticum in Calvin's Theology. Leiden: Brill, 1966.

Woźny 1993 — Woźny A. Bachtin. Między marksistowskim dogmatem a formacją prawosławną. Nad studium o Dostojewskim. Wrocław: Towarzystwo Przyjaciół Polonistyki Wrocławskiej, 1993.

Wuchterl 1995 — Wuchterl K. Paradox I. Philosophisch // Theologische Realenzyklopädie / Hg. G. Müller et al. Bd. 25. Berlin; New York: de Gruyter, 1995. S. 726–731.

Yannaras 1982 — Yannaras C. Person und Eros. Eine Gegenüberstellung der Ontologie der griechischen Kirchenväter und der Existenzphilosophie des Westens. Göttingen: Vandenhoeck & Ruprecht, 1982.

Ziolkowski M. 1988 — Ziolkowski M. Hagiography and Modern Russian Literature. Princeton (NJ): Princeton University Press, 1988.

Ziolkowski T. 1972 — Ziolkowski T. Fictional Transfigurations of Jesus. Princeton (NJ): Princeton University Press, 1972.

Zumthor 1983 — Zumthor P. Introduction à la poésie orale. Paris: Seuil, 1983.

# Указатель имен

Абеляр Пьер 242
Аберман Габриеле 75
Абрамович Дмитрий Иванович 11, 12, 14
Аввакум 82
Августин Аврелий 56, 71, 74, 81, 82, 111, 226, 231, 253, 256, 261, 306, 311, 312, 320, 326
Аверинцев Сергей Сергеевич 137, 209, 290, 330, 334, 337
Агамбен Джорджио 25
Адам Сен-Викторский 307
Александр Александрийский 174
Алешковский Юз 324
Аллен Паулине 101
Алтайзер Томас Дж. Дж. 110, 128, 366
Амброзиаст, Псевдо-Амвросий 122
Амвросий (Оптинский) 165, 260,
Амвросий Медиоланский 171, 270
Андерсон Р. Дин 81
Андрей Боголюбский 12, 17, 19
Анри Мишель 100, 127, 154, 169
Анри Поль 24, 35, 86, 90, 97 102, 121, 122, 135, 337
Ансельм Кентерберийский 222, 225, 228, 286
Антоний Великий 282
Антоний (Храповицкий) 135, 136

Аполлинарий Лаодикийский 110, 111, 160, 162
Аренс Теодор 121
Арий 147
Арнобий Старший 286
Артемий (старец) 347
Ассман Алейда 54, 267, 325, 352
Ассман Ян 52–54, 352
Ауербах Эрих 320
Ауффарт Кристоф 124, 229
Афанасий Великий 110, 224, 254, 287

Бадер Гюнтер 351
Бадью Ален 113, 117, 142
Бальзак Оноре де 38
Бальтазар Ханс Урс фон 126, 128
Бальц Хорст 71, 87, 91, 97
Бар Ханс-Дитер 31, 77
Барт Карл 91, 212, 214, 326
Барт Ролан 78, 80
Батай Жорж 25
Батлер Джудит 29, 73
Баур Йёрг 158
Бах Иозеф фон 108
Бахтин Михаил Михайлович 203, 232, 270, 324, 325, 343
Безансон Ален 300–302
Бель Тео 266
Бельтинг Ханс 153, 289–292, 295, 302

Бенедикт Нурсийский 313
Бенсо Оскар 90, 93
Бенц Эрнст 234
Бергер Клаус 223, 233, 274
Бергфлет Бернд 223
Беркхофер Роберт Ф. 248
Беренгар Турский 273
Бернард Клервоский 264, 266
Бёлиг Александер 161
Блехингер Герхард 330
Блум Харольд 350, 351
Блуменберг Ханс 27, 107, 219
Блэкмор Сьюзен 50, 51, 54
Богданов Алексей 203, 322
Богун Ульрих 309
Боде Кристоф 200, 203
Бодрийяр Жан 77, 223, 279
Бойд Роберт 49, 54
Бойер Паскаль 45
Бойшер Бернд 200, 212
Бонецкая Наталья Константиновна 10, 16
Бонхёффер Дитрих 98
Бор Нильс 208
Борис (св.) 9, 11–21, 38
Борне Герхард Ф. 110
Борх-Якобсен Миккель 31
Бофф Леонардо 283
Брайдерт Мартин 24, 121, 152, 219
Брентано Клеменс фон 276
Бренц Иоганнес 158
Брёклинг Ульрих 31
Бронс Бернхард 329
Брюс Фредерик Ф. 40
Бутославский Сергей Алексеевич 19
Будин Пер-Арне 10, 13
Буйда Юрий Васильевич 21
Булгаков Михаил Афанасьевич 65, 326

Булгаков Сергей Николаевич 40, 116, 126, 144, 186, 235, 238, 267, 300, 330
Буллингер Эдельберт В. 320
Бультман Рудольф 202
Бурдьё Пьер 50, 257–260
Буссе Вильхельм 97, 99
Бухвальд Дагмар 237
Бычков Виктор 278, 297, 342, 346, 347
Бюлер Карл Людвиг 241
Бюттнер Мартин 284

Валентин 233
Вайман Роберт 239
Валиер Пол 32
Вальтер Николаус 91, 97
Варбург Аби 297, 298
Василий Великий 234, 237, 281, 313
Ваттимо Джанни 327
Вацлав (св.) 12
Вацлавик Пауль 84
Вебер Макс 249, 316
Велькер Михаэль 38
Веннинг Ральф 195
Вербер Нилс 240, 346
Вероника (св.) 290
Вессель Клаус 298
Вико Джамбаттиста 75, 78
Виноградов Игорь Алексеевич 30
Висковатый Иван Михайлович 154, 302, 306
Возьны Александер 324
Вухтерль Курт 190

Гай Марий Викторин Афр 150
Галлахер Лоуэлл 276
Гаманн Иоганн Георг 196, 197, 200, 207, 307, 308, 320

# Указатель имен

Гарви Альфред Эрнест 151
Гарнак Адольф фон 149, 197, 198
Гегель Георг В. Ф. 40, 117, 215, 216, 219, 221, 248, 340
Геннеп Арнольд ван 38
Герберштейн Сигизмунд фон 310
Гердер Иоганн Г. 76
Гердес Хайо 191
Герхард Иоганн 125, 126, 196
Гесс Вольфганг Фридрих 141
Гёрдт Вильхельм 224
Гёте Иоганн В. фон 238
Гибсон Мэл 155
Гильтебрандт Петр Андреевич 255
Гирц Клиффорд 35, 72
Гладиго Буркхард 38
Глеб (св.) 9, 11–21, 38
Гогартен Фридрих 45, 212
Годель Огюст 35
Гоголь Николай Васильевич 30, 38, 64, 65, 279, 324
Голлер Мирьям 334, 335, 339
Гольдман Люсьен 137, 196, 202, 331
Гораций 290
Горелов Александр 25
Горичева Татьяна 327
Гормэн Майкл Дж. 92
Городецки Надежда 26, 33, 141
Горький Максим 42, 64, 65, 67, 283
Горський В. С. 38
Гоцлениус Рудольф 237
Грайс Г. Пол 314
Греве Вильфрид 191
Грейлинг А. С. 51
Греймас Альгирдас Ж. 51, 346, 353
Грибомонт Жан 278
Григорий Богослов (Назианзин) 125, 156, 171, 225
Григорий Нисский 337

Грилльмайер Алоис 100, 161, 166, 186, 294
Гройс Борис Ефимович 77, 83, 321
Грёцингер Карль Е. 72
Грюбель Райнер Г. 33
Грюндер Карлфрид 196, 308, 320
Губанов Владимир 9, 10, 15
Гумберт Сильва-Кандидский 273
Гумбрехт Ханс Ульрих 200
Гуссерль Эдмунд 241
Гюго Виктор 38

Давид (царь) 254
Далеруп Пиль 55
Дальферт Ингольф У. 226
Даниил (пророк) 135, 136, 179
Дарнтон Роберт 67
Декарт Рене 241, 344
Делёз Жиль 9, 200
Денцингер Хайнрих 133, 160
Державин Гавриил Романович 137, 196
Деррида Жак 46, 49, 55, 85, 144, 211, 225, 237–239, 241, 245, 314, 322, 327, 330, 335
Диди-Юберман Жорж 34, 42, 60, 66, 275, 323, 342, 347, 348, 351–353
Диккенс Чарльз 38
Дионисий Ареопагит 199, 224, 328–330, 336, 338–340, 346–349
До Дональд Г. 24, 33, 35, 40, 100, 132, 133, 152, 192, 216, 217
Додд Брайан Дж. 97
Докинз Ричард 50, 51, 54, 76, 77
Донн Джон 195
Дорнер Исаак Август 152
Достоевский Федор Михайлович 63–65, 140, 145, 165, 187, 286, 321, 324, 325, 331

Дунаев Михаил Михайлович 42, 65, 66
Дэвис Стивен Т. 25, 109
Дэлленбах Лусен 331
Дюркгейм Эмиль 26

Евдокимов Павел 16
Евсевий Кесарийский 98, 150, 188, 263, 287
Евстафий Антиохийский 193
Евтихий (ересиарх) 160, 161, 166, 176
Екатерина Сиенская 275
Елена (императрица) 270, 301
Епифаний Кипрский (Саламинский) 156, 157, 261
Ерофеев Венедикт Васильевич 42, 64, 65, 67, 137, 202, 327
Ефрем Сирин 254
Ешке Вальтер 33

Ёпке Альбрехт 87

Жирар Рене 226, 227, 281

Зайде Гернот 9, 10
Зайльс Мартин 102, 122
Зассе Сильвия 321
Земмельрот Отто 336, 339, 340
Зенон Веронский 110
Зеньковский Василий Васильевич 175
Зёлл Георг 174
Зиновий Отенский 342
Зольдат Корнелия 347
Зутроп Маргит 345

Иаков (апостол) 97, 109, 142
Ианнарас Кристос 31
Иван IV Васильевич 154
Иванов Вячеслав Иванович 110
Игнасио де Лойола 243, 266
Игнатий Богоносец 106, 124, 163, 172, 276, 305
Иероним Стридонский 294
Иларий Пиктавийский 112, 150, 288
Иларион (митрополит Киевский) 171, 183
Иоанн (апостол) 99, 117, 129, 131, 132, 137, 138, 198, 209, 218, 262, 288, 305, 306
Иоанн (Шанхайский и Сан-Францисский) 15, 19
Иоанн Дамаскин 60, 102, 104, 107, 119, 130, 138, 151, 152, 159, 163–165, 179, 180, 184, 185, 244, 245, 269, 271, 288, 290–292, 295-297, 323, 347
Иоанн Златоуст 112, 164, 320
Иоанн Креститель 251, 278
Иов 190
Иосиф Аримафейский 144, 261
Ипполит Римский 109-111, 281
Ириней Лионский 229-231, 325, 341, 342, 354
Ирод I Великий 138
Исайя (пророк) 135, 136, 144
Исайя Сербский 329
Иуда Искариот 87
Иустин Философ 98

Казак Вольфганг 33, 55, 66
Кайль Гюнтер 213
Калигула (император) 118
Каллис Анастасиос 112
Кальвин Жан 157, 158, 169, 222, 231
Камерон Аверил 171, 174, 191, 203, 214, 239, 351

Камла Эрхард 202, 276, 277
Канетти Елиас 25
Капитанчук Виктор Афанасьевич 13
Капуто Джон Д. 330
Каррер Мартин 85–87, 97
Карташев Антон В. 175
Каспер Вальтер 128–130
Касседи Стивен 54, 277
Кассирер Эрнст 305
Квинтилиан Марк Фабий 75, 318, 319
Кеземан Эрнст 90
Келер Эрнст 307
Келли Катриона 28
Кеннеди Джордж А. 82
Кёп Вильхельм 197, 198
Кёпф Ульрих 264
Кесслер Херберт Л. 290
Киреевский Иван Васильевич 258
Кирик 285
Кирилл Александрийский 14, 21, 61, 151, 156, 161, 173
Киссель Вольфганг 11, 17, 32, 33
Клазен Софрониус 17, 282
Клайнайдам Эрих 264, 268
Клем Давид 154
Климент I (Римский) 225
Климент Александрийский 210, 235, 250
Клингер Макс 154
Клуге Рольф-Дитер 55
Козловски Петер 110
Коленбергер Хельмут К. 250
Коли Розали Л. 195
Кольпе Карстен 136
Кольридж Сэмюэль Т. 346
Константин I Великий 143, 148, 201, 214, 298
Константин V (император) 301, 302

Котельников Владимир А. 33, 278
Кошорке Альбрехт 51, 74, 226, 262, 279
Крайнер Армин 109
Крафт Хейнрих 183, 191, 193–195, 198, 201, 210
Кремендаль Дитер 81
Кремер Герман, 197, 198, 200, 201, 207
Кривулин Виктор Борисович 10, 13, 15, 16
Кристева Юлия 54
Кристен Эдуард 282
Кришель Роланд 300
Кросс Ричард 181, 182, 184
Кун Петер 25, 124
Куссе Хольгер 192, 204
Кушель Карл-Йозеф 33
Кьеркегор Сёрен 190–193, 196, 197, 200, 204, 207, 211, 213
Кюнкель Кристоф 249

Лакан Жак 31, 113, 115
Лампе Петер 91, 97, 229, 230, 232, 233, 257, 308, 320, 341, 344
Ланг У. М. 150
Ланцковски Гюнтер 37
Лаусберг Хайнрих 114, 188, 189, 205, 206
Лахманн Ренате 45, 78, 82, 205, 208, 351
Лебо Жан 196
Лев I 175, 176. 195
Левинас Эммануэль 340
Ленхофф Гейл 11
Леонид (монах) 327
Леонтий Византийский 100, 166, 177
Лёвених Вальтер фон 144, 256, 272, 276, 336

Лидов Алексей Михайлович 11
Лиз Гэри 203, 220
Линк-Вицорек Ульрике 33
Лок Чарльз 207, 270, 343
Ломайер Эрнст 97, 115, 116
Лоофс Фридрих 86, 87, 107, 111, 119, 121, 122, 183, 210
Лосев Алексей Федорович 330
Лосский Владимир Николаевич 19, 60, 61, 161, 345
Лотман Юрий Михайлович 343
Лоунибос Джон Б. 25
Лука (евангелист) 138, 250, 251, 261, 277, 311
Лукач Дьёрдь 240
Луман Никлас 145, 200, 206, 250
Луц Ульрих 261
Лютер Мартин 117, 131, 133, 138, 139, 144, 169, 182, 183, 185, 190, 192, 206, 229, 254, 266, 272, 273, 279, 284, 305, 307, 311, 314, 320, 327, 336, 343, 344

Магас Вальтер 71
Майнбергер Гонзальв К. 74, 82
Майендорфф Иван Федорович 19
Майер Хольт 56, 57, 72, 75, 78, 115, 175, 205, 206, 320, 322, 327, 350
Макарий (Булгаков) 222
Макарий (митрополит Московский) 222, 329
Макинтош Хью Р. 109
Маккинон Джеймс 82
Маклюэн Маршалл 77, 304
Макридес Василиос Н. 7
Максим Грек 297
Максим Исповедник 102, 179, 210, 224, 329

Малевич Казимир Северинович 302, 334
Ман Поль де 56, 57, 73, 75, 78, 114, 317, 350
Манц Ульрих 49, 237
Марион Жан-Люк 330
Марий Викторин Афр 150, 234, 235
Мария 150, 151, 172, 174, 175, 252, 291, 292, 299, 348, 349
Марк (евангелист) 137, 141–143, 262, 277
Маркион 106, 124, 149
Марон Готтфрид 266
Мартин Ральф П. 97
Мартини-Вонде Ангела 290, 292
Матвеевский Павел Алексеевич 330
Матфей (евангелист) 137, 141, 143, 277
Мацейна Антанас 19, 123, 331
Мезен Иохан Карль Вильгельм 38
Меланхтон Филипп 74
Менке Беттине 25, 74, 275, 276, 350
Меннингхаус Винфрид 155
Мефодий Олимпийский 231, 304
Мецгер Вольфганг 237
Мёллер 150
Микеланджело 153, 154
Милютенко Надежда Ильинична 19
Михайлович Александар 270, 324
Михель Отто 94
Мицкевич Адам 331
Могила Петр 38
Моль Хельмут 226, 273
Мольтман Юрген 25, 90, 144, 163
Морелло Джиованни 300
Моррис Марша А. 33
Морсон Гэри Сол 325
Муние Шарль 98, 104

Мурав Хэриет 325
Муранова Ольга 49
Мэснар Пиер 265
Мэтесон Питер 183
Мэцко Стивен 11
Мюленберг Еккехард 160
Мюллер Клаус 311, 312
Мюллер Могенс 135
Мюллер Ханс Мартин 315, 316
Мюнх Армин 25

Надсон Семен Яковлевич 325
Нагель Тобиас 300
Нанси Жан-Люк 49, 248, 269, 349
Наторп Пауль 241
Нембах Ульрих 183
Ненароков Николай 165
Нерон (император) 118
Несторий 167, 168, 173-175
Никифор (патриарх Константинопольский) 342
Николай II (царь) 9-11, 13-19, 45
Николай Кавасила 273
Николай Кузанский 199, 330
Ницше Фридрих 50, 56, 117, 147, 187
Ннамани Амулюш Грегори 33, 75, 128, 163, 192, 200, 209, 211
Новациан 125, 150
Нот Готтфрид 184
Нюберг Эндру Б. 193
Нюгрен Андерс 115, 205

Оболенский Дмитрий Дмитриевич 14
О'Брайен Питер Т. 90
Оукиф Джон Дж. 163
Оккам Уильям 305
Онаш Конрад 21, 65, 82, 242, 291, 292, 298, 299, 338

Онг Вальтер Й. 266
Ориген 155, 193, 279, 281, 284, 293, 294
Осипов А. И. 10
Остин Джон Л. 247, 314, 315, 318
Островский Николай Алексеевич 41, 42, 64, 65, 67, 202, 324, 327
Отто Рудольф 190, 191
Оттовордемгентшенфельде Наталья 322

Павел (апостол) 43, 48, 56, 71, 78, 80-82, 87, 88, 90, 91, 97-99, 106, 112, 117-119, 122, 125, 126, 128, 136, 142, 143, 158, 159, 189, 194, 202-204, 209, 210, 250, 251, 253, 254, 256, 262, 276-278, 280, 282, 285, 310, 322, 340
Павел Матвеевский 331
Павел Самосатский 167
Пагель Герда 113, 115
Паисий (Величковский) 40, 327
Пайпер Ю. С. 54
Пальмер Стивен Э. 243
Панченко Александр Михайлович 165
Папе Вильгельм 103, 104
Паперно Ирина 26, 42, 208, 260
Параскева (св.) 292
Паскаль Блез 137, 196, 201, 202, 327
Пасхазий Радберт 273
Паттенхэм Джордж 318, 319
Пахомий Великий 313
Пелагий 123
Пеликан Ярослав 229
Петр I (царь) 19, 40, 343
Петр Александрийский 284, 285
Петр Ломбардский 253, 257
Пий XII (Папа Римский) 231

Пирс Чарльз Сандерс 251
Пласгер Георг 225, 228, 229
Платон 77, 79, 80, 238, 241, 308
Плесснер Хельмут 269
Плет Хайнрих Ф. 195, 203
Плутарх 118, 180
Победоносцев Константин Петрович 265
Понтий Пилат 261
Поппенберг Герхард 74, 182, 274, 280
Портянников Виктор Алексеевич 22
Поспеловский Дмитрий Владимирович 10, 19
Пост Пол 52
Пост Регнерус 264
Праксей 104, 110, 239
Пропп Владимир Яковлевич 238
Псевдо-Лонгин 79, 80
Пушкин Александр Сергеевич 151, 290

Райнмут Экарт 91, 97
Райх К. Хельмут 208
Райхерсберг Арно фон 108
Ранкур-Лаферьер Дэниел 25, 33, 252
Ранчин Андрей М. 12
Раппапорт Рой А. 72, 73
Распутин Григорий Ефимович 10
Ратрамн Корбийский 273
Реймарус Герман С. 153, 218
Реймер Джэймс 175, 212
Реквитц Андреас 257, 259
Ремизов Алексей Михайлович 145
Ренгсторф Карл Х. 94, 124, 136, 283

Рёриг Герман-Йозеф 27, 32, 95, 140, 253
Рёриг Флоридус 144
Ритчль Альбрехт 215
Ричерсон Питер Й. 54
Ричэс Джон К. 266
Роватти Пьер А. 327
Розенкранц Карл 146
Ротакер Эрих 27
Роте Ханс 102
Руди Татьяна 13, 33
Рудинский Николай Семенович 81, 91, 186
Руссо Жан-Жак 241
Руп Дональд Г. 33, 37, 229
Руш Гебхард 49, 52, 259
Рюпке Йёрг 72

Савеллий Птолемаидский 104, 105
Севенстер Герхард 136
Севир Антиохийский 161
Седакова Ольга Александровна 22
Семон Ричард 51
Сергий I (патриарх Константинопольский) 162
Сергий Радонежский 18
Сережников К. 89
Серто Мишель де 67
Сёрл Джон Роджерс 247, 309, 314
Сленцка Нотгер 121
Сленцка Райнхард 18
Симеон Юродивый 251
Смирнов Игорь Павлович 26, 33, 42, 46
Смит Деннис 147
Смолич Игорь Корнильевич 29, 260
Соколов Саша 151, 324

# Указатель имен

Соловьев Владимир Сергеевич 40, 187, 286
Сорокин Владимир Георгиевич 42, 64, 65, 334
Спиноза Бенедикт 77
Стефан Первомученик 282
Стогов Илья 30
Стренски Иван 227
Схооненберг Пит 89, 100 123

Тареев Михаил М. 40, 95, 139, 140
Таркателлис Деметриус Крайст 98
Тайль-Вундер Хелла 328, 330, 338
Таулер Иоганн 264
Тейлор Марк 74, 238
Тертуллиан 106, 110, 124, 133, 191, 194, 195, 239, 240, 273, 279, 285
Тетцель Иоганн 284
Тёрнер Виктор 73
Тёрнер Дэвид 294
Тиллих Пауль 186, 187, 212
Тимофей (патриарх Иерусалимский) 165, 231
Тихон Задонский 321
Тихонравов Николай Саввич 290
Тойниссен Михаэль 191
Толанд Джон 215
Толстой Лев Николаевич 14, 268
Томазиус Готфрид 109, 127, 152
Томпсон Даен 65
Томпсон Томэс 109
Тон Николаус 15, 16, 40
Тун-Хоэнштайн Франциска 32
Тыциак Юлиус 102
Тюммель Ханс Георг 271, 299

Уайт Хейден 57
Угольник Антон 270, 343
Уиллис Э. Дэвид 157, 169

Уильямс Роэн Д. 102, 176
Успенский Борис Андреевич 12, 298, 310, 330
Успенский Леонид Александрович 60, 345
Уффельманн Дирк 25, 56, 65, 72, 78, 258, 320, 326

Федотов Георгий Петрович 11–20, 30, 31, 33, 36, 37, 40, 59, 324
Фейербах Людвиг 100, 147, 216, 217, 219, 239, 274, 286
Феодор Мопсуестийский 112
Феодорит Кирский 160, 167, 174, 319
Феодосий I Великий (император) 270
Фесдот Анкирский 194
Фесфан (Затворник) 81, 91, 185, 186
Феофил Александрийский 221, 295
Филарет (Дроздов) 224
Филарет (Черниговский) 10
Филоксен Маббугский 14, 126
Филон Александрийский 98, 99, 209, 218
Финкен Барбара 74, 275, 276
Финлей Марикэ 240
Фиск Брус 22, 115, 120
Фичино Марсилио 79
Фишер Хельмут 291
Флогаус Рейнгард 19, 20
Флоренский Павел Александрович 166, 289
Фольмар фон Карден 108
Фома (апостол) 49, 132, 245
Фома Аквинский 143, 224, 244, 264, 305, 320, 340, 349

Фома Кемпийский 40, 264, 265
Форсайт Питер Тейлор 120, 132
Фос Иохан С. 81
Фос Пиетер Х. 187, 202
Фошей Тоби 330
Фра Анджелико 60, 347, 349, 353
Фрайер Иоханнес-Баптист 119, 267
Франк Карл С. 283
Франк Себастьян 187, 195, 196
Франк Семен Людвигович 199, 200, 207, 224
Франциск Ассизский 251, 275, 276
Фредегизий Турский 151
Фрейд Зигмунд 147, 226
Фридрих Хуго 196, 202
Фругони Киара 235, 275
Фрюхтель Урзула 99
Фуко Мишель 27, 31, 51, 60, 240, 241, 268, 321, 326, 343
Фукс Эрнст 202

Хааг Херберт 136
Хаверкамп Анзельм 25, 350
Хадерер Герхард 152
Халл Дэвид Л. 51, 77
Халлер Бенедикт 286
Хальбвакс Морис 46
Хальман Джозеф 110
Хамильтон Уильям 110
Хаммерих Луис Леонор 32, 93
Ханзен-Лёве Оге А. 203, 239, 246, 328, 331, 332, 334, 335
Ханник Кристиан 282, 329
Хардт Дитрих 49
Харт Кевин 71, 237, 330, 338
Хархордин Олег Валерьевич 32
Хаусамман Сузанне 176, 177, 301, 328, 339

Хемниц Мартин 184, 196, 343
Херманни Фридрих 110
Хёриш Йохен 74, 76, 77, 274
Хибарин И. 249
Хиллис Миллер Джозеф 59, 239
Хильберат Бернд Йохен 273, 274
Хинц Паулус 271
Хирш Эмануэль 158, 272
Хобсбаум Эрик Дж. 52
Хоке Густав Рене 205
Холквист Майкл 65, 270, 324, 325
Хольм Керстин 32
Хомяков Алексей Степанович 229, 286
Хопинг Хельмут 30, 98, 101, 105, 106, 130, 147, 148, 160, 161, 167, 177, 179, 210, 224, 229, 244, 245, 264
Хопкинс Джерард М. 322
Хорниг Готтфрид 153
Хорошев Александр Степанович 11
Хоружий Сергей Сергеевич 278
Хотце Герхард 189, 192, 202, 203, 213
Хофман Хассо 273, 274, 286
Хофф Иоганнес 74, 120, 245, 330
Хоффман Александер 25, 252
Хоффман Штефан 76
Хохштаффль Иозеф 328, 339
Хуизинг Клаас 74, 137

Цветаева Марина Ивановна 326
Цвингли Ульрих 70, 105, 131, 169, 180–182, 184, 185, 273, 302, 305
Цельс 154, 217, 344
Циолковски Маргрет 32
Циолковски Теодор 63
Цицерон Марк Туллий 79, 80
Цумтор Пауль 352

Чернышевский Николай Гаврилович 41, 42, 64, 65, 67
Чулаки Михаил Михайлович 21

Шалина Ирина Александровна 290
Шаф Давид С. 184
Шаф Филип 184
Шаффнер Отто 252, 253
Шахадат Шамма 260
Швайцер Эдуард 119
Шенборн Кристоф 163, 293, 300–302
Шеперд Дэвид 28
Шиллер Фридрих 38
Шильсон Арно 264
Шкловский Виктор Борисович 203
Шлейермахер Фридрих 309
Шли Хайке 302
Шлибен-Ланге Бригитте 314
Шмид Вильхельм 260
Шмид Ульрих 32
Шмидт Кристоф 292
Шмитц Бертрам 187, 205
Шнипер Аннемари 21, 82, 291, 292
Шраге Вольфганг 98
Шрёер Хеннинг 58 (Шроер), 179, 188, 189, 191–193, 196, 198, 200, 204, 207, 212
Штайгер Иоанн Анзельм 178, 179, 182, 185, 205, 344
Штайн Эдит 304
Штайнбринк Бернд 78, 80
Штайндорфф Людвиг 39, 53, 256, 262
Штертенбринк Рудольф 339
Шток Алекс 34, 37, 55, 74, 123, 130, 226, 237, 254, 290, 291, 298

Штраус Давид Фридрих 153, 217–219
Штрикер Герд 9, 10, 14, 15
Штрубе Вернер 237
Штубенраух Бертрам 121
Шульц Ансельм 256, 262, 267
Шульц Кристиане 38
Шульц Отто фон 38
Шумахер Хайнрих 90

Эберт Криста 32
Эйб Масао 25
Эйрикссон Магнус 191, 213
Эйхенбаум Борис Михайлович 323
Эко Умберто 165
Элерт Вернер 116, 133, 158
Элиас Норберт 147
Элипанд Толедский 150
Эмерсон Керил 270, 324, 325
Эпикур 210
Эпштейн Михаил Наумович 26, 332–338
Эразм Роттердамский 195, 210
Эрнст Пауль 196, 208
Эстен Анри 21, 103, 104, 188

Ювеналий (Поярков) 14, 15, 19
Юдинг Берт 78, 80
Юлиан Экланский 139
Юлий I (Папа Римский) 235, 236
Юнгер Эрнст 237
Юстиниан I (император) 283
Юстин Философ 98, 99, 104, 109

Якобсон Роман 75, 247
Яннарас Христос 31
Яновски Бернд 38
Яусс, Ханс-Роберт 247

# Содержание

Предисловие .................................... 7

1. Введение: Самоуничижение Христа
   и его трансформации ........................ 9
   1.1. От Николая II назад к Борису и Глебу .......... 9
   1.2. Терминологическое разграничение ............. 21
   1.3. Методологические позиции .................. 32
   1.4. Наведение мостов через многочисленные
        трансформирующие шаги ................... 39
   1.5. Теория памяти в русле репликационной интенции ... 48
   1.6. Богословие, риторика и теория литературы ....... 55
   1.7. Построение работы ....................... 60
   1.8. К чтению литературных текстов .............. 63

## I. РИТОРИКА ХРИСТОЛОГИИ

2. Троп и парадокс, или Христология в противостоянии
   риторике .................................. 71
   2.1. Религия как знаковая система ............... 71
   2.2. Гимн Христу (Флп 2:5–11) .................. 85
   2.3. «Тропические» ереси ...................... 103
   2.4. Изгнание тропов, катахреза и неразрешимость ... 113
   2.5. Два «способа» в синтагме .................. 115
   2.6. Оттенки отдельных векторов ................ 119
   2.7. Акценты на некоторых сторонах .............. 133
   2.8. Парадоксальная христология ................ 169
   2.9. Эпистема и окончательная канонизация
        христологических парадоксов ............... 187

2.10. Теория познания христологических парадоксов:
   к тезисам .................................................. 201
2.11. Апотропы и преемственность парадоксов ........ 208
3. Метонимия и метафора, или Воплощения кенозиса ..... 221
   3.0. Богословское целеполагание относительно кенозиса 221
   3.1. Оформление в Иисусе Христе и по Его образу
        и подобию ............................................. 232
   3.2. В духе/в габитусе ..................................... 248
   3.3. У тела и во плоти .................................... 269
   3.4. В изображении ....................................... 286
   3.5. В слове ................................................. 304
   3.6. Эскиз эстетики несхожести ........................ 340
   3.7. Продуктивность неподобия ........................ 351

Библиография ................................................. 355
Предметно-именной указатель ............................ 395

*Научное издание*

**Дирк Уффельманн
САМОУНИЧИЖЕНИЕ ХРИСТА
Метафоры и метонимии
в русской культуре и литературе**
Том 1: Риторика христологии

Директор издательства *И. В. Немировский*
Заведующая редакцией *М. Вальдеррама*

Ответственный редактор *И. Белецкий*
Дизайн *И. Граве*
Редактор *Е. Гайдель*
Корректоры *Е. Гайдель, А. Филимонова*
Верстка *Е. Падалки*

Подписано в печать 02.02.2022.
Формат издания 60 × 90 $^1/_{16}$. Усл. печ. л. 25,5.
Тираж 500 экз.

Academic Studies Press
1577 Beacon Street, Brookline, MA 02446 USA
https://www.academicstudiespress.com

ООО «Библиороссика».
190005, Санкт-Петербург, 7-я Красноармейская ул., д. 25а

Эксклюзивные дистрибьюторы:
ООО «Караван»
ООО «КНИЖНЫЙ КЛУБ 36.6»
http://www.club366.ru
Тел./факс: 8(495)9264544
e-mail: club366@club366.ru

Книги издательства можно купить
в интернет-магазине: www.bibliorossicapress.com
e-mail: sales@bibliorossicapress.ru

*Знак информационной продукции согласно
Федеральному закону от 29.12.2010 № 436-ФЗ*

www.ingramcontent.com/pod-product-compliance
Ingram Content Group UK Ltd.
Pitfield, Milton Keynes, MK11 3LW, UK
UKHW051044220326
4878IPUK00009B/12